머리말

스파르타 스포츠지도사 보디빌딩 교재를 소개하며

코로나 사태 이후 건강에 관한 관심과 중요성이 높아지면서 일반인들의 스포츠 참여가 증가하는 추세입니다. 과거에 스포츠가 취미생활 정도였다면, 현재는 스포츠 레저활동이 남녀노소 모두에게 필수적인 부분으로 자리매김하고 있습니다. 특히, 100세 시대에 들어서면서 건강을 위해 운동이 필수적으로 중요하다라는 인식이 확산되면서 여가스포츠로 피트니스 센터에서 운동하던 일반인들이 이제 전공을 불문하고 스포츠지도사 보디빌딩 국가자격을 취득하기 위해 도전하고 있습니다. 앞으로 이러한 현상은 더욱 확대될 전망이며 이에 따라 스포츠 관련 산업과 교육의 발전도 가속화될 것입니다.

본 저자는 운동선수 출신으로 체육학을 전공한 후 박사학위까지 취득하고 사회에서 다양한 분야의 스포츠지도자로 활동하였습니다. 현재 대학에서 학생들을 교육하고 스포츠를 연구하는 스포츠전문가로서 요즘의 이같은 현상이 너무도 당연하기에 한편으로 앞으로 다가올 스포츠 분야의 눈부신 발전에 대한 기대가 더욱 희망적입니다.

㈜박문각 출판의 스파르타 보디빌딩 실기 및 구술 교재는 최신의 실기 동작과 구술내용으로 구성하였으므로 성실히 학습하고 연습한다면 합격은 당연한 결과일 수밖에 없도록 만든 최적의 교재입니다. 실기 동작은 교재에 상세히 설명되어 있고 QR코드가 첨부되어 있어 자세 영상을 확인할 수 있을 뿐만 아니라, 유튜브로 무료강의까지 제공하고 있습니다. 그리고 최근 실기시험보다 어려워지고 있는 구술시험을 대비하여 구술이론과 구술 예상문제까지 수록하고 있으므로 스파르타 보디빌딩 교재와 함께 도전하는 모든 분들이 합격의 기쁨을 성취할 수 있을 것이며 나아가 한층 더 성장할 수 있는 기회가 될 수 있을 것입니다.

㈜박문각 출판에서는 보다 다양한 스포츠 관련 국가자격 교재가 스파르타 시리즈로 출간될 예정입니다. 앞으로 스파르타 스포츠시리즈는 여러분들에게 단기간의 집중학습으로 합격이 가능한 믿고 볼 수 있는 교재가 되도록 더욱 노력할 것입니다. 끝으로 본 저자의 모든 연구를 시작하는 처음부터 지금까지 함께해 준 명지대학교 스포츠레저교육 연구실 연구원들에게 감사인사를 전하며, AI 로봇시대에 인간만이 할 수 있는 스포츠 레저활동에서 여러분들과 함께 성공할 것을 기약합니다.

2025년 3월 9일

저자 유동균

구성과 특징

PART 01 보디빌딩 실기 및 구술시험 세부시행 규정

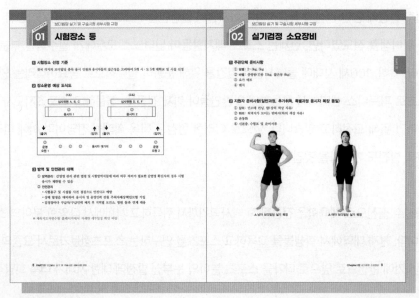

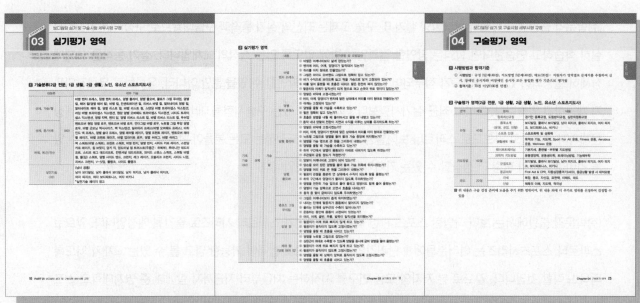

POINT 1 2024년 최신 보디빌딩 실기 및 구술시험 세부시행 규정의 내용을 완벽하게 반영

POINT 2 시험을 위한 준비사항은 물론 실기평가 영역과 구술평가 영역 내용까지 꼼꼼하게 수록

PART 02 보디빌딩 실기 및 구술시험 기본이론

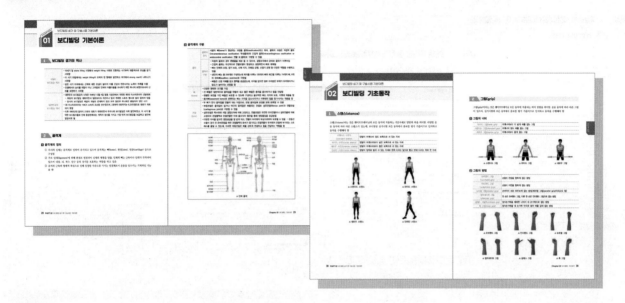

POINT 1 보디빌딩 실기 및 구술시험을 위한 핵심적인 기본이론 완벽 정리

POINT 2 실전 대비를 위한 각종 관련 용어와 기초동작 내용 정리

PART 03 보디빌딩 실기시험편

POINT 1 실기편 기초기술 평가기준과 실전팁은 물론 동작까지 자세 영상의 QR코드로 확인

POINT 2 실기편 실전기술 평가기준과 실전팁은 물론 포즈까지 자세 영상의 QR코드로 확인

구성과 특징

PART 04 보디빌딩 구술시험편

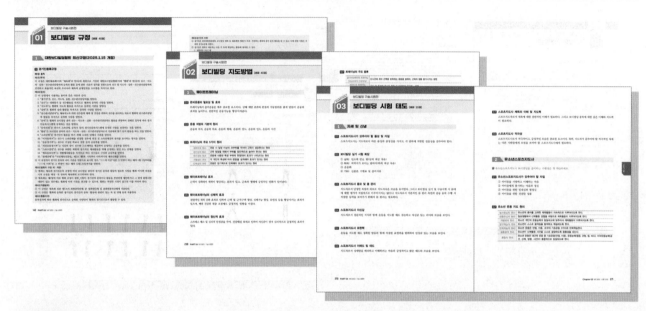

POINT 1 구술시험 대비를 위해 필수적인 2025년 개정 보디빌딩 규정 완벽하게 수록

POINT 2 보디빌딩 구술시험 대비를 위한 핵심내용만 집약하여 요약·정리

부록 보디빌딩 구술시험 예상문제

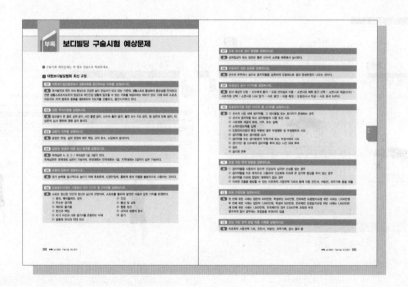

POINT 1 구술시험에 꼭 출제될 예상문제만 선별하여 수록

POINT 2 핵심문제와 모범답안을 마무리로 학습하면서 최종점검

차례

PART 01

보디빌딩 실기 및 구술시험 세부시행 규정

01 시험장소 등

1 시험장소 선정 기준

전국 각지의 보디빌딩 종목 응시 인원과 응시자들의 접근성을 고려하여 5개 시·도 5개 대학교 및 시설 선정

2 장소운영 예상 도식도

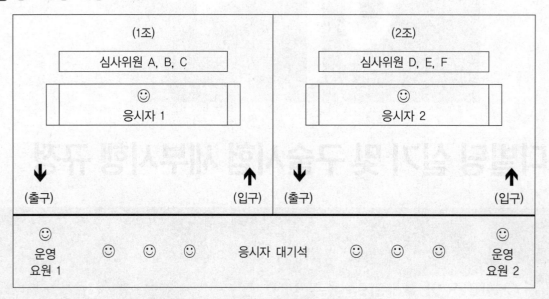

3 방역 및 안전관리 대책

① 방역관리 : 감염병 관리 관련 법령 및 시험방역지침에 따라 의무 격리가 필요한 감염병 확진자의 경우 시험 응시가 제한될 수 있음

② 안전관리
- 시험용구 및 시설물 사전 점검으로 안전사고 예방
- 상해 발생을 대비하여 응시자 및 운영인력 전원 주최자배상책임보험 가입
- 검정장마다 구급차/구급인력 배치 후 지역별 보건소, 병원 등과 연계 대응

※ 체육지도자연수원 홈페이지에서 자세한 세부일정 확인 바람

CHAPTER 02 실기검정 소요장비

1 주관단체 준비사항

① 덤벨 : 2~3kg, 5kg

② 바벨 : 중량봉(긴봉 15kg, 짧은봉 8kg)

③ 요가 매트

④ 벤치

2 지원자 준비사항(일반과정, 추가취득, 특별과정 응시자 복장 동일)

① 상의 : 민소매 런닝, 탑(상의 색상 자유)

② 하의 : 허벅지가 보이는 반바지(하의 색상 자유)

③ 운동화

④ 신분증, 수험표 및 준비서류

▲ 남자 보디빌딩 실기 복장

▲ 여자 보디빌딩 실기 복장

CHAPTER 03 실기평가 영역

- 장애인 응시자와 비장애인 응시자 모두 동일한 평가 기준으로 평가됨
- 대한보디빌딩협회 홈페이지 '규정 포즈/종목소개'의 규정 확인 요망

1 기술분류(2급 전문, 1급 생활, 2급 생활, 노인, 유소년 스포츠지도사)

대분류		세부 기술
상체, 가슴/팔	(80)	바벨 벤치 프레스, 덤벨 벤치 프레스, 덤벨 플라이, 덤벨 풀오버, 클로즈 그립 푸쉬업, 덤벨 컬, 해머 컬(덤벨 해머 컬), 바벨 컬, 컨센트레이션 컬, 리버스 바벨 컬, 얼터네이트 덤벨 컬, 얼터네이트 해머 컬, 덤벨 리스트 컬, 바벨 리스트 컬, 스탠딩 바벨 트라이셉스 익스텐션, 라잉 바벨 트라이셉스 익스텐션, 원암 덤벨 오버헤드 트라이셉스 익스텐션, 시티드 트라이셉스 익스텐션, 덤벨 킥백, 벤치 딥, 덤벨 리버스 리스트 컬, 바벨 리버스 리스트 컬, 푸쉬업
상체, 등/어깨		벤트오버 원암 덤벨 로우, 벤트오버 바벨 로우, 언더그립 바벨 로우, 뉴트럴 그립 투암 덤벨 로우, 바벨 굿모닝 엑서사이즈, 백 익스텐션, 밀리터리 프레스(바벨 오버헤드 프레스), 비하인드 넥 프레스, 덤벨 숄더 프레스, 덤벨 레터럴 레이즈, 덤벨 프런트 레이즈, 벤트오버 레터럴 레이즈, 바벨 프런트 레이즈, 바벨 업라이트 로우, 덤벨 쉬러그, 바벨 쉬러그
하체, 복근/전신		백 스쿼트(바벨 스쿼트), 프런트 스쿼트, 바벨 런지, 덤벨 런지, 시티드 카프 레이즈, 스탠딩 카프 레이즈, 힙 브릿지, 덩키 킥, 업도미널 힙 트러스트(주동근 : 하복부), 루마니안 데드리프트, 스티프 레그 데드리프트, 컨벤셔널 데드리프트, 와이드 스탠스 스쿼트, 스쿼팅 바벨 컬, 풀(딥) 스쿼트, 덤벨 사이드 밴드, 크런치, 레그 레이즈, 오블리크 크런치, 시티드 니업, 리버스 크런치, V-싯업, 플랭크, 사이드 플랭크
실전기술 (20)		(남녀 공통) 남자 보디빌딩, 남자 클래식 보디빌딩, 남자 피지크, 남자 클래식 피지크, 여자 피지크, 여자 보디피트니스, 여자 비키니 *실전기술 페이지 참고

② 실기평가 영역

영역			내용	평가문항 및 모범답안
기초 기술 (80)	상체	가슴 · 팔	바벨 벤치 프레스	① 바벨은 어깨너비보다 넓게 잡았는가? ② 벤치에 머리, 어깨, 엉덩이가 밀착되어 있는가? ③ 허리를 아치 형태로 만들었는가? ④ 그립은 와이드 오버핸드 그립으로 정확히 잡고 있는가? ⑤ 바가 수직으로 보이도록 눕고 턱을 가슴으로 당겨 고정되어 있는가? ⑥ 바를 밀어 올렸을 때 호흡은 내쉬고 팔은 완전히 펴지 않았는가? ⑦ 팔꿈치와 어깨가 일직선이 되게 옆으로 펴고 손목이 뒤로 꺾이지 않았는가?
			덤벨 벤치 프레스	① 양발은 바닥에 고정시켰는가? ② 머리, 어깨, 엉덩이가 벤치에 닿은 상태에서 허리를 아치 형태로 만들었는가? ③ 어깨는 고정되어 있는가? ④ 덤벨을 올릴 때 가슴을 수축하고 있는가? ⑤ 팔은 정확히 밀고 있는가? ⑥ 호흡은 덤벨을 내릴 때 들이마시고 올릴 때 내뱉고 있는가? ⑦ 동작 내내 양팔의 전완이 지면과 수직을 이루는 상태를 유지하도록 하는가?
			덤벨 플라이	① 양발은 바닥에 고정시켰는가? ② 머리, 어깨, 엉덩이가 벤치에 닿은 상태에서 허리를 아치 형태로 만들었는가? ③ 뉴트럴 그립으로 덤벨을 들어 올려 가슴 중앙에 위치했는가? ④ 덤벨을 가슴 옆으로 큰 원을 그리듯이 내렸는가? ⑤ 덤벨을 올릴 때 가슴을 수축하고 있는가? ⑥ 하위 구간에서 덤벨이 몸통보다 아래로 내려가지 않도록 하였는가? ⑦ 주관절의 굽힘 정도가 적정한가?
			덤벨 풀오버	① 양발이 어깨너비로 고정이 되어 있는가? ② 양손을 모아 잡은 덤벨을 들어 올려 가슴 위쪽에 위치시켰는가? ③ 덤벨을 머리 뒤로 큰 원을 그리듯이 내렸는가? ④ 팔꿈치 관절을 충분히 편 상태에서 수직이 되도록 팔을 올렸는가? ⑤ 하위 구간에서 엉덩이가 들리지 않도록 주의하였는가? ⑥ 덤벨을 천천히 가슴 앞으로 들어 올리고 엉덩이도 함께 들어 올렸는가? ⑦ 덤벨이 가슴 앞쪽으로 오면서 호흡을 내쉬는가? ⑧ 동작 중 팔이 굽혀지지 않도록 주의하였는가?
			클로즈 그립 푸쉬업	① 그립은 어깨너비보다 좁게 위치하였는가? ② 내리는 단계에 팔꿈치가 몸통에서 멀어지지 않았는가? ③ 올리는 단계에 삼두근의 수축이 일어나는가? ④ 운동하는 동안에 몸통이 고정되어 있었는가? ⑤ 머리, 어깨, 골반, 무릎, 발목이 일직선을 유지했는가?
			덤벨 컬	① 팔꿈치가 어깨 뒤로 빠지지 않게 하고 있는가? ② 팔꿈치가 움직이지 않도록 고정시켰는가? ③ 덤벨을 올릴 때 호흡을 내쉬고 있는가?
			해머 컬 (덤벨 해머 컬)	① 덤벨을 뉴트럴 그립으로 잡았는가? ② 상완근이 최대로 수축할 수 있도록 양팔을 동시에 굽혀 덤벨을 들어 올렸는가? ③ 팔꿈치가 어깨 뒤로 빠지지 않게 하고 있는가? ④ 팔꿈치가 움직이지 않도록 고정시켰는가? ⑤ 덤벨을 올릴 때 상체가 앞뒤로 움직이지 않도록 고정시켰는가? ⑥ 덤벨을 올릴 때 호흡을 내쉬고 있는가?

영역			내용	평가문항 및 모범답안
기초 기술 (80)	상체	가슴 · 팔	바벨 컬	① 스탠다드 언더핸드 그립으로 바벨을 잡았는가? ② 바를 잡는 양손의 간격이 어깨너비 정도인가? ③ 팔꿈치가 어깨 뒤로 빠지지 않게 하고 있는가? ④ 팔꿈치가 움직이지 않도록 고정시켰는가? ⑤ 바를 들어 올릴 때 호흡을 내쉬고 있는가?
			컨센트레이션 컬	① 덤벨을 잡고 벤치에 앉아 있는가? ② 뉴트럴 그립으로 덤벨을 잡았는가? ③ 팔꿈치를 대퇴부 안쪽에 고정하였는가? ④ 반대편 손을 대퇴부에 고정시켜 상체를 안정적으로 지지하였는가? ⑤ 숨을 내쉬면서 팔꿈치를 구부려 전완을 들어 올리며 다시 시작 자세로 돌아 　오며 숨을 들이마시는가?
			리버스 바벨 컬	① 서서 오버그립으로 바벨을 잡았는가? ② 숨을 내쉬면서 팔꿈치를 굽혀 바벨을 들어 올리고 다시 내리면서 숨을 들이 　마시는가? ③ 팔꿈치가 움직이지 않도록 고정시켰는가? ④ 상위 구간에서 손목이 아래로 굽혀지지 않도록 주의하였는가?
			얼터네이트 덤벨 컬	① 덤벨을 최대로 들어 올리며 손목을 외전하여 이두박근의 수축을 유도하였는가? ② 덤벨을 올릴 때 상체가 앞뒤로 움직이지 않도록 고정시켰는가? ③ 팔꿈치가 어깨 뒤로 빠지지 않게 하고 있는가? ④ 팔꿈치가 움직이지 않도록 고정시켰는가? ⑤ 덤벨을 올릴 때 호흡을 하고 있는가? ⑥ 양팔을 교대로 들어 올리는가?
			얼터네이트 해머 컬	① 덤벨을 뉴트럴 그립으로 잡았는가? ② 팔꿈치가 어깨 뒤로 빠지지 않게 하고 있는가? ③ 팔꿈치가 움직이지 않도록 고정시키고 있는가? ④ 덤벨을 올릴 때 호흡을 하고 있는가? ⑤ 양팔을 교대로 들어 올리는가?
			덤벨 리스트 컬	① 벤치에 앉아서 대퇴부에 전완부를 위치했는가? 또는 벤치에 전완부를 위치 　했는가? ② 언더그립으로 덤벨을 잡았는가? ③ 숨을 내쉬며 손목을 올리고, 손목을 내리면서 숨을 들이쉬는가? ④ 팔꿈치가 움직이지 않도록 고정시키고 있는가?
			바벨 리스트 컬	① 벤치에 앉아서 대퇴부에 전완부를 위치했는가? 또는 벤치에 전완부를 위치했 　는가? ② 언더그립으로 바벨을 잡았는가? ③ 숨을 내쉬며 손목을 올리고, 손목을 내리면서 숨을 들이쉬는가? ④ 팔꿈치가 움직이지 않도록 고정시키고 있는가?

영역			내용	평가문항 및 모범답안
기초 기술 (80)	상체	가슴 · 팔	스탠딩 바벨 트라이셉스 익스텐션	① 양발은 골반너비로 벌리고 서서 몸의 중심을 잡았는가? ② 서서 허리는 곧게 세우며 펴고 있는가? ③ 양손의 간격을 어깨너비보다 좁게 하고 있는가? ④ 바벨을 머리 뒤쪽으로 내리고 있는가? ⑤ 바벨을 잡은 상완이 지면과 수직이 되도록 하는가? ⑥ 동작 중에 양쪽 팔꿈치가 벌어지지 않도록 주의했는가? ⑦ 바벨을 내릴 때 숨을 들이마시고 올릴 때 내뱉고 있는가?
			라잉 바벨 트라이셉스 익스텐션	① 가슴은 들고 척추는 정상 만곡을 유지하고 있는가? ② 양손의 간격을 어깨너비보다 좁게 하고 있는가? ③ 바벨을 머리쪽으로 내리고 있는가? ④ 바벨을 잡은 팔이 지면과 수직이 되도록 하는가? ⑤ 바를 내릴 때 숨을 들이마시고 올릴 때 내뱉고 있는가?
			원암 덤벨 오버헤드 트라이셉스 익스텐션	① 팔꿈치가 고정되어 있는가? ② 덤벨이 내려갈 때 팔꿈치의 각도가 90도까지 내리는가? ③ 팔꿈치를 펼 때 호흡을 내쉬는가? ④ 동작 중에 팔꿈치가 벌어지지 않도록 주의하였는가?
			시티드 트라이셉스 익스텐션	① 앉아서 허리는 곧게 세우며 펴고 있는가? ② 양손의 간격을 어깨너비보다 좁게 하고 있는가? ③ 바벨을 머리 뒤쪽으로 내리고 있는가? ④ 바벨을 잡은 상완이 지면과 수직이 되도록 하는가? ⑤ 바벨을 내릴 때 숨을 들이마시고 올릴 때 내뱉고 있는가?
			덤벨 킥백	① 운동 중 상완은 바닥과 수평인 상태를 유지하는가? ② 팔꿈치는 몸통에서 붙인 상태를 유지하는가? ③ 덤벨을 잡은 팔은 90도로 굽혔는가? ④ 등은 곧게 편 상태를 유지했는가? ⑤ 발은 바닥에 밀착시켰는가?
			벤치 딥	① 다리를 펴 양발을 몸에서 먼 곳에 위치시켰는가? ② 허리는 곧게 편 자세를 유지했는가? ③ 내리는 단계에 팔꿈치가 직각으로 내려가는가? ④ 하위 구간에서 팔꿈치가 몸 바깥쪽으로 벌어지지 않도록 주의하는가? ⑤ 올리는 단계에 팔꿈치가 완전히 펴지는가? ⑥ 호흡을 똑바로 하고 있는가?
			덤벨 리버스 리스트 컬	① 벤치에 앉아서 대퇴부에 전완부를 위치했는가? 또는 벤치에 전완부를 위치했는가? ② 오버그립으로 덤벨을 잡았는가? ③ 숨을 내쉬며 손목을 올리고, 손목을 내리면서 숨을 들이쉬는가? ④ 운동 중 전완부가 움직이지 않도록 안정적으로 고정되어 있는가?
			바벨 리버스 리스트 컬	① 벤치에 앉아서 대퇴부에 전완부를 위치했는가? 또는 벤치에 전완부를 위치했는가? ② 오버그립으로 바벨을 잡았는가? ③ 숨을 내쉬며 손목을 올리고, 손목을 내리면서 숨을 들이쉬는가? ④ 운동 중 전완부가 움직이지 않도록 안정적으로 고정되어 있는가?
			푸쉬 업	① 그립을 어깨너비에 위치하였는가? ② 밀어 올리는 단계에 대흉근의 수축이 일어나는가? ③ 운동하는 동안에 몸통이 고정되어 있는가? ④ 머리, 어깨, 골반, 무릎, 발목을 일직선으로 유지했는가?

영역			내용	평가문항 및 모범답안
기초 기술 (80)	상체	등 · 어깨	벤트오버 원암 덤벨 로우	① 뉴트럴 그립으로 덤벨을 잡았는가? ② 팔꿈치를 몸통(의 옆구리 쪽으로) 가까이 들어 올렸는가? ③ 손목은 구부리지 않고 편 상태를 유지했는가? ④ 덤벨을 위로 당기는 단계에서 반동을 이용하지 않고 진행했는가? ⑤ 몸통이 회전하지 않도록 주의했는가? ⑥ 머리, 몸통, 손, 발의 위치, 무릎 각도를 유지했는가?
			벤트오버 바벨 로우	① 스탠다드 오버핸드 그립으로 바벨을 잡았는가? ② 상체는 수평보다 약간 높은 각도를 유지하는가? ③ 수축 시 견갑골이 서로 가까워지도록 어깨를 후방으로 모았는가? ④ 바벨을 당김과 동시에 상체를 세우지 않도록 주의했는가? ⑤ 바벨이 하복부에 닿을 만큼 당겼을 때 호흡을 내쉬는가? ⑥ 허리는 곧게 펴져 있는가? ⑦ 엉덩이를 심하게 뒤로 빼지 않고 있는가?
			언더그립 바벨 로우	① 바벨을 언더그립으로 잡고 몸통은 곧게 편 자세를 유지했는가? ② 양발을 어깨너비보다 약간 좁게 벌렸는가? ③ 상체는 수평보다 약간 높은 각도를 유지했는가? ④ 수축 시 견갑골이 서로 가까워지도록 어깨를 후방으로 모았는가? ⑤ 바벨이 하복부에 닿을 만큼 당겼을 때 호흡을 내쉬는가? ⑥ 바벨을 당김과 동시에 상체를 세우지 않도록 주의했는가? ⑦ 몸의 무게중심을 균형적으로 고르게 유지하는가? ⑧ 바를 올리는 단계에서 손목을 펴고 올리는가?
			뉴트럴 그립 투암 덤벨 로우	① 덤벨을 뉴트럴 그립으로 잡고 팔꿈치를 몸통 가까이 들어 올렸는가? ② 손목은 구부리지 않고 편 상태를 유지했는가? ③ 덤벨을 위로 당기는 단계에서 반동을 이용하지 않았는가? ④ 머리, 몸통, 손, 발의 위치, 무릎 각도를 유지했는가?
			바벨 굿모닝 엑서사이즈	① 양발은 내로우 스탠스로 평행하게 위치시켰는가? ② 바벨을 승모근에 올리고 있는가? ③ 무릎과 허리를 펴고 내려갔는가? ④ 시선은 전방을 주시하는가? ⑤ 동작 중 허리가 굽혀지지 않도록 주의하는가? ⑥ 올라올 때 호흡을 내쉬고 있는가?
			백 익스텐션	① 매트에 배를 깔고 엎드려 있는가? ② 상체와 하체를 함께 올리고 있는가? ③ 호흡은 올리는 단계에 내쉬고 있는가?
			밀리터리 프레스 (바벨 오버헤드 프레스)	① 어깨너비 또는 그보다 약간 넓은 간격으로 바벨을 잡았는가? ② 바벨은 수평을 유지하며 머리 위로 밀어 올렸는가? ③ 반동 없이 얼굴 가까이 바닥과 수직으로 들어 올렸는가? ④ 올리는 단계에서 팔꿈치를 이용하지 않고 운동하였는가? ⑤ 운동 시 주동근의 긴장을 유지했는가? ⑥ 내리는 단계 시 갑자기 힘을 빼지 않고 팔꿈치를 천천히 굽혔는가?

영역			내용	평가문항 및 모범답안
기초 기술 (80)	상체	등 · 어깨	비하인드 넥 프레스	① 어깨너비보다 넓은 간격으로 바벨을 잡았는가? ② 바벨을 내릴 때 귓불의 위치까지 내렸는가? ③ 머리를 과도하게 숙이지 않았는가? ④ 반동 없이 머리 뒤쪽 가까이 바닥과 수직으로 들어 올렸는가? ⑤ 운동 시 주동근의 긴장을 유지했는가?
			덤벨 숄더 프레스	① 운동 중 덤벨이 움직이지 않도록 통제하였는가? ② 올리는 단계에서 팔꿈치를 이용하지 않고 운동하였는가? ③ 운동 시 주동근의 긴장을 유지했는가?
			덤벨 레터럴 레이즈	① 뉴트럴 그립으로 덤벨을 잡았는가? ② 옆으로 올리는 동작 시 상체를 곧게 펴고 시선은 정면을 유지했는가? ③ 덤벨을 잡은 손이 팔꿈치보다 아래에 있는가? ④ 덤벨을 들어 올릴 때 손목이 회전하지 않도록 고정했는가? ⑤ 몸통을 곧게 폈는가? ⑥ 올리는 단계에서 숨을 내쉬었는가? ⑦ 내리는 동작 시 몸통이 견고하게 지지하고 있는가?
			덤벨 프런트 레이즈	① 오버그립으로 덤벨을 잡았는가? ② 양발은 골반너비로 벌렸는가? ③ 위로 올리는 동작 시 상체를 곧게 펴고 시선은 정면을 유지했는가? ④ 어깨보다 약간 높은 위치(눈높이)까지 팔을 들어 올렸는가? ⑤ 몸통을 곧게 폈는가? ⑥ 덤벨을 들어 올릴 때 손목이 회전하지 않도록 고정했는가? ⑦ 올리는 단계에서 숨을 내쉬었는가? ⑧ 내리는 동작 시 몸통이 견고하게 지지하고 있는가?
			벤트오버 레터럴 레이즈	① 뉴트럴 그립으로 덤벨을 잡았는가? ② 양발은 어깨너비보다 약간 좁게 벌린 상태에서 평행하게 만들었는가? ③ 상체를 구부린 자세(수평보다 약간 높은 각도)에서 팔꿈치와 상완이 덤벨보다 높은 상태를 유지하고 있는가? ④ 몸통을 곧게 펴고 무릎은 약간 구부린 자세를 유지했는가? ⑤ 덤벨을 들어 올릴 때 손목이 회전하지 않도록 고정했는가? ⑥ 모든 동작의 단계에서 몸의 반동을 이용하지 않았는가?
			바벨 프런트 레이즈	① 위로 올리는 동작 시 상체를 곧게 펴고 시선은 정면을 유지했는가? ② 어깨보다 약간 높은 위치까지 팔을 들어 올렸는가? ③ 몸통을 곧게 폈는가? ④ 올리는 단계에서 숨을 내쉬었는가? ⑤ 내리는 동작 시 몸통이 견고하게 지지하고 있는가?
			바벨 업라이트 로우	① 양손을 어깨너비 간격으로 벌린 후 오버그립으로 바벨을 잡고 있는가? ② 바벨을 들어 올렸을 때 팔꿈치가 어깨와 평행이 되었는가? ③ 바벨을 쇄골 높이까지 들어 올렸는가? ④ 손이 팔꿈치보다 높이 올라가지 않도록 했는가? ⑤ 허리를 곧게 펴고 있는가? ⑥ 시선은 정면을 주시하고 있는가?
			덤벨 쉬러그	① 어깨너비로 서서 양손에 덤벨을 들고 있는가? ② 등을 곧게 펴고 있는가? ③ 천천히 어깨를 끌어올리고 내리는가?

영역			내용	평가문항 및 모범답안
기초 기술 (80)	상체	등 · 어깨	바벨 쉬러그	① 어깨너비로(어깨너비보다 약간 좁게) 서서 바벨을 어깨너비 스탠다드 그립으로 잡았는가? ② 등을 곧게 펴고 있는가? ③ 천천히 어깨를 끌어올리고 내리는가?
	하체	복근 · 전신	백 스쿼트 (바벨 스쿼트)	① 바벨이 승모근(상부)에 위치하고 있는가? ② 시선은 정면을 향하도록 했는가? ③ 발의 모양은 약간 V자로 발끝이 바깥을 향하도록 했는가? ④ 몸통과 바닥이 이루는 각도를 일정하게 유지하면서 서서히 앉았는가? ⑤ 무게중심을 양발과 중앙 부분에 놓이게 했는가? ⑥ 뒤꿈치가 바닥에서 떨어지지 않도록 했는가? ⑦ 대퇴가 바닥과 수평이 될 때까지 앉았는가? ⑧ 일어설 때 반동을 이용하거나 상체를 구부리지 않았는가?
			프런트 스쿼트	① 양발은 어깨너비로 했는가? ② 바벨은 쇄골과 어깨로 지탱하고 있는가? ③ 가슴과 팔꿈치를 들고 허리는 꼿꼿이 세우고 있는가? ④ 무릎이 발끝을 넘지 않고 있는가? ⑤ 시선은 정면을 주시하고 있는가?
			바벨 런지	① 앞으로 내딛는 다리의 발바닥이 바닥에 닿도록 했는가? ② 허리와 등을 곧게 편 상태로 유지하고 몸의 균형을 잡았는가? ③ 무릎이 발끝보다 나오지 않게 하였는가? ④ 올라오는 단계에서 숨을 내쉬었는가? ⑤ 동작 중 앞발과 무릎이 일직선을 유지하는가? ⑥ 바벨이 승모근에 위치하고 있는가?
			덤벨 런지	① 양발을 어깨너비보다 약간 좁게 벌린 상태에서 평행하게 만들었는가? ② 앞으로 내딛는 다리의 발바닥이 바닥에 닿도록 했는가? ③ 허리와 등을 곧게 편 상태로 유지하고 몸의 균형을 잡았는가? ④ 무릎이 발끝보다 나오지 않게 하였는가? ⑤ 올라오는 단계에서 숨을 내쉬었는가? ⑥ 덤벨을 양손에 들고 덤벨이 흔들리지 않게 유지하는가? ⑦ 시선은 정면을 향하도록 했는가?
			시티드 카프 레이즈	① 앉은 상태로 발뒤꿈치를 최대한 들어 올리고 있는가? ② 발뒤꿈치가 지면에 닿기 전에 다시 올리는가?
			스탠딩 카프 레이즈	① 운동할 수 있는 블록(스텝박스) 위에 올라섰는가? ② 어깨너비보다 약간 좁은 간격으로 서고, 양발은 평행하게 유지했는가? ③ 몸의 중심이 흔들리지 않게 기둥을 잡았는가? ④ 발뒤꿈치를 최대로 들어 올렸는가?
			힙 브릿지	① 천장을 바라보고 누워 양팔은 펴서 손바닥을 바닥에 대고 무릎은 세웠는가? ② 숨을 내쉬면서 엉덩이를 위로 올렸는가? ③ 동작 시 허리를 곧게 펴고 엉덩이에 긴장을 주고 있는가?
			덩키 킥	① 엎드린 자세로 한쪽 다리의 허벅지가 수평이 되도록 들어 올리는가? ② 골반이 바닥과 수평이 되도록 유지하였는가? ③ 골반이 틀어지지 않도록 중심을 잡고 있는가?

영역			내용	평가문항 및 모범답안
기초 기술 (80)	하체	복근 · 전신	업도미널 힙 트러스트 (주동근 : 하복부)	① 바닥에 등을 대고 누워서 두 팔을 몸통 옆 바닥에 밀착시켰는가? ② 두 다리를 펴고 수직으로 올렸는가? ③ 무릎을 핀 상태로 천정을 향해 힙과 발바닥을 똑바로 들어 올렸는가? ④ 하복부를 위로 올리면서 호흡을 내쉬었는가?
			루마니안 데드리프트	① 바를 어깨너비 혹은 약간 넓게 잡고 있는가? ② 운동하는 동안 등이 굽지 않도록 곧게 편 자세를 유지하는가? ③ 바벨을 무릎을 살짝 지나는 지점까지만 내렸다가 올렸는가? ④ 올리는 동작 시 바벨이 대퇴부에 가까이 위치하여 올려지는가? ⑤ 내리는 동작에 시선은 정면을 향하고 있는가? ⑥ 내리는 동작에서 무릎이 고정되어 있는가? ⑦ 상체를 후방으로 과신전하지 않도록 주의했는가?
			스티프 레그 데드리프트	① 스탠다드 오버핸드 그립으로 바벨을 잡았는가? ② 양발을 어깨너비보다 약간 좁은 간격으로 섰는가? ③ 고개는 들고 정면을 주시하며 동작을 실시하고 있는가? ④ 올리는 동작 시 바벨이 대퇴부에 가까이 위치하여 올려지는가? ⑤ 동작 수행 간 무릎의 관절은 구부러지지 않았는가? ⑥ 척추 기립근은 펴져 있는가?
			컨벤셔널 데드리프트	① 바를 어깨너비 혹은 약간 넓게 잡고 있는가? ② 바벨을 바닥에 완전히 내렸다가 올렸는가? ③ 운동하는 동안 등이 굽지 않도록 곧게 편 자세를 유지하는가? ④ 올리는 동작 시 바벨이 대퇴부에 가까이 위치하여 올려지는가? ⑤ 바벨을 들어 올렸을 때 허리와 등을 과신전하지 않도록 주의했는가?
			와이드 스탠스 스쿼트	① 양발의 간격이 어깨너비보다 넓게 위치하고 있는가? ② 일어설 때 반동을 이용하거나 상체를 과하게 구부리지 않았는가? ③ 동작 실행 중 척추 전만을 유지하였는가? ④ 무릎의 방향과 발의 각도가 일치하는가?
			스쿼팅 바벨 컬	① 발의 위치와 바벨을 잡은 양손 간격은 어깨너비 정도인가? ② 팔꿈치 뒷부분 위치가 양 무릎 위에 적당히 위치하는가? ③ 동작 시 앉은 스쿼트 자세와 상체부분이 반동없이 고정유지하는가? ④ 바벨을 얼굴 쪽으로 당길 시 숨을 내쉬고 천천히 원위치로 내리는가?
			풀(딥) 스쿼트	① 양발의 간격이 어깨너비보다 좁게 위치하였는가? ② 일어설 때 반동을 이용하거나 상체를 과하게 구부리지 않았는가? ③ 엉덩이의 높이가 무릎보다 아래 위치하도록 깊이 앉았는가? ④ 동작 실행 중 척추 전만을 유지하였는가?
			덤벨 사이드 밴드	① 양발은 골반너비로 벌렸는가? ② 덤벨을 옆구리에 밀착시키는가? ③ 엉덩이가 앞뒤로 흔들리지 않게 통제하는가? ④ 덤벨이 몸에서 멀어지지 않도록 운동하고 있는가? ⑤ 엉덩이가 좌우로 과도하게 움직이지 않는가?

영역			내용	평가문항 및 모범답안
기초 기술 (80)	하체	복근 · 전신	크런치	① 목을 고정된 상태에서 상체를 숙였는가? ② 과도하게 목을 꺾지 않았는가? ③ 양어깨가 바닥에 닿지 않을 정도까지 내렸는가? ④ 들어 올리는 단계에서 몸통의 반동을 이용하지 않았는가? ⑤ 양손을 머리에서 떨어뜨리지 않고 운동을 실시하였는가? ⑥ 허리를 바닥에서 떨어뜨리지 않았는가? ⑦ 상체를 과하게 올리지 않았는가?
			레그 레이즈	① 숨을 내쉬며 양발이 바닥과 90도를 이룰 때까지 올렸는가? ② 무릎이 고관절을 지나지 않도록 가동범위를 제한했는가? ③ 양어깨와 등 상부를 바닥과 밀착시켰는가? ④ 발끝이 바닥에 닿지 않을 정도까지 천천히 내렸는가? ⑤ 올리는 단계에 숨을 내쉬었는가?
			오블리크 크런치	① 목이 고정된 상태에서 상체를 숙였는가? ② 양어깨가 바닥에 닿지 않을 정도까지 내렸는가? ③ 들어 올리는 단계에서 몸통의 반동을 이용하지 않았는가? ④ 손을 머리에서 떨어뜨리지 않고 운동을 실시하였는가? ⑤ 근육이 최대로 수축하는 지점에서 호흡을 내쉬는가?
			시티드 니업	① 벤치나 바닥에 앉아 상체를 고정시키고 무릎을 구부렸는가? ② 발이 땅에 닿지 않게 운동하는가? ③ 발끝이 바닥에 닿지 않을 정도까지 천천히 내렸는가? ④ 올리는 단계에 숨을 내쉬었는가? ⑤ 무릎과 상체를 동시에 몸의 중심부로 당기며 복근을 수축시켰는가?
			리버스 크런치	① 숨을 내쉬며 엉덩이가 바닥에서 떨어질 때까지 올렸는가? ② 양어깨와 등 상부를 바닥과 밀착시켰는가? ③ 발끝이 바닥에 닿지 않을 정도까지 천천히 내렸는가? ④ 올리는 단계에서 숨을 내쉬었는가? ⑤ 무릎 관절을 90도 구부리며 하는가? ⑥ 다리를 가슴 방향으로 당기며 골반을 들어 올렸는가?
			V-싯업	① 다리와 상체를 동시에 올렸는가? ② 양다리와 양팔을 천천히 내렸는가? ③ 팔과 다리가 구부러지지 않고 펴져 있는가? ④ 올리는 단계에서 숨을 내쉬었는가? ⑤ 손이 바닥에 닿지 않게 위로 들었는가?
			플랭크	① 엎드린 자세에서 양팔의 전완부와 양발로 지지하며 자세를 유지하였는가? ② 몸통을 일직선으로 유지하였는가? ③ 자세를 유지하는 동안 몸통이 흔들리지 않았는가?
			사이드 플랭크	① 옆으로 누운 자세에서 한쪽 팔의 전완부와 한쪽 발로 자세를 취하였는가? ② 몸통을 일직선으로 유지하였는가? ③ 자세를 유지하는 동안 몸통이 흔들리지 않았는가?

③ 실전기술

영역		내용	평가문항 및 모범답안
실전 기술 (20)	남자 보디빌딩 규정 포즈 · 남자 클래식 보디빌딩 규정 포즈	Front Double Biceps	① 심판을 향해 정면으로 서서 한 발을 40~50cm 바깥쪽 앞으로 내민다. ② 두 팔을 들어 어깨와 수평을 이루게 한 후 팔꿈치를 구부린다. ③ 이두근과 전완근이 수축되도록 주먹을 꽉 쥔 채 아래를 향하게 한다. ④ 머리부터 발끝까지 가능한 한 많은 근육을 수축시킬 수 있도록 노력한다.
		Front Lat Spread	① 심판을 향해 정면으로 선 채로 다리와 발의 안쪽 라인을 최대 15cm까지 벌려준다. ② 펼치거나 주먹을 쥔 손을 허리 하부 또는 복사근에 위치시킨 채 광배근을 펼쳐보인다. ③ 동시에 가능한 한 많은 전면 근육의 수축을 시도한다.
		Side Chest	① 우측이나 좌측을 바라보고 선 후, 심판을 향해 고개와 상체를 틀어준다. ② 심판과 가까운 쪽 팔을 직각으로 구부리고 한 손은 주먹을 쥐고 다른 손은 주먹 쥔 손의 손목을 잡는다. ③ 심판과 가까운 쪽 다리의 무릎을 구부리고 발가락으로 지탱한다. ④ 가슴을 부풀게 하며 직각으로 구부린 팔의 상승 압력을 이용해 상완이두근을 최대한 수축한다. ⑤ 발가락에 하강 압력을 가해 허벅지 근육과 대퇴이두근, 비복근을 수축한다.
		Back Double Biceps	① 뒷모습이 심판에게 보이게 서서 두 팔과 손목 자세를 Front Double Biceps 포즈와 동일하게 취한다. ② 한 발을 뒤로 빼서 발가락으로 체중을 지탱한다. ③ 어깨, 상·하부 등 근육, 허벅지, 비복근뿐만 아니라 상완이두근까지 수축시킨다.
		Back Lat Spread	① 뒷모습이 심판에게 보이게 선 채로 다리와 발의 안쪽 라인을 최대 15cm까지 벌려준다. ② 팔꿈치를 넓게 벌려 유지한 채로 손을 허리 위에 올린다. ③ 광배근을 최대한 넓게 펼쳐 보인다. ④ 심판이 양쪽 비복근을 동등하게 심사할 수 있도록 Back Double Biceps 포즈 때 보여 주었던 종아리 근육의 반대쪽을 보여주도록 노력한다.
		Side Triceps	① 우측이나 좌측을 바라보고 선 후, 심판을 향해 고개와 상체를 틀어준다. ② 두 팔을 등 뒤에 놓고 깍지를 끼거나 앞쪽에 있는 팔의 손목을 다른 손으로 움켜잡는다. ③ 심판과 가까운 쪽 다리의 무릎을 굽히고 발바닥을 바닥에 딱 붙인다. ④ 심판과 먼 쪽 다리의 무릎을 굽히고 발가락으로 지탱한다. ⑤ 앞쪽 팔에 압력을 가하여 상완삼두근을 수축시킨다.
		Abdominals & Thighs	① 심판을 향해 정면으로 서서 두 팔을 머리 뒤에 놓고 한쪽 발을 앞에 둔다. ② 몸통을 약간 앞쪽으로 보내며 '크런칭(crunching)' 자세로 복부 근육을 수축시킨다. ③ 동시에 하체 전면 근육을 수축시킨다.

영역		내용	평가문항 및 모범답안
실전 기술 (20)	남자 피지크 쿼터 턴	Front Position	① 몸에 긴장을 유지한 채 바르게 서서 머리와 눈이 몸과 같은 방향을 향하게 한다. ② 네 손가락을 몸 앞쪽으로 둔 채 한 손을 엉덩이에 얹고, 한 다리는 약간 측면으로 뻗어준다. ③ 다른 손은 몸을 따라 아래로 늘어뜨린 상태에서 약간 몸에서 떨어지게 하고, 팔꿈치를 살짝 구부린 후, 손바닥을 곧게 펴주며, 손가락은 보기 좋게 정렬해준다. ④ 무릎은 펴고, 복근과 광배근을 살짝 수축시킨 상태에서 고개를 들어준다.
		Quarter Turn Right – 왼쪽 측면이 심판을 향함	① 몸의 왼편이 심판을 향하게 선 상태에서, 상체를 약간 심판 쪽으로 돌려준다. ② 왼손은 왼쪽 엉덩이에 얹는다. ③ 오른팔은 몸의 중심선보다 약간 앞에 두고, 손바닥을 편 채로 손가락을 보기 좋게 정렬해 놓고, 팔꿈치는 약간 구부린다. ④ 왼쪽 다리의 무릎을 약간 구부리고, 발은 바닥에 딱 붙인다. ⑤ 오른쪽 다리의 무릎을 구부리고 뒤쪽으로 빼서 발가락으로 체중을 지탱한다.
		Quarter Turn Back	① 몸에 긴장을 유지한 채 바르게 서서 머리와 눈이 몸과 같은 방향을 향하게 한다. ② 네 손가락을 몸 앞쪽으로 둔 채 한 손을 엉덩이에 얹고, 한 다리는 약간 측면으로 뻗어준다. ③ 다른 손은 몸을 따라 아래로 늘어뜨린 상태에서 약간 몸에서 떨어지게 하고, 팔꿈치를 살짝 구부린 후, 손바닥을 곧게 펴주며, 손가락은 보기 좋게 정렬해준다. ④ 무릎은 펴고, 복근과 광배근을 살짝 수축시킨 상태에서 고개를 들어준다.
		Quarter Turn Right – 오른쪽 측면이 심판을 향함	① 몸의 오른편이 심판을 향하게 선 상태에서, 상체를 약간 심판 쪽으로 돌려준다. ② 오른손은 오른쪽 엉덩이에 얹는다. ③ 왼팔은 몸의 중심선보다 약간 앞에 두고, 손바닥을 편 채로 손가락을 보기 좋게 정렬해놓고, 팔꿈치는 약간 구부린다. ④ 오른쪽 다리의 무릎을 약간 구부리고, 발은 바닥에 딱 붙인다. ⑤ 왼쪽 다리의 무릎을 구부리고 뒤쪽으로 빼서 발가락으로 체중을 지탱한다.

영역		내용	평가문항 및 모범답안
실전 기술 (20)	남자 클래식 피지크 규정포즈	Front Double Biceps	① 심판을 향해 정면으로 서서 한 발을 40~50cm 바깥쪽 앞으로 내민다. ② 두 팔을 들어 어깨와 수평을 이루게 한 후 팔꿈치를 구부린다. ③ 이두근과 전완근이 수축되도록 주먹을 꽉 쥔 채 아래를 향하게 한다. ④ 머리부터 발끝까지 가능한 한 많은 근육을 수축시킬 수 있도록 노력한다.
		Side Chest	① 우측이나 좌측을 바라보고 선 후, 심판을 향해 고개와 상체를 틀어준다. ② 심판과 가까운 쪽 팔을 직각으로 구부리고 한 손은 주먹을 쥐고 다른 손은 주먹 쥔 손의 손목을 잡는다. ③ 심판과 가까운 쪽 다리의 무릎을 구부리고 발가락으로 지탱한다. ④ 가슴을 부풀게 하며 직각으로 구부린 팔의 상승 압력을 이용해 상완이두근을 최대한 수축한다. ⑤ 발가락에 하강 압력을 가해 허벅지 근육과 대퇴이두근, 비복근을 수축한다.
		Back Double Biceps	① 뒷모습이 심판에게 보이게 서서 두 팔과 손목 자세를 Front Double Biceps 포즈와 동일하게 취한다. ② 한 발을 뒤로 빼서 발가락으로 체중을 지탱한다. ③ 어깨, 상·하부 등근육, 허벅지, 비복근뿐만 아니라 상완이두근까지 수축시킨다.
		Side Triceps	① 우측이나 좌측을 바라보고 선 후, 심판을 향해 고개와 상체를 틀어준다. ② 두 팔을 등 뒤에 놓고 깍지를 끼거나 앞쪽에 있는 팔의 손목을 다른 손으로 움켜잡는다. ③ 심판과 가까운 쪽 다리의 무릎을 굽히고 발바닥을 바닥에 딱 붙인다. ④ 심판과 먼 쪽 다리의 무릎을 굽히고 발가락으로 지탱한다. ⑤ 앞쪽 팔에 압력을 가하여 상완삼두근을 수축시킨다.
		Vacuum Pose	① 정면으로 서서 두 팔을 머리 뒤에 대고 두 발을 모은다. ② 숨을 깊게 내쉬고, 배꼽을 척추에 갖다 대는 느낌으로 복부를 안쪽으로 당긴다. ③ 복횡근, 다리, 몸통 및 팔근육을 수축시킨다.
		Abdominals & Thighs	① 심판을 향해 정면으로 서서 두 팔을 머리 뒤에 놓고 한쪽 발을 앞에 둔다. ② 몸통을 약간 앞쪽으로 보내며 '크런칭(crunching)' 자세로 복부 근육을 수축시킨다. ③ 동시에 하체 전면 근육을 수축시킨다.
		Classic Pose of Athlete's choice	① 심판을 향해 바르게 서서 본인이 원하는 전면 클래식 포즈를 취한다. ② 해당 포즈에서 드러나는 주요 근육군을 수축시킨다. ③ 머스큘러(Most Muscular) 포즈는 허용되지 않는다.

영역			내용	평가문항 및 모범답안
실전 기술 (20)	여자 피지크 규정포즈		Front Double Biceps	① 오른쪽 또는 왼쪽 다리를 바깥쪽으로 빼고 다리와 발을 일직선상에 둔 채 정 면을 바라보고 선다. ② 두 팔을 들어 어깨 높이까지 올린 다음 팔꿈치를 구부린다. ③ 손을 편 상태에서 손가락이 하늘을 향하게 한다. ④ 머리부터 발끝까지 가능한 한 많은 근육을 수축시킬 수 있도록 노력한다.
			Side Chest	① 우측이나 좌측을 바라보고 선 후, 심판을 향해 고개와 상체를 틀어준다. ② 배를 안으로 집어 넣은 상태에서 심판과 가까운 쪽 다리를 곧게 펴고, 앞으로 뻗어 발가락으로 지탱한다. ③ 심판과 먼 쪽 다리는 발을 바닥에 딱 붙인 채, 무릎을 약간 구부린다. ④ 곧게 편 양팔을 몸의 약간 앞쪽에 위치시키고, 엄지손가락과 나머지 손가락 들을 한데 모아 약간 오므린다. ⑤ 손바닥이 아래쪽을 향하게 하고 양손의 깍지를 끼거나 한 손을 다른 손 위에 포갠다. ⑥ 가슴근육, 삼두근, 대퇴사두근, 대퇴이두근 및 비복근을 수축한다.
			Back Double Biceps	① 뒷모습이 심판에게 보이게 서서 두 팔과 손목 자세를 Front Double Biceps 포즈와 동일하게 취한다. ② 한 발을 뒤로 빼서 발가락으로 체중을 지탱한다. ③ 어깨, 상·하부 등근육, 허벅지, 비복근뿐만 아니라 상완이두근까지 수축시 킨다.
			Side Triceps	① 우측이나 좌측을 바라보고 선 후, 심판을 향해 고개와 상체를 틀어준다. ② 심판을 바라보면서 가슴은 내밀고 복부는 안으로 집어 넣은 상태에서 두 팔을 등 뒤에 위치시킨다. ③ 앞에 있는 손목을 뒤쪽 손으로 움켜잡는다. ④ 심판과 가까운 쪽 팔을 곧게 펴고, 엄지손가락과 나머지 손가락을 한데 모아 편 상태에서 손바닥이 지면과 평행을 이루도록 한다. ⑤ 앞쪽 팔에 압력을 가하여 상완삼두근을 수축시킨다. ⑥ 심판과 가까운 쪽 다리를 곧게 펴고 앞으로 뻗어 발가락으로 체중을 지탱하게 한다. ⑦ 심판과 먼 쪽 다리는 무릎을 구부리고 발을 바닥에 딱 붙인다.

영역		내용	평가문항 및 모범답안
실전 기술 (20)	여자 피지크 쿼터턴, 여자보디 피트니스 쿼터 턴	Front Position	① 바르게 서서 머리와 눈이 몸과 같은 방향을 향하게 한다. ② 발뒤꿈치를 모은 상태에서 양발을 바깥쪽 30° 각도로 벌린다. ③ 양 무릎을 붙인 채로 펴고, 배는 안으로 집어넣고, 가슴을 내밀고 어깨를 뒤로 젖힌다. ④ 두 팔을 신체 중심선을 따라 측면으로 내리고 팔꿈치를 약간 구부린다. ⑤ 손바닥이 몸통을 바라보게 한 상태에서 엄지손가락과 나머지 손가락을 한데 모아 손을 살짝 오므린다.
		Quarter Turn Right – 왼쪽 측면이 심판을 향함	① 바르게 서서 머리와 눈이 몸과 같은 방향을 향하게 한다. ② 양발을 바깥쪽 30° 각도로 벌린 채로 선다. ③ 무릎을 펴고, 배는 안으로 집어넣고, 가슴은 내민 채 어깨를 뒤로 젖힌다. ④ 왼팔을 신체 중심선보다 약간 뒤로 두고 손바닥이 몸통을 바라보게 한 상태에서 손을 살짝 오므린다. ⑤ 팔꿈치를 살짝 구부린 오른팔을 신체 전방에 위치시키고 손바닥이 몸통을 바라보게 한 상태에서 손을 살짝 오므린다.
		Quarter Turn Back	① 바르게 서서 머리와 눈이 몸과 같은 방향을 향하게 한다. ② 발뒤꿈치를 모은 상태에서 양발을 바깥쪽 30° 각도로 벌린다. ③ 양 무릎을 붙인 채로 펴고, 배는 안으로 집어넣고, 가슴을 내밀고 어깨를 뒤로 젖힌다. ④ 두 팔을 신체 중심선을 따라 측면으로 내고 팔꿈치를 약간 구부린다. ⑤ 손바닥이 몸통을 바라보게 한 상태에서 엄지손가락과 나머지 손가락을 한데 모아 손을 살짝 오므린다.
		Quarter Turn Right – 오른쪽 측면이 심판을 향함	① 바르게 서서 머리와 눈이 몸과 같은 방향을 향하게 한다. ② 양발을 바깥쪽 30° 각도로 벌린 채로 선다. ③ 무릎을 펴고, 배는 안으로 집어넣고, 가슴은 내민 채 어깨를 뒤로 젖힌다. ④ 오른팔을 신체 중심선보다 약간 뒤로 두고 손바닥이 몸통을 바라보게 한 상태에서 손을 살짝 오므린다. ⑤ 팔꿈치를 살짝 구부린 왼팔을 신체 전방에 위치시키고 손바닥이 몸통을 바라보게 한 상태에서 손을 살짝 오므린다.

영역		내용	평가문항 및 모범답안
실전 기술 (20)	여자 비키니 쿼터 턴	Front Position	① 바르게 서서 머리와 눈이 몸과 같은 방향을 향하게 한다. ② 한 손을 엉덩이에 얹고 한 발은 약간 옆으로 뻗어준다. ③ 다른 손은 몸을 따라 아래로 늘어뜨린 상태에서 약간 몸에서 떨어지게 하고, 손바닥을 곧게 펴주며, 손가락은 보기 좋게 정렬시킨다. ④ 무릎은 펴고, 배는 집어넣고, 가슴은 내밀고, 어깨는 뒤로 편다.
		Quarter Turn Right – 왼쪽 측면이 심판을 향함	① 몸의 왼편이 심판을 향하게 선 상태에서 심판을 바라볼 수 있도록 상체를 약간 심판 쪽으로 돌려준다. ② 오른손은 오른쪽 엉덩이에 얹고, 왼팔은 신체 중심선보다 약간 뒤로 둔 상태에서 아래로 내린다. ③ 왼손은 곧게 펴고, 손가락을 미적으로 가지런히 정렬시킨다. ④ 왼쪽 엉덩이를 약간 올리고, 왼쪽 다리(심판과 가까운 쪽)의 무릎을 약간 구부린다. ⑤ 왼발을 몸의 중심선 가까이에 둔 상태에서 발가락으로 체중을 지탱하며, 오른쪽 다리는 곧게 편다.
		Quarter Turn Back	① 한 손은 엉덩이에 얹고 한 다리는 옆으로 살짝 뻗은 채, 상체를 똑바로 세운다. ② 다른 손은 몸을 따라 아래로 늘어뜨린 상태에서 약간 몸에서 떨어지게 하고, 손은 곧게 펴주며, 손가락은 보기 좋게 정렬시킨다. ③ 무릎은 펴고, 배는 집어넣고, 가슴은 내밀고, 어깨는 뒤로 편다. ④ 허리 아랫부분은 자연스럽게 굽히거나 약간의 척추 전만 형태를 띠게 하며, 등 위쪽은 곧게 펴고, 고개는 들어준다.
		Quarter Turn Right – 오른쪽 측면이 심판을 향함	① 몸의 오른편이 심판을 향하게 선 상태에서, 심판을 바라볼 수 있도록 상체를 약간 심판 쪽으로 돌려준다. ② 왼손은 왼쪽 엉덩이에 얹고, 오른팔은 신체 중심선보다 약간 뒤로 둔 상태에서 아래로 내린다. ③ 오른손은 곧게 펴고, 손가락을 미적으로 가지런히 정렬시킨다. ④ 오른쪽 엉덩이를 약간 올리고, 오른쪽 다리(심판과 가까운 쪽)의 무릎을 약간 구부린다. ⑤ 오른발을 몸의 중심선 가까이에 둔 상태에서 발가락으로 체중을 지탱하며, 왼쪽 다리는 곧게 편다.

구술평가 영역

1 시행방법과 합격기준

① **시행방법**: 규정 2문제(40점), 지도방법 2문제(40점), 태도(20점): 지원자가 영역별로 문제지를 추첨하여 실시, 장애인 응시자와 비장애인 응시자 모두 동일한 평가 기준으로 평가됨

② **합격기준**: 70점 이상(100점 만점)

2 구술평가 영역(2급 전문, 1급 생활, 2급 생활, 노인, 유소년 스포츠지도사)

영역	배점	분야	내용
규정	40점	협회최신규정	경기인 등록규정, 도핑방지규정, 심판위원회규정
		종목소개 (운영, 규정, 진행)	보디빌딩, 클래식 보디빌딩, 남자 피지크, 클래식 피지크, 여자 피지크, 보디피트니스, 비키니
		스포츠 인권	스포츠폭력 및 성폭력
		생활체육 개요	목적과 기능, 지도력, Sport For All 운동, Fitness 운동, Aerobics 운동, Wellness 운동
지도방법	40점	웨이트트레이닝	기본자세, 훈련별·부위별 지도방법
		과학적 지도방법	운동영양학, 운동생리학, 트레이닝방법, 기능해부학
		규정포즈	보디빌딩, 클래식 보디빌딩, 남자 피지크, 클래식 피지크, 여자 피지크, 보디피트니스, 비키니
		응급처치	First Aid & CPR, 자동심장충격기(AED), 응급상황 발생 시 대처요령
태도	20점	자세	복장, 용모, 자신감, 표현력, 이해도, 태도
		신념	체육의 이해, 지도력, 적극성

📝 위 내용은 구술 검정 준비에 도움을 주기 위한 범위이며, 위 내용 외에 더 추가로 범위를 선정하여 검정할 수 있음

PART 02

보디빌딩 실기 및 구술시험 기본이론

보디빌딩 기본이론

1 보디빌딩 경기의 역사

서양의 보디빌딩 역사	• 19세기 말 stone lifting 시대에서 weight lifting 시대로 전환되는 시기부터 대중적으로 관심을 받기 시작함 • 이 시기 유럽에서는 weight lifting이 오락의 한 형태로 발전하고 여기에서 strong man이 나타나기 시작함 • 같은 시기 미국에서는 근력에 대한 관심이 높아져 이를 건강과 연관시키는 노력이 주류를 이룸 • 전쟁에서의 승리를 위함이 아닌 그야말로 인체의 아름다움을 과시하기 위한 하나의 표현으로서의 신체를 표현하기 시작함

대한민국의
보디빌딩 역사
	• 대한민국 보디빌딩의 시작은 1946년 12월 4일 명동 시공관에서 개최된 제1회 미스터코리아 선발대회
	  - 최초의 보디빌딩 대회이면서 일본보다도 6년이나 앞서 개최된 스포츠 행사로 널리 알려져 있음
	  - 당시의 보디빌딩은 체급의 개념도 존재하지 않고 모두 일반부 하나로만 통일되어 있던 시기
	• 1회 미스터코리아는 YMCA 소속의 조순동 선수였으며, 2회부터 6회까지는 6.25전쟁으로 대회가 개최되지 못함
	• 이후 1960년대 말까지 21회의 대회가 개최되면서 우리나라 보디빌딩은 더욱 발전하였고, 이 시기 활약한 보디빌더들로 인해 동양권에서는 개척자 정신을 가지고 가장 먼저 보디빌딩을 보급하고 발전에 앞장서게 됨

2 골격계

1 골격계의 정의

① 우리의 신체는 골격계로 인하여 유지되고 있으며 골격계는 뼈(bones), 관절(joint), 연골(cartilage) 등으로 구성됨
② 주로 인대(ligament)에 의해 관절로 연결되어 신체의 체형을 만듦. 인체의 뼈는 근육이나 인대가 부착되어 있으며 내장, 뇌, 척수, 안구 등의 장기를 보호하는 역할을 하고 있음
③ 골격과 근육의 형태적 특성으로 인해 일정한 자유도를 가지는 연결체로서 운동을 일으키는 기계적인 기능을 함

2 골격계의 구분

구분		내용
골화	골화의 정의	사람의 뼈(bone)가 형성되는 과정을 골화(ossification)라고 하며, 골화의 과정은 직접적 골화(intramembranous ossification; 막내골화)와 간접적 골화(intracartilaginous ossification or endocondral ossification; 연골 내 골화)로 구분할 수 있음
	골화의 구분	• 직접적 골화의 경우 편평골을 예로 들 수 있으며, 결합조직에서 곧바로 골화가 이루어짐 • 간접적 골화는 우선적으로 연골모델이 형성되고 성장하면서 뼈로 대체됨 • 뼈는 인체의 모양, 장기 보호, 신체 지지, 전해질 균형, 산염기 균형 등 다양한 역할을 수행하고 있음 • 성인의 뼈는 총 206개로 구성되는데 체지를 이루는 126개의 뼈와 체간을 이루는 74개의 뼈, 6개의 귓속뼈(auditory ossicles)로 구분됨 • 뼈들은 신경 지배를 받고 혈액을 공급받는데, 자극을 받으면 일부 자극받은 부위가 두꺼워지거나 밀도가 높아지는 반응을 함
뼈 (bone)		• 다양한 형태와 크기를 가짐 • 긴 뼈들은 일반적으로 움직임을 만들어 내고 짧은 뼈들은 충격을 흡수하거나 힘을 전달함 • 편평한 표면을 가진 뼈들은 보호할 수 있도록 구성되고 불규칙한 뼈는 지지와 보호, 지렛대 작용을 함 • 종자뼈(sesamoid bone)로 분류되는 뼈는 자극을 감소시키거나 지렛대의 힘을 증가시키는 작용을 함
관절 (joint)		• 두 뼈가 만나 움직임을 만들어 내는 지점으로, 관절 움직임에 초점을 맞춰 분류할 수 있음 • 부동관절은 움직임이 없거나 약간의 움직임만 허용되는 관절로 섬유관절(fibrous joint)과 연골관절(carilaginous joint)로 구분할 수 있음 • 섬유관절은 특수화된 치밀 결합조직에 의해 고정되고, 연골관절은 유연한 유리연골이나 섬유연골에 의해 고정되며 관절활액과 관절연골판 아래 골조직의 혈관을 통해 영양물질을 공급받음 • 다양한 자극을 받으면 영양공급을 잘 받게 되고, 연골이 두꺼워져 부상으로부터 보호될 수 있음 → 운동선수들이 경기 전 준비운동을 하면 관절활액의 분비가 증가되고 관절연골이 두꺼워져 관절에 부가되는 스트레스를 줄일 수 있는데, 이러한 부동관절은 뼈를 강하게 연결하고 힘을 전달하는 역할을 함

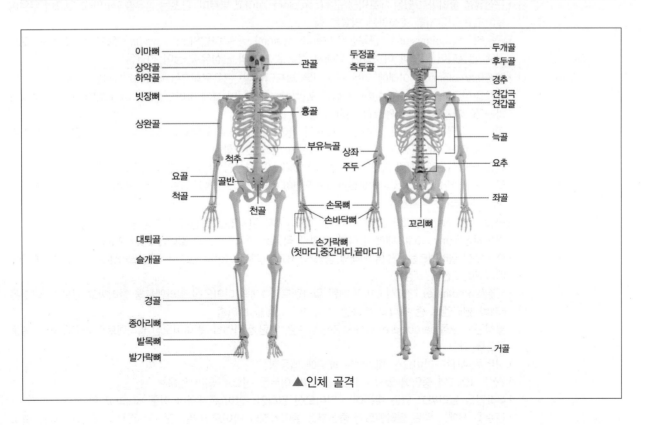

▲ 인체 골격

1 근육계의 정의

① 근골격계는 사람의 몸을 움직이거나 힘을 발휘하는 체계로, 근육과 골격을 한꺼번에 통칭함
② 근골격계에서 수축을 통해 힘을 발휘하는 체계를 근육계라 하는데 근육계의 가장 큰 단위가 바로 근육 (muscle)
③ 모든 근육은 최소한 두 끝이 존재하며 각 끝은 건(tendon)이라는 결합조직(connective tissue)이 연결되어 있는데, 건은 골격, 즉 뼈에 부착됨 → 근육이 수축하면 근육과 연결된 건이 골격을 잡아당겨 움직임이 나타나게 되는 것

2 근육계의 구성

골격근	• 골격근은 혈관을 포함한 기관, 근조직, 결합조직, 신경과 섬유성 결합조직으로 구성 • 근육은 근육바깥막(epimysium)이라는 결합조직에 둘러싸여 있으며 3층의 결체조직으로 이루어져 있음 • 골격근은 사람의 몸에 660개 이상이 있는데 보통 이 근육들은 양 끝 두 부분이 건에 연결되어 있음 • 근육의 수축력은 건을 통해 전달되고 건은 골 부착부에 연결되어 있으며, 결합조직이 분화해서 생긴 골막
근섬유다발	• 근막 안층에 개개의 근섬유다발(muscle bundle)을 둘러싸고 있는 조직을 근육다발막(perimysium)이라 부르며, 세포와 섬유라고도 부름 • 각각의 근섬유다발을 근섬유 속(muscle fiber bundle)이라 하며 근섬유 속에 각각의 근섬유는 근섬유막(endomysium)에 의해 둘러싸여 있음 • 골격근의 기본단위는 근섬유(muscle fiber)이며, 수천 개의 근섬유가 하나의 골격근을 이룸 • 한 근섬유의 직경은 50~100mm이지만 30cm까지 그 길이는 다양한 원추상의 세포로, 근섬유에서는 다수의 핵이 세포 표면에 존재하며 횡문구조를 관찰할 수 있음 • 근섬유를 둘러싸고 있는 세포막을 근초(sarcolemma)라고 부르며, 근초는 섬유를 둘러싸고 있으며 무엇이 들어오고 나갈지를 조절하는 역할을 함 • 근육바깥막(epimysium)·근섬유막(endomysium)·근다발막(perimysium) 등의 결합조직은 모두 건에 연결되어 있으며 이것들에 의해서 건으로 개개의 근섬유 긴장이 전달됨
근형질	• 근초(sarcolemma) 아래에 있는 근형질은 세포단백질, 근육원섬유(myofibril) 기관을 포함함 • 근육원섬유(myofibril)는 수축단백질을 포함하는 구조이며 크게 마이오신(myosin)과 액틴(actin)이라고 하는 두 가지의 근필라멘트로 되어 있음 • 마이오신 단백질인 굵은 세사는 200개의 마이오신 분자로 구성되어 있고 M라인에 고정되어 있으며, 단백질 티틴(titin)을 포함한 구조상 단백질에 의해 안정화됨 • 액틴 단백질은 두 개의 얇은 세사 섬유가 엉키듯이 나선형 사선구조를 형성하고 있으며, 액틴분자에는 또 다른 단백질인 트로포마이오신과 트로포닌이 있음 → 이 단백질들은 작지만 근육의 근수축 과정을 조절하는 데 중요한 역할을 함
근절	• 근절(sarcomere)은 Z라인부터 Z라인 가까이까지 걸쳐있는 근섬유의 기능성 단위 • 근육원섬유(myofibril) 내에서 다른 근절과 직렬로 배치되며, 그 길이는 평균 2.5µm 이하 • 마이오신 필라멘트는 중심부(H대의 중앙)의 M교에 의해 이어져 있으며 액틴 필라멘트는 근절의 양 끝에 배치되어 Z선에 고정됨 • 근절(sarcomere) 내에서 6개의 액틴 필라멘트가 1개의 마이오신 필라멘트를 둘러싸고 있으며, 이것은 6개의 필라멘트 중 하나와 반응할 가능성이 있음을 보여줌 • 골격근은 근절(sarcomere) 내에서 Z선의 배열, 액틴 필라멘트 및 마이오신 필라멘트의 배열에 따라 횡문구조를 가짐 • 어두운 A대는 마이오신 필라멘트 배열에 대응함 • Z선은 I밴드의 중앙에 있으며 I밴드를 따라 어두운 선으로 되어 있음 • M라인을 둘러싸고 있는 부분에는 마이오신 필라멘트만이 존재하며 이를 H대라고 함 • 근수축 시에는 액틴 필라멘트가 중심부로 들어가지만 마이오신 필라멘트가 겹치기 때문에 H대는 축소되며 I대도 Z선이 근절(sarcomere) 중심부로 끌어당기기 때문에 축소함

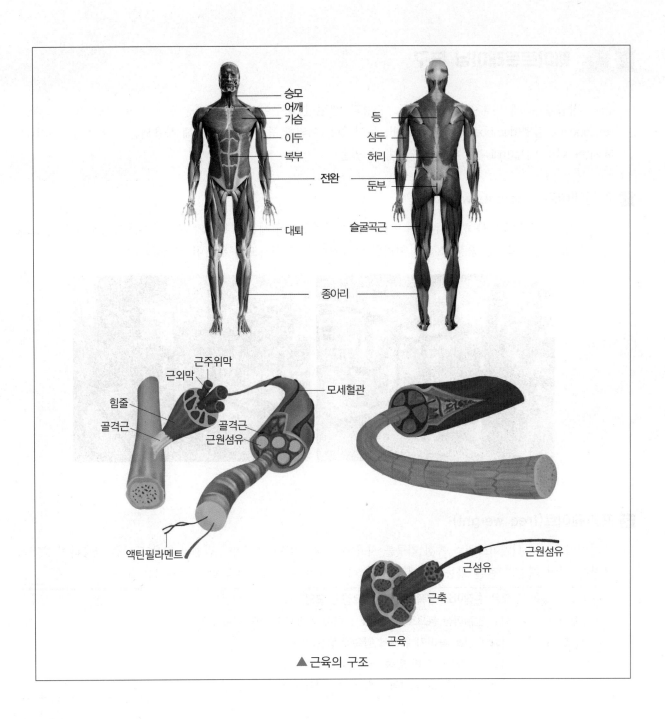

▲ 근육의 구조

웨이트트레이닝 도구

근육 발달을 위해 만들어진 도구들로, 중량과 관련된 도구이며 자기 체중을 이용한 운동 및 익스팬더 (expander), 덤벨(dumbbell), 바벨(barbell) 등이 있음(이러한 중량을 들기 위해 사용되는 보조 도구: 바(bar), 벤치(bench), 매트(mat) 등 다양한 도구들이 있음)

1 머신웨이트(machine weight)

머신웨이트는 근력운동을 하기 위하여 만들어진 운동기구로서 제한된 관절의 가동범위를 제공하여 특히, 초보 자들에게 자세 습득 및 중량 조절의 편리함을 제공하고, 안전사고의 위험이 적은 도구

2 프리웨이트(free weight)

프리웨이트는 머신웨이트처럼 특정 기구를 사용하는 것이 아닌 바벨이나 덤벨과 같은 도구를 사용하여 궤적의 제한이 없어 개인의 관절 가동범위에서 보다 더 자유로운 신체의 움직임을 제공하는 도구

덤벨(dumbbell)	짧은 손잡이와 양쪽에 중량이 고정된 모양
바(bar)	쇠로 만들어진 봉으로, 운동 및 중량에 따라서 다양한 바로 활용함
플레이트(plate)	바에 중량을 높이기 위해서 양쪽에 넣는 원판
바벨(barbell)	쇠로 만들어진 긴 바 양쪽 끝에 원판을 끼워 놓은 것
벤치(bench)	다양한 운동을 하기 위해서 활용되는 의자 모양의 긴 벤치

구분	머신웨이트	프리웨이트
장점	• 제한된 각도로 안전하다. • 초보자에게 편리하다. • 특정 근육 자극이 가능하다. • 보조자가 필요하지 않다.	• 개인의 가동범위에 적합한 동작을 제공한다. • 협응근에 자극을 유도할 수 있다. • 다양한 근력운동이 가능하다.
단점	• 프리웨이트보다 효과가 다소 떨어진다. • 파워풀한 동작이 제한된다. • 동작의 가동범위가 제한되어 있다.	• 초보자들은 하기 어렵다. • 부상의 위험이 있다. • 무게조절의 번거로움이 있다.

3 바(bar)

쇠로 만들어진 봉으로, 운동 및 중량에 따라서 다양하게 활용됨

01 바의 규격

① 경량바

길이	1,000mm~2,000mm
지름	약 28mm
무게	9~15kg

② 중량바

길이	1,200mm~2,200mm
지름	약 50mm
무게	12~20kg

▲ 경량바 & 중량바

스트레이트 바 (straight bar)	• 직선으로 만들어진 바 • 다양한 운동 시 활용되며, 운동 종류에 따라서 크기와 무게가 다양
이지 바 (EZ bar)	• 손잡이가 Z 모양으로 약간 구부러져 운동할 때 보다 편리하고 다양한 각도의 운동을 제공하는 바 • '캠퍼드 바(campered bar)'라고도 하며, 손목에 부하를 줄여서 부상 예방 및 다양한 운동을 하기 위해 활용

▲ 이지바 & 스트레이트바

4 벤치(bench)

벤치(bench)는 운동 동작을 수행하기 위해 사용되는 의자로, 서서 하는 동작을 제외한 거의 모든 운동 동작들은 주로 벤치에서 수행됨

플랫 벤치 (flat bench)	지면과 수평이 되는 평평한 벤치로, 앉거나 등으로 누운 동작에서 보편적으로 가장 많이 활용되는 도구
인클라인 벤치 (incline bench)	머리를 중심으로 위로 기울기를 조절할 수 있는 벤치로, 각도 조절을 통해 상체의 다양한 부위를 운동할 때 활용되는 도구
디클라인 벤치 (decline bench)	머리를 중심으로 아래로 기울기를 조절할 수 있는 벤치로, 각도 조절을 통해 상체의 다양한 부위를 운동할 때 활용되는 도구

▲ 플랫 벤치   ▲ 인클라인 벤치   ▲ 디클라인 벤치

5 웨이트트레이닝 용어

웨이트트레이닝은 서양에서 들어온 운동 방법으로 용어가 영어로 표시되어 있으므로 헬스트레이너로 활동하기 위해서는 보디빌딩에서 사용되는 용어를 숙지하여 시험에 대비하고, 현장에서 전문가로 활동해야 함

1 움직임 용어

푸쉬(push)	미는 동작
풀(pull)	당기는 동작
프레스(press)	누르는 동작
컬(curl)	감아 당기는 동작
레이즈(raise)	들어 올리는 동작
로우(row)	당기는 동작
업(up)	올리는 동작
다운(down)	내리는 동작

2 관절 용어

굴곡(flexion)	관절을 형성하는 두 분절 사이의 각이 감소하는 굽힘 동작
신전(extension)	굴곡의 반대운동으로 두 분절 사이의 각이 증가하는 동작
과신전(hyperextension)	과도하게 신전되는 동작
외전(abduction)	인체의 중심선으로부터 인체 분절이 멀어지는 동작
내전(adduction)	인체 분절이 중심선에 가까워지는 동작
내번(inversion)	발의 장축을 축으로 하여 발바닥을 내측으로 돌리는 동작
외번(eversion)	발의 장축을 축으로 하여 발바닥을 외측으로 돌리는 동작
거상(elevation)	견갑대를 좌우면 상에서 위로 들어 올리는 동작
강하(depression)	거상의 반대로 견갑대를 아래로 내리는 동작
회전(rotation)	인체 분절의 장축을 중심으로 분절 내의 모든 점이 동일한 각거리로 이동하는 동작
내선(medial rotation)	몸의 중심선으로의 회전 동작
외선(lateral rotation)	몸의 중심선으로부터 바깥쪽으로 하는 회전 동작
회내(pronation)	전완이 내측 회전하는 동작
회외(supination)	전완이 외측 회전하는 동작

3 자세 용어

스탠딩(standing)	평범하게 서 있는 자세
시티드(seated)	앉아 있는 자세
슈러그(shrug)	승모근을 으쓱하는 자세
스쿼트(squat)	양발을 벌리고 서서 앉는 자세
업라이트(upright)	똑바로 서 있는 자세
플랫(flat)	평평한 자세
스플리트(split)	나누는 자세
라잉(lying)	누운 자세
런지(lunge)	앞으로 무릎을 구부리는 자세
얼터네이트(alternate)	한쪽씩 번갈아 하는 자세
행잉(hanging)	매달린 자세
인클라인(incline)	위로 기울어진 자세
디클라인(decline)	아래로 기울이진 자세
트위스트(twist)	비트는 자세
딥(dip)	조금 더 깊이 내려간 자세
플라이(fly)	새가 날갯짓 하듯이 하는 자세
풀 다운(pull down)	아래로 당기는 자세
풀 업(pull up)	위로 당기는 자세
풀 오버(pull over)	머리 위로 올려 넘기는 자세
사이드 밴드(side band)	측면으로 움직이는 자세
레터럴 레이즈(lateral raise)	옆으로 들어 올리는 자세
크로스 오버(cross over)	교차한 자세
벤트 오버(bent over)	상체를 앞으로 구부린 자세

6 트레이닝 원리

트레이닝의 다양한 원리를 이해하고 웨이트트레이닝을 적용해야 적절한 운동효과를 얻을 수 있음

점진성의 원리	트레이닝 시 부하를 점차 증가시켜 트레이닝 목적에 맞는 효과를 얻는 원리
과부하의 원리	점차적인 과부하로 강한 자극을 주어서 근력을 증강시키는 원리
연속성의 원리	꾸준하게 지속적으로 훈련을 해야 운동의 효과를 얻는 원리
개별성의 원리	개인의 특성에 맞는 운동 강도와 종류를 가져야 효과가 있다는 원리
특이성의 원리	여러 가지 운동들은 운동부하를 적용한 기관과 부위에 효과를 준다는 원리
특수성의 원리	특수한 변화를 주기 위해서는 특수한 방법으로 훈련을 해야 한다는 원리
가역성의 원리	훈련을 중지하면 빠른 시간에 다시 초기 상태로 되돌아간다는 원리
다양성의 원리	참여자의 다양성과 흥미를 유발하기 위하여 다양한 운동과 프로그램이 필요하다는 원리
자각성의 원리	목적과 목표를 세우고, 스스로 운동을 해야 운동효과가 있다는 원리
다면적 발달 원리	신체를 고르게 발달시켜야 건강하고 강한 신체가 된다는 원리

02 보디빌딩 기초동작

1 스탠스(stance)

스탠스(stance)라는 것은 웨이트트레이닝의 모든 동작에 적용하는 기본자세로 양발의 폭을 의미함. 다양한 운동 동작에 따라 다른 스탠스가 있는데, 보디빌딩 실기시험 모든 동작에서 중요한 평가 기준이므로 인지하고 동작을 수행해야 함

스탠다드 스탠스 (standard stance)	양발이 어깨너비 정도 보폭으로 서 있는 자세
와이드 스탠스(wide stance)	양발이 어깨너비보다 넓은 보폭으로 서 있는 자세
내로우 스탠스(narrow stance)	양발이 어깨너비보다 좁은 보폭으로 서 있는 자세
인라인 스탠스(inline stance)	양발이 앞뒤로 벌려 서 있는 자세로 한쪽 다리는 앞으로 뻗고 반대 다리는 뒤로 한 자세

▲ 스탠다드 스탠스

▲ 와이드 스탠스

▲ 내로우 스탠스

▲ 인라인 스탠스

2 그립(grip)

그립(grip)이라는 것은 웨이트트레이닝 모든 동작에 적용되는 파지 방법을 의미함. 운동 동작에 따라 다른 그립이 있으며, 실기시험의 모든 동작에서 중요한 평가 기준이므로 인지하고 동작을 수행해야 함

1 그립의 너비

와이드 그립(wide grip)	어깨너비보다 더 넓게 바를 잡는 그립
스탠다드 그립(standard grip)	어깨너비 정도 바를 잡는 그립
내로우 그립(narrow grip)	어깨너비보다 좁게 잡는 그립

▲ 스탠다드 그립   ▲ 와이드 그립   ▲ 내로우 그립

2 그립의 방법

오버핸드 그립 (overhand grip)	손등이 천장을 향하게 잡는 방법
언더핸드 그립 (underhand grip)	손등이 지면을 향하게 잡는 방법
뉴트럴 그립(neutral grip)	손바닥이 서로 마주보게 잡는 방법[패러럴 그립(parallel grip)이라고도 함]
얼터네이트 그립 (alternate grip)	한 손은 오버핸드 그립, 다른 한 손은 언더핸드 그립으로 잡는 방법
섬레스 그립(thumbless grip)	엄지손가락을 제외한 나머지 네 손가락으로 잡는 방법
훅 그립(hook grip)	엄지손가락을 네 손가락 안으로 넣어 바를 감싸 잡는 방법

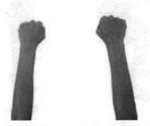  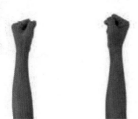

▲ 오버핸드 그립   ▲ 언더핸드 그립   ▲ 뉴트럴 그립

▲ 얼터네이트 그립   ▲ 섬레스 그립   ▲ 훅 그립

지면에서 덤벨이나 바벨을 들어 올리거나 머신웨이트를 이용하여 운동할 때 중요한 것은 바로 안정된 자세로, 안정된 자세는 부상을 예방하고, 근육과 관절에 적절한 운동 강도를 전달할 수 있음

바닥에서 덤벨을 들어 올리는 경우	• 머리와 허리를 바르게 세우고 시선은 정면을 바라보고 골반을 뒤로 하며 앉은 자세로, 스탠다드 스탠스와 뉴트럴 그립으로 덤벨을 잡음 • 어깨, 팔꿈치, 손목을 고정하고 팔을 구부리지 않고 바르게 펴서 하체를 사용하여 덤벨을 최대한 대퇴부 옆면을 스치며 들어 올림 • 상체를 바르게 유지하고 상체의 견관절과 주관절, 수관절 그리고 하체의 고관절과 슬관절, 족관절을 바르게 폄
	    ▲ 앉은 정면 사진　▲ 앉은 측면 사진　▲ 중간 앉기 측면 사진　▲ 서서 측면 사진
바닥에서 바벨을 들어 올리는 경우	• 머리와 허리를 바르게 세우고 시선은 정면을 바라보며 골반을 뒤로 하며 앉은 자세로, 스탠다드 스탠스와 오버핸드 그립으로 바벨을 잡음 • 어깨, 팔꿈치, 손목을 고정하고 팔을 구부리지 않고 바르게 펴서 하체를 사용하여 바벨을 최대한 대퇴부 전면을 스치면서 들어 올림 • 상체를 바르게 하고 상체의 견관절과 주관절, 수관절 그리고 하체의 고관절과 슬관절, 족관절을 바르게 폄
	    ▲ 앉은 정면 사진　▲ 앉은 측면 사진　▲ 중간 앉기 측면 사진　▲ 서서 측면 사진

서서 운동 동작을 하는 경우	서서 운동 동작 시 스탠다드 스탠스 자세로 운동함   ▲ 스탠다드 스탠스 사진　　　　　▲ 동작 시 지면에 발 고정
벤치에서 운동 동작을 하는 경우	벤치에 앉거나 또는 누워서 운동 동작을 하는 경우 몸을 바르게 유지하고 동작을 진행함   ▲ 벤치에 앉아서 하는 운동 시 상체의 머리, 등,　　▲ 벤치에 누워서 하는 운동 시 상체의 머리, 등, 　　둔부와 하체 양발의 접촉 자세　　　　　　　　　둔부와 하체 양발의 접촉 자세

4   시선

웨이트트레이닝 동작 시 시선의 처리에 따라 자세가 바뀔 수 있기 때문에 동작에 따라 어디에 시선을 유지하는 것이 좋을지 인지해야 하는데, 일반적인 동작 시 시선은 정면을 바라보지만 상체를 앞으로 구부리는 동작(bent over)에서 과도하게 시선이 정면을 주시하면 목의 과신전(hyperextension)이 있을 수 있음(이런 경우 앞에 바닥을 바라보는 것이 좋으며, 시선은 머리, 등, 허리, 엉덩이가 바르게 유지되도록 하는 것이 좋은 시선 방법)

▲ 시선처리 바른 동작

▲ 시선처리 잘못된 동작

5   호흡

1 웨이트트레이닝과 호흡

① 웨이트트레이닝은 골격근의 반복 동작을 수행하는 운동이므로 근육의 수축과 이완이 일어나며, 원심성 단계에서 구심성 단계로 전환 직후 반복운동 시 가장 힘든 부분이라 하는데, 이를 스티킹 포인트(sticking point)라고 함

② 전문가들은 스티킹 포인트에서 날숨(호기)을 하는 것을 권장하고 반복 시 부하가 없는 상태에서 들숨(흡기)을 하도록 함

2 웨이트트레이닝 호흡법

들숨(흡기)	근육의 길이가 길어지는 신장성 구간에서 호흡을 들이마심
날숨(호기)	근육의 길이가 짧아지는 단축성 구간에서 호흡을 내쉼
발살바 호흡법 (valsalva maneuver)	무거운 중량을 들어 올릴 때 호흡을 멈추고 힘을 주는 방법. 성문이 닫힌 상태에서 호기하는 것으로 복근과 횡격막이 강하게 수축하여 복강내압을 만들어 폐 속에 공기를 멈추게 하는 것

❸ 웨이트트레이닝에서의 호흡 시 유의할 점

발살바 호흡법의 경우	• 웨이트트레이닝은 무거운 중량을 들어 올리는 운동으로 가끔 호흡을 멈춰야 할 몇 가지 경우도 있는데, 이는 발살바 호흡법(valsalva maneuver)이며 숙달된 운동자가 큰 부하로 구조적인 운동을 할 때 적절히 척추를 유지하고 지지하는 데 좋음 • 발살바 호흡법(2가지 방법으로 사용 가능) 　－ 첫 번째 방법은 신장성 수축에서 호흡을 들이마신 뒤 가장 힘든 부분(sticking point)에서 호흡을 참은 후 내쉬는 방법 　－ 두 번째 방법은 운동 시작 전에 들이마신 뒤 가장 힘든 부분(sticking point)을 지날 때까지 호흡을 참은 후 내쉬는 방법 • 발살바 호흡법은 순식간에 혈압을 상승시켜 현기증과 급성피로, 방향감각 상실, 혈관 파열, 실신을 유발할 수 있기 때문에 심혈관, 대사, 호흡, 정형외과적 이상이 있는 경우 사용해선 안 됨
허리벨트 사용 시	• 허리벨트의 경우 복압을 증가시키기 위해 사용이 되는 장비로, 발살바 호흡법과 마찬가지로 복압을 증가시킴으로써 척추에 가해지는 압력을 줄여 척추 부상을 예방할 수 있음 • 허리벨트를 과도하게 사용할 경우 허리와 복부 근육이 몸을 지탱하는 데 적응하지 못할 수도 있고, 후에 허리벨트 없이 운동을 할 경우 약해진 허리와 복부 근육으로 인해 부상을 당할 수 있기 때문에 무분별한 사용은 자제하고 최대에 가까운 중량으로 저항성 운동을 할 때 사용을 하는 것을 권장함

PART 03

보디빌딩 실기시험편

01 기초기술 [배점 80점]

1 상체 : 가슴 · 팔

1 바벨 벤치 프레스

세부평가기준	시험장 Tip	운동부위 및 근육
① 바벨은 어깨너비보다 넓게 잡았는가? ② 벤치에 머리, 어깨, 엉덩이가 밀착되어 있는가? ③ 허리를 아치 형태로 만들었는가? ④ 그립은 와이드 오버핸드 그립으로 정확히 잡고 있는가? ⑤ 바가 수직으로 보이도록 눕고 턱을 가슴으로 당겨 고정되어 있는가? ⑥ 바를 밀어 올렸을 때 호흡은 내쉬고 팔은 완전히 펴지 않았는가? ⑦ 팔꿈치와 어깨가 일직선이 되게 옆으로 펴고 손목이 뒤로 꺾이지 않았는가?	• "바벨 벤치 프레스를 실시하겠습니다."라고 크고 자신감 있게 말한다. • 시험장에 따라 다르지만 바에 무게가 없더라도 빈 바를 가지고 동작을 실시하도록 한다. • 동작을 수행하면서 심사위원이 들을 수 있도록 호흡을 크게 들이마시고 내뱉는 소리를 낸다. • 심사위원이 "그만"이라고 할 때까지 동작을 반복한다.	• 운동부위 : 가슴 • 주동근 - 대흉근 • 협응근 - 전면 삼각근, 상완 삼두근

01
• 머리와 허리를 곧게 유지하며 벤치에 눕고 바벨을 양손에 와이드 그립과 오버핸드 그립으로 잡는다.
• 바벨이 흔들리지 않게 손목을 고정하며 균형을 잡고 가슴 위로 힘차게 밀어 올리면서 호흡을 내쉰다.

02
• 바벨을 천천히 내리면서 호흡을 들이마신다.
• 이때 팔꿈치가 몸통보다 아래로 내려가지 않도록 신경 쓴다.
• 처음 동작으로 천천히 돌아오면서 호흡은 내쉬고 가슴 위로 힘차게 밀어 올리며 수축시킨다.

2 덤벨 벤치 프레스

세부평가기준	시험장 Tip	운동부위 및 근육
① 양발은 바닥에 고정시켰는가? ② 머리, 어깨, 엉덩이가 벤치에 닿은 상태에서 허리를 아치 형태로 만들었는가? ③ 어깨는 고정되어 있는가? ④ 덤벨을 올릴 때 가슴을 수축하고 있는가? ⑤ 팔은 정확히 밀고 있는가? ⑥ 호흡은 덤벨을 내릴 때 들이마시고 올릴 때 내뱉고 있는가? ⑦ 동작 내내 양팔의 전완이 지면과 수직을 이루는 상태를 유지하도록 하는가?	• "덤벨 벤치 프레스를 실시하겠습니다."라고 크고 자신감 있게 말한다. • 시험장에 따라 다르지만 벤치가 없으면 매트에서 덤벨을 이용하여 해당 동작을 실시한다. • 동작을 수행하면서 심사위원이 들을 수 있도록 호흡을 크게 들이마시고 내뱉는 소리를 낸다. • 심사위원이 "그만"이라고 할 때까지 동작을 반복한다.	• 운동부위 : 가슴 • 주동근 – 대흉근 • 협응근 – 전면 삼각근, 상완 삼두근

01

• 머리와 허리를 곧게 유지하며 벤치에 눕고 덤벨을 양손에 오버핸드 그립으로 잡는다.
• 덤벨이 흔들리지 않게 손목을 고정하며 균형을 잡고 가슴 위로 힘차게 밀어 올리면서 호흡을 내쉰다.

02

• 덤벨을 천천히 내리면서 호흡을 들이마신다.
• 이때 팔꿈치가 몸통보다 아래로 내려가지 않도록 한다.
• 처음 동작으로 돌아오면서 호흡은 내쉬고 가슴 위로 힘차게 밀어 올리며 수축시킨다.

PART 03

3 덤벨 플라이

세부평가기준

① 양발은 바닥에 고정시켰는가?
② 머리, 어깨, 엉덩이가 벤치에 닿은 상태에서 허리를 아치 형태로 만들었는가?
③ 뉴트럴 그립으로 덤벨을 들어 올려 가슴 중앙에 위치했는가?
④ 덤벨을 가슴 옆으로 큰 원을 그리듯이 내렸는가?
⑤ 덤벨을 올릴 때 가슴을 수축하고 있는가?
⑥ 하위구간에서 덤벨이 몸통보다 아래로 내려가지 않도록 하였는가?
⑦ 주관절의 굽힘 정도가 적정한가?

시험장 Tip

• "덤벨 플라이를 실시하겠습니다."라고 크고 자신감 있게 말한다.
• 시험장에 따라 다르지만 벤치가 없다면 매트에서 덤벨을 이용하여 해당 동작을 실시한다.
• 동작을 수행하면서 심사위원이 들을 수 있도록 호흡을 크게 들이마시고 내뱉는 소리를 낸다.
• 심사위원이 "그만"이라고 할 때까지 동작을 반복한다.

운동부위 및 근육

• 운동부위 : 가슴
• 주동근 ─ 대흉근
• 협응근 ─ 전면 삼각근, 상완 이두근

01
• 머리와 허리를 곧게 유지하면서 벤치에 눕고 덤벨을 양손에 뉴트럴 그립으로 잡는다.
• 덤벨이 흔들리지 않게 손목을 고정하며 균형을 잡는다.

02
• 덤벨을 양옆으로 천천히 내리면서 호흡을 들이마시고 가슴 부위를 최대한 이완시킨다.
• 처음 동작으로 돌아오면서 호흡은 내쉬고 팔로 원을 그린다는 생각으로 가슴 위로 힘차게 밀어 올리며 수축시킨다.

4 덤벨 풀오버

PART 03

세부평가기준

① 양발이 어깨너비로 고정이 되어 있는가?
② 양손을 모아 잡은 덤벨을 들어 올려 가슴 위쪽에 위치시켰는가?
③ 덤벨을 머리 뒤로 큰 원을 그리듯이 내렸는가?
④ 팔꿈치 관절을 충분히 연 상태에서 수직이 되도록 팔을 올렸는가?
⑤ 하위 구간에서 엉덩이가 들리지 않도록 주의하였는가?
⑥ 덤벨을 천천히 가슴 앞으로 들어 올리고 엉덩이도 함께 들어 올렸는가?
⑦ 덤벨이 가슴 앞쪽으로 오면서 호흡을 내쉬는가?
⑧ 동작 중 팔이 굽혀지지 않도록 주의하였는가?

시험장 Tip

• "덤벨 풀오버를 실시하겠습니다."라고 크고 자신감 있게 말한다.
• 시험장에 따라 다르지만 벤치가 없다면 매트에서 덤벨을 이용하여 해당 동작을 실시한다.
• 동작을 수행하면서 심사위원이 들을 수 있도록 호흡을 크게 들이마시고 내뱉는 소리를 낸다.
• 심사위원이 동작을 정확히 볼 수 있도록 측면으로 자세를 잡고 천천히 동작을 수행한다.
• 심사위원이 "그만"이라고 할 때까지 동작을 반복한다.

운동부위 및 근육

• 운동부위 : 가슴
• 주동근 – 대흉근
• 협응근 – 전면 삼각근, 상완 이두근, 전거근

01

• 머리와 허리를 곧게 유지하며 벤치에 눕고 양손으로 덤벨 하나를 파지한다.
• 양팔은 곧게 펴고 덤벨이 얼굴 위쪽에 위치하도록 하며 흔들리지 않게 균형을 잘 잡는다.
• 손목과 팔꿈치를 고정한다.

02

• 덤벨을 천천히 머리 위 정수리 방향으로 내리면서 호흡을 들이마신다.
• 덤벨의 무게를 이용해 가슴부위를 최대한 이완시킨다.
• 처음 동작으로 천천히 돌아오면서 호흡은 내쉬고 가슴 위로 힘차게 밀어 올리며 수축시킨다.

5 클로즈 그립 푸쉬업

세부평가기준	시험장 Tip	운동부위 및 근육
① 그립은 어깨너비보다 좁게 위치하였 는가? ② 내리는 단계에 팔꿈치가 몸통에서 멀어지지 않았는가? ③ 올리는 단계에 삼두근의 수축이 일 어나는가? ④ 운동하는 동안에 몸통이 고정되어 있었는가? ⑤ 머리, 어깨, 골반, 무릎, 발목이 일직 선을 유지했는가?	• "클로즈 그립 푸쉬업을 실시하겠습니 다."라고 크고 자신감 있게 말한다. • 동작을 수행하면서 심사위원이 들을 수 있도록 호흡을 크게 들이마시고 내 뱉는 소리를 낸다. • 심사위원이 동작을 정확히 볼 수 있 도록 측면으로 자세를 잡고 천천히 동 작을 수행한다. • 심사위원이 "그만"이라고 할 때까지 동작을 반복한다.	• 운동부위 : 가슴 • 주동근 – 대흉근 • 협응근 – 전면 삼각근, 상완 삼두근

01
- 매트에 양손을 내로우 그립으로 위치시키며 엎드린다.
- 머리, 어깨, 허리, 엉덩이, 무릎, 발목을 곧게 유지시킨다.

02
- 팔꿈치를 구부리며 몸통을 내린다.
- 팔꿈치가 몸통에서 멀어지지 않도록 신경 쓴다.
- 몸통을 내리는 동작에서 호흡은 들이마시고 돌아오는 동작 에서 호흡은 내쉰다.

6 덤벨 컬

세부평가기준	시험장 Tip	운동부위 및 근육
① 팔꿈치가 어깨 뒤로 빠지지 않게 하고 있는가? ② 팔꿈치가 움직이지 않도록 고정시켰는가? ③ 덤벨을 올릴 때 호흡을 내쉬고 있는가?	• "덤벨 컬을 실시하겠습니다."라고 크고 자신감 있게 말한다. • 동작을 수행하면서 심사위원이 들을 수 있도록 호흡을 크게 들이마시고 내뱉는 소리를 낸다. • 심사위원이 동작을 정확히 볼 수 있도록 정면으로 자세를 잡고 천천히 동작을 수행한다. • 심사위원이 "그만"이라고 할 때까지 동작을 반복한다.	• 운동부위 : 팔 • 주동근 – 상완 이두근 • 협응근 – 전완근

01
• 스탠다드 스탠스로 서서 머리와 허리를 곧게 유지한다.
• 양손을 언더핸드 그립으로 덤벨을 파지하고 대퇴부 앞에 위치한다.
• 상완 부위를 몸통에 고정시키고 팔꿈치와 손목을 고정시킨다.

02
• 덤벨을 천천히 위로 들어 올리면서 근육을 최대한 수축시킨다.
• 올리는 동작 시 반동을 이용하지 않고 호흡은 내쉰다.
• 처음 동작으로 천천히 돌아오면서 근육을 이완시키고 호흡은 들이마신다.

PART 03

7 해머 컬(덤벨 해머 컬)

세부평가기준	시험장 Tip	운동부위 및 근육
① 덤벨을 뉴트럴 그립으로 잡았는가? ② 상완근이 최대로 수축할 수 있도록 양팔을 동시에 굽혀 덤벨을 들어 올렸는가? ③ 팔꿈치가 어깨 뒤로 빠지지 않게 하고 있는가? ④ 팔꿈치가 움직이지 않도록 고정시켰는가? ⑤ 덤벨을 올릴 때 상체가 앞뒤로 움직이지 않도록 고정시켰는가? ⑥ 덤벨을 올릴 때 호흡을 내쉬고 있는가?	• "해머 컬을 실시하겠습니다."라고 크고 자신감 있게 말한다. • 동작을 수행하면서 심사위원이 들을 수 있도록 호흡을 크게 들이마시고 내뱉는 소리를 낸다. • 심사위원이 동작을 정확히 볼 수 있도록 정면으로 자세를 잡고 천천히 동작을 수행한다. • 심사위원이 "그만"이라고 할 때까지 동작을 반복한다.	• 운동부위 : 팔 • 주동근 − 상완 이두근 • 협응근 − 전완근

01
• 스탠다드 스탠스로 서서 머리와 허리를 곧게 유지한다.
• 양손을 뉴트럴 그립으로 덤벨을 파지하고 대퇴부 앞에 위치한다.
• 상완 부위를 몸통에 고정시키고 팔꿈치와 손목을 고정시킨다.

02
• 덤벨을 천천히 위로 들어 올리면서 근육을 최대한 수축시킨다.
• 올리는 동작 시 반동을 이용하지 않고 호흡은 내쉰다.
• 처음 동작으로 천천히 돌아오면서 근육을 이완시키고 호흡은 들이마신다.

8 바벨 컬

PART 03

세부평가기준

① 스탠다드 언더핸드 그립으로 바벨을 잡았는가?
② 바를 잡는 양손의 간격이 어깨너비 정도인가?
③ 팔꿈치가 어깨 뒤로 빠지지 않게 하고 있는가?
④ 팔꿈치가 움직이지 않도록 고정시켰는가?
⑤ 바를 들어 올릴 때 호흡을 내쉬고 있는가?

시험장 Tip

• "바벨 컬을 실시하겠습니다."라고 크고 자신감 있게 말한다.
• 동작을 수행하면서 심사위원이 들을 수 있도록 호흡을 크게 들이마시고 내뱉는 소리를 낸다.
• 심사위원이 동작을 정확히 볼 수 있도록 정면으로 자세를 잡고 천천히 동작을 수행한다.
• 심사위원이 "그만"이라고 할 때까지 동작을 반복한다.

운동부위 및 근육

• 운동부위 : 팔
• 주동근 – 상완 이두근
• 협응근 – 전완근

01
• 스탠다드 스탠스로 서서 머리와 허리를 곧게 유지한다.
• 양손을 스탠다드 그립과 언더핸드 그립으로 바벨을 파지하고 대퇴부 앞에 위치한다.
• 상완 부위를 몸통에 고정시키고 팔꿈치와 손목을 고정시킨다.

02
• 바벨을 천천히 위로 들어 올리면서 근육을 최대한 수축시킨다.
• 올리는 동작 시 반동을 이용하지 않고 호흡은 내쉰다.
• 처음 동작으로 천천히 돌아오면서 근육을 이완시키고 호흡은 들이마신다.

9 컨센트레이션 컬

세부평가기준	시험장 Tip	운동부위 및 근육
① 덤벨을 잡고 벤치에 앉아 있는가? ② 뉴트럴 그립으로 덤벨을 잡았는가? ③ 팔꿈치를 대퇴부 안쪽에 고정하였는가? ④ 반대편 손을 대퇴부에 고정시켜 상체를 안정적으로 지지하였는가? ⑤ 숨을 내쉬면서 팔꿈치를 구부려 전완을 들어 올리며 다시 시작 자세로 돌아오며 숨을 들이마시는가?	• "컨센트레이션 컬을 실시하겠습니다." 라고 크고 자신감 있게 말한다. • 동작을 수행하면서 심사위원이 들을 수 있도록 호흡을 크게 들이마시고 내뱉는 소리를 낸다. • 심사위원이 동작을 정확히 볼 수 있도록 정면으로 자세를 잡고 천천히 동작을 수행한다. • 심사위원이 "그만"이라고 할 때까지 동작을 반복한다.	• 운동부위 : 팔 • 주동근 – 상완 이두근 • 협응근 – 전완근

01
• 벤치에 앉아 상완 부위를 대퇴부에 고정시킨다.
• 손바닥이 보이도록 덤벨을 파지하고 시선은 덤벨을 주시한다.
• 팔꿈치와 손목을 고정시킨다.

02
• 덤벨을 천천히 위로 들어 올리면서 근육을 최대한 수축시킨다.
• 올리는 동작 시 반동을 이용하지 않고 호흡은 내쉰다.
• 처음 동작으로 천천히 돌아오면서 근육을 이완시키고 호흡은 들이마신다.

⑩ 리버스 바벨 컬

세부평가기준

① 서서 오버그립으로 바벨을 잡았는가?
② 숨을 내쉬면서 팔꿈치를 굽혀 바벨을 들어 올리고 다시 내리면서 숨을 들이마시는가?
③ 팔꿈치가 움직이지 않도록 고정시켰는가?
④ 상위 구간에서 손목이 아래로 굽혀지지 않도록 주의하였는가?

시험장 Tip

• "리버스 바벨 컬을 실시하겠습니다." 라고 크고 자신감 있게 말한다.
• 동작을 수행하면서 심사위원이 들을 수 있도록 호흡을 크게 들이마시고 내뱉는 소리를 낸다.
• 심사위원이 동작을 정확히 볼 수 있도록 정면으로 자세를 잡고 천천히 동작을 수행한다.
• 심사위원이 "그만"이라고 할 때까지 동작을 반복한다.

운동부위 및 근육

• 운동부위 : 팔
• 주동근 – 상완 이두근
• 협응근 – 전완근

01
• 스탠다드 스탠스로 서서 머리와 허리를 곧게 유지한다.
• 양손을 스탠다드 그립과 오버그립으로 바벨을 파지하고 대퇴부 앞에 위치한다.
• 상완 부위를 몸통에 고정시키고 팔꿈치와 손목을 고정시킨다.

02
• 바벨을 천천히 위로 들어 올리면서 근육을 최대한 수축시킨다.
• 올리는 동작 시 반동을 이용하지 않고 호흡은 내쉰다.
• 처음 동작으로 천천히 돌아오면서 근육을 이완시키고 호흡은 들이마신다.

11 얼터네이트 덤벨 컬

세부평가기준	시험장 Tip	운동부위 및 근육
① 덤벨을 최대로 들어 올리며 손목을 외전하여 이두박근의 수축을 유도하였는가? ② 덤벨을 올릴 때 상체가 앞뒤로 움직이지 않도록 고정시켰는가? ③ 팔꿈치가 어깨 뒤로 빠지지 않게 하고 있는가? ④ 팔꿈치가 움직이지 않도록 고정시켰는가? ⑤ 덤벨을 올릴 때 호흡을 하고 있는가? ⑥ 양팔을 교대로 들어 올리는가?	• "얼터네이트 덤벨 컬을 실시하겠습니다."라고 크고 자신감 있게 말한다. • 동작을 수행하면서 심사위원이 들을 수 있도록 호흡을 크게 들이마시고 내뱉는 소리를 낸다. • 심사위원이 동작을 정확히 볼 수 있도록 정면으로 자세를 잡고 천천히 동작을 수행한다. • 심사위원이 "그만"이라고 할 때까지 동작을 반복한다.	• 운동부위 : 팔 • 주동근 - 상완 이두근 • 협응근 - 전완근

01
• 스탠다드 스탠스로 서서 머리와 허리를 곧게 유지한다.
• 양손을 언더핸드 그립으로 덤벨을 파지하고 대퇴부 앞에 위치한다.
• 상완 부위를 몸통에 고정시키고 팔꿈치와 손목을 고정시킨다.

02
• 한 팔씩 덤벨을 천천히 위로 들어 올리면서 근육을 최대한 수축시킨다.
• 팔을 번갈아 가며 올리는 동작 시 반동을 이용하지 않고 호흡은 내쉰다.
• 처음 동작으로 천천히 돌아오면서 근육을 이완시키고 호흡은 들이마신다.

12 얼터네이트 해머 컬

세부평가기준

① 덤벨을 뉴트럴 그립으로 잡았는가?
② 팔꿈치가 어깨 뒤로 빠지지 않게 하고 있는가?
③ 팔꿈치가 움직이지 않도록 고정시키고 있는가?
④ 덤벨을 올릴 때 호흡을 하고 있는가?
⑤ 양팔을 교대로 들어 올리는가?

시험장 Tip

• "얼터네이트 해머 컬을 실시하겠습니다."라고 크고 자신감 있게 말한다.
• 동작을 수행하면서 심사위원이 들을 수 있도록 호흡을 크게 들이마시고 내뱉는 소리를 낸다.
• 심사위원이 동작을 정확히 볼 수 있도록 정면으로 자세를 잡고 천천히 동작을 수행한다.
• 심사위원이 "그만"이라고 할 때까지 동작을 반복한다.

운동부위 및 근육

• 운동부위 : 팔
• 주동근 – 상완 이두근
• 협응근 – 전완근

01
• 스탠다드 스탠스로 서서 머리와 허리를 곧게 유지한다.
• 양손을 뉴트럴 그립으로 덤벨을 파지하고 대퇴부 앞에 위치한다.
• 상완 부위를 몸통에 고정시키고 팔꿈치와 손목을 고정시킨다.

02
• 한 팔씩 덤벨을 천천히 위로 들어 올리면서 근육을 최대한 수축시킨다.
• 팔을 번갈아 가며 올리는 동작 시 반동을 이용하지 않고 호흡은 내쉰다.
• 처음 동작으로 천천히 돌아오면서 근육을 이완시키고 호흡은 들이마신다.

⑬ 덤벨 리스트 컬

자세영상

세부평가기준	시험장 Tip	운동부위 및 근육
① 벤치에 앉아서 대퇴부에 전완부를 위치했는가? 또는 벤치에 전완부를 위치했는가? ② 언더그립으로 덤벨을 잡았는가? ③ 숨을 내쉬며 손목을 올리고, 손목을 내리면서 숨을 들이쉬는가? ④ 팔꿈치가 움직이지 않도록 고정시키고 있는가?	• "덤벨 리스트 컬을 실시하겠습니다." 라고 크고 자신감 있게 말한다. • 동작을 수행하면서 심사위원이 들을 수 있도록 호흡을 크게 들이마시고 내뱉는 소리를 낸다. • 심사위원이 동작을 정확히 볼 수 있도록 측면으로 자세를 잡고 천천히 동작을 수행한다. • 심사위원이 "그만"이라고 할 때까지 동작을 반복한다.	• 운동부위 : 팔 • 주동근 - 전완근

01
- 한 손 언더그립으로 덤벨을 잡고 머리와 허리를 곧게 유지하며 벤치 혹은 매트에 앉는다.
- 덤벨이 흔들리지 않게 균형을 잡고 대퇴부에 전완부를 올린다.
- 상완 부위와 전완 부위가 움직이지 않도록 고정시킨다.

02
- 덤벨을 천천히 위로 올리며 호흡을 내쉬고 최대한 근육을 수축시킨다.
- 처음 동작으로 천천히 돌아오면서 호흡을 들이마시고 근육을 이완시킨다.

14 바벨 리스트 컬

세부평가기준

① 벤치에 앉아서 대퇴부에 전완부를 위치했는가? 또는 벤치에 전완부를 위치했는가?
② 언더그립으로 바벨을 잡았는가?
③ 숨을 내쉬며 손목을 올리고, 손목을 내리면서 숨을 들이쉬는가?
④ 팔꿈치가 움직이지 않도록 고정시키고 있는가?

시험장 Tip

• "바벨 리스트 컬을 실시하겠습니다." 라고 크고 자신감 있게 말한다.
• 동작을 수행하면서 심사위원이 들을 수 있도록 호흡을 크게 들이마시고 내뱉는 소리를 낸다.
• 심사위원이 동작을 정확히 볼 수 있도록 측면으로 자세를 잡고 천천히 동작을 수행한다.
• 심사위원이 "그만"이라고 할 때까지 동작을 반복한다.

운동부위 및 근육

• 운동부위 : 팔
• 주동근 – 전완근

01
• 언더그립으로 바벨을 잡고 머리와 허리를 곧게 유지하며 벤치 혹은 매트에 앉는다.
• 바벨이 흔들리지 않게 균형을 잡고 대퇴부에 전완부를 올린다.
• 상완 부위와 전완 부위가 움직이지 않도록 고정시킨다.

02
• 바벨을 천천히 위로 올리며 호흡을 내쉬고 최대한 근육을 수축시킨다.
• 처음 동작으로 천천히 돌아오면서 호흡을 들이마시고 근육을 이완시킨다.

Chapter 01 기초기술 59

15 스탠딩 바벨 트라이셉스 익스텐션

세부평가기준	시험장 Tip	운동부위 및 근육
① 양발은 골반너비로 벌리고 서서 몸의 중심을 잡았는가? ② 서서 허리는 곧게 세우며 펴고 있는가? ③ 양손의 간격을 어깨너비보다 좁게 하고 있는가? ④ 바벨을 머리 뒤쪽으로 내리고 있는가? ⑤ 바벨을 잡은 상완이 지면과 수직이 되도록 하는가? ⑥ 동작 중에 양쪽 팔꿈치가 벌어지지 않도록 주의했는가? ⑦ 바벨을 내릴 때 숨을 들이마시고 올릴 때 내뱉고 있는가?	• "스텐딩 바벨 트라이셉스 익스텐션을 실시하겠습니다."라고 크고 자신감 있게 말한다. • 동작을 수행하면서 심사위원이 들을 수 있도록 호흡을 크게 들이마시고 내뱉는 소리를 낸다. • 심사위원이 동작을 정확히 볼 수 있도록 측면으로 자세를 잡고 천천히 동작을 수행한다. • 심사위원이 "그만"이라고 할 때까지 동작을 반복한다.	• 운동부위 : 팔 • 주동근 – 상완 삼두근 • 협응근 – 전완근

01
• 머리와 허리를 곧게 유지하고 내로우 그립과 오버핸드 혹은 섬레스 그립으로 EZ-bar를 잡는다.
• 바벨이 흔들리지 않게 균형을 잡고 머리 위로 들고 팔꿈치와 손목을 고정시킨다.

02
• 바벨을 천천히 머리 뒤로 내리면서 호흡을 들이마신다.
• 상완을 지면과 수직이 되도록 유지하며 근육을 천천히 이완시킨다.
• 처음 동작으로 돌아오면서 호흡을 내쉬고 최대한 근육을 수축시킨다.

16 라잉 바벨 트라이셉스 익스텐션

세부평가기준

① 가슴은 들고 척추는 정상 만곡을 유지하고 있는가?
② 양손의 간격을 어깨너비보다 좁게 하고 있는가?
③ 바벨을 머리 쪽으로 내리고 있는가?
④ 바벨을 잡은 팔이 지면과 수직이 되도록 하는가?
⑤ 바를 내릴 때 숨을 들이마시고 올릴 때 내뱉고 있는가?

시험장 Tip

• "라잉 바벨 트라이셉스 익스텐션을 실시하겠습니다."라고 크고 자신감 있게 말한다.
• 동작을 수행하면서 심사위원이 들을 수 있도록 호흡을 크게 들이마시고 내뱉는 소리를 낸다.
• 심사위원이 동작을 정확히 볼 수 있도록 측면으로 자세를 잡고 천천히 동작을 수행한다.
• 심사위원이 "그만"이라고 할 때까지 동작을 반복한다.

운동부위 및 근육

• 운동부위 : 팔
• 주동근 – 상완 삼두근
• 협응근 – 전완근

01

• 머리와 허리를 곧게 유지하고 내로우 그립과 오버핸드 혹은 섬레스 그립으로 EZ–bar를 잡는다.
• 벤치 혹은 매트에 누워 상완을 몸통에 고정시킨다.
• 바벨이 흔들리지 않게 균형을 잡고 가슴 위로 들고 팔꿈치와 손목을 고정시킨다.

02

• 바벨을 천천히 이마 방향으로 내리면서 호흡을 들이마신다.
• 상완을 지면과 수직이 되도록 유지하며 근육을 천천히 이완시킨다.
• 처음 동작으로 돌아오면서 호흡을 내쉬고 최대한 근육을 수축시킨다.

17 원암 덤벨 오버헤드 트라이셉스 익스텐션

세부평가기준	시험장 Tip	운동부위 및 근육
① 팔꿈치가 고정되어 있는가? ② 덤벨이 내려갈 때 팔꿈치의 각도가 90도까지 내리는가? ③ 팔꿈치를 펼 때 호흡을 내쉬는가? ④ 동작 중에 팔꿈치가 벌어지지 않도록 주의하였는가?	• "원암 덤벨 오버헤드 트라이셉스 익스텐션을 실시하겠습니다."라고 크고 자신감 있게 말한다. • 동작을 수행하면서 심사위원이 들을 수 있도록 호흡을 크게 들이마시고 내뱉는 소리를 낸다. • 심사위원이 동작을 정확히 볼 수 있도록 측면으로 자세를 잡고 천천히 동작을 수행한다. • 심사위원이 "그만"이라고 할 때까지 동작을 반복한다.	• 운동부위 : 팔 • 주동근 – 상완 삼두근 • 협응근 – 전완근

01
• 한 손으로 덤벨을 잡고 머리와 허리를 곧게 유지한다.
• 덤벨이 흔들리지 않게 균형을 잡고 머리 위로 들어 올린다.
• 어깨와 팔꿈치, 그리고 손목을 고정시킨다.

02
• 덤벨을 천천히 머리 뒤로 내리면서 호흡을 들이마신다.
• 상완을 지면과 수직이 되도록 유지하며 근육을 천천히 이완시킨다.
• 처음 동작으로 돌아오면서 호흡을 내쉬고 최대한 근육을 수축시킨다.

18 시티드 트라이셉스 익스텐션

세부평가기준

① 앉아서 허리는 곧게 세우며 펴고 있는가?
② 양손의 간격을 어깨너비보다 좁게 하고 있는가?
③ 바벨을 머리 뒤쪽으로 내리고 있는가?
④ 바벨을 잡은 상완이 지면과 수직이 되도록 하는가?
⑤ 바벨을 내릴 때 숨을 들이마시고 올릴 때 내뱉고 있는가?

시험장 Tip

• "시티드 트라이셉스 익스텐션을 실시하겠습니다."라고 크고 자신감 있게 말한다.
• 동작을 수행하면서 심사위원이 들을 수 있도록 호흡을 크게 들이마시고 내뱉는 소리를 낸다.
• 심사위원이 동작을 정확히 볼 수 있도록 측면으로 자세를 잡고 천천히 동작을 수행한다.
• 심사위원이 "그만"이라고 할 때까지 동작을 반복한다.

운동부위 및 근육

• 운동부위 : 팔
• 주동근 – 상완 삼두근
• 협응근 – 전완근

01
• 내로우 그립과 오버핸드 혹은 섬레스 그립으로 EZ-bar를 잡는다.
• 머리와 허리를 곧게 펴고 벤치에 앉는다.
• 바벨이 흔들리지 않게 균형을 잡고 머리 위로 들고 팔꿈치와 손목을 고정시킨다.

02
• 바벨을 천천히 머리 뒤로 내리면서 호흡을 들이마신다.
• 상완을 지면과 수직이 되도록 유지하며 근육을 천천히 이완시킨다.
• 처음 동작으로 돌아오면서 호흡을 내쉬고 최대한 근육을 수축시킨다.

19 덤벨 킥 백

세부평가기준

① 운동 중 상완은 바닥과 수평인 상태를 유지하는가?
② 팔꿈치는 몸통에서 붙인 상태를 유지하는가?
③ 덤벨을 잡은 팔은 90도로 굽혔는가?
④ 등은 곧게 편 상태를 유지했는가?
⑤ 발은 바닥에 밀착시켰는가?

시험장 Tip

• "덤벨 킥 백을 실시하겠습니다."라고 크고 자신감 있게 말한다.
• 동작을 수행하면서 심사위원이 들을 수 있도록 호흡을 크게 들이마시고 내뱉는 소리를 낸다.
• 심사위원이 동작을 정확히 볼 수 있도록 측면으로 자세를 잡고 천천히 동작을 수행한다.
• 심사위원이 "그만"이라고 할 때까지 동작을 반복한다.

운동부위 및 근육

• 운동부위 : 팔
• 주동근 – 상완 삼두근
• 협응근 – 전완근

01
• 한 손 뉴트럴 그립으로 덤벨을 잡고 머리와 허리를 곧게 유지한다.
• 상체가 지면과 수평이 되도록 허리를 구부린다.
• 상완 부위는 몸통에 밀착시켜 고정시킨다.

02
• 덤벨을 천천히 머리 뒤로 내리면서 호흡을 들이마신다.
• 상완이 지면과 수평이 되도록 유지하며 근육을 천천히 이완시킨다.
• 처음 동작으로 돌아오면서 호흡을 내쉬고 최대한 근육을 수축시킨다.

⑳ 벤치 딥

PART 03

세부평가기준

① 다리를 펴 양발을 몸에서 먼 곳에 위치 시켰는가?
② 허리는 곧게 편 자세를 유지했는가?
③ 내리는 단계에 팔꿈치가 직각으로 내려가는가?
④ 하위구간에서 팔꿈치가 몸 바깥쪽으로 벌어지지 않도록 주의하는가?
⑤ 올리는 단계에 팔꿈치가 완전히 펴지는가?
⑥ 호흡을 똑바로 하고 있는가?

시험장 Tip

• "벤치 딥을 실시하겠습니다."라고 크고 자신감 있게 말한다.
• 동작을 수행하면서 심사위원이 들을 수 있도록 호흡을 크게 들이마시고 내뱉는 소리를 낸다.
• 심사위원이 동작을 정확히 볼 수 있도록 측면으로 자세를 잡고 천천히 동작을 수행한다.
• 심사위원이 "그만"이라고 할 때까지 동작을 반복한다.

운동부위 및 근육

• 운동부위 : 팔
• 주동근 − 상완 삼두근

01
• 머리와 허리를 곧게 유지하고 벤치에 상체를 팔로 지탱한다.
• 상완 부위를 몸통에 최대한 붙이고 팔꿈치가 벌어지지 않도록 한다.
• 어깨와 팔꿈치, 손목을 고정시킨다.

02
• 팔꿈치를 천천히 구부리면서 상체를 아래로 내리며 호흡은 들이마신다.
• 내리는 동작 시 호흡은 들이마시고 팔꿈치가 직각으로 내려가도록 한다.
• 처음 동작으로 천천히 돌아오면서 근육을 최대한 수축시키고 호흡은 내쉰다.

21 덤벨 리버스 리스트 컬

자세
영상

세부평가기준	시험장 Tip	운동부위 및 근육
① 벤치에 앉아서 대퇴부에 전완부를 위치했는가? 또는 벤치에 전완부를 위치했는가? ② 오버그립으로 덤벨을 잡았는가? ③ 숨을 내쉬며 손목을 올리고, 손목을 내리면서 숨을 들이쉬는가? ④ 운동 중 전완부가 움직이지 않도록 안정적으로 고정되어 있는가?	• "덤벨 리버스 리스트 컬을 실시하겠습니다."라고 크고 자신감 있게 말한다. • 동작을 수행하면서 심사위원이 들을 수 있도록 호흡을 크게 들이마시고 내뱉는 소리를 낸다. • 심사위원이 동작을 정확히 볼 수 있도록 자세를 잡고 천천히 동작을 수행한다. • 심사위원이 "그만"이라고 할 때까지 동작을 반복한다.	• 운동부위 : 팔 • 주동근 – 전완근

01
• 오버그립으로 덤벨을 잡고 머리와 허리를 곧게 유지하며 벤치에 앉는다.
• 덤벨이 흔들리지 않게 균형을 잡고 대퇴부에 전완부를 올린다.
• 상완 부위와 전완 부위가 움직이지 않도록 고정시킨다.

02
• 덤벨을 천천히 위로 올리며 호흡을 내쉬고 최대한 근육을 수축시킨다.
• 처음 동작으로 천천히 돌아오면서 호흡을 들이마시고 근육을 이완시킨다.

22 바벨 리버스 리스트 컬

PART 03

세부평가기준

① 벤치에 앉아서 대퇴부에 전완부를 위치했는가? 또는 벤치에 전완부를 위치했는가?
② 오버그립으로 바벨을 잡았는가?
③ 숨을 내쉬며 손목을 올리고, 손목을 내리면서 숨을 들이쉬는가?
④ 운동 중 전완부가 움직이지 않도록 안정적으로 고정되어 있는가?

시험장 Tip

• "바벨 리버스 리스트 컬을 실시하겠습니다."라고 크고 자신감 있게 말한다.
• 동작을 수행하면서 심사위원이 들을 수 있도록 호흡을 크게 들이마시고 내뱉는 소리를 낸다.
• 심사위원이 동작을 정확히 볼 수 있도록 자세를 잡고 천천히 동작을 수행한다.
• 심사위원이 "그만"이라고 할 때까지 동작을 반복한다.

운동부위 및 근육

• 운동부위 : 팔
• 주동근 – 전완근

01
• 오버그립으로 바벨을 잡고 머리와 허리를 곧게 유지하며 벤치에 앉는다.
• 바벨이 흔들리지 않게 균형을 잡고 대퇴부에 전완부를 올린다.
• 상완 부위와 전완 부위가 움직이지 않도록 고정시킨다.

02
• 바벨을 천천히 위로 올리며 호흡을 내쉬고 최대한 근육을 수축시킨다.
• 처음 동작으로 천천히 돌아오면서 호흡을 들이마시고 근육을 이완시킨다.

세부평가기준

① 그립을 어깨너비에 위치하였는가?
② 밀어 올리는 단계에 대흉근의 수축이 일어나는가?
③ 운동하는 동안에 몸통이 고정되어 있는가?
④ 머리, 어깨, 골반, 무릎, 발목을 일직선으로 유지했는가?

시험장 Tip

• "푸쉬업을 실시하겠습니다."라고 크고 자신감 있게 말한다.
• 동작을 수행하면서 심사위원이 들을 수 있도록 호흡을 크게 들이마시고 내뱉는 소리를 낸다.
• 심사위원이 동작을 정확히 볼 수 있도록 자세를 잡고 천천히 동작을 수행한다.
• 심사위원이 "그만"이라고 할 때까지 동작을 반복한다.

운동부위 및 근육

• 운동부위 : 가슴
• 주동근 – 대흉근
• 협응근 – 전면 삼각근, 상완 삼두근

01
• 매트에 양손을 스탠다드 그립으로 위치시키며 엎드린다.
• 머리, 어깨, 허리, 엉덩이, 무릎, 발목을 곧게 유지시킨다.

02
• 팔꿈치를 구부리며 몸통이 내려간다.
• 팔꿈치가 흔들리거나 벌어지지 않도록 신경 쓴다.
• 몸통이 내려가는 동작에서 호흡을 들이마시고 몸통이 다시 돌아오며 팔꿈치가 펴지는 동작에서 호흡을 내쉰다.

1 벤트오버 원암 덤벨 로우

세부평가기준	시험장 Tip	운동부위 및 근육
① 뉴트럴 그립으로 덤벨을 잡았는가? ② 팔꿈치를 몸통(의 옆구리 쪽으로) 가까이 들어 올렸는가? ③ 손목은 구부리지 않고 편 상태를 유지했는가? ④ 덤벨을 위로 당기는 단계에서 반동을 이용하지 않고 진행했는가? ⑤ 몸통이 회전하지 않도록 주의했는가? ⑥ 머리, 몸통, 손, 발의 위치, 무릎 각도를 유지했는가?	• "벤트오버 원암 덤벨 로우를 실시하겠습니다."라고 크고 자신감 있게 말한다. • 동작을 수행하면서 심사위원이 들을 수 있도록 호흡을 크게 들이마시고 내뱉는 소리를 낸다. • 심사위원이 동작을 정확히 볼 수 있도록 측면으로 자세를 잡고 천천히 동작을 수행한다. • 심사위원이 "그만"이라고 할 때까지 동작을 반복한다.	• 운동부위 : 등 • 주동근 – 광배근 • 협응근 – 승모근, 능형근, 상완 이두근, 전완근

01
• 머리와 허리를 곧게 유지하고 상체가 지면과 수평이 되도록 허리를 구부리며 한 발을 앞으로 뺀다.
• 덤벨을 뉴트럴 그립으로 하나만 잡고 어깨를 고정시키며 시선은 바닥을 주시한다.

02
• 덤벨을 천천히 몸통 옆으로 들어 올리며 호흡은 내쉰다.
• 손목을 펴고 상체의 반동을 이용하지 않고 최대한 등 근육을 수축시키며 들어 올린다.
• 처음 동작으로 천천히 돌아오면서 근육을 이완시키고 호흡은 들이마신다.

② 벤트오버 바벨 로우

<table>
<tr><td>📋 세부평가기준</td><td>🏋️ 시험장 Tip</td><td>🏋️ 운동부위 및 근육</td></tr>
<tr><td>

① 스탠다드 오버핸드 그립으로 바벨을 잡았는가?
② 상체는 수평보다 약간 높은 각도를 유지하는가?
③ 수축 시 견갑골이 서로 가까워지도록 어깨를 후방으로 모았는가?
④ 바벨을 당김과 동시에 상체를 세우지 않도록 주의했는가?
⑤ 바벨이 하복부에 닿을 만큼 당겼을 때 호흡을 내쉬는가?
⑥ 허리는 곧게 펴져 있는가?
⑦ 엉덩이를 심하게 뒤로 빼지 않고 있는가?

</td><td>

• "벤트오버 바벨 로우를 실시하겠습니다."라고 크고 자신감 있게 말한다.
• 동작을 수행하면서 심사위원이 들을 수 있도록 호흡을 크게 들이마시고 내뱉는 소리를 낸다.
• 심사위원이 동작을 정확히 볼 수 있도록 측면으로 자세를 잡고 천천히 동작을 수행한다.
• 심사위원이 "그만"이라고 할 때까지 동작을 반복한다.

</td><td>

• 운동부위 : 등
• 주동근 – 광배근
• 협응근 – 승모근, 능형근, 상완 이두근, 전완근

</td></tr>
</table>

01
• 머리와 허리를 곧게 유지하고 상체가 지면과 수평이 되도록 허리를 구부린다.
• 스탠다드 스탠스와 스탠다드 그립, 그리고 오버핸드 그립으로 바벨을 잡고 시선은 바닥을 주시한다.

02
• 바벨을 천천히 자신의 배꼽 부위로 들어 올리며 호흡은 내쉰다.
• 손목을 펴고 상체의 반동을 이용하지 않고 최대한 등 근육을 수축시키며 들어 올린다.
• 처음 동작으로 천천히 돌아오면서 근육을 이완시키고 호흡은 들이마신다.

3 언더그립 바벨 로우

세부평가기준	시험장 Tip	운동부위 및 근육
① 바벨을 언더그립으로 잡고 몸통은 곧게 편 자세를 유지했는가? ② 양발을 어깨너비보다 약간 좁게 벌렸는가? ③ 상체는 수평보다 약간 높은 각도를 유지했는가? ④ 수축 시 견갑골이 서로 가까워지도록 어깨를 후방으로 모았는가? ⑤ 바벨이 하복부에 닿을 만큼 당겼을 때 호흡을 내쉬는가? ⑥ 바벨을 당김과 동시에 상체를 세우지 않도록 주의했는가? ⑦ 몸의 무게중심을 균형적으로 고르게 유지하는가? ⑧ 바를 올리는 단계에서 손목을 펴고 올리는가?	• "언더그립 바벨 로우를 실시하겠습니다."라고 크고 자신감 있게 말한다. • 동작을 수행하면서 심사위원이 들을 수 있도록 호흡을 크게 들이마시고 내뱉는 소리를 낸다. • 심사위원이 동작을 정확히 볼 수 있도록 측면으로 자세를 잡고 천천히 동작을 수행한다. • 심사위원이 "그만"이라고 할 때까지 동작을 반복한다.	• 운동부위 : 등 • 주동근 – 광배근 • 협응근 – 승모근, 능형근, 상완 이두근, 전완근

01

• 머리와 허리를 곧게 유지하고 상체가 지면과 수평이 되도록 허리를 구부린다.
• 스탠다드 스탠스와 스탠다드 그립, 그리고 언더그립으로 바벨을 잡고 시선은 바닥을 주시한다.

02

• 바벨을 천천히 자신의 배꼽 부위로 들어 올리며 호흡은 내쉰다.
• 손목을 펴고 상체의 반동을 이용하지 않고 최대한 등 근육을 수축시키며 들어 올린다.
• 처음 동작으로 천천히 돌아오면서 근육을 이완시키고 호흡은 들이마신다.

④ 뉴트럴 그립 투암 덤벨 로우

세부평가기준

① 덤벨을 뉴트럴 그립으로 잡고 팔꿈치를 몸통 가까이 들어 올렸는가?
② 손목은 구부리지 않고 편 상태를 유지했는가?
③ 덤벨을 위로 당기는 단계에서 반동을 이용하지 않았는가?
④ 머리, 몸통, 손, 발의 위치, 무릎 각도를 유지했는가?

시험장 Tip

• "뉴트럴 그립 투암 덤벨 로우를 실시하겠습니다."라고 크고 자신감 있게 말한다.
• 동작을 수행하면서 심사위원이 들을 수 있도록 호흡을 크게 들이마시고 내뱉는 소리를 낸다.
• 심사위원이 동작을 정확히 볼 수 있도록 측면으로 자세를 잡고 천천히 동작을 수행한다.
• 심사위원이 "그만"이라고 할 때까지 동작을 반복한다.

운동부위 및 근육

• 운동부위 : 등
• 주동근 – 광배근
• 협응근 – 승모근, 능형근, 상완 이두근, 전완근

01
• 머리와 허리를 곧게 유지하고 상체가 지면과 수평이 되도록 허리를 구부린다.
• 스탠다드 스탠스로 서서 양손에 덤벨을 뉴트럴 그립으로 잡고 어깨를 고정시키며 시선은 바닥을 주시한다.

02
• 덤벨을 천천히 몸통 옆으로 들어 올리며 호흡은 내쉰다.
• 손목을 펴고 상체의 반동을 이용하지 않고 최대한 등 근육을 수축시키며 들어 올린다.
• 처음 동작으로 천천히 돌아오면서 근육을 이완시키고 호흡은 들이마신다.

5 바벨 굿모닝 엑서사이즈

세부평가기준	시험장 Tip	운동부위 및 근육
① 양발은 내로우 스탠스로 평행하게 위치시켰는가? ② 바벨을 승모근에 올리고 있는가? ③ 무릎과 허리를 펴고 내려갔는가? ④ 시선은 전방을 주시하는가? ⑤ 동작 중 허리가 굽혀지지 않도록 주의하는가? ⑥ 올라올 때 호흡을 내쉬고 있는가?	• "바벨 굿모닝 엑서사이즈를 실시하겠습니다."라고 크고 자신감 있게 말한다. • 동작을 수행하면서 심사위원이 들을 수 있도록 호흡을 크게 들이마시고 내뱉는 소리를 낸다. • 심사위원이 동작을 정확히 볼 수 있도록 측면으로 자세를 잡고 천천히 동작을 수행한다. • 심사위원이 "그만"이라고 할 때까지 동작을 반복한다.	• 운동부위 : 허리, 허벅지 뒤 • 주동근 – 척추기립근 • 협응근 – 슬굴곡근, 둔근

01
• 스탠다드 스탠스로 서서 머리와 허리를 곧게 유지한다.
• 바벨을 승모근 위에 위치한다.

02
• 인사하듯이 상체를 앞으로 숙이며 이때 머리와 허리는 곧게 유지한다.
• 상체를 앞으로 숙이며 무릎과 허리는 펴고 시선은 정면을 주시하고 상체가 올라오면서 호흡은 내쉬고 근육은 최대한 수축시킨다.
• 처음 동작으로 천천히 돌아오면서 근육을 이완시키고 호흡은 들이마신다.

6 백 익스텐션

자세 영상

세부평가기준	시험장 Tip	운동부위 및 근육
① 매트에 배를 깔고 엎드려 있는가? ② 상체와 하체를 함께 올리고 있는가? ③ 호흡은 올리는 단계에 내쉬고 있는가?	• "백 익스텐션을 실시하겠습니다."라고 크고 자신감 있게 말한다. • 동작을 수행하면서 심사위원이 들을 수 있도록 호흡을 크게 들이마시고 내뱉는 소리를 낸다. • 심사위원이 동작을 정확히 볼 수 있도록 측면으로 자세를 잡고 천천히 동작을 수행한다. • 심사위원이 "그만"이라고 할 때까지 동작을 반복한다.	• 운동부위 : 허리, 엉덩이 • 주동근 – 척추기립근 • 협응근 – 둔근

01
• 매트에 엎드린다.
• 양손은 허리에 올리거나 머리 뒤편으로 깍지를 낀다.

02
• 허리와 엉덩이 힘을 이용하여 상체와 하체를 뒤로 천천히 일으켜 세운다.
• 일으켜 세우는 동작에서 호흡은 내쉬고 최대한 근육을 수축시킨다.
• 처음 동작으로 천천히 돌아오면서 호흡을 들이마신다.

7 밀리터리 프레스(바벨 오버헤드 프레스)

자세 영상

세부평가기준

① 어깨너비 또는 그보다 약간 넓은 간격으로 바벨을 잡았는가?
② 바벨은 수평을 유지하며 머리 위로 밀어 올렸는가?
③ 반동 없이 얼굴 가까이 바닥과 수직으로 들어 올렸는가?
④ 올리는 단계에서 팔꿈치를 이용하지 않고 운동하였는가?
⑤ 운동 시 주동근의 긴장을 유지했는가?
⑥ 내리는 단계 시 갑자기 힘을 빼지 않고 팔꿈치를 천천히 굽혔는가?

시험장 Tip

• "밀리터리 프레스를 실시하겠습니다."라고 크고 자신감 있게 말한다.
• 동작을 수행하면서 심사위원이 들을 수 있도록 호흡을 크게 들이마시고 내뱉는 소리를 낸다.
• 심사위원이 동작을 정확히 볼 수 있도록 정면으로 자세를 잡고 천천히 동작을 수행한다.
• 심사위원이 "그만"이라고 할 때까지 동작을 반복한다.

운동부위 및 근육

• 운동부위 : 어깨
• 주동근 - 전·측면 삼각근
• 협응근 - 상완 삼두근

01
• 스탠다드 스탠스로 서서 와이드 그립과 오버핸드 그립으로 바벨을 파지한다.
• 바벨을 턱 높이에 위치하고 머리와 허리를 곧게 유지한다.
• 손목을 고정시키고 팔꿈치는 어깨 높이를 유지한다.
• 바벨이 흔들리지 않게 균형을 잘 잡는다.

02
• 바벨을 머리 위로 들어 올리며 근육을 최대한 수축시키고 호흡을 내쉰다.
• 올리는 동작 시 상체가 뒤로 기울여지지 않도록 신경 쓴다.
• 처음 동작으로 천천히 돌아오면서 근육을 이완시키고 호흡은 들이마신다.

8 비하인드 넥 프레스

세부평가기준

① 어깨너비보다 넓은 간격으로 바벨을 잡았는가?
② 바벨을 내릴 때 귓불의 위치까지 내렸는가?
③ 머리를 과도하게 숙이지 않았는가?
④ 반동 없이 머리 뒤쪽 가까이 바닥과 수직으로 들어 올렸는가?
⑤ 운동 시 주동근의 긴장을 유지했는가?

시험장 Tip

• "비하인드 넥 프레스를 실시하겠습니다."라고 크고 자신감 있게 말한다.
• 동작을 수행하면서 심사위원이 들을 수 있도록 호흡을 크게 들이마시고 내뱉는 소리를 낸다.
• 심사위원이 동작을 정확히 볼 수 있도록 측면으로 자세를 잡고 천천히 동작을 수행한다.
• 심사위원이 "그만"이라고 할 때까지 동작을 반복한다.

운동부위 및 근육

• 운동부위 : 어깨
• 주동근 − 전·측면 삼각근
• 협응근 − 승모근, 상완 삼두근, 후면 삼각근

01
• 스탠다드 스탠스로 서서 와이드 그립과 오버핸드 그립으로 바벨을 파지한다.
• 바벨을 머리 뒤에 위치하고 머리와 허리를 곧게 유지한다.
• 손목을 고정시키고 팔꿈치는 어깨 높이를 유지한다.
• 바벨이 흔들리지 않게 균형을 잘 잡는다.

02
• 바벨을 머리 위로 들어 올리며 근육을 최대한 수축시키고 호흡을 내쉰다.
• 올리는 동작 시 상체가 뒤로 기울여지지 않도록 신경 쓴다.
• 처음 동작으로 천천히 돌아오면서 근육을 이완시키고 호흡은 들이마신다.

9 덤벨 숄더 프레스

세부평가기준	시험장 Tip	운동부위 및 근육
① 운동 중 덤벨이 움직이지 않도록 통제하였는가? ② 올리는 단계에서 팔꿈치를 이용하지 않고 운동하였는가? ③ 운동 시 주동근의 긴장을 유지했는가?	• "덤벨 숄더 프레스를 실시하겠습니다."라고 크고 자신감 있게 말한다. • 동작을 수행하면서 심사위원이 들을 수 있도록 호흡을 크게 들이마시고 내뱉는 소리를 낸다. • 심사위원이 동작을 정확히 볼 수 있도록 정면으로 자세를 잡고 천천히 동작을 수행한다. • 심사위원이 "그만"이라고 할 때까지 동작을 반복한다.	• 운동부위 : 어깨 • 주동근 − 전·측면 삼각근 • 협응근 − 승모근, 상완 삼두근

01
- 스탠다드 스탠스로 서서 오버핸드 그립으로 덤벨을 파지한다.
- 덤벨을 머리 옆에 위치하고 머리와 허리를 곧게 유지한다.
- 손목을 고정시키고 팔꿈치는 어깨 높이를 유지한다.
- 덤벨이 흔들리지 않게 균형을 잘 잡는다.

02
- 덤벨을 머리 위로 들어 올리며 근육을 최대한 수축시키고 호흡을 내쉰다.
- 올리는 동작 시 상체가 뒤로 기울여지지 않도록 신경 쓴다.
- 처음 동작으로 천천히 돌아오면서 근육을 이완시키고 호흡을 들이마신다.

10 덤벨 레터럴 레이즈

세부평가기준

① 뉴트럴 그립으로 덤벨을 잡았는가?
② 옆으로 올리는 동작 시 상체를 곧게 펴고 시선은 정면을 유지했는가?
③ 덤벨을 잡은 손이 팔꿈치보다 아래에 있는가?
④ 덤벨을 들어 올릴 때 손목이 회전하지 않도록 고정했는가?
⑤ 몸통을 곧게 폈는가?
⑥ 올리는 단계에서 숨을 내쉬었는가?
⑦ 내리는 동작 시 몸통이 견고하게 지지하고 있는가?

시험장 Tip

• "덤벨 레터럴 레이즈를 실시하겠습니다."라고 크고 자신감 있게 말한다.
• 동작을 수행하면서 심사위원이 들을 수 있도록 호흡을 크게 들이마시고 내뱉는 소리를 낸다.
• 심사위원이 동작을 정확히 볼 수 있도록 정면으로 자세를 잡고 천천히 동작을 수행한다.
• 심사위원이 "그만"이라고 할 때까지 동작을 반복한다.

운동부위 및 근육

• 운동부위 : 어깨
• 주동근 – 측면 삼각근
• 협응근 – 승모근

01
• 스탠다드 스탠스로 서서 양손에 덤벨을 파지하고 대퇴부 옆에 위치한다.
• 머리와 허리를 곧게 유지한다.

02
• 덤벨을 천천히 양옆으로 들어 올리며 근육을 최대한 수축시킨다.
• 덤벨이 상완과 팔꿈치보다 높게 올라가지 않도록 신경 쓴다.
• 올리는 동작에서 호흡은 내쉰다.
• 처음 동작으로 천천히 돌아오면서 근육은 이완시키고 호흡은 들이마신다.

11 덤벨 프런트 레이즈

세부평가기준	시험장 Tip	운동부위 및 근육
① 오버그립으로 덤벨을 잡았는가? ② 양발은 골반너비로 벌렸는가? ③ 위로 올리는 동작 시 상체를 곧게 펴고 시선은 정면을 유지했는가? ④ 어깨보다 약간 높은 위치(눈높이)까지 팔을 들어 올렸는가? ⑤ 몸통을 곧게 폈는가? ⑥ 덤벨을 들어 올릴 때 손목이 회전하지 않도록 고정했는가? ⑦ 올리는 단계에서 숨을 내쉬었는가? ⑧ 내리는 동작 시 몸통이 견고하게 지지하고 있는가?	• "덤벨 프런트 레이즈를 실시하겠습니다."라고 크고 자신감 있게 말한다. • 동작을 수행하면서 심사위원이 들을 수 있도록 호흡을 크게 들이마시고 내뱉는 소리를 낸다. • 심사위원이 동작을 정확히 볼 수 있도록 정면으로 자세를 잡고 천천히 동작을 수행한다. • 심사위원이 "그만"이라고 할 때까지 동작을 반복한다.	• 운동부위 : 어깨 • 주동근 – 전면 삼각근 • 협응근 – 전완근

PART 03

01

• 스탠다드 스탠스로 서서 양손에 덤벨을 파지하고 대퇴부 옆에 위치한다.
• 머리와 허리를 곧게 유지한다.

02

• 덤벨을 천천히 앞으로 들어 올리며 근육을 최대한 수축시킨다.
• 덤벨을 어깨보다 약간 높은 위치까지 팔을 들어 올린다.
• 올리는 동작에서 호흡은 내쉰다.
• 처음 동작으로 천천히 돌아오면서 근육은 이완시키고 호흡은 들이마신다.

12 벤트오버 레터럴 레이즈

세부평가기준	시험장 Tip	운동부위 및 근육
① 뉴트럴 그립으로 덤벨을 잡았는가? ② 양발은 어깨너비보다 약간 좁게 벌린 상태에서 평행하게 만들었는가? ③ 상체를 구부린 자세(수평보다 약간 높은 각도)에서 팔꿈치와 상완이 덤벨보다 높은 상태를 유지하고 있는가? ④ 몸통을 곧게 펴고 무릎은 약간 구부린 자세를 유지했는가? ⑤ 덤벨을 들어 올릴 때 손목이 회전하지 않도록 고정했는가? ⑥ 모든 동작의 단계에서 몸의 반동을 이용하지 않았는가?	• "벤트오버 레터럴 레이즈를 실시하겠습니다."라고 크고 자신감 있게 말한다. • 동작을 수행하면서 심사위원이 들을 수 있도록 호흡을 크게 들이마시고 내뱉는 소리를 낸다. • 심사위원이 동작을 정확히 볼 수 있도록 정면으로 자세를 잡고 천천히 동작을 수행한다. • 심사위원이 "그만"이라고 할 때까지 동작을 반복한다.	• 운동부위 : 어깨 • 주동근 − 후면 삼각근 • 협응근 − 승모근, 능형근

`01`
• 스탠다드 스탠스로 서서 머리와 허리를 곧게 편다.
• 상체가 지면과 수평이 되도록 앞으로 구부린다.
• 몸통을 곧게 펴고 무릎은 조금 구부린다.

`02`
• 양옆으로 덤벨을 들어 올리며 근육을 최대한 수축시킨다.
• 어깨보다 조금 높은 위치까지 팔을 들어 올린다.
• 올리는 동작에서 호흡은 내쉰다.
• 처음 동작으로 천천히 돌아오면서 근육은 이완시키고 호흡은 들이마신다.

13 바벨 프런트 레이즈

세부평가기준	시험장 Tip	운동부위 및 근육
① 위로 올리는 동작 시 상체를 곧게 펴고 시선은 정면을 유지했는가? ② 어깨보다 약간 높은 위치까지 팔을 들어 올렸는가? ③ 몸통을 곧게 폈는가? ④ 올리는 단계에서 숨을 내쉬었는가? ⑤ 내리는 동작 시 몸통이 견고하게 지지하고 있는가?	• "바벨 프런트 레이즈를 실시하겠습니다."라고 크고 자신감 있게 말한다. • 동작을 수행하면서 심사위원이 들을 수 있도록 호흡을 크게 들이마시고 내뱉는 소리를 낸다. • 심사위원이 동작을 정확히 볼 수 있도록 정면으로 자세를 잡고 천천히 동작을 수행한다. • 심사위원이 "그만"이라고 할 때까지 동작을 반복한다.	• 운동부위 : 어깨 • 주동근 − 전면 삼각근 • 협응근 − 전완근

01
• 스탠다드 스탠스로 서서 양손에 바벨을 파지하고 대퇴부 앞에 위치한다.
• 머리와 허리를 곧게 유지한다.

02
• 바벨을 천천히 앞으로 들어 올리며 근육을 최대한 수축시킨다.
• 바벨을 어깨보다 조금 높게 들어 올린다.
• 올리는 동작에서 호흡은 내쉰다.
• 처음 동작으로 천천히 돌아오면서 근육은 이완시키고 호흡은 들이마신다.

14 바벨 업라이트 로우

세부평가기준	시험장 Tip	운동부위 및 근육
① 양손을 어깨너비 간격으로 벌린 후 오버 그립으로 바벨을 잡고 있는가? ② 바벨을 들어 올렸을 때 팔꿈치가 어깨와 평행이 되었는가? ③ 바벨을 쇄골 높이까지 들어 올렸는가? ④ 손이 팔꿈치보다 높이 올라가지 않도록 했는가? ⑤ 허리를 곧게 펴고 있는가? ⑥ 시선은 정면을 주시하고 있는가?	• "바벨 업라이트 로우를 실시하겠습니다."라고 크고 자신감 있게 말한다. • 동작을 수행하면서 심사위원이 들을 수 있도록 호흡을 크게 들이마시고 내뱉는 소리를 낸다. • 심사위원이 동작을 정확히 볼 수 있도록 정면으로 자세를 잡고 천천히 동작을 수행한다. • 심사위원이 "그만"이라고 할 때까지 동작을 반복한다.	• 운동부위 : 어깨 • 주동근 – 전·측면 삼각근 • 협응근 – 승모근, 상완 이두근, 전완근

01
• 스탠다드 스탠스로 서서 양손에 바벨을 파지하고 대퇴부 앞에 위치한다.
• 머리와 허리를 곧게 유지한다.

02
• 양쪽 팔꿈치를 바깥으로 향하게 하며 위로 들어 올리며 근육을 최대한 수축시킨다.
• 팔꿈치와 상완을 어깨 높이로 유지한다.
• 올리는 동작에서 호흡은 내쉰다.
• 처음 동작으로 천천히 돌아오면서 근육은 이완시키고 호흡은 들이마신다.

15 덤벨 쉬러그

세부평가기준

① 어깨너비로 서서 양손에 덤벨을 들고 있는가?
② 등을 곧게 펴고 있는가?
③ 천천히 어깨를 끌어올리고 내리는가?

시험장 Tip

• "덤벨 쉬러그를 실시하겠습니다."라고 크고 자신감 있게 말한다.
• 동작을 수행하면서 심사위원이 들을 수 있도록 호흡을 크게 들이마시고 내뱉는 소리를 낸다.
• 심사위원이 동작을 정확히 볼 수 있도록 정면으로 자세를 잡고 천천히 동작을 수행한다.
• 심사위원이 "그만"이라고 할 때까지 동작을 반복한다.

운동부위 및 근육

• 운동부위 : 목
• 주동근 − 승모근
• 협응근 − 견갑거근

PART 03

01
• 스탠다드 스탠스로 서서 머리와 허리를 곧게 유지한다.
• 덤벨을 파지하고 대퇴부 옆에 위치한다.

02
• 어깨를 천천히 들어 올리며 근육을 최대한 수축시킨다.
• 올리는 동작 시 반동을 이용하지 않고 호흡은 내쉰다.
• 처음 동작으로 천천히 돌아오면서 근육을 이완시키고 호흡은 들이마신다.

Chapter 01 기초기술 **83**

16 바벨 쉬러그

세부평가기준

① 어깨너비로(어깨너비보다 약간 좁게) 서서 바벨을 어깨너비 스탠다드 그립으로 잡았는가?
② 등을 곧게 펴고 있는가?
③ 천천히 어깨를 끌어올리고 내리는가?

시험장 Tip

• "바벨 쉬러그를 실시하겠습니다."라고 크고 자신감 있게 말한다.
• 동작을 수행하면서 심사위원이 들을 수 있도록 호흡을 크게 들이마시고 내뱉는 소리를 낸다.
• 심사위원이 동작을 정확히 볼 수 있도록 정면으로 자세를 잡고 천천히 동작을 수행한다.
• 심사위원이 "그만"이라고 할 때까지 동작을 반복한다.

운동부위 및 근육

• 운동부위 : 목
• 주동근 – 승모근
• 협응근 – 견갑거근

01
• 스탠다드 스탠스로 서서 머리와 허리를 곧게 유지한다.
• 스탠다드 그립으로 바벨을 파지하고 대퇴부 앞에 위치한다.

02
• 어깨를 천천히 들어 올리며 근육을 최대한 수축시킨다.
• 올리는 동작 시 반동을 이용하지 않고 호흡은 내쉰다.
• 처음 동작으로 천천히 돌아오면서 근육을 이완시키고 호흡은 들이마신다.

1 백 스쿼트(바벨 스쿼트)

세부평가기준	시험장 Tip	운동부위 및 근육
① 바벨이 승모근(상부)에 위치하고 있는가?	• "백 스쿼트를 실시하겠습니다."라고 크고 자신감 있게 말한다.	• 운동부위 : 허벅지
② 시선은 정면을 향하도록 했는가?	• 동작을 수행하면서 심사위원이 들을 수 있도록 호흡을 크게 들이마시고 내뱉는 소리를 낸다.	• 주동근 – 대퇴사두근
③ 발의 모양은 약간 V자로 발끝이 바깥을 향하도록 했는가?	• 심사위원이 동작을 정확히 볼 수 있도록 측면으로 자세를 잡고 천천히 동작을 수행한다.	• 협응근 – 척추기립근, 둔근
④ 몸통과 바닥이 이루는 각도를 일정하게 유지하면서 서서히 앉았는가?	• 심사위원이 "그만"이라고 할 때까지 동작을 반복한다.	
⑤ 무게중심을 양발과 중앙 부분에 놓이게 했는가?		
⑥ 뒤꿈치가 바닥에서 떨어지지 않도록 했는가?		
⑦ 대퇴가 바닥과 수평이 될 때까지 앉았는가?		
⑧ 일어설 때 반동을 이용하거나 상체를 구부리지 않았는가?		

01
• 스탠다드 스탠스로 서서 머리와 허리를 곧게 유지한다.
• 바벨을 승모근 위에 위치하고 시선은 정면을 주시한다.
• 바벨이 흔들리지 않도록 균형을 잘 유지한다.

02
• 엉덩이를 천천히 뒤로 빼며 대퇴부가 지면과 수평이 되도록 한다.
• 상체가 앞으로 기울여지지 않도록 하며 호흡을 들이마신다.
• 처음 동작으로 천천히 돌아오면서 호흡은 내쉬고 근육은 최대한 수축시킨다.

2 프런트 스쿼트

세부평가기준	시험장 Tip	운동부위 및 근육
① 양발은 어깨너비로 했는가? ② 바벨은 쇄골과 어깨로 지탱하고 있는가? ③ 가슴과 팔꿈치를 들고 허리는 꼿꼿이 세우고 있는가? ④ 무릎이 발끝을 넘지 않고 있는가? ⑤ 시선은 정면을 주시하고 있는가?	• "프런트 스쿼트를 실시하겠습니다." 라고 크고 자신감 있게 말한다. • 동작을 수행하면서 심사위원이 들을 수 있도록 호흡을 크게 들이마시고 내뱉는 소리를 낸다. • 심사위원이 동작을 정확히 볼 수 있도록 측면으로 자세를 잡고 천천히 동작을 수행한다. • 심사위원이 "그만"이라고 할 때까지 동작을 반복한다.	• 운동부위 : 허벅지 • 주동근 − 대퇴사두근 • 협응근 − 척추기립근, 둔근

01
• 스탠다드 스탠스로 서서 머리와 허리를 곧게 유지한다.
• 바벨을 가슴 상부에 위치하고 시선은 정면을 주시한다.
• 바벨이 흔들리지 않도록 균형을 잘 유지한다.

02
• 엉덩이를 천천히 뒤로 빼며 대퇴부가 지면과 수평이 되도록 한다.
• 상체가 앞으로 기울여지지 않도록 하며 호흡은 들이마신다.
• 처음 동작으로 천천히 돌아오면서 호흡은 내쉬고 근육은 최대한 수축시킨다.

3 바벨 런지

세부평가기준

① 앞으로 내딛는 다리의 발바닥이 바
   닥에 닿도록 했는가?
② 허리와 등을 곧게 편 상태로 유지하
   고 몸의 균형을 잡았는가?
③ 무릎이 발끝보다 나오지 않게 하였
   는가?
④ 올라오는 단계에서 숨을 내쉬었는가?
⑤ 동작 중 앞발과 무릎이 일직선을 유
   지하는가?
⑥ 바벨이 승모근에 위치하고 있는가?

시험장 Tip

• "바벨 런지를 실시하겠습니다."라고
  크고 자신감 있게 말한다.
• 동작을 수행하면서 심사위원이 들을
  수 있도록 호흡을 크게 들이마시고 내
  뱉는 소리를 낸다.
• 심사위원이 동작을 정확히 볼 수 있
  도록 측면으로 자세를 잡고 천천히 동
  작을 수행한다.
• 심사위원이 "그만"이라고 할 때까지
  동작을 반복한다.

운동부위 및 근육

• 운동부위 : 허벅지
• 주동근 – 대퇴사두근
• 협응근 – 대퇴이두근, 둔근

01
• 스탠다드 스탠스로 서서 머리와 허리를 곧게 편다.
• 양손을 골반에 위치하고 시선은 정면을 주시한다.

02
• 한 발을 앞으로 내딛으면서 호흡은 들이마신다.
• 상체를 곧게 유지하고 몸의 균형을 유지한다.
• 처음 동작으로 돌아오면서 호흡은 내쉬고 근육을 최대한 수축
  시킨다.

4 덤벨 런지

세부평가기준	시험장 Tip	운동부위 및 근육
① 양발을 어깨너비보다 약간 좁게 벌린 상태에서 평행하게 만들었는가? ② 앞으로 내딛는 다리의 발바닥이 바닥에 닿도록 했는가? ③ 허리와 등을 곧게 편 상태로 유지하고 몸의 균형을 잡았는가? ④ 무릎이 발끝보다 나오지 않게 하였는가? ⑤ 올라오는 단계에서 숨을 내쉬었는가? ⑥ 덤벨을 양손에 들고 덤벨이 흔들리지 않게 유지하는가? ⑦ 시선은 정면을 향하도록 했는가?	• "덤벨 런지를 실시하겠습니다."라고 크고 자신감 있게 말한다. • 동작을 수행하면서 심사위원이 들을 수 있도록 호흡을 크게 들이마시고 내뱉는 소리를 낸다. • 심사위원이 동작을 정확히 볼 수 있도록 측면으로 자세를 잡고 천천히 동작을 수행한다. • 심사위원이 "그만"이라고 할 때까지 동작을 반복한다.	• 운동부위 : 허벅지 • 주동근 – 대퇴사두근 • 협응근 – 대퇴이두근, 둔근

01
• 스탠다드 스탠스로 서서 머리와 허리를 곧게 편다.
• 양손을 골반에 위치하고 시선은 정면을 주시한다.

02
• 한 발을 앞으로 내딛으면서 호흡은 들이마신다.
• 상체를 곧게 유지하고 몸의 균형을 유지한다.
• 처음 동작으로 돌아오면서 호흡은 내쉬고 근육을 최대한 수축시킨다.

5 시티드 카프 레이즈

세부평가기준	시험장 Tip	운동부위 및 근육
① 앉은 상태로 발뒤꿈치를 최대한 들어 올리고 있는가? ② 발뒤꿈치가 지면에 닿기 전에 다시 올리는가?	• "시티드 카프 레이즈를 실시하겠습니다."라고 크고 자신감 있게 말한다. • 동작을 수행하면서 심사위원이 들을 수 있도록 호흡을 크게 들이마시고 내뱉는 소리를 낸다. • 심사위원이 동작을 정확히 볼 수 있도록 측면으로 자세를 잡고 천천히 동작을 수행한다. • 심사위원이 "그만"이라고 할 때까지 동작을 반복한다.	• 운동부위 : 종아리 • 주동근 − 비복근 • 협응근 − 가자미근

01
• 머리와 허리를 곧게 유지하고 벤치에 앉는다.
• 덤벨을 대퇴부 위에 올려 놓는다.

02
• 발뒤꿈치를 들어 올리며 호흡은 내쉬고 근육은 최대한 수축시킨다.
• 덤벨이 흔들리지 않도록 균형을 잘 잡는다.
• 처음 동작으로 천천히 돌아오면서 호흡을 들이마시고 근육을 이완시킨다.

PART 03

6 스탠딩 카프 레이즈

자세
영상

세부평가기준	시험장 Tip	운동부위 및 근육
① 운동할 수 있는 블록(스텝박스) 위에 올라섰는가? ② 어깨너비보다 약간 좁은 간격으로 서고, 양발은 평행하게 유지했는가? ③ 몸의 중심이 흔들리지 않게 기둥을 잡았는가? ④ 발뒤꿈치를 최대로 들어 올렸는가?	• "스탠딩 카프 레이즈를 실시하겠습니다."라고 크고 자신감 있게 말한다. • 동작을 수행하면서 심사위원이 들을 수 있도록 호흡을 크게 들이마시고 내뱉는 소리를 낸다. • 심사위원이 동작을 정확히 볼 수 있도록 측면으로 자세를 잡고 천천히 동작을 수행한다. • 심사위원이 "그만"이라고 할 때까지 동작을 반복한다.	• 운동부위 : 종아리 • 주동근 − 비복근 • 협응근 − 가자미근

01
• 머리와 허리를 곧게 유지하고 발뒤꿈치가 적당히 블록 밖으로 나오게 서서 준비한다.
• 덤벨을 잡고 대퇴부에 고정하고 내로우 스탠스 자세로 서서 양발은 평행하게 위치한다.

02
• 발뒤꿈치를 들어 올리며 호흡은 내쉬고 근육은 최대한 수축시킨다.
• 덤벨이 흔들리지 않도록 균형을 잘 잡는다.
• 처음 동작으로 천천히 돌아오면서 호흡을 들이마시고 근육을 이완시킨다.

7 힙 브릿지

세부평가기준	시험장 Tip	운동부위 및 근육
① 천장을 바라보고 누워 양팔은 펴서 손바닥을 바닥에 대고 무릎은 세웠는가? ② 숨을 내쉬면서 엉덩이를 위로 올렸는가? ③ 동작 시 허리를 곧게 펴고 엉덩이에 긴장을 주고 있는가?	• "힙 브릿지를 실시하겠습니다."라고 크고 자신감 있게 말한다. • 동작을 수행하면서 심사위원이 들을 수 있도록 호흡을 크게 들이마시고 내뱉는 소리를 낸다. • 심사위원이 동작을 정확히 볼 수 있도록 측면으로 자세를 잡고 천천히 동작을 수행한다. • 심사위원이 "그만"이라고 할 때까지 동작을 반복한다.	• 운동부위 : 엉덩이 • 주동근 － 대둔근

01
• 천장을 바라보며 매트에 눕고 머리와 허리를 곧게 유지한다.
• 양발을 엉덩이 방향으로 구부리고 무릎은 세우고 양손은 엉덩이 옆에 위치한다.

02
• 엉덩이를 천천히 들어 올리며 호흡은 내쉬고 근육은 최대한 수축시킨다.
• 허리를 곧게 펴고 엉덩이에 긴장을 유지한다.
• 처음 동작으로 천천히 돌아오면서 호흡을 들이마신다.

PART 03

8 덩키 킥

세부평가기준

① 엎드린 자세로 한쪽 다리의 허벅지가 수평이 되도록 들어 올리는가?
② 골반이 바닥과 수평이 되도록 유지하였는가?
③ 골반이 틀어지지 않도록 중심을 잡고 있는가?

시험장 Tip

• "덩키 킥을 실시하겠습니다."라고 크고 자신감 있게 말한다.
• 동작을 수행하면서 심사위원이 들을 수 있도록 호흡을 크게 들이마시고 내뱉는 소리를 낸다.
• 심사위원이 동작을 정확히 볼 수 있도록 측면으로 자세를 잡고 천천히 동작을 수행한다.
• 심사위원이 "그만"이라고 할 때까지 동작을 반복한다.

운동부위 및 근육

• 운동부위 : 엉덩이
• 주동근 – 대둔근

01
• 매트에 엎드린 자세를 유지하고 머리와 허리를 곧게 편다.
• 몸통과 팔 그리고 다리가 90°를 유지하며 상체가 지면과 수평을 이룬다.
• 시선은 가볍게 정면을 주시한다.

02
• 한쪽 발을 뒤로 뻗으며 호흡은 내쉬고 근육을 최대한 수축시킨다.
• 골반이 지면과 수평이 되도록 유지한다.
• 처음 동작으로 천천히 돌아오면서 근육을 이완시키고 호흡은 들이마신다.

⑨ 업도미널 힙 트러스트(주동근 : 하복부)

세부평가기준	시험장 Tip	운동부위 및 근육
① 바닥에 등을 대고 누워서 두 팔을 몸통 옆 바닥에 밀착시켰는가? ② 두 다리를 펴고 수직으로 올렸는가? ③ 무릎을 핀 상태로 천정을 향해 힙과 발바닥을 똑바로 들어 올렸는가? ④ 하복부를 위로 올리면서 호흡을 내쉬었는가?	• "업도미널 힙 트러스트를 실시하겠습니다."라고 크고 자신감 있게 말한다. • 동작을 수행하면서 심사위원이 들을 수 있도록 호흡을 크게 들이마시고 내뱉는 소리를 낸다. • 심사위원이 동작을 정확히 볼 수 있도록 측면으로 자세를 잡고 천천히 동작을 수행한다. • 심사위원이 "그만"이라고 할 때까지 동작을 반복한다.	• 운동부위 : 복부 • 주동근 – 복직근

01
• 매트에 머리와 허리를 곧게 유지하고 상체를 지면과 밀착시킨다.
• 양손을 몸통 옆 바닥에 잘 고정시키고 양다리를 곧게 펴고 90도로 들어 올린다.

02
• 곧게 펴진 양다리를 천정을 향해 들어 올리며 근육을 최대한 수축시키고 호흡은 내쉰다.
• 처음 동작으로 돌아오면서 근육을 최대한 이완시키고 호흡은 들이마신다.

🔟 루마니안 데드리프트

세부평가기준

① 바를 어깨너비 혹은 약간 넓게 잡고 있는가?
② 운동하는 동안 등이 굽지 않도록 곧게 편 자세를 유지하는가?
③ 바벨을 무릎을 살짝 지나는 지점까지만 내렸다가 올렸는가?
④ 올리는 동작 시 바벨이 대퇴부에 가까이 위치하여 올려지는가?
⑤ 내리는 동작에 시선은 정면을 향하고 있는가?
⑥ 내리는 동작에서 무릎이 고정되어 있는가?
⑦ 상체를 후방으로 과신전하지 않도록 주의했는가?

시험장 Tip

• "루마니안 데드리프트를 실시하겠습니다."라고 크고 자신감 있게 말한다.
• 동작을 수행하면서 심사위원이 들을 수 있도록 호흡을 크게 들이마시고 내뱉는 소리를 낸다.
• 심사위원이 동작을 정확히 볼 수 있도록 측면으로 자세를 잡고 천천히 동작을 수행한다.
• 심사위원이 "그만"이라고 할 때까지 동작을 반복한다.

운동부위 및 근육

• 운동부위 : 전신
• 주동근 − 척추기립근, 광배근, 대둔근, 대퇴 이두근, 상완 이두근, 전완근

01
• 스탠다드 스탠스로 서서 스탠다드 그립과 오버핸드 그립으로 바벨을 파지한다.
• 머리와 허리를 곧게 유지하고 바벨을 대퇴부 앞에 위치한다.
• 시선은 정면을 주시하고 팔꿈치와 손목을 고정시킨다.

02
• 엉덩이를 천천히 뒤로 밀며 바벨을 무릎 아래까지만 내리고 호흡을 들이마신다.
• 고관절과 무릎을 가볍게 구부리며 바벨을 몸에 최대한 밀착시킨다.
• 처음 동작으로 돌아오면서 호흡을 내쉬고 근육을 최대한 수축시킨다.

⑪ 스티프 레그 데드리프트

자세 영상

세부평가기준	시험장 Tip	운동부위 및 근육
① 스탠다드 오버핸드 그립으로 바벨을 잡았는가? ② 양발을 어깨너비보다 약간 좁은 간격으로 섰는가? ③ 고개는 들고 정면을 주시하며 동작을 실시하고 있는가? ④ 올리는 동작 시 바벨이 대퇴부에 가까이 위치하여 올려지는가? ⑤ 동작 수행 간 무릎의 관절은 구부러지지 않았는가? ⑥ 척추 기립근은 펴져 있는가?	• "스티프 레그 데드리프트를 실시하겠습니다."라고 크고 자신감 있게 말한다. • 동작을 수행하면서 심사위원이 들을 수 있도록 호흡을 크게 들이마시고 내뱉는 소리를 낸다. • 심사위원이 동작을 정확히 볼 수 있도록 측면으로 자세를 잡고 천천히 동작을 수행한다. • 심사위원이 "그만"이라고 할 때까지 동작을 반복한다.	• 운동부위 : 허벅지 • 주동근 − 대퇴이두근 • 협응근 − 대둔근, 비복근, 가자미근

01
• 내로우 스탠스로 서서 스탠다드 그립과 오버핸드 그립으로 바벨을 파지한다.
• 머리와 허리를 곧게 유지하고 바벨을 대퇴부 앞에 위치한다.
• 시선은 정면을 주시하고 팔꿈치와 손목을 고정시킨다.

02
• 엉덩이를 천천히 뒤로 밀며 바벨을 내리고 호흡을 들이마신다.
• 등과 무릎을 굽히지 않도록 최대한 곧게 펴고 바벨을 몸에 최대한 밀착시킨다.
• 처음 동작으로 돌아오면서 호흡을 내쉬고 근육을 최대한 수축시킨다.

🖭 컨벤셔널 데드리프트

🗋 세부평가기준	🛍️ 시험장 Tip	🎛️ 운동부위 및 근육
① 바를 어깨너비 혹은 약간 넓게 잡고 있는가? ② 바벨을 바닥에 완전히 내렸다가 올렸는가? ③ 운동하는 동안 등이 굽지 않도록 곧게 편 자세를 유지하는가? ④ 올리는 동작 시 바벨이 대퇴부에 가까이 위치하여 올려지는가? ⑤ 바벨을 들어 올렸을 때 허리와 등을 과신전하지 않도록 주의했는가?	• "컨벤셔널 데드리프트를 실시하겠습니다."라고 크고 자신감 있게 말한다. • 동작을 수행하면서 심사위원이 들을 수 있도록 호흡을 크게 들이마시고 내뱉는 소리를 낸다. • 심사위원이 동작을 정확히 볼 수 있도록 측면으로 자세를 잡고 천천히 동작을 수행한다. • 심사위원이 "그만"이라고 할 때까지 동작을 반복한다.	• 운동부위 : 전신 • 주동근 − 척추기립근, 대둔근, 대퇴사두근, 상완 이두근, 전완근

01
• 무릎을 구부리고 고관절을 낮추어 스탠다드 스탠스로 서서 스탠다드 그립과 오버핸드 그립으로 지면에 있는 바벨을 파지한다.
• 머리와 허리를 곧게 유지하고 바벨을 몸에 밀착시킨다.
• 시선은 정면을 주시하고 팔꿈치와 손목을 고정시킨다.

02
• 바벨을 천천히 들어 올리면서 호흡은 내쉬고 근육을 최대한 수축시킨다.
• 들어 올린 후 상체가 과신전되지 않도록 한다.
• 처음 동작으로 돌아오면서 호흡을 들이마시고 근육의 긴장을 유지한다.

13 와이드 스탠스 스쿼트

세부평가기준	시험장 Tip	운동부위 및 근육
① 양발의 간격이 어깨너비보다 넓게 위치하고 있는가? ② 일어설 때 반동을 이용하거나 상체를 과하게 구부리지 않았는가? ③ 동작 실행 중 척추 전만을 유지하였는가? ④ 무릎의 방향과 발의 각도가 일치하는가?	• "와이드 스탠스 스쿼트를 실시하겠습니다."라고 크고 자신감 있게 말한다. • 동작을 수행하면서 심사위원이 들을 수 있도록 호흡을 크게 들이마시고 내뱉는 소리를 낸다. • 심사위원이 동작을 정확히 볼 수 있도록 측면으로 자세를 잡고 천천히 동작을 수행한다. • 심사위원이 "그만"이라고 할 때까지 동작을 반복한다.	• 운동부위 : 허벅지 • 주동근 – 대퇴사두근 • 협응근 – 척추기립근, 둔근

01
• 와이드 스탠스로 서서 머리와 허리를 곧게 유지한다.
• 바벨을 승모근 위에 위치하고 시선은 정면을 주시한다.
• 바벨이 흔들리지 않도록 균형을 잘 유지한다.

02
• 엉덩이를 천천히 뒤로 빼며 대퇴부가 지면과 수평이 되도록 한다.
• 상체가 앞으로 기울여지지 않도록 하며 호흡을 들이마신다.
• 처음 동작으로 천천히 돌아오면서 호흡은 내쉬고 근육은 최대한 수축시킨다.

PART 03

14 스쿼팅 바벨 컬

세부평가기준	시험장 Tip	운동부위 및 근육
① 발의 위치와 바벨을 잡은 양손 간격은 어깨너비 정도인가? ② 팔꿈치 뒷부분 위치가 양 무릎 위에 적당히 위치하는가? ③ 동작 시 앉은 스쿼트 자세와 상체부분이 반동없이 고정유지하는가? ④ 바벨을 얼굴 쪽으로 당길 시 숨을 내쉬고 천천히 원위치로 내리는가?	• "스쿼팅 바벨 컬을 실시하겠습니다." 라고 크고 자신감 있게 말한다. • 동작을 수행하면서 심사위원이 들을 수 있도록 호흡을 크게 들이마시고 내뱉는 소리를 낸다. • 심사위원이 동작을 정확히 볼 수 있도록 측면으로 자세를 잡고 천천히 동작을 수행한다. • 심사위원이 "그만"이라고 할 때까지 동작을 반복한다.	• 운동부위 : 상완 • 주동근 – 상완 이두근 • 협응근 – 전신 근육

01
• 스탠다드 그립과 언더핸드 그립으로 바벨을 잡고 스쿼트 자세를 취하며 상체를 곧게 유지한다.
• 양 팔꿈치는 무릎 위에 잘 고정시킨다.

02
• 바벨을 얼굴 쪽으로 들어 올리면서 상완 이두근을 최대한 수축시키고 호흡은 내쉰다.
• 처음 동작으로 돌아오면서 근육을 최대한 이완시키고 호흡은 들이마신다.

15 풀(딥) 스쿼트

세부평가기준	시험장 Tip	운동부위 및 근육
① 양발의 간격이 어깨너비보다 좁게 위치하였는가? ② 일어설 때 반동을 이용하거나 상체를 과하게 구부리지 않았는가? ③ 엉덩이의 높이가 무릎보다 아래 위치하도록 깊이 앉았는가? ④ 동작 실행 중 척추 전만을 유지하였는가?	• "풀 스쿼트를 실시하겠습니다."라고 크고 자신감 있게 말한다. • 동작을 수행하면서 심사위원이 들을 수 있도록 호흡을 크게 들이마시고 내뱉는 소리를 낸다. • 심사위원이 동작을 정확히 볼 수 있도록 측면으로 자세를 잡고 천천히 동작을 수행한다. • 심사위원이 "그만"이라고 할 때까지 동작을 반복한다.	• 운동부위 : 허벅지 • 주동근 – 대퇴사두근 • 협응근 – 척추기립근, 둔근

01
• 내로우 스탠스로 서서 머리와 허리를 곧게 유지한다.
• 바벨을 승모근 위에 위치하고 시선은 정면을 주시한다.
• 바벨이 흔들리지 않도록 균형을 잘 유지한다.

02
• 엉덩이를 천천히 뒤로 빼며 엉덩이가 무릎보다 아래로 내려가도록 앉는다.
• 상체가 앞, 뒤로 흔들리지 않도록 하며 호흡을 들이마신다.
• 처음 동작으로 천천히 돌아오면서 호흡은 내쉬고 근육은 최대한 수축시킨다.

16 덤벨 사이드 밴드

세부평가기준

① 양발은 골반너비로 벌렸는가?
② 덤벨을 옆구리에 밀착시키는가?
③ 엉덩이가 앞뒤로 흔들리지 않게 통제하는가?
④ 덤벨이 몸에서 멀어지지 않도록 운동하고 있는가?
⑤ 엉덩이가 좌우로 과도하게 움직이지 않는가?

시험장 Tip

• "덤벨 사이드 밴드를 실시하겠습니다."라고 크고 자신감 있게 말한다.
• 동작을 수행하면서 심사위원이 들을 수 있도록 호흡을 크게 들이마시고 내뱉는 소리를 낸다.
• 심사위원이 동작을 정확히 볼 수 있도록 정면으로 자세를 잡고 천천히 동작을 수행한다.
• 심사위원이 "그만"이라고 할 때까지 동작을 반복한다.

운동부위 및 근육

• 운동부위 : 복부
• 주동근 – 내·외복사근

01
• 스탠다드 스탠스로 서서 머리와 허리를 곧게 유지한다.
• 한 손에 덤벨을 파지하고 대퇴부 옆에 위치한다.
• 다른 한 손은 머리 뒤편에 가볍게 올린다.

02
• 중량이 있는 방향으로 몸통을 천천히 기울이며 근육을 이완시키고 호흡은 들이마신다.
• 엉덩이가 흔들리지 않도록 고정시키고 덤벨이 몸에서 멀어지지 않도록 한다.
• 처음 동작으로 돌아오면서 호흡을 내쉬고 근육을 최대한 수축시킨다.

17 크런치

세부평가기준	시험장 Tip	운동부위 및 근육
① 목을 고정된 상태에서 상체를 숙였는가? ② 과도하게 목을 꺾지 않았는가? ③ 양어깨가 바닥에 닿지 않을 정도까지 내렸는가? ④ 들어 올리는 단계에서 몸통의 반동을 이용하지 않았는가? ⑤ 양손을 머리에서 떨어뜨리지 않고 운동을 실시하였는가? ⑥ 허리를 바닥에서 떨어뜨리지 않았는가? ⑦ 상체를 과하게 올리지 않았는가?	• "크런치를 실시하겠습니다."라고 크고 자신감 있게 말한다. • 동작을 수행하면서 심사위원이 들을 수 있도록 호흡을 크게 들이마시고 내뱉는 소리를 낸다. • 심사위원이 동작을 정확히 볼 수 있도록 측면으로 자세를 잡고 천천히 동작을 수행한다. • 심사위원이 "그만"이라고 할 때까지 동작을 반복한다.	• 운동부위 : 복부 • 주동근 – 복직근

01
• 매트에 누워 양손을 머리 뒤로 깍지를 낀다.
• 머리와 허리를 곧게 유지한다.

02
• 상체를 천천히 위로 들어 올리며 호흡을 내쉬고 최대한 근육을 수축시킨다.
• 양손을 머리에서 떨어뜨리지 않고 몸의 반동을 이용하지 않는다.
• 처음 동작으로 천천히 돌아오면서 호흡을 들이마시고 근육을 이완시킨다.

18 레그 레이즈

세부평가기준	시험장 Tip	운동부위 및 근육
① 숨을 내쉬며 양발이 바닥과 90도를 이룰 때까지 올렸는가? ② 무릎이 고관절을 지나지 않도록 가동범위를 제한했는가? ③ 양어깨와 등 상부를 바닥과 밀착시켰는가? ④ 발끝이 바닥에 닿지 않을 정도까지 천천히 내렸는가? ⑤ 올리는 단계에 숨을 내쉬었는가?	• "레그 레이즈를 실시하겠습니다."라고 크고 자신감 있게 말한다. • 동작을 수행하면서 심사위원이 들을 수 있도록 호흡을 크게 들이마시고 내뱉는 소리를 낸다. • 심사위원이 동작을 정확히 볼 수 있도록 측면으로 자세를 잡고 천천히 동작을 수행한다. • 심사위원이 "그만"이라고 할 때까지 동작을 반복한다.	• 운동부위 : 복부 • 주동근 – 복직근

01
• 매트에 누워 양손을 허벅지 옆에 위치한다.
• 머리와 허리를 곧게 유지하고 상체를 지면과 밀착시킨다.
• 양발은 곧게 펴고 가볍게 들어준다.

02
• 양발을 천천히 들어 올리며 호흡을 내쉬고 최대한 근육을 수축시킨다.
• 양발이 지면과 90°를 이룰 때까지 발을 올린다.
• 발끝이 지면에 닿지 않도록 천천히 내린다.
• 처음 동작으로 돌아오면서 호흡을 들이마시고 근육을 이완시킨다.

19 오블리크 크런치

세부평가기준	시험장 Tip	운동부위 및 근육
① 목이 고정된 상태에서 상체를 숙였는가? ② 양어깨가 바닥에 닿지 않을 정도까지 내렸는가? ③ 들어 올리는 단계에서 몸통의 반동을 이용하지 않았는가? ④ 손을 머리에서 떨어뜨리지 않고 운동을 실시하였는가? ⑤ 근육이 최대로 수축하는 지점에서 호흡을 내쉬는가?	• "오블리크 크런치를 실시하겠습니다." 라고 크고 자신감 있게 말한다. • 동작을 수행하면서 심사위원이 들을 수 있도록 호흡을 크게 들이마시고 내뱉는 소리를 낸다. • 심사위원이 동작을 정확히 볼 수 있도록 정면으로 자세를 잡고 천천히 동작을 수행한다. • 심사위원이 "그만"이라고 할 때까지 동작을 반복한다.	• 운동부위 : 복부 • 주동근 − 내 · 외복사근

01
• 매트에 누워 양손을 머리 뒤로 깍지를 낀다.
• 머리와 허리를 곧게 유지한다.
• 상체는 정면을 주시하고 하체는 측면을 향하도록 위치한다.

02
• 상체를 천천히 위로 들어 올리며 호흡을 내쉬고 최대한 근육을 수축시킨다.
• 양손을 머리에서 떨어뜨리지 않고 몸의 반동을 이용하지 않는다.
• 처음 동작으로 천천히 돌아오면서 호흡을 들이마시고 근육을 이완시킨다.

20 시티드 니 업

세부평가기준	시험장 Tip	운동부위 및 근육
① 벤치나 바닥에 앉아 상체를 고정시키고 무릎을 구부렸는가? ② 발이 땅에 닿지 않게 운동하는가? ③ 발끝이 바닥에 닿지 않을 정도까지 천천히 내렸는가? ④ 올리는 단계에 숨을 내쉬었는가? ⑤ 무릎과 상체를 동시에 몸의 중심부로 당기며 복근을 수축시켰는가?	• "시티드 니 업을 실시하겠습니다."라고 크고 자신감 있게 말한다. • 동작을 수행하면서 심사위원이 들을 수 있도록 호흡을 크게 들이마시고 내뱉는 소리를 낸다. • 심사위원이 동작을 정확히 볼 수 있도록 측면으로 자세를 잡고 천천히 동작을 수행한다. • 심사위원이 "그만"이라고 할 때까지 동작을 반복한다.	• 운동부위 : 복부 • 주동근 – 복직근

01
• 벤치 혹은 매트에 앉아 머리와 허리를 곧게 유지한다.
• 양손은 엉덩이 옆에 위치하고 양발의 무릎을 가볍게 구부린다.

02
• 지면에서 양발을 위로 천천히 들어 올리며 호흡을 내쉬고 최대한 근육을 수축시킨다.
• 발끝이 지면에 닿지 않도록 천천히 내린다.
• 처음 동작으로 돌아오면서 호흡을 들이마시고 근육을 이완시킨다.

21 리버스 크런치

PART 03

세부평가기준

① 숨을 내쉬며 엉덩이가 바닥에서 떨어질 때까지 올렸는가?
② 양어깨와 등 상부를 바닥과 밀착시켰는가?
③ 발끝이 바닥에 닿지 않을 정도까지 천천히 내렸는가?
④ 올리는 단계에서 숨을 내쉬었는가?
⑤ 무릎 관절을 90도 구부리며 하는가?
⑥ 다리를 가슴 방향으로 당기며 골반을 들어 올렸는가?

시험장 Tip

• "리버스 크런치를 실시하겠습니다." 라고 크고 자신감 있게 말한다.
• 동작을 수행하면서 심사위원이 들을 수 있도록 호흡을 크게 들이마시고 내뱉는 소리를 낸다.
• 심사위원이 동작을 정확히 볼 수 있도록 측면으로 자세를 잡고 천천히 동작을 수행한다.
• 심사위원이 "그만"이라고 할 때까지 동작을 반복한다.

운동부위 및 근육

• 운동부위 : 복부
• 주동근 – 복직근

01
• 매트에 누워 양손을 허벅지 옆에 위치한다.
• 머리와 허리를 곧게 유지하고 상체를 지면과 밀착시킨다.
• 양발을 들고 무릎을 90° 구부린다.

02
• 지면에서 엉덩이를 위로 천천히 들어 올리며 호흡을 내쉬고 최대한 근육을 수축시킨다.
• 발끝이 지면에 닿지 않도록 천천히 내린다.
• 처음 동작으로 돌아오면서 호흡을 들이마시고 근육을 이완시킨다.

22 V-싯업

세부평가기준	시험장 Tip	운동부위 및 근육
① 다리와 상체를 동시에 올렸는가? ② 양다리와 양팔을 천천히 내렸는가? ③ 팔과 다리가 구부러지지 않고 펴져 있는가? ④ 올리는 단계에서 숨을 내쉬었는가? ⑤ 손이 바닥에 닿지 않게 위로 들었는가?	• "V-싯업을 실시하겠습니다."라고 크게 자신감 있게 말한다. • 동작을 수행하면서 심사위원이 들을 수 있도록 호흡을 크게 들이마시고 내뱉는 소리를 낸다. • 심사위원이 동작을 정확히 볼 수 있도록 측면으로 자세를 잡고 천천히 동작을 수행한다. • 심사위원이 "그만"이라고 할 때까지 동작을 반복한다.	• 운동부위 : 복부 • 주동근 - 복직근

01
• 매트에 머리와 허리를 곧게 유지하고 상체를 지면과 밀착시킨다.
• 양손을 머리 위로 들어 올리며 전신을 곧게 편다.

02
• 다리와 상체를 동시에 들어 올리며 V자를 만들고 근육을 최대한 수축시키며 호흡은 내쉰다.
• 처음 동작으로 돌아오면서 근육을 최대한 이완시키고 호흡은 들이마신다.

23 플랭크

세부평가기준	시험장 Tip	운동부위 및 근육
① 엎드린 자세에서 양팔의 전완부와 양발로 지지하며 자세를 유지하였는가? ② 몸통을 일직선으로 유지하였는가? ③ 자세를 유지하는 동안 몸통이 흔들리지 않았는가?	• "플랭크를 실시하겠습니다."라고 크고 자신감 있게 말한다. • 심사위원이 동작을 정확히 볼 수 있도록 측면으로 자세를 잡고 천천히 동작을 수행한다. • 심사위원이 "그만"이라고 할 때까지 동작을 지속한다.	• 운동부위 : 복부 • 주동근 − 복직근 • 협응근 − 전신 근육

01
• 매트에 양손과 팔꿈치(전완부)까지 어깨너비로 위치시키며 엎드린다.
• 머리, 어깨, 허리, 엉덩이, 무릎, 발목을 곧게 유지시킨다.

02
• 몸통이 흔들리지 않도록 잘 고정한다.
• 몸통을 일직선으로 유지하고 잘 고정한다.

24 사이드 플랭크

세부평가기준

① 옆으로 누운 자세에서 한쪽 팔의 전완부와 한쪽 발로 자세를 취하였는가?
② 몸통을 일직선으로 유지하였는가?
③ 자세를 유지하는 동안 몸통이 흔들리지 않았는가?

시험장 Tip

• "사이드 플랭크를 실시하겠습니다." 라고 크고 자신감 있게 말한다.
• 심사위원이 동작을 정확히 볼 수 있도록 측면으로 자세를 잡고 천천히 동작을 수행한다.
• 심사위원이 "그만"이라고 할 때까지 동작을 지속한다.

운동부위 및 근육

• 운동부위 : 복부
• 주동근 – 내 · 외복사근
• 협응근 – 전신 근육

01
• 매트에 한쪽 팔꿈치(전완부)와 한쪽 발로 고정하여 옆으로 눕는다.
• 머리, 어깨, 허리, 엉덩이, 무릎, 발목을 곧게 유지시킨다.

02
• 몸통이 흔들리지 않도록 잘 고정한다.
• 몸통을 옆으로 일직선으로 유지하고 잘 고정한다.

CHAPTER 02 실전기술 [배점 20점]

1 남자 보디빌딩 규정 포즈 / 남자 클래식 보디빌딩 규정 포즈

1 프런트 더블 바이셉스(Front Double Biceps)

세부평가기준

① 심판을 향해 정면으로 서서 한 발을 40~50cm 바깥쪽 앞으로 내민다.

② 두 팔을 들어 어깨와 수평을 이루게 한 후 팔꿈치를 구부린다.

③ 이두근과 전완근이 수축되도록 주먹을 꽉 쥔 채 아래를 향하게 한다.

④ 머리부터 발끝까지 가능한 한 많은 근육을 수축시킬 수 있도록 노력한다.

시험장 Tip

• 선수는 심판을 향해 정면으로 서서 한 발을 40~50cm 바깥쪽 앞으로 두고 두 팔을 들어 어깨와 수평을 이루게 한 후 팔꿈치를 구부린다.

• 이 포즈에서 중요하게 평가하는 이두근과 전완근이 수축되도록 주먹을 꽉 쥔 채 아래를 향하게 한다. 또한 심판이 전체적인 육체미를 심사하므로, 선수는 머리부터 발끝까지 가능한 한 많은 근육을 수축시킬 수 있도록 노력한다.

• 심판은 처음에 상완이두근이 꽉 차있는지, 봉우리는 잘 솟아있는지, 그리고 상완이두근의 전면부와 후면부의 분할이 선명한지를 심사하고 계속해서 전완근, 삼각근, 흉근, 가슴에서 어깨로 이어지는 부위, 복부, 허벅지, 종아리를 관찰함으로써 머리부터 발끝까지 심사를 이어간다. 심판은 또한 근육의 밀도, 선명도 그리고 전반적인 균형을 심사한다.

2 프런트 랫 스프레드(Front Lat Spread)

📋 세부평가기준

① 심판을 향해 정면으로 선 채로 다리와 발의 안쪽 라인을 최대 15cm까지 벌려준다.
② 펼치거나 주먹을 쥔 손을 허리 하부 또는 복사근에 위치시킨 채 광배근을 펼쳐 보인다.
③ 동시에 가능한 한 많은 전면 근육의 수축을 시도한다.

🏋 시험장 Tip

• 선수는 심판을 향해 정면으로 서서 다리와 발의 안쪽 라인을 최대 15cm까지 벌리고, 펼치거나 주먹을 쥔 손을 허리 하부 또는 복사근에 위치시킨 채 광배근을 펼쳐 보인다.
• 동시에 가능한 한 많은 전면 근육의 수축을 시도한다.
• 트렁크를 올려서 대퇴사두근 안쪽을 보이게 하는 행위는 엄격히 금지된다.
• 심판은 일단 선수가 광배근을 잘 펼쳐서 몸통을 V−형태로 만들어 내는지를 심사한다. 그 후 심판은 머리부터 발끝까지 심사하면서 전체적인 체격과 다양한 근육군의 세밀한 측면을 집중해서 관찰한다.

3 사이드 체스트(Side Chest)

세부평가기준

① 우측이나 좌측을 바라보고 선 후, 심판을 향해 고개와 상체를 틀어준다.
② 심판과 가까운 쪽 팔을 직각으로 구부리고 한 손은 주먹을 쥐고 다른 손은 주먹 쥔 손의 손목을 잡는다.
③ 심판과 가까운 쪽 다리의 무릎을 구부리고 발가락으로 지탱한다.
④ 가슴을 부풀게 하며 직각으로 구부린 팔의 상승 압력을 이용해 상완이두근을 최대한 수축한다.
⑤ 발가락에 하강 압력을 가해 허벅지 근육과 대퇴이두근, 비복근을 수축한다.

시험장 Tip

• 선수는 더 "잘 발달된 팔"을 보여주기 위해 우측이나 좌측 중 한쪽을 선택한다. 선수는 심판을 향해 우측이나 좌측으로 서서 심판과 가까운 쪽 팔을 직각으로 구부리고 한 손은 주먹을 쥐고 다른 손은 주먹 쥔 손의 손목을 잡는다.
• 심판과 가까운 쪽 다리의 무릎을 구부리고 발가락으로 지탱한다. 그다음 가슴을 펴고 직각으로 구부린 팔의 상승 압력을 이용해 상완이두근을 최대한 수축한다. 선수는 발가락에 하강 압력을 가해 허벅지 근육과 대퇴이두근, 비복근을 수축한다.
• 심판은 가슴 근육과 흉곽의 아치 형태, 상완이두근, 대퇴이두근, 비복근을 집중적으로 관찰하면서 머리부터 발끝까지 심사한다. 심판은 선수의 옆모습을 보면서 허벅지와 종아리 근육의 더 정확한 발달 정도를 확인한다.

④ 백 더블 바이셉스(Back Double Biceps)

📋 세부평가기준	⚖️ 시험장 Tip
① 뒷모습이 심판에게 보이게 서서 두 팔과 손목 자세를 Front Double Biceps 포즈와 동일하게 취한다. ② 한 발을 뒤로 빼서 발가락으로 체중을 지탱한다. ③ 어깨, 상·하부 등 근육, 허벅지, 비복근뿐만 아니라 상완이두근까지 수축시킨다.	• 선수는 뒷모습이 심판에게 보이게 서서 두 팔과 손목 자세를 Front Double Biceps 포즈와 동일하게 취하고 한 발을 뒤로 빼서 발가락으로 지탱한다. 그다음 어깨, 상·하부 등 근육, 허벅지, 비복근뿐만 아니라 상완이두근까지 수축시킨다. • 심판은 먼저 팔 근육을 심사하고 그다음 머리부터 발끝까지 관찰하는데, 이때 다른 포즈를 취할 때보다 더 많은 근육군을 심사한다. 해당 근육군은 목, 삼각근, 상완이두근, 상완삼두근, 전완근, 승모근, 원근, 극하근, 척추 기립근, 외복사근, 광배근, 대둔근, 대퇴이두근, 비복근을 포함한다. • 이 포즈를 취했을 때, 다른 포즈를 취했을 때보다 근육의 밀도, 선명도 그리고 전체적인 균형을 심사하기가 수월하다.

5 백 랫 스프레드(Back Lat Spread)

세부평가기준	시험장 Tip

세부평가기준

① 뒷모습이 심판에게 보이게 선 채로 다리와 발의 안쪽 라인을 최대 15cm 까지 벌려준다.
② 팔꿈치를 넓게 벌려 유지한 채로 손을 허리 위에 올린다.
③ 광배근을 최대한 넓게 펼쳐 보인다.
④ 심판이 양쪽 비복근을 동등하게 심사 할 수 있도록 Back Double Biceps 포즈 때 보여주었던 종아리 근육의 반대쪽을 보여주도록 노력한다.

시험장 Tip

• 선수는 뒷모습이 심판에게 보이게 서서 팔꿈치를 넓게 벌려 유지한 채로 손을 허리 위에 올리고 다리와 발의 안쪽 간격을 최대 15cm로 유지한다. 그 후 선수는 광배근을 최대한 넓게 수축한다.
• 선수는 심판이 양쪽 비복근을 동등하게 심사할 수 있도록 Back Double Biceps 포즈 때 보여주었던 종아리 근육의 반대쪽을 보여주도록 노력해야 한다. 대둔근을 보여주기 위해서 트렁크를 올려 입는 것은 엄격하게 금지된다.
• 심판은 광배근의 펼쳐짐을 심사하는 동시에 근육의 밀도를 심사하고, 다시 머리 부터 발끝까지 살펴본다.

6 사이드 트라이셉스(Side Triceps)

세부평가기준

① 우측이나 좌측을 바라보고 선 후, 심판을 향해 고개와 상체를 틀어준다.
② 두 팔을 등 뒤에 놓고 깍지를 끼거나 앞쪽에 있는 팔의 손목을 다른 손으로 움켜잡는다.
③ 심판과 가까운 쪽 다리의 무릎을 굽히고 발바닥을 바닥에 딱 붙인다.
④ 심판과 먼 쪽 다리의 무릎을 굽히고 발가락으로 지탱한다.
⑤ 앞쪽 팔에 압력을 가하여 상완삼두근을 수축시킨다.

시험장 Tip

• 선수는 더 "잘 발달된 팔"을 보여주기 위해 우측이나 좌측 중 한쪽을 선택한다. 선수는 심판을 향해 우측이나 좌측으로 서서 두 팔을 등 뒤에 놓고 깍지를 끼거나 앞쪽에 있는 손목을 다른 손으로 움켜잡는다.
• 심판과 가까운 쪽 다리의 무릎을 굽히고 발바닥을 바닥에 딱 붙인다. 그리고 심판과 먼 쪽 다리의 무릎을 굽히고 발가락으로 지탱한다.
• 선수는 앞쪽 팔에 압력을 가하여 상완삼두근을 수축한다. 또한 가슴은 올리고 복부 근육, 허벅지, 비복근을 수축한다.
• 심판은 일단 상완삼두근을 관찰하고 머리부터 발끝까지 심사한다. 이 포즈에서 심판은 측면에서의 허벅지와 종아리 근육을 관찰해 비교 발달 정도를 더 정확하게 확인할 수 있다.

7 업도미널 앤 타이(Abdominals & Thighs)

세부평가기준

① 심판을 향해 정면으로 서서 두 팔을 머리 뒤에 놓고 한쪽 발을 앞에 둔다.
② 몸통을 약간 앞쪽으로 보내며 '크런칭(crunching)' 자세로 복부 근육을 수축시킨다.
③ 동시에 하체 전면 근육을 수축시킨다.

시험장 Tip

• 선수는 심판을 향해 정면으로 서서 두 팔을 머리 뒤에 놓고 한쪽 발을 앞에 둔다. 그다음 몸통을 약간 앞쪽으로 보내며 '크런칭(crunching)' 자세로 복부 근육을 수축하고 동시에 하체 전면 근육을 수축한다.
• 심판은 복부와 허벅지 근육을 관찰하고 난 후 머리부터 발끝까지 심사한다.

1 프런트 포지션(Front Position)

세부평가기준

① 몸에 긴장을 유지한 채 바르게 서서 머리와 눈이 몸과 같은 방향을 향하게 한다.
② 네 손가락을 몸 앞쪽으로 둔 채 한 손을 엉덩이에 얹고, 한 다리는 약간 측면으로 뻗어준다.
③ 다른 손은 몸을 따라 아래로 늘어뜨린 상태에서 약간 몸에서 떨어지게 하고, 팔꿈치를 살짝 구부린 후, 손바닥을 곧게 펴주며, 손가락은 보기 좋게 정렬해준다.
④ 무릎은 펴고, 복근과 광배근을 살짝 수축시킨 상태에서 고개를 들어준다.

시험장 Tip

• 바르게 서서 근육을 긴장시킨 자세로, 머리와 눈은 몸과 같은 방향을 향하게 하고, 네 손가락은 몸 앞쪽으로 둔 채, 한 손을 엉덩이에 얹고, 한 다리는 약간 측면으로 뻗어준다.
• 다른 손은 몸을 따라 아래로 늘어뜨린 상태에서 약간 몸에서 떨어지게 하고, 팔꿈치를 살짝 구부린 후, 손바닥을 곧게 펴주며, 손가락은 보기 좋게 정렬해준다. 무릎은 펴고, 복근과 광배근을 살짝 수축시킨 상태에서 고개를 들어준다.

2 쿼터 턴 라이트(Quarter Turn Right) − 몸의 왼편이 심판을 향하는 자세

세부평가기준

① 몸의 왼편이 심판을 향하게 선 상태에서, 상체를 약간 심판 쪽으로 돌려준다.
② 왼손은 왼쪽 엉덩이에 얹는다.
③ 오른팔은 몸의 중심선보다 약간 앞에 두고, 손바닥을 편 채로 손가락을 보기 좋게 정렬해 놓고, 팔꿈치는 약간 구부린다.
④ 왼쪽 다리의 무릎을 약간 구부리고, 발은 바닥에 딱 붙인다.
⑤ 오른쪽 다리의 무릎을 구부리고 뒤쪽으로 빼서 발가락으로 체중을 지탱한다.

시험장 Tip

• 선수가 첫 쿼터 턴 라이트를 수행한다.
• 선수들은 몸의 왼편이 심판을 향하게 선 상태에서, 심판을 바라볼 수 있도록 상체를 약간 심판 쪽으로 돌려준다.
• 왼손은 왼쪽 엉덩이에 얹고, 오른팔은 몸의 중심선보다 약간 앞에 두고, 손바닥을 편 채로 손가락을 보기 좋게 정렬해 놓고, 팔꿈치는 약간 구부린다.
• 왼쪽 다리(심판과 가까운 쪽)의 무릎을 약간 구부리고, 발은 바닥에 딱 붙인다. 오른쪽 다리(심판에게서 먼 쪽)의 무릎을 구부리고 뒤쪽으로 빼서 발가락으로 체중을 지탱한다.

❸ 쿼터 턴 백(Quarter Turn Back) − 등이 심판을 향하는 자세

세부평가기준	시험장 Tip
① 몸에 긴장을 유지한 채 바르게 서서 머리와 눈이 몸과 같은 방향을 향하게 한다.	• 바르게 서서 근육을 긴장시킨 자세로, 머리와 눈은 몸과 같은 방향을 향하게 하고, 네 손가락은 몸 앞쪽으로 둔 채, 한 손을 엉덩이에 얹는다.
② 네 손가락을 몸 앞쪽으로 둔 채 한 손을 엉덩이에 얹고, 한 다리는 약간 측면으로 뻗어준다.	• 다른 손은 몸을 따라 아래로 늘어뜨린 상태에서 약간 몸에서 떨어지게 하고, 팔꿈치를 살짝 구부린 후, 손바닥을 곧게 펴주며, 손가락은 보기 좋게 정렬해준다.
③ 다른 손은 몸을 따라 아래로 늘어뜨린 상태에서 약간 몸에서 떨어지게 하고, 팔꿈치를 살짝 구부린 후, 손바닥을 곧게 펴주며, 손가락은 보기 좋게 정렬해준다.	• 한쪽 다리는 약간 뒤쪽 측면으로 빼고, 발가락으로 체중을 지탱한다. 광배근을 약간 수축시킨 채, 고개를 들어준다.
④ 무릎은 펴고, 복근과 광배근을 살짝 수축시킨 상태에서 고개를 들어준다.	

4 쿼터 턴 라이트(Quarter Turn Right) - 몸의 오른편이 심판을 향하는 자세

세부평가기준

① 몸의 오른편이 심판을 향하게 선 상태에서, 상체를 약간 심판 쪽으로 돌려준다.
② 오른손은 오른쪽 엉덩이에 얹는다.
③ 왼팔은 몸의 중심선보다 약간 앞에 두고, 손바닥을 편 채로 손가락을 보기 좋게 정렬해 놓고, 팔꿈치는 약간 구부린다.
④ 오른쪽 다리의 무릎을 약간 구부리고, 발은 바닥에 딱 붙인다.
⑤ 왼쪽 다리의 무릎을 구부리고 뒤쪽으로 빼서 발가락으로 체중을 지탱한다.

시험장 Tip

• 선수는 다음 쿼터 턴 라이트를 실시하여 몸의 오른편이 심판을 향하게 선 상태에서, 심판을 바라볼 수 있도록 상체를 약간 심판 쪽으로 돌려준다.
• 오른손은 오른쪽 엉덩이에 얹고, 왼팔은 몸의 중심선에서 약간 앞으로 두고, 손바닥을 편 채로 손가락을 보기 좋게 정렬해 놓고, 팔꿈치는 약간 구부린다.
• 오른쪽 다리(심판과 가까운 쪽)의 무릎을 약간 구부리고, 발은 바닥에 딱 붙인다. 왼쪽 다리(심판에게서 먼 쪽)의 무릎을 구부리고 뒤쪽으로 빼서 발가락으로 체중을 지탱한다.

1 프런트 더블 바이셉스(Front Double Biceps)

세부평가기준

① 심판을 향해 정면으로 서서 한 발을 40~50cm 바깥쪽 앞으로 내민다.
② 두 팔을 들어 어깨와 수평을 이루게 한 후 팔꿈치를 구부린다.
③ 이두근과 전완근이 수축되도록 주먹을 꽉 쥔 채 아래를 향하게 한다.
④ 머리부터 발끝까지 가능한 한 많은 근육을 수축시킬 수 있도록 노력한다.

시험장 Tip

• 선수는 심판을 향해 정면으로 서서 한 발을 40~50cm 바깥쪽 앞으로 두고 두 팔을 들어 어깨와 수평을 이루게 한 후 팔꿈치를 구부린다. 이 포즈에서 중요하게 평가하는 이두근과 전완근이 수축되도록 주먹을 꽉 쥔 채 아래를 향하게 한다. 또한 심판이 전체 골격을 심사하므로, 선수는 머리부터 발끝까지 가능한 한 많은 근육을 수축시킬 수 있도록 노력한다.
• 심판은 처음에 상완이두근이 꽉 차있는지, 봉우리는 잘 솟아있는지, 그리고 상완이두근의 전면부와 후면부의 분할이 선명한지를 심사하고 계속해서 전완근, 삼각근, 흉근, 가슴에서 어깨로 이어지는 부위, 복부, 허벅지, 종아리를 관찰함으로써 머리부터 발끝까지 심사를 이어간다.
• 심판은 또한 근육의 밀도, 선명도 그리고 전반적인 균형을 심사한다.

2 사이드 체스트(Side Chest)

자세 영상

세부평가기준

① 우측이나 좌측을 바라보고 선 후, 심판을 향해 고개와 상체를 틀어준다.
② 심판과 가까운 쪽 팔을 직각으로 구부리고 한 손은 주먹을 쥐고 다른 손은 주먹 쥔 손의 손목을 잡는다.
③ 심판과 가까운 쪽 다리의 무릎을 구부리고 발가락으로 지탱한다.
④ 가슴을 부풀게 하며 직각으로 구부린 팔의 상승 압력을 이용해 상완이두근을 최대한 수축한다.
⑤ 발가락에 하강 압력을 가해 허벅지 근육과 대퇴이두근, 비복근을 수축한다.

시험장 Tip

• 선수는 더 "잘 발달된 팔"을 보여주기 위해 우측이나 좌측 중 한쪽을 선택한다. 선수는 심판을 향해 우측이나 좌측으로 서서 심판과 가까운 쪽 팔을 직각으로 구부리고 한 손은 주먹을 쥐고 다른 손은 주먹 쥔 손의 손목을 잡는다.
• 심판과 가까운 쪽 다리의 무릎을 구부리고 발가락으로 지탱한다. 그다음 가슴을 펴고 직각으로 구부린 팔의 상승 압력을 이용해 상완이두근을 최대한 수축한다. 선수는 발가락에 하강 압력을 가해 허벅지 근육과 대퇴이두근, 비복근을 수축한다.
• 심판은 가슴 근육과 흉곽의 아치 형태, 상완이두근, 대퇴이두근, 비복근을 집중적으로 관찰하면서 머리부터 발끝까지 심사한다. 심판은 선수의 옆모습을 보면서 허벅지와 종아리 근육의 더 정확한 발달 정도를 확인한다.

PART 03

3 백 더블 바이셉스(Back Double Biceps)

세부평가기준

① 뒷모습이 심판에게 보이게 서서 두 팔과 손목 자세를 Front Double Biceps 포즈와 동일하게 취한다.

② 한 발을 뒤로 빼서 발가락으로 체중을 지탱한다.

③ 어깨, 상·하부 등근육, 허벅지, 비복근뿐만 아니라 상완이두근까지 수축시킨다.

시험장 Tip

• 선수는 뒷모습이 심판에게 보이게 서서 두 팔과 손목 자세를 Front Double Biceps 포즈와 동일하게 취하고 한 발을 뒤로 빼서 발가락으로 지탱한다. 그다음 어깨, 상·하부 등 근육, 허벅지, 비복근뿐만 아니라 상완이두근까지 수축시킨다.

• 심판은 먼저 팔 근육을 심사하고 그다음 머리부터 발끝까지 관찰하는데, 이때 다른 포즈를 취할 때보다 더 많은 근육군을 심사한다.

• 해당 근육군은 목, 삼각근, 상완이두근, 상완삼두근, 전완근, 승모근, 원근, 극하근, 척추 기립근, 외복사근, 광배근, 대둔근, 대퇴이두근, 비복근을 포함한다. 이 포즈를 취했을 때, 다른 포즈를 취했을 때보다 근육의 밀도, 선명도 그리고 전체적인 균형을 심사하기가 수월하다.

4 사이드 트라이셉스(Side Triceps)

세부평가기준

① 우측이나 좌측을 바라보고 선 후, 심판을 향해 고개와 상체를 틀어준다.
② 두 팔을 등 뒤에 놓고 깍지를 끼거나 앞쪽에 있는 팔의 손목을 다른 손으로 움켜잡는다.
③ 심판과 가까운 쪽 다리의 무릎을 굽히고 발바닥을 바닥에 딱 붙인다.
④ 심판과 먼 쪽 다리의 무릎을 굽히고 발가락으로 지탱한다.
⑤ 앞쪽 팔에 압력을 가하여 상완삼두근을 수축시킨다.

시험장 Tip

• 선수는 더 "잘 발달된 팔"을 보여주기 위해 우측이나 좌측 중 한쪽을 선택한다. 선수는 심판을 향해 우측이나 좌측으로 서서 두 팔을 등 뒤에 놓고 깍지를 끼거나 앞쪽에 있는 손목을 다른 손으로 움켜잡는다.
• 심판과 가까운 쪽 다리 무릎을 굽히고 발바닥을 바닥에 딱 붙인다. 그리고 심판과 먼 쪽 다리의 무릎을 굽히고 발가락으로 지탱한다. 선수는 앞쪽 팔에 압력을 가하여 상완삼두근을 수축한다. 또한 가슴은 올리고 복부 근육, 허벅지, 비복근을 수축한다.
• 심판은 일단 상완삼두근을 관찰하고 머리부터 발끝까지 심사한다. 이 포즈에서 심판은 측면에서의 허벅지와 종아리 근육을 관찰해 비교 발달 정도를 더 정확하게 확인할 수 있다.

5 베큠 포즈(Vacuum Pose)

세부평가기준

① 정면으로 서서 두 팔을 머리 뒤에 대고 두 발을 모은다.
② 숨을 깊게 내쉬고, 배꼽을 척추에 갖다 대는 느낌으로 복부를 안쪽으로 당긴다.
③ 복횡근, 다리, 몸통 및 팔근육을 수축시킨다.

시험장 Tip

• 새로운 규정 포즈로 선수는 심판을 향해 정면으로 서서 두 팔을 머리 뒤에 대고 두 발은 모은다. 그런 후 숨을 깊게 내쉬고, 배꼽을 척추 쪽으로 당긴다는 느낌으로 복부를 안으로 당기면서 동시에 복횡근, 다리, 몸통 및 팔 근육을 수축해 "Vacuum Pose"를 실시한다.
• 이 포즈에서 복근(복직근)은 수축시키지 않는다.

6 업도미널 앤 타이(Abdominals & Thighs)

📋 세부평가기준

① 심판을 향해 정면으로 서서 두 팔을 머리 뒤에 놓고 한쪽 발을 앞에 둔다.
② 몸통을 약간 앞쪽으로 보내며 '크런칭(crunching)' 자세로 복부 근육을 수축시킨다.
③ 동시에 하체 전면 근육을 수축시킨다.

⚖️ 시험장 Tip

• 선수는 심판을 향해 정면으로 서서 두 팔을 머리 뒤에 놓고 한쪽 발을 앞에 둔다. 그다음 몸통을 약간 앞쪽으로 보내며 "크런칭(crunching)" 자세로 복부 근육을 수축하고 동시에 하체 전면 근육을 수축한다.
• 심판은 복부와 허벅지 근육을 관찰하고 난 후 머리부터 발끝까지 심사한다.

PART 03

7 선수가 선택한 클래식(Classic) 포즈

세부평가기준	시험장 Tip
① 심판을 향해 바르게 서서 본인이 원하는 전면 클래식 포즈를 취한다. ② 해당 포즈에서 드러나는 주요 근육군을 수축시킨다. ③ 머스큘러(Most Muscular) 포즈는 허용되지 않는다.	• 선수는 심판을 향해 바르게 서서 본인이 원하는 전면 클래식 포즈를 취한다. 단, "모스트 머스큘러" 포즈는 금지된다. • 선수는 클래식 포즈에서 주요 근육군을 포함한 기타 근육군을 수축시켜야 하며, 한 가지 포즈만 실시한다.

4 여성 피지크 규정 포즈

1 프런트 더블 바이셉스(Front Double Biceps)

세부평가기준	시험장 Tip
① 오른쪽 또는 왼쪽 다리를 바깥쪽으로 빼고 다리와 발을 일직선상에 둔 채 정면을 바라보고 선다. ② 두 팔을 들어 어깨 높이까지 올린 다음 팔꿈치를 구부린다. ③ 손을 편 상태에서 손가락이 하늘을 향하게 한다. ④ 머리부터 발끝까지 가능한 한 많은 근육을 수축시킬 수 있도록 노력한다.	• 오른쪽 또는 왼쪽 다리를 바깥쪽으로 빼고 다리와 발은 일직선상에 둔 채 정면으로 서서, 두 팔을 어깨 높이까지 올린 다음 팔꿈치를 구부린다. 손을 편 상태에서 손가락이 하늘을 향하게 한다. 또한 심판이 머리부터 발끝까지 전체적인 육체미를 심사하므로, 선수는 머리부터 발끝까지 가능한 한 많은 근육을 수축시킬 수 있도록 노력한다. • 심판은 전체적인 신체 비율 및 대칭뿐만 아니라 바디라인 및 균형, 적절한 근육의 발달로 형성된 각 신체 부위의 윤곽을 관찰함으로써, 머리부터 발끝까지의 전체적인 체격을 심사한다. 심판은 또한 근육 밀도, 낮은 체지방률 및 전체적인 균형을 평가할 것이다.

② 사이드 체스트(Side Chest)

📋 세부평가기준

① 우측이나 좌측을 바라보고 선 후, 심판을 향해 고개와 상체를 틀어준다.
② 배를 안으로 집어 넣은 상태에서, 심판과 가까운 쪽 다리를 곧게 펴고, 앞으로 뻗어 발가락으로 지탱한다.
③ 심판과 먼 쪽 다리는 발을 바닥에 딱붙인 채, 무릎을 약간 구부린다.
④ 곧게 편 양팔을 몸의 약간 앞쪽에 위치시키고, 엄지손가락과 나머지 손가락들을 한데 모아 약간 오므린다.
⑤ 손바닥이 아래쪽을 향하게 하고 양손의 깍지를 끼거나 한 손을 다른 손위에 포갠다.
⑥ 가슴근육, 삼두근, 대퇴사두근, 대퇴이두근 및 비복근을 수축한다.

🏋 시험장 Tip

• 선수는 더 "잘 발달된 팔"을 보여주기 위해, 왼쪽 또는 오른쪽 중 한쪽을 선택한다. 선수는 심판을 향해 우측이나 좌측으로 선 상태에서 상체를 약간 심판 방향으로 비틀어, 심판을 바라보고 배는 안으로 집어넣고, 심판과 가까운 쪽 다리의 무릎을 곧게 편 채로 고정하고 앞으로 뻗어 발가락으로 지탱한다.

• 심판과 먼 쪽 다리는 발을 바닥에 딱 붙인 채, 무릎을 약간 구부리고, 양팔은 몸의 약간 앞쪽에 곧게 펴서 두고 팔꿈치를 고정하고, 엄지손가락과 손가락들을 한데 모아 약간 오므린 채, 손바닥이 아래쪽을 향하게 한 상태에서 양손의 깍지를 끼거나 한 손을 다른 손 위에 포갠다. 그다음 선수는 가슴 근육, 삼두근과 허벅지 근육, 특히 대퇴이두근을 수축시키고 발가락에 하방 압력을 가하여 수축된 종아리 근육을 보여준다.

• 심판은 가슴 근육, 삼두근, 대퇴사두근 및 종아리를 집중적으로 관찰하면서 머리부터 발끝까지 심사한다. 이 포즈에서, 심판은 선수의 옆모습을 보면서 허벅지와 종아리 근육의 더 정확한 발달 정도를 확인할 수 있게 되는데, 이는 비교 발달을 더 정확하게 평가하는 데 도움이 된다.

3 백 더블 바이셉스(Back Double Biceps)

세부평가기준

① 뒷모습이 심판에게 보이게 서서 두 팔과 손목 자세를 Front Double Biceps 포즈와 동일하게 취한다.

② 한 발을 뒤로 빼서 발가락으로 체중을 지탱한다.

③ 어깨, 상·하부 등근육, 허벅지, 비복근뿐만 아니라 상완이두근까지 수축시킨다.

시험장 Tip

• 선수는 뒷모습이 심판에게 보이게 서서 두 팔과 손목 자세를 Front Double Biceps 포즈와 동일하게 취하고 한 발을 뒤로 빼서 발가락으로 지탱한다. 그다음 어깨, 상·하부 등 근육, 허벅지, 비복근뿐만 아니라 상완이두근까지 수축시킨다.

• 심판은 전체적인 신체 비율 및 대칭뿐만 아니라 바디라인 및 균형, 적절한 근육의 발달로 형성된 각 신체 부위의 윤곽을 관찰함으로써, 머리부터 발끝까지의 전체적인 체격을 심사한다. 심판은 또한 근육 밀도, 낮은 체지방률 및 전체적인 균형을 평가할 것이다.

4 사이드 트라이셉스(Side Triceps)

세부평가기준	시험장 Tip

세부평가기준

① 우측이나 좌측을 바라보고 선 후, 심판을 향해 고개와 상체를 틀어준다.

② 심판을 바라보면서 가슴은 내밀고 복부는 안으로 집어 넣은 상태에서 두 팔을 등 뒤에 위치시킨다.

③ 앞에 있는 손목을 뒤쪽 손으로 움켜잡는다.

④ 심판과 가까운 쪽 팔을 곧게 펴고, 엄지손가락과 나머지 손가락을 한데 모아 편 상태에서 손바닥이 지면과 평행을 이루도록 한다.

⑤ 앞쪽 팔에 압력을 가하여 상완삼두근을 수축시킨다.

⑥ 심판과 가까운 쪽 다리를 곧게 펴고 앞으로 뻗어 발가락으로 체중을 지탱하게 한다.

⑦ 심판과 먼 쪽 다리는 무릎을 구부리고 발을 바닥에 딱 붙인다.

시험장 Tip

• 선수는 "잘 발달된 팔"을 보여주기 위해, 왼쪽 또는 오른쪽 중 한쪽을 선택한다. 선수는 심판을 향해 우측이나 좌측으로 선 상태에서 상체를 약간 심판 방향으로 비틀어, 심판을 바라보고 가슴은 내밀고 복부는 안으로 집어넣은 상태로 두 팔을 등 뒤에 위치시키고 앞에 있는 손목을 뒤쪽 손으로 움켜잡는다.

• 심판과 가까운 쪽의 팔은 곧게 펴고 팔꿈치를 고정하며, 엄지손가락과 나머지 손가락을 한 데 모은 상태에서 주먹을 쥐지 않은 채 아래를 향하고 있는 손바닥이 지면과 평행을 이루도록 한다.

• 선수는 앞쪽 팔에 압력을 가하여 삼두근 근육을 수축시킨다. 뒤에 둔 다리의 무릎을 구부리고 발은 바닥에 딱 붙인다. 심판과 가까운 쪽의 다리를 곧게 편 상태에서 무릎을 고정하고, 앞으로 뻗어 발가락으로 지탱한다.

• 심판은 삼두근 근육을 우선적으로 관찰하면서 머리부터 발끝까지 심사한다. 이 포즈에서, 심판은 선수의 옆모습을 보면서 흉근, 복부 윤곽, 허벅지 및 종아리 근육의 더 정확한 발달 정도를 확인할 수 있게 되는데, 이는 비교 발달을 더 정확하게 평가하는 데 도움이 된다.

5 여자 피지크 쿼터 턴 / 여자 보디피트니스 쿼터 턴(QURTER TURNS)

1 프런트 포지션(Front Position)

세부평가기준

① 바르게 서서 머리와 눈이 몸과 같은 방향을 향하게 한다.
② 발뒤꿈치를 모은 상태에서 양발을 바깥쪽 30° 각도로 벌린다.
③ 양 무릎을 붙인 채로 펴고, 배는 안으로 집어넣고, 가슴을 내밀고 어깨를 뒤로 젖힌다.
④ 두 팔을 신체 중심선을 따라 측면으로 내리고 팔꿈치를 약간 구부린다.
⑤ 손바닥이 몸통을 바라보게 한 상태에서 엄지손가락과 나머지 손가락을 한데 모아 손을 살짝 오므린다.

시험장 Tip

• 바르게 서서 머리와 눈이 몸과 같은 방향을 향하게 한다. 발뒤꿈치는 모으고, 양발을 바깥쪽 30° 각도로 벌려준다. 무릎을 펴고, 배는 안으로 집어넣고, 가슴은 내민 채 어깨를 뒤로 젖히고 고개를 든다.
• 두 팔을 신체 중심선을 따라 측면으로 내리고 팔꿈치를 약간 구부린 채 손바닥이 몸통을 바라보게 한 상태에서 엄지손가락과 나머지 손가락을 한데 모아 손을 오므리고, 몸에서 약 10cm 떨어진 곳에 위치시킨다.
• 적절한 자세를 취하지 않은 선수는 한 번의 경고를 받게 되며, 이후 감점 처리된다.

2 쿼터 턴 라이트(Quarter Turn Right) – 몸의 왼편이 심판을 향하는 자세

📋 세부평가기준

① 바르게 서서 머리와 눈이 몸과 같은 방향을 향하게 한다.
② 양발을 바깥쪽 30° 각도로 벌린 채로 선다.
③ 무릎을 펴고, 배는 안으로 집어넣고, 가슴은 내민 채 어깨를 뒤로 젖힌다.
④ 왼팔을 신체 중심선보다 약간 뒤로 두고 손바닥이 몸통을 바라보게 한 상태에서 손을 살짝 오므린다.
⑤ 팔꿈치를 살짝 구부린 오른팔을 신체 전방에 위치시키고 손바닥이 몸통을 바라보게 한 상태에서 손을 살짝 오므린다.

🔊 시험장 Tip

• 바르게 서서, 머리와 눈이 몸과 같은 방향을 향하게 한다. 발뒤꿈치를 모은 상태로 양 발을 바깥쪽 30° 각도로 벌려준다. 무릎을 펴고, 배는 안으로 집어넣고, 가슴은 내민 채 어깨를 뒤로 젖힌다.
• 왼팔의 팔꿈치를 살짝 구부린 채 신체 중심선보다 약간 뒤로 두고 손바닥이 몸통을 바라보게 한 상태에서 엄지손가락과 나머지 손가락을 한데 모아 손을 약간 오므린다. 오른팔의 팔꿈치를 살짝 구부린 채 신체 전방에 위치하게 하며, 손바닥이 몸통을 바라보게 한 상태에서 손을 약간 오므린다.
• 팔의 위치에 의해 상체가 약간 좌측으로 틀어지고, 좌측 어깨가 내려가고, 우측 어깨가 올라가게 되는 게 정상이지만, 너무 과장된 자세가 되지 않도록 주의한다.
• 적절한 자세를 취하지 않는 선수는 한 번의 경고를 받게 되며, 이후 감점 처리된다.

3 쿼터 턴 백(Quarter Turn Back) - 등이 심판을 향하는 자세

세부평가기준	시험장 Tip
① 바르게 서서 머리와 눈이 몸과 같은 방향을 향하게 한다.	• 바르게 서서 머리와 눈이 몸과 같은 방향을 향하게 하고 발뒤꿈치를 모은 상태로 양 발을 바깥쪽 30° 각도로 벌려준다. 무릎을 펴고, 배는 안으로 집어넣고, 가슴은 내민 채 어깨를 뒤로 젖히고 고개를 든다.
② 발뒤꿈치를 모은 상태에서 양발을 바깥쪽 30° 각도로 벌린다.	• 두 팔을 신체 중심선을 따라 측면으로 내리고 팔꿈치를 약간 구부린 채 손바닥이 몸통을 바라보게 한 상태에서 엄지손가락과 나머지 손가락을 한데 모아 손을 약간 오므리고, 몸에서 약 10cm 떨어진 곳에 위치시킨다.
③ 양 무릎을 붙인 채로 펴고, 배는 안으로 집어 넣고, 가슴을 내밀고 어깨를 뒤로 젖힌다.	• 적절한 자세를 취하지 않은 선수는 한 번의 경고를 받게 되며, 경고 후 득점에서 점수가 차감된다.
④ 두 팔을 신체 중심선을 따라 측면으로 내고 팔꿈치를 약간 구부린다.	
⑤ 손바닥이 몸통을 바라보게 한 상태에서 엄지손가락과 나머지 손가락을 한데 모아 손을 살짝 오므린다.	

세부평가기준	시험장 Tip
① 바르게 서서 머리와 눈이 몸과 같은 방향을 향하게 한다.	• 바르게 서서 머리와 눈이 몸과 같은 방향을 향하게 한다. 발뒤꿈치를 모은 상태로 양 발을 바깥쪽 30° 각도로 벌려준다. 무릎을 펴고, 배는 안으로 집어넣고, 가슴은 내민 채 어깨를 뒤로 젖히고 고개를 든다.
② 양발을 바깥쪽 30° 각도로 벌린 채로 선다.	
③ 무릎을 펴고, 배는 안으로 집어넣고, 가슴은 내민 채 어깨를 뒤로 젖힌다.	• 오른팔의 팔꿈치를 살짝 구부린 채 신체 중심선보다 약간 뒤로 두고 손바닥이 몸통을 바라보게 한 상태에서 엄지손가락과 나머지 손가락을 한데 모아 손을 약간 오므린다. 왼팔의 팔꿈치를 살짝 구부린 채 신체 전방에 위치하게 하며, 손바닥이 몸통을 바라보게 한 상태에서 손을 약간 오므린다.
④ 오른팔을 신체 중심선보다 약간 뒤로 두고 손바닥이 몸통을 바라보게 한 상태에서 손을 살짝 오므린다.	
⑤ 팔꿈치를 살짝 구부린 왼팔을 신체 전방에 위치시키고 손바닥이 몸통을 바라보게 한 상태에서 손을 살짝 오므린다.	• 팔의 위치에 의해 상체가 약간 우측으로 틀어지고, 우측 어깨가 내려가고, 좌측 어깨가 올라가게 되는 게 정상이지만, 너무 과장된 자세가 되지 않도록 주의한다.
	• 적절한 자세를 취하지 않은 선수는 한 번의 경고를 받게 되며, 경고 후 득점에서 점수가 차감된다.

6 여자 비키니 쿼터 턴(QURTER TURNS)

1 프런트 포지션(Front Position)

세부평가기준	시험장 Tip
① 바르게 서서 머리와 눈이 몸과 같은 방향을 향하게 한다. ② 한 손을 엉덩이에 얹고 한 발은 약간 옆으로 뻗어준다. ③ 다른 손은 몸을 따라 아래로 늘어뜨린 상태에서 약간 몸에서 떨어지게 하고, 손바닥을 곧게 펴주며, 손가락은 보기 좋게 정렬시킨다. ④ 무릎은 펴고, 배는 집어넣고, 가슴은 내밀고, 어깨는 뒤로 편다.	• 선수는 한 손을 엉덩이에 얹고 한 발은 약간 옆으로 뻗은 채로, 머리와 눈을 몸과 같은 방향을 향하게 하고 똑바로 선다. 다른 손은 몸을 따라 아래로 늘어뜨린 상태에서 약간 몸에서 떨어지게 하고, 손바닥을 곧게 펴주며, 손가락은 보기 좋게 정렬해준다. • 무릎은 펴고, 배는 집어넣고, 가슴은 내밀고, 어깨는 뒤로 펴준다. 대칭적 스트래들(straddle) 자세로 서 있는 것은 옳지 않다. 심판은 그러한 자세로 서 있는 선수의 순위 하락, 또는 퇴장을 명할 수 있다.

2 쿼터 턴 라이트(Quarter Turn Right) - 몸의 왼편이 심판을 향하는 자세

📋 세부평가기준

① 몸의 왼편이 심판을 향하게 선 상태에서 심판을 바라볼 수 있도록 상체를 약간 심판 쪽으로 돌려준다.
② 오른손은 오른쪽 엉덩이에 얹고, 왼팔은 신체 중심선보다 약간 뒤로 둔 상태에서 아래로 내린다.
③ 왼손은 곧게 펴고, 손가락을 미적으로 가지런히 정렬시킨다.
④ 왼쪽 엉덩이를 약간 올리고, 왼쪽 다리(심판과 가까운 쪽)의 무릎을 약간 구부린다.
⑤ 왼발을 몸의 중심선 가까이에 둔 상태에서 발가락으로 체중을 지탱하며, 오른쪽 다리는 곧게 편다.

🛎 시험장 Tip

• 선수가 첫 쿼터 턴 라이트를 수행한다.
• 선수들은 몸의 왼편이 심판을 향하게 선 상태에서, 심판을 바라볼 수 있도록 상체를 약간 심판 쪽으로 돌려준다. 오른손은 오른쪽 엉덩이에 얹고, 왼팔은 신체 중심선보다 약간 뒤로 둔 상태에서 아래로 내린다. 왼손은 곧게 펴고, 손가락은 미적으로 가지런히 정렬시킨다.
• 왼쪽 엉덩이를 약간 올리고, 왼쪽 다리(심판과 가까운 쪽)의 무릎을 약간 구부리고, 왼발을 몸의 중심선 가까이에 둔 상태에서 발가락으로 체중을 지탱한다. 이때 오른쪽 다리는 곧게 편다.

3 쿼터 턴 백(Quarter Turn Back) - 등이 심판을 향하는 자세

세부평가기준	시험장 Tip
① 한 손은 엉덩이에 얹고 한 다리는 옆으로 살짝 뻗은 채, 상체를 똑바로 세운다. ② 다른 손은 몸을 따라 아래로 늘어뜨린 상태에서 약간 몸에서 떨어지게 하고, 손은 곧게 펴주며, 손가락은 보기 좋게 정렬시킨다. ③ 무릎은 펴고, 배는 집어넣고, 가슴은 내밀고, 어깨는 뒤로 편다. ④ 허리 아랫부분은 자연스럽게 굽히거나 약간의 척추 전만 형태를 띠게 하며, 등 위쪽은 곧게 펴고, 고개는 들어준다.	• 선수는 다음 쿼터 턴 라이트를 실시하여 심판에게 등을 보인 상태로 선다. 한 손은 엉덩이에 얹고 한 다리는 옆으로 살짝 뻗은 채, 상체를 앞으로 기울이지 않고 똑바로 세운다. • 다른 손은 몸을 따라 아래로 늘어뜨린 상태에서 약간 몸에서 떨어지게 하고, 손은 곧게 펴주며, 손가락은 보기 좋게 정렬해준다. 무릎은 펴고, 배는 집어넣고, 가슴은 내밀고, 어깨는 뒤로 펴준다. 허리 아랫부분은 자연스럽게 굽히거나 약간의 척추 전만 형태를 띠게 하며, 등 위쪽은 곧게 펴고, 고개는 들어준다. • 선수가 상체를 심판 쪽으로 돌려서는 안 되며, 심사가 진행되는 동안 무대 뒤쪽을 바라보고 있어야 한다. 대칭적 스트래들(straddle) 자세로 서 있는 것은 옳지 않다. 심판은 그러한 자세로 서 있는 선수의 순위 하락, 또는 퇴장을 명할 수 있다.

PART 03

④ 쿼터 턴 라이트(Quarter Turn Right) - 몸의 오른편이 심판을 향하는 자세

세부평가기준

① 몸의 오른편이 심판을 향하게 선 상태에서, 심판을 바라볼 수 있도록 상체를 약간 심판 쪽으로 돌려준다.
② 왼손은 왼쪽 엉덩이에 얹고, 오른팔은 신체 중심선보다 약간 뒤로 둔 상태에서 아래로 내린다.
③ 오른손은 곧게 펴고, 손가락을 미적으로 가지런히 정렬시킨다.
④ 오른쪽 엉덩이를 약간 올리고, 오른쪽 다리(심판과 가까운쪽)의 무릎을 약간 구부린다.
⑤ 오른발을 몸의 중심선 가까이에 둔 상태에서 발가락으로 체중을 지탱하며, 왼쪽 다리는 곧게 폅니다.

시험장 Tip

• 선수는 다음 쿼터 턴 라이트를 실시하여 몸의 오른편이 심판을 향하게 선 상태에서, 심판을 바라볼 수 있도록 상체를 약간 심판 쪽으로 돌려준다.
• 왼손은 왼쪽 엉덩이에 얹고, 오른팔을 신체 중심선보다 약간 뒤로 둔 상태에서 아래로 내리고, 오른쪽 엉덩이를 약간 올리고, 오른쪽 다리(심판과 가까운 쪽)의 무릎을 약간 구부리고, 오른발을 몸의 중심선 가까이에 둔 상태에서 발가락으로 체중을 지탱한다. 이때 왼쪽 다리는 곧게 편다.

성공은 결코 우연이 아니다. 성공은 노력, 인내, 학습, 공부, 희생,
그리고 무엇보다도 자신이 하고 있거나 배우고 있는 일에 대한 사랑이다.
(Success is no accident. It is hard work, perseverance, learning, studying, sacrifice and most of all,
love of what you are doing or learning to do.)

펠레(Pele)

PART 04

보디빌딩 구술시험편

보디빌딩 규정 [배점 40점]

1 대한보디빌딩협회 최신규정(2025.1.15 개정)

1 경기인등록규정

제1장 총칙

제1조(목적)

이 규정은 대한체육회(이하 "체육회"라 한다)에 회원으로 가입된 대한보디빌딩협회(이하 "협회"라 한다)의 선수·지도자·심판·선수관리담당자의 등록과 활동 등에 관한 기준과 절차를 정함으로써 선수 및 지도자·심판·선수관리담당자의 건전하고 효율적인 육성과 우리나라 체육의 균형발전을 도모함을 목적으로 한다.

제2조(정의)

① 이 규정에서 사용되는 용어의 뜻은 다음과 같다.

1. "경기인"은 선수, 지도자, 심판, 선수관리담당자를 말한다.
2. "선수"는 대회참가 등 선수활동을 목적으로 협회에 등록한 사람을 말한다.
3. "지도자"는 협회의 지도자 활동을 목적으로 등록한 사람을 말한다.
4. "심판"은 협회의 심판 활동을 목적으로 등록한 사람을 말한다.
5. "선수관리담당자"는 체육지도자 외에 선수들의 체력 및 건강을 위하여 선수를 관리하는 자로서 협회의 선수관리담당자 활동을 목적으로 등록한 사람을 말한다.
6. "등록"은 협회의 보디빌딩 종목 선수·지도자·심판·선수관리담당자로 활동을 희망하여 정해진 절차에 따라 경기인등록시스템에 등재하는 것을 말한다.
7. "등록변경"은 선수가 소속단체, 등록지 등의 경기인등록시스템에 등재된 사항을 변경하는 것을 말한다.
8. "활동"은 보디빌딩 종목의 선수·지도자·심판·선수관리담당자로서 각종대회 참가 등의 활동을 하는 것을 말한다.
9. "소속단체"란 경기인이 활동을 하기 위해 소속된 단체나 기관을 말한다.
10. "이적동의서"는 선수가 소속단체를 변경할 경우에 변경 전 소속단체장의 동의를 표시하는 양식을 말한다.
11. "운동경기부"는 선수로 구성된 학교나 직장 등의 운동부를 말한다.
12. "직장운동경기부"는 직장의 장이 선수와 근로계약을 체결하여 운영하는 운동부를 말한다.
13. "스포츠클럽"은 선수를 포함한 회원의 정기적인 체육활동을 위해 운영되는 법인 또는 단체를 말한다.
14. "체육동호인부"는 생활체육활동을 목적으로 하는 선수들로 구성된 운동부를 말한다.
15. "관계단체"란 「국민체육진흥법」 제2조 제9호 가목부터 다목까지의 체육단체를 말한다.

② 이 규정에서 경기인 등록의 나이 기준을 연령으로 표시한 경우, "○○세 이상"이란 그 연령이 되는 해의 1월 1일부터를, "○○세 이하"란 그 연령이 되는 해의 12월 31일까지를 말한다.

제3조(협회의 규정 제·개정)

① 협회는 체육회 경기인등록 규정에 따라 보디빌딩 종목의 경기인 등록과 활동에 필요한 사항을 협회 이사회 의결을 거쳐 규정을 제정·개 정하여 체육회에 보고하여야 한다.

② 체육회는 제1항에 따른 협회 규정이 정한 사항이 경기인의 등록이나 활동을 부당하게 제한하거나 그 밖에 불합리한 내용이 있는 경우에는 협회에 이의 시정을 권고할 수 있으며, 협회는 특별한 사정이 없으면 이를 따라야 한다.

제4조(적용범위)

① 이 규정은 체육회 정관 제7조의 회원종목단체 중 정회원종목단체 및 준회원종목단체에 적용한다.

② 이 규정은 협회에 등록된 경기인과 경기인의 등록·활동에 관련이 있는 자 및 단체 등에 적용한다.

제5조(활동자격)

등록절차에 따라 협회에 경기인으로 등록한 사람만이 협회의 경기인으로서 활동할 수 있다.

제6조(경기인의 지위)

① 경기인은 전국종합체육대회, 보디빌딩 대회 등 체육회와 협회가 주최·주관하는 대회에 참가 등의 활동을 할 수 있고 이에 관한 사항은 각 대회 참가요강에 의한다.

② 경기인은 협회가 제공하는 다음 각 호에 해당하는 활동에 참여할 수 있다.

　　1. 생활체육 프로그램

　　2. 스포츠클럽 및 체육동호인부의 활동 지원 사업

　　3. 직장운동경기부 지원 및 학교운동부 지원 사업

　　4. 우수선수 육성 등 전문체육 진흥 사업

　　5. 전문체육과 생활체육과의 연계 사업

　　6. 체육인 복지 등의 각종 사업

　　7. 기타 체육회가 제공하는 각종 사업 등

제6조의2(경기인의 교육)

① 경기인은 「국민체육진흥법 시행규칙」 제30조의4에 따라 성폭력 등 폭력 예방교육을 이수해야 한다.

② 경기인은 한국도핑방지위원회가 제공하는 도핑방지 교육을 이수해야 한다.

제7조(경기인등록시스템)

체육회는 경기인 등록을 위한 시스템(이하 "등록시스템"이라 한다)을 구축·운영한다.

제8조(등록신청)

① 경기인으로 등록을 희망하는 사람은 협회가 정한 바에 따라 해당 시·도지부에 등록 신청한다. 다만, 다음의 각 호의 경우 협회가 이를 행한다.

　　1. 해당 시·도지부가 없을 경우

　　2. 심판의 등록

② 경기인등록을 희망하는 사람은 본인이 등록시스템을 통해 등록신청서, 스포츠인권서약서 및 개인정보보호법에 따른 동의서 등을 제출해야 하며, 협회는 필요시 등록에 필요한 서류를 별도로 요구할 수 있다.

③ 선수 등록을 희망하는 사람 중 아래 각 호의 사유로 본인 확인이 불가한 경우에는 사유서 및 제2항의 서류를 시·도지부에 제출하고, 시·도지부는 등록신청자를 확인하여 등록신청을 접수할 수 있다.

　　1. 본인명의의 휴대폰이 없는 경우

　　2. 법정대리인이 없는 경우

　　3. 아이핀을 발급받지 못하는 경우

　　4. 기타 사유로 본인확인이 불가한 경우

제9조(제출서류 등)

삭제 <2023.01.30.>

제10조(등록승인)

① 경기인등록 신청을 받은 시·도지부는 등록신청자의 제14조 경기인 결격사유를 심사하여 등록신청일로부터 15일 이내에 협회에 승인요청을 하여야 한다. 단, 시·도지부는 신청자에게 결격사유가 있는 경우 승인거부 후 신청자에게 통보해야 하며, 경기인에게 결격사유가 없는데도 불구하고 등록신청일로부터 15일이 지나도 승인요청을 하지 않는 경우에는 승인요청한 것으로 본다.

② 협회는 승인요청일로부터 15일 이내에 등록신청자의 경기인등록을 승인하고, 필요에 따라 전국규모연맹체 등에 통보한다. 단, 경기인에게 결격사유가 없는데도 불구하고 협회가 승인요청일로부터 15일이 지나도 승인하지 않는 경우에는 승인한 것으로 본다.

제11조(등록기간 등)

① 경기인의 등록은 매년 4월 10일 이전에 한하며 추가등록은 등록 마감 이후에도 제2항에 의거 추가등록을 할 수 있다.

② 추가등록은 연 1회에 한하며, 매년 7월 10일부터 7월 30일까지로 한다.

③ 다음의 각 호의 경우에는 수시등록으로 한다.

    1. 12세 이하부 선수가 등록하는 경우

    2. 협회에 최초로 선수 등록을 하는 경우

    3. 체육동호인부

    4. 신설팀 소속으로 등록하는 경우

    5. 군 입대 또는 제대하여 선수등록하는 경우

    6. 지도자

    7. 심판

    8. 선수관리담당자

④ 도핑방지규정 위반으로 자격정지기간 중에 있는 선수는 자격정지기간 만료 후 복귀 신청 시 복귀를 위한 검사, 교육 및 과징금 납부의 조건 충족을 위하여 해당년도에 선수등록을 하여야 한다.

제12조(외국인등록)

외국 국적자의 경기인 등록에 관하여 국제연맹규정, 해당 국가의 규정, 출입국 관리법 등 관계 법령이 허용하는 법령이 허용하는 범위 안에서 허용할 수 있다.

제13조(유효기간)

경기인의 등록 유효기간은 다음 해 2월 말일까지로 하되, 다음 해 1~2월 중 새로이 등록하는 경우에는 그 등록 전일까지로 한다. 다만, 다음 제2호에 해당하는 경우 예외로 한다.

    1. 삭제 <2025.01.15.>

    2. 다음 연도에 대한체육회장 및 회원종목단체장 선거의 선거인 후보자로 추천되어 선거인명부에 등재된 경기인의 등록 유효기간은 해당 선거의 선거일까지로 한다.

제14조(등록 결격사유 등)

① 다음 각 호의 하나에 해당하는 사람은 선수로 등록할 수 없다.

    1. 선수·심판·지도자·단체임원·선수관리담당자로서 스포츠공정위원회규정 제27조에 따라 제명의 징계를 받은 사람

    2. 관계단체로부터 제명의 징계를 받은 사람

    3. 관계단체로부터 자격정지 징계를 받고 그 처분이 종료되지 않은 사람

    4. 강간, 유사강간 및 이에 준하는 성폭력의 죄를 범하여 학교폭력예방 및 대책에 관한 법률 제17조 제1항 제9호의 퇴학처분 조치를 받고 10년이 지나지 아니한 사람

    5. 제14조 제1항 제4호 이외의 사유로 학교폭력예방 및 대책에 관한 법률 제17조 제1항 제9호의 퇴학처분 조치를 받고 5년이 지나지 아니한 사람

    6. 관계단체가 주최·주관하는 경기의 결과에 영향을 미치는 승부조작에 가담하여 「국민체육진흥법」 제47조 제1호, 제48조 제1호 또는 같은 조 제2호에 따른 죄를 범하여 유죄의 판결이 확정된 사람

    7. 관계단체로부터 해임 징계를 받고 10년이 지나지 아니한 사람

② 다음 각 호의 하나에 해당되는 사람은 지도자·심판·선수관리담당자로 등록할 수 없다.

    1. 피성년후견인

    2. 금고 이상의 실형을 선고받고 그 집행이 종료되거나 집행을 받지 아니하기로 확정된 후 5년이 경과하지 아니한 사람

    3. 금고 이상의 형을 선고받고 그 집행유예 기간이 끝난 날부터 2년이 지나지 아니한 사람

    4. 금고 이상의 형의 선고유예를 받은 경우에 그 선고유예 기간 중에 있는 사람

    5. 법원의 판결 또는 다른 법률에 따라 자격이 상실되거나 정지된 사람

    6. 관계단체에서 재직기간 중 직무와 관련하여 「형법」 제355조 및 제356조에 규정된 죄를 범한 사람으로서 300만원 이상의 벌금형을 선고받고 그 형이 확정된 후 2년이 지나지 아니한 사람

    7. 「성폭력범죄의 처벌 등에 관한 특례법」 제2조에 규정된 죄를 범한 사람으로서 100만원 이상의 벌금형을 선고받고 그 형이 확정된 후 3년이 지나지 아니한 사람

8. 미성년자에 대한 다음 각 목의 어느 하나에 해당하는 죄를 저질러 파면·해임되거나 형 또는 치료감호를 선고받아 그 형 또는 치료감호가 확정된 사람(집행유예를 선고받은 후 그 집행유예기간이 경과한 사람을 포함한다)

    가. 「성폭력범죄의 처벌 등에 관한 특례법」 제2조에 따른 성폭력범죄

    나. 「아동·청소년의 성보호에 관한 법률」 제2조 제2호에 따른 아동·청소년대상 성범죄

9. 관계단체가 주최·주관하는 경기의 결과에 영향을 미치는 승부조작에 가담하여 (생략) 「형법」 제314조 및 「국민체육진흥법」 제47조 및 제48조에 규정된 죄를 범한 사람으로서 벌금형 이상을 선고받고 그 형이 확정된 사람

10. 다음 각 목의 어느 하나에 해당하는 죄를 저지른 사람으로서 금고 이상의 형 또는 치료감호를 선고받고 그 집행이 종료되거나 집행이 유예·면제된 날부터 20년이 지나지 아니하거나 벌금형이 확정된 날부터 10년이 지나지 아니한 사람

    가. 「성폭력범죄의 처벌 등에 관한 특례법」 제2조에 따른 성폭력범죄

    나. 「아동·청소년의 성보호에 관한 법률」 제2조 제2호에 따른 아동·청소년대상 성범죄

11. 선수를 대상으로 「형법」 제2편 제25장 상해와 폭행의 죄를 저지른 자로서 금고 이상의 형을 선고받고 그 집행이 종료되거나 집행이 유예·면제된 날부터 10년이 지나지 아니한 사람

12. 관계단체로부터 자격정지 이상의 징계처분을 받고 그 처분이 종료되지 아니한 사람

13. 관계단체로부터 다음 각 목의 어느 하나에 해당하는 사유로 자격정지 1년 이상의 징계처분을 받은 사람

    가. 폭력·성폭력

    나. 승부조작

    다. 편파판정

    라. 횡령·배임

14. 관계단체로부터 해임 징계를 받고 10년이 지나지 아니한 사람

③ 해당 연도에 동일 종목에서 선수와 심판으로 동시에 등록할 수 없다. 다만, 협회가 심판위원회 규정에 따른 심판의 제척·회피·기피 사유 및 공정한 기준을 마련하여 생활체육목적 선수와 심판의 동시 등록을 허용할 수 있다.

제15조(열람권한)

회원시도체육회의 관련 업무 담당자는 경기인 등록 및 대회참가 등의 업무를 목적으로 경기인 정보를 열람할 수 있다.

제16조(등록비징수)

협회는 이사회의 의결을 거쳐 소정의 경기인 등록비를 징수할 수 있다.

제2장 선수 등록

제17조(등록 및 등록지)

① 선수로 활동하고자 하는 사람은 운동경기부, 스포츠클럽, 체육동호인부 등의 소속으로 매년 협회에 등록하여야 한다.

② 선수는 동일인이 같은 회원종목단체 안에 제18조 제1항의 등록 구분에서 두 개 이상의 부에 등록할 수 없다.

③ 선수는 동일인이 같은 특별시·광역시·특별자치시·도 및 도(이하 "시·도"라고 한다) 안에서는 여러 회원종목단체에 등록할 수 있다.

④ 선수의 등록지는 해당 선수의 소속단체가 소재한 시·도로 한다.

⑤ 대학 운동경기부의 등록지는 대학의 본교와 분교가 서로 시·도를 달리하는 경우에는 다음 각 호에 따라 등록한다.

  1. 개인종목은 대학이 소재한 시·도 별로 등록하여야 한다.

  2. 단체종목과 개인단체전 종목은 본교와 분교를 각각 별도의 팀으로 등록하거나 본교와 분교를 통합하여 하나의 시·도로 등록하되, 통합하여 등록할 경우 등록지는 해당 학교가 지정하는 시·도로 하고 협회는 종목 특성에 따라 등록지 변경에 대한 제한을 할 수 있다.

⑥ 방송통신대 및 원격대학의 운동경기부는 해당 학교가 지정하는 등록지로 등록할 수 있으며, 지정된 등록지는 등록일 또는 변경일로부터 4년 이내에는 변경할 수 없다.

제18조(등록 구분)

① 협회는 목적 및 연령 등을 기준으로 하여 각 부를 둔다. 이때 15세 이하 선수는 육성목적의 부로 등록하며, 16세 이상 선수는 전문체육목적과 생활체육목적 중 하나의 부로 등록한다.

  1. 육성목적

    가. 12세 이하부

    나. 15세 이하부

  2. 전문체육목적

    가. 18세 이하부

    나. 대학부

    다. 일반부

  3. 생활체육목적

    가. 18세 이하부

    나. 대학부

    다. 일반부

② 제1항 각 호의 연령을 초과하지 아니하는 범위 안에서 협회의 특성에 따라 별도의 부를 둘 수 있다.

③ 대학부는 「고등교육법」 제2조 제1호부터 제6호에 해당하는 학교에 재학 중인 학생이 등록한다. 단, 생활체육목적으로 등록하는 19세 이상 선수의 경우 대학 재학 중이더라도 본인의 소속단체에 따라 생활체육목적의 일반부로 등록이 가능하다.

④ 일반부는 19세 이상 선수 중 대학생이 아닌 사람이 등록한다.

제19조(학제와의 관계)

① 학교 운동경기부에 소속된 선수가 다음 각 호의 어느 하나에 해당하여 제18조 제1항의 등록 구분에 따른 연령과 학제가 다른 경우에는 연령에 따라 등록하고, 소속 학교의 학제 기준의 부로 활동을 할 수 있다. 다만, 이 경우 연령 차이가 1년을 초과할 수 없다.

  1. 가정빈곤의 사유로 유급 또는 재수한 경우(국민기초생활수급자 증명서 제출)

  2. 부상, 질병으로 6개월 이상의 치료를 받고 유급하여 협회가 정한 진단서를 제출한 경우

  3. 입원으로 인해 수업일수가 부족하여 유급한 경우

  4. 입학연기자 또는 조기입학자로서 초등학교 생활기록부를 제출한 경우

  5. 학교폭력 등으로 피해를 받아 유급한 경우(학교폭력대책심의위원회 또는 학교폭력대책 자치위원회의 결과통보서 등 사실관계를 입증할 수 있는 증빙자료 제출)

  6. 부득이한 사유로 인한 유급이 인정되어 협회가 구제결정을 하는 경우

② 초·중·고등학교 및 대학 졸업예정자의 상급학교 진학 또는 취업에 따른 등록은 해당 학교 급의 최종학년도 졸업 또는 자퇴 이후로 한정한다. 단, 취업에 따른 등록을 할 때 졸업예정증명서와 이적동의서를 제출한 경우에는 졸업한 것으로 본다.

제20조(등록 자격 및 범위)

① 대학부의 단체종목은 제18조 제3항에 따른 학교의 각 학생을 혼성하여 단체등록 할 수 없으며, 같은 재단 또는 같은 구내에 있는 학교라 할지라도 혼성하여 등록할 수 없다.

② 전문체육목적으로 등록한 이력이 있는 사람이 휴학 중이거나 해외유학 중인 경우 해당 기간 동안 등록할 수 없다. 다만, 다음 각 호의 경우 협회가 등록에 관해 별도로 정할 수 있다.

  1. 각급 국가대표선수활동을 위한 경우

  2. 특별히 선수육성이 필요하다고 판단하는 경우

③ 비인가 학교 및 직업전문학교 소속의 선수는 제18조의 대학부를 제외하고 등록 구분에 따라 등록하고, 대학원 및 평생교육원 소속 선수는 일반부로 등록한다. 다만, 「학점인정 등에 관한 법률」에 따라 대학의 평가인정을 받은 교육·훈련시설에 대하여는 협회에 따라 별도로 정할 수 있다.

④ 전문체육목적으로 등록한 이력이 있는 사람이 현역 병(兵, 전환복무 포함)으로 복무하는 경우 대학 또는 직장운동경기부 소속 선수로 등록이 불가하며, 생활체육목적으로도 등록할 수 없다. 단, 사회복무요원은 병무청으로부터 배정된 소속단체로 등록할 수 있다.

⑤ 대학원 재학생 및 학생신분(제6항 제외)이 아닌 19세 이상 선수는 일반부로 등록한다.

⑥ 18세 이하부 선수가 직장운동경기부에 재직 중에 대학에 진학한 경우에는 제18조 제3항 및 제4항에도 불구하고 일반부로 등록한다. 단, 대학 재학 중 직장운동경기부와 계약이 만료된 후에는 대학부로 등록변경 할 수 있다.

제21조(등록변경)

① 선수가 소속단체 또는 등록지를 변경하고자 하는 경우에는 등록변경을 해야 하며, 이적동의서를 협회에 제출하여야 한다.

② 등록변경은 연 1회에 한하며, 당해 연도 선수등록 후 등록지 소속팀으로 1회 이상 대회 출전한 자는 당해 연도에 타 시·도로 이적할 수 없으며, 전문체육을 목적으로 선수등록 후 1회 이상 대회 출전한 자는 당해 연도에 생활체육목적부로 등록변경 할 수 없다. 등록변경을 위한 이적동의는 변경 전 소속단체의 장이 행한다. 다만, 다음의 각 호에 해당하는 경우는 시·도지부장이 동의할 수 있다.
  1. 해당 학교에 운동경기부가 없지만 학교에 소속되어 있는 경우
  2. 소속단체 이전 등의 사유로 등록지만 변경하는 경우

③ 제1항에도 불구하고 다음 각 호의 경우에는 이적동의서를 필요로 하지 않는다.
  1. 12세 이하부 선수의 경우
  2. 동일 시·도 안에서 진학·전학하는 중·고등학교 소속의 선수의 경우
  3. 동일 시·도 내 중·고등학교에 운동경기부가 없어서 타 시·도로 입학 또는 전학하는 경우
  4. 소속 학교가 운동경기부를 해체하고 해당 시·도 내 동일 종목의 운동경기부 정원이 부족하여 타 시·도의 중·고등학교에 입학 또는 전학하는 학교 운동경기부 소속의 선수일 경우
  5. 스포츠클럽 소속의 선수가 동일 시·도 안에서 스포츠클럽 간에 변경의 경우
  6. 15세 이하부 또는 18세 이하부 선수의 보호자가 생계유지를 위하여 거주지를 이전하여 가족구성원 모두가 전·출입한 사실이 확인된 경우
  7. 18세 이하부 선수가 대학에 진학할 경우
  8. 18세 이하부 또는 대학부의 선수가 졸업 후 직장운동경기부 소속 등의 일반부로 등록을 하는 경우
  9. 군 입대 및 제대로 인하여 소속이 변경되는 경우
  10. 소속단체의 해체 및 소속한 직장운동경기부와 계약이 만료된 경우
  11. 부상, 질병으로 입원하거나 6개월 이상의 치료를 받은 경우
  12. 선수였던 사람이 등록하지 아니하고 있다가 최종 선수 등록신청일로부터 만 2년이 지난 후 등록하는 경우
  13. 생활체육을 목적으로 등록한 선수가 이적하는 경우

제22조(선수 구제)

① 선수가 소속단체장 및 시·도지부장에게 이적동의서 발급을 요청했으나 소속단체장 및 시·도지부장이 특별한 사유 없이 이적동의서를 발급하지 않는 경우, 선수는 협회에 구제신청을 할 수 있고, 협회는 구제신청 접수 후 1개월 이내에 관련 위원회의 심의·조정을 거쳐 해당 소속단체장에게 의견을 제시할 수 있다.

② 제1항에 따른 위원회의 이적동의서 발급제시 의견에도 불구하고 해당 소속단체장 및 시·도지부장이 정당한 사유 없이 15일 이내에 이적동의서를 발급하지 않는 경우 해당 선수는 협회에 이적동의서 없이 등록변경을 신청할 수 있으며, 협회는 등록변경된 사실을 소속단체장 및 시·도지부장과 구제신청자에게 통보하여야 한다.

③ 등록된 선수가 이 규정 및 특별한 사유로 부당하게 활동에 제한을 받는 경우, 해당 위원회는 구제결정을 할 수 있다.

제23조(활동 제한 및 예외)

① 당해 연도 전문체육목적의 부로 등록한 사람은 전문체육대회에만 참가할 수 있으며, 생활체육목적 부로 등록한 사람은 생활체육대회에만 참가할 수 있다.

② 협회는 선수의 각종 대회 참가를 위한 소속 학교 및 단체의 최소 재적기간을 협회의 실정에 따라 정할 수 있다. 다만, 각급학교 1학년 또는 소속단체 1년차와 해외 유학한 사람이 원 소속으로 복귀하는 경우에는 3월말 기준 소속으로 대회에 참가할 수 있다.

③ 협회에 활동 포기의사를 서면으로 제출한 선수 또는 협회가 인정하는 특별한 사유 없이 선수등록을 2년 이상 하지 않은 사람은 새로이 선수등록을 신청한 날로부터 1년이 경과한 때부터 선수 활동을 할 수 있다. 단, 육성목적으로 등록한 선수와 생활체육목적으로 등록한 선수의 경우는 예외로 한다.

④ 프로 및 유사단체 선수는 스포츠공정위원회 제31조 제2항에 따라 협회로부터 선수 등록의 제한을 받는다. 단, 생활체육목적으로 등록한 선수의 경우는 예외로 한다.

⑤ 협회에서 인정하지 않는 단체가 주최하는 대회에 참가할 경우 스포츠공정위원회 제31조 제2항에 따라 협회로부터 선수활동의 제한을 받는다. 단, 생활체육목적으로 등록한 선수의 경우는 예외로 한다.

⑥ 부정한 방법으로 세계보디빌딩·피트니스연맹(이하 "세계연맹"이라 한다)이 인정하는 대회 및 세계연맹 그리고 세계연맹의 회원이 주최·주관하는 대회에 참가할 시는 스포츠공정위원회 제31조 제2항에 따라 협회로부터 선수 등록의 제한을 받는다.

⑦ 세계연맹에서 인정하지 않는 단체가 주최·주관하는 대회에 참가한 선수는 국제대회에 참가할 수 없으며, 참가할 경우 세계연맹에 회부되어 세계연맹 정관에 따라 선수활동의 제한을 받는다.

⑧ 등록선수가 스포츠로써의 보디빌딩 홍보와 관계없는 광고, 쇼, 이벤트행사에 참가할 시는 사전에 협회 승인을 받아야 하며, 향후 미승인 참여 후 적발 시 선수활동에 제한을 받을 수 있다.

⑨ 협회는 전문선수가 징계를 받은 경우 징계에 따른 활동 제한을 한다.

제24조(지원서 관리)

① 선수가 직장운동경기부에 취업하여 선수로 활동을 하고자 하는 경우는 본인이 지원하거나 소속단체장이 해당자를 추천할 수 있다. 다만, 지원서를 접수받은 직장운동경기부에 취업이 되지 않았을 때에는 타 직장운동경기부에 재추천할 수 있다.

② 협회는 취업에 이용되는 지원서를 체육회로부터 지급받아 관리하며 취업하고자 하는 선수에게 본인의 서명날인 후 지급한다.

③ 선수가 취업을 위하여 소속단체장에게 추천을 신청하였을 경우, 소속단체장은 특별한 사유가 없으면 15일 이내에 추천하여야 한다.

④ 취업 추천서를 발급한 소속단체장은 추천서 발급일로부터 7일 이내에 동 추천서 사본을 협회에 제출하여야 하며, 협회는 이를 관련 직장운동경기부에게 즉시 통보하여야 한다.

제3장 지도자 · 심판 · 선수관리담당자 등록

제25조(등록자격)

① 지도자로 활동하고자 하는 사람은 다음 각 호의 하나에 해당하는 자격을 갖추어 매년 지도자 등록을 하여야 한다. 단, 외국인 지도자의 등록자격은 협회에서 별도로 정한다.

　1. 문화체육관광부 발행 체육지도자 자격증

　2. 교육부 발행 정교사 자격증

② 심판으로 활동하고자 하는 사람은 매년 심판 등록을 하여야 한다.

③ 선수관리담당자로 활동하고자 하는 사람은 다음 각 호의 하나에 해당하는 자격을 갖추어 매년 선수관리담당자 등록을 하여야 한다.

　1. 의료법에 따른 의사, 한의사, 간호사

　2. 의료기사 등에 관한 법률에 따른 물리치료사

　3. 국민체육진흥법에 따른 체육지도자

　4. 우리 협회 코치아카데미 수료자

제4장 징계조치 등

제26조(제한조치)

① 이 규정 제14조 제1항 제4호부터 제6호까지 및 같은 조 제2항 제1호부터 제11호까지의 경기인 등록 결격사유를 위반하여 등록한 자에 대해서는 그 결격사유가 해소된 날로부터 1년 이상 5년 이하의 등록금지 조치를 하여야 한다.

② 체육회 또는 협회는 제1항의 사람에 대한 징계기간 등을 결정하기 위해 해당 단체의 스포츠공정위원회에 상정하고 그 절차에 따라 조치한다.

제27조(위반자 징계요청)

교육청 등 학교관련 단체는 학교운동부의 선수·지도자·선수관리담당자의 위반행위에 대한 체육단체 차원의 징계를 체육회에 건의할 수 있다.

제28조(등록해지 및 취소)

① 협회는 경기인이 스포츠공정위원회규정 제27조에 따라 해임 또는 자격정지의 징계를 받은 경우 경기인 등록을 즉시 해지하여야 한다.

② 경기인은 선수 등록 절차상의 하자가 있거나 등록 후 활동을 하지 않은 경우에는 협회에 등록 취소를 요청할 수 있다.

③ 협회는 등록 절차상의 하자, 훈련 및 대회 참가여부 등을 포함한 등록 취소 기준과 절차를 정하여야 한다.

부칙(2022.02.08.)

제1조(시행일)

① 이 규정은 2022년 3월 1일부터 시행한다.

② 지도자의 등록자격에 관한 제25조 제1항은 2024년 1월 1일부터 시행한다. 다만, 이 조항 시행 이후 가입한 정회원·준회원 단체의 경우 가입한 날부터 3년의 유예기간을 둔다.

부칙(2023.01.30.)

제1조(시행일)

이 규정은 이사회의 의결을 거친 날부터 시행한다.

제2조(출전금지 등에 관한 적용례)

이 규정 제14조 제1항 제6호는 법률 제18760호 국민체육진흥법 일부개정법률 제14조의4의 개정규정 및 부칙 제2조에 따라 법 시행일인 2022년 8월 11일 이후의 행위로 유죄의 판결이 확정된 경우부터 적용한다.

부칙(2023.08.16.)

제1조(시행일)

이 규정은 이사회의 의결을 거친 날부터 시행한다.

제2조(종전 부칙의 개정)

① 2021.12.27. 부칙 제1조 제2항을 다음과 같이 개정한다.

② 지도자의 등록자격에 관한 제25조 제1항은 2027년 1월 1일부터 시행한다. 다만, 이 조항 시행 이후 가입한 정회원·준회원 단체의 경우 가입한 날부터 3년의 유예기간을 둔다.

부칙(2025.01.15.)

제1조(시행일)

이 규정은 이사회의 의결을 거친 날부터 시행한다.

2 도핑방지규정

전문

사단법인 대한보디빌딩협회(Korean Bodybuilding and Fitness Federation : KBBF)는 「민법」 제32조 및 「문화체육관광부 및 문화재청 소관 비영리법인의 설립 및 감독에 관한 규칙」 제4조의 규정에 의하여 설립되고, 대한체육회(Korean Olympic Committee : KOC) 정관 제5조 및 제9조 내지 제10조의 규정에 따라 가맹이 승인된 대한민국 보디빌딩·피트니스 스포츠의 대표성을 가진 국가스포츠연맹(National Sport Federation : NSF)으로서, 2005년 6월 19일 도핑방지(반도핑)규정이 제정·시행되었다.

2003년 3월 5일 제정되고 2004년 1월 1일 발효된 세계반도핑규약(World Anti-Doping Code : WADA Code)과 2007년 2월 1일 발효되고 2007년 2월 5일 비준된 유네스코 스포츠도핑방지 국제협약(International Convention Against Doping in Sport) 그리고 2007년 6월 22일 제정되고 2015년 1월 1일부터 시행되는 한국도핑방지규정(Korea Anti-Doping Code : KADA Code)의 내용을 반영하고, 국내 보디빌딩·피트니스 스포츠에서의 도핑을 근절하기 위하여 2016년 1월 27일 이를 전면 개정하고자 한다.

본 도핑방지규정은 경기규칙과 같이 경기가 진행되는 조건을 규율하는 경기원칙이다. 스포츠에 있어서 이와 같은 특수한 규정과 절차는 전 세계적이고 조화된 방법으로 도핑방지원칙의 시행을 목적으로 함이 명백한 본질이며, 형사소송절차 또는 고용문제에 적용되는 국가적 요구사항과 법적 표준에 기속되거나 제한되도록 하고자 함이 아니다. 모든 법정, 중재기구 및 기타 조정기구가 어떤 사건의 사실과 법률을 심리할 때에, 규약에 의한 도핑방지규정의 특성과 이러한 규정이 공정한 스포츠에 관심을 가진 전 세계 가맹기구들의 광범위한 합의의 산물이라는 사실을 인지하고 존중하여야 한다.

규약과 도핑방지규정의 기본원리

도핑방지 프로그램은 스포츠의 본질적 가치를 보전하는 데 있다. 본질적 가치는 "스포츠 정신"으로 불리기도 하고, 올림픽 정신의 핵심이다. 이는 타고난 재능의 완성을 위해 혼신의 노력을 다함으로써 인간의 우수성을 추구하고자 함이며, 진정한 의미의 경기 방식을 의미하기도 한다. 스포츠 정신은 인간의 정신과 심신의 찬양이며, 스포츠를 통하여 발견한 다음과 같은 가치를 반영한다.
- 윤리, 페어플레이, 정직
- 건강
- 우수한 경기력
- 품성 및 교육
- 재미와 즐거움
- 협동정신
- 헌신과 책임
- 규칙과 법령의 준수
- 자기 자신과 다른 참가자를 존중하는 자세
- 용기
- 공동체의식과 연대의식

도핑은 근본적으로 스포츠 정신에 반하는 행위이다.

제1조 도핑방지규정의 적용

1.1 적용범위

본 협회 등록선수 및 선수지원요원 그리고 시·도지부와 전국규모연맹체는 본 규정을 수용하고, 이를 직접 적용하거나, 정관, 경기규칙 등에 규정하고 시행하여야 한다. 따라서 이 도핑방지규정은 보디빌딩·피트니스 경기에서 준수하여야 할 경기규칙으로 간주된다.

1.2 시·도지부와 전국규모연맹체에 대한 적용

1.2.1 본 협회 시·도지부와 전국규모연맹체는 선수에 대한 징계를 포함하여 도핑방지 정책은 물론 본 도핑방지규정 및 한국도핑방지규정의 취지와 규정을 수용하고 준수하여야 한다. 또한, 「세계도핑방지규약」에 근거하여, 국제경기연맹 등 다른 도핑방지기구의 규정에 규율 되지 아니하는 모든 도핑방지 관련 사항에 대해서는 본 협회의 권한을 인정하고 업무에 협조하여야 한다.

1.2.1.1 본 협회 선수 등록 시에 본 도핑방지규정을 수용하는 것을 등록 조건으로 하여야 한다.

1.2.2 본 협회 시·도지부와 전국규모연맹체는 본 도핑방지규정을 채택하고, 정관 및 경기규정에 포함함으로써 아래의 제1.3항에 명시되어 있는 모든 관할 선수에 대해 도핑방지프로그램을 도입하여야 함은 물론, 본 도핑방지규정을 집행하는 본 협회의 권한과 책임을 인정하며, 본 협회의 역할 및 활동에도 적극 협력, 지원하여야 한다. 또한, 본 협회 시·도지부와 전국규모연맹체는 본 협회 관할권 내의 선수, 개인에게 부과한 결정을 포함한 도핑방지규정에 따른 결정을 인정 및 준수하여야 한다.

1.3 개인에 대한 적용

1.3.1 본 도핑방지규정은 한국 국적 또는 거주여부와 관계없이 다음의 개인(미성년자 포함)에게 적용된다.

1.3.1.1 본 협회의 등록 선수, 또는 본 협회의 가입단체(클럽, 팀, 협회 또는 리그 포함)의 모든 선수 및 선수지원요원

1.3.1.2 개최 장소를 불문하고 본 협회의 가입단체(클럽, 팀, 협회 또는 리그 포함)에서 주관, 소집, 승인 또는 인정하는 대회 또는 경기 및 기타 활동에 참가하는 모든 선수 및 선수지원요원

1.3.1.3 등록카드 또는 자격증 소지 또는 기타 계약으로 인하여 본 협회 시·도지부와 전국규모연맹체 관할의 영향을 받는 모든 기타 선수 또는 선수지원요원 또는 기타 관계자

1.3.1.4 본 협회가 주관하지 않는 국내경기대회 또는 국내리그에서 개최, 주관, 소집 또는 승인된 모든 선수 또는 선수지원요원

1.3.1.5 앞서 언급된 본 규정 제1.3.1항의 범위에 포함되지 않지만, 국제대회 또는 국내대회에 참가하기를 희망하는 모든 선수들(해당 선수들은 본 도핑방지규정에 따라 대회 6개월 전부터 검사에 응할 준비가 되어 있어야 한다)도 포함한다.

1.3.2 개인이 선택한 본 협회에서 등록자격, 승인 또는 참가의 조건으로, 본 규정 제1.3.1항의 범위 내에 속하는 개인은 본 도핑방지규정을 수용하고 이러한 도핑방지규정에 기속되는 것에 동의한 것으로 간주되며, 본 도핑방지규정을 시행하기 위한 본 협회의 권한에 따른다. 또한 한국도핑방지규정에 의한 청문, 결정, 항소를 제기하기 위하여 한국도핑방지규정 제8조 및 제13조에 명시되어 있는 청문회의 관할 조항에도 동의한 것으로 간주된다.

1.4 국내수준의 선수

1.4.1 본 규정 제1.3항의 범위 내에 포함되는 선수들 중 다음의 선수들은 본 도핑방지 규정의 목적상 국내수준의 선수로 분류된다.

1.4.1.1 검사대상자등록명부에 명시되어 있는 선수

1.4.1.2 국가대표 선수

1.4.1.3 국내종합대회 및 전국규모 경기대회에 참가하는 선수

하지만 이러한 선수가 국제경기연맹에 의하여 국제수준의 선수로 분류될 시, 본 도핑방지규정의 목적상 이들은(국내수준의 선수가 아닌) 국제수준의 선수로 간주된다.

1.4.2 본 도핑방지규정은 본 규정 제1.3항의 범위 내에 포함되는 모든 개인에게 적용된다.

제2조 도핑의 정의 및 도핑방지규정위반

본 규정에서 도핑이란 세계반도핑규약 및 한국도핑방지규정에서 규정한 하나 또는 그 이상의 도핑방지규정위반의 발생을 말한다.

제2조의 목적은 도핑방지규정위반을 구성하는 상황 및 행위를 기술하는 데에 있다. 도핑 사건의 청문은 그러한 특정 규정의 하나 또는 그 이상을 위반했다는 혐의를 근거로 진행된다.

선수 또는 기타 관계자는 도핑방지규정위반과 금지목록에 포함된 약물 및 방법을 구성하는 것이 무엇인지를 알아야 할 책임을 진다.

다음 사항들이 도핑방지규정위반의 구성요소가 된다.

2.1 선수의 시료 내에 금지약물, 그 대사물질 또는 표지자가 존재하는 경우

　2.1.1 어떠한 금지약물도 자신의 체내에 유입되지 못하도록 하는 것은 선수 각 개인의 의무이다. 선수는 자신의 시료에 존재하는 것으로 밝혀진 금지약물, 그 대사물질 또는 표지자에 대하여 책임을 진다. 따라서 본 제2.1항의 도핑방지규정위반이 성립되기 위하여 선수 측의 고의, 과실, 부주의 또는 사용에 대한 인지가 입증될 필요는 없다.

　2.1.2 본 규정 제2.1항 도핑방지규정위반에 대한 입증은 다음 중 하나에 의한 것으로 충분하다. 선수가 B시료 분석을 포기하여 B시료가 분석되지 않는 경우에 선수의 A시료에 금지약물, 그 대사물질 또는 표지자의 존재; 또는 선수의 B시료가 분석되고, 선수의 B시료 분석결과가 A시료에서 발견된 금지약물, 그 대사물질 또는 표지자의 존재를 확인하는 경우; 또는 선수의 B시료를 두 개의 병에 분리하여 첫 번째 병에서 검출된 금지약물 또는 그 대사물질 또는 표지자의 존재가 두 번째 병의 분석결과와 일치하는 경우

　2.1.3 금지목록에서 허용 농도가 명시된 약물인 경우를 제외하고, 선수의 시료에서 소량이라도 금지약물, 그 대사물질 또는 표지자가 검출되면 이는 도핑방지규정위반에 해당된다.

　2.1.4 본 규정 제2.1항의 일반원칙에 대한 예외로, 금지목록 또는 국제표준은 내인성으로 생성될 수 있는 금지약물의 평가에 대한 별도기준을 설정할 수 있다.

2.2 선수의 금지약물 또는 금지방법의 사용 또는 사용 시도

　2.2.1 어떤 금지약물도 자신의 체내에 유입되지 못하도록 하는 것과 어떤 금지방법도 사용되지 못하도록 하는 것은 선수 각 개인의 의무이다. 따라서 금지약물 또는 금지방법의 사용에 대한 도핑방지규정위반의 입증을 위해 고의, 과실, 부주의 또는 사용의 인지에 대한 선수 측의 입증이 요구되지 않는다.

　2.2.2 금지약물 또는 금지방법의 사용 또는 사용시도의 성공 또는 실패 여부는 불문한다. 도핑방지규정위반이 성립하기 위해서는 금지약물 또는 금지방법이 사용되었거나, 사용이 시도되었다는 것만으로도 충분하다.

2.3 시료 채취 제공의 회피, 거부 또는 실패

　본 도핑방지규정 및 기타 적용되는 도핑방지규정에서 인정하는 통지 후에 납득할 만한 정당한 사유 없는 시료채취 제공의 회피, 또는 시료채취의 거부 또는 불응

2.4 소재지정보 실패

　「검사 및 조사 국제표준」에서 정의한 바대로, 검사대상자등록명부의 선수에 의한 12개월 내의 세 번의 검사불이행 또는 제출불이행의 합산

2.5 도핑관리과정의 특정 부분에 대한 부정행위 및 부정행위의 시도

　금지방법의 정의에 달리 포함되어 있지 않지만, 도핑관리과정을 방해하는 행위. 부정행위는 도핑방지기구에 거짓정보를 제공하거나 또는 잠재적 증인을 위협 또는 위협 시도를 하면서, 고의적으로 도핑관리요원을 방해 또는 방해시도를 하는 행위를 포함하나, 이에 국한되지 않는다.

2.6 금지약물 또는 금지방법의 소지

　2.6.1 선수가 경기기간 중에 금지약물 또는 금지방법을 소지한 경우, 또는 선수가 경기기간 외 검사에서 금지된 금지약물 또는 금지방법을 경기기간 외에 소지한 경우. 다만, 금지방법 또는 금지약물의 소지가 본 규정 제4.4항에 의하여 승인된 치료목적사용면책에 따른 것이거나 기타 수용 가능한 정당성을 선수가 입증한 경우는 제외한다.

　2.6.2 선수지원요원이 경기기간 중 금지약물 또는 금지방법을 소지한 경우, 또는 선수지원요원이 경기기간 외 검사에서 금지된 금지방법 또는 금지약물을 경기기간 외에 선수, 경기 또는 훈련과 관련하여 소지한 경우. 다만, 금지약물 또는 금지방법의 소지가 본 규정 제4.4항에 의하여 승인된 치료목적사용면책에 따른 것이거나 기타 수용 가능한 정당성을 선수지원요원이 입증한 경우는 제외한다.

2.7 금지약물 또는 금지방법의 부정거래 또는 부정거래의 시도

2.8 경기기간 중에 선수에게 금지약물 또는 금지방법의 투여 또는 투여시도, 또는 선수에게 경기기간 외 검사에서 금지되는 금지약물 또는 금지방법의 경기기간 외 투여 또는 투여시도

2.9 공모

협조, 조장, 촉진, 교사, 음모, 은폐 또는 한국도핑방지규정 및 본 규정 위반과 관련된 의도적인 공모의 기타 다른 유형, 기타 관계자에 의한 제10.12.1항 한국도핑방지규정위반의 시도

2.10 금지된 연루

본 협회 및 한국도핑방지기구의 관할 하에 있는 선수 또는 기타 관계자가 직업적으로 또는 스포츠와 연관된 지위에서 다음의 선수지원요원과 연루되는 행위

2.10.1 본 협회 및 한국도핑방지기구 관할 하에 있으면서 도핑규정 위반으로 인한 자격정지기간 중에 있는 자

2.10.2 본 협회 및 한국도핑방지기구의 관할 하에도 있지 않고, 자격정지가 규약에 따른 결과 관리절차에서 다루어지지 않았으나, 만약 규약을 준수한 규정이 그러한 사람에게 적용되었다면 도핑방지규정의 위반을 구성할 수 있는 행위로 형사, 징계 또는 직업적 제재절차에서 유죄판결 또는 기타 결정을 받은 자. 이러한 사람의 자격박탈 상태는 형사상, 직업적 또는 징계의 결정 또는 제재가 부과된 기간으로부터 6년 이상 유효하다.

2.10.3 본 규정 제2.10.1항 또는 제2.10.2항에서 설명한 개인에 대한 대리인 또는 중개인으로 역할하는 자

이 조항의 적용을 위함은 한국도핑방지규정 제2.10항에 의한다.

제3조 도핑방지위원회

3.1 설치근거 및 명칭

본 위원회는 본 협회 정관 제32조 규정에 의거 도핑방지위원회(이하 "본 위원회"라 한다)라 칭하고, 시·도지부 및 전국규모연맹체에서는 도핑방지 관련 위원회를 둘 수 있다.

3.2 위원회의 구성 및 운영

3.2.1 본 위원회는 의료전문가, 법률가, 분석전문가, 체육행정가, 선수대표 등 분야별 전문가 5~9인으로 독립적인 위원회를 구성·운영하여야 한다.

3.2.2 위원의 임기는 2년으로 하며, 연임될 수 있다. 위원은 공정하고 불편부당하며 독립적인 판단을 할 수 있는 위치에 있는 사람을 위원으로 선정하여야 한다.

3.2.3 본 위원회는 위원장 1인, 부위원장 1인 및 위원으로 구성한다.

3.2.4 위원장은 가급적 본 협회와 독립적인 외부인사 중에서 도핑방지분야에 경험과 식견이 풍부한 자를 회장이 위촉하고, 위원은 당해 분야에 전문식견을 갖춘 자 중에서 회장이 위촉한다.

3.2.5 부위원장은 위원회에서 호선에 의하여 선임하며, 간사는 사무국 직원 중에서 회장이 지명한다.

3.2.6 본 위원회는 위원이 궐위되거나 사임하는 경우, 위원회의 동의를 얻어 회장이 위원을 추가로 선임할 수 있으며, 그 임기는 전임자의 잔임 기간으로 한다.

3.3 기능과 권한

본 위원회는 국내 보디빌딩·피트니스 스포츠 도핑방지활동의 총괄전담기구로서 다음과 같은 권한과 책임을 가진다.

3.3.1 도핑방지규정의 제·개정에 관한 사항

3.3.2 도핑방지규정 위반자에 대한 징계 및 유권해석에 관한 사항

3.3.3 도핑방지를 위한 교육, 홍보, 정보 수집 및 연구

3.3.4 도핑검사계획의 수립, 집행

3.3.5 도핑검사 결과 관리 및 그 결과에 따른 제재

3.3.6 도핑방지를 위한 국내외 교류·협력

3.3.7 한국도핑방지위원회(KADA)와의 검사활동 협조

3.3.8 치료목적사용면책(TUE) 관련 사항

3.3.9 도핑방지규정 위반 선수 또는 기타 관계자에 대한 자격정지기간 중 재정지원의 일부 또는 전부 중지 조치

3.3.10 각 도핑사건에 선수지원요원, 기타 관계자의 연루 조사 등 관할권 내의 모든 잠재적 도핑방지규정 위반에 대한 추적조사

3.3.11 기타 도핑방지를 위하여 필요한 사업 및 활동 및 위원장이 필요하다고 인정하는 사항

3.3.12 본 위원회의 최종 결정 또는 본 위원회가 부과한 도핑방지규정 위반에 대한 결과조치는 파기, 변경, 무효화될 수 없다.

3.3.13 위와 같은 사업을 추진하기 위하여 본 위원회는 본 협회 이사회 및 인사·상벌위원회, 선수위원회 등의 징계기구와는 서로 독립적으로 운영된다.

3.4 의결정족수

3.4.1 본 위원회는 본 규정에 특별히 규정한 것을 제외하고는 재적위원 과반수의 출석으로 개회하고, 출석위원 과반수 찬성으로 의결한다.

3.4.2 위원장은 의결에 있어 표결권을 가지며 가·부 동수일 경우에는 결정권을 가진다.

3.4.3 위임장에 의한 대리 출석은 인정하지 아니한다.

3.4.4 위원장은 그 내용이 긴급하다고 인정될 때에는 이를 집행할 수 있다. 다만 차기 위원회에 이를 승인받아야 한다.

제4조 금지목록

4.1 금지목록의 포함

본 도핑방지규정은 세계반도핑규약 제4.1항에서 명시한 바와 같이 세계도핑방지기구에서 공시하고 개정한 금지목록을 포함한다.

4.2 금지목록에 규정된 금지약물 및 금지방법

본 협회 도핑방지규정의 금지목록에 규정된 금지약물 및 금지방법은 한국도핑방지위원회 제4.2항에 의한다.

4.3 세계도핑방지기구의 금지목록 결정

금지목록에 포함되는 금지약물 및 금지방법, 금지목록상의 약물 구분, 그리고 상시 또는 경기기간 중에만 금지된 약물의 분류에 대한 세계도핑방지기구의 결정은 최종적인 것이며, 선수 또는 기타 관계자가 이러한 약물과 방법이 은폐제가 아니거나, 경기력 향상의 잠재력이 없으며, 건강에 해를 끼치는 것으로 보이지 않거나, 스포츠 정신에 반하지 않는다는 것을 이유로 이의를 제기할 수 없다.

4.4 치료목적사용면책(TUEs)

4.4.1 금지약물 또는 그 대사물질 또는 표지자의 존재 그리고 금지약물 또는 금지방법의 사용 및 사용시도, 소지 또는 투여 및 투여시도가 「치료목적 사용면책 국제표준」에 따라 부여된 치료목적사용면책 규정에 합치된다면 도핑방지규정위반으로 간주되지 않는다.

4.4.2 금지약물 또는 금지방법을 치료목적으로 국내수준의 선수가 사용하여야 하는 경우, 그 필요성이 발생했을 때에는 가능한 한 빠른 시일 내에, 그리고 선수의 출전 예정경기일(응급 상황 또는 극히 예외적인 상황 또는 국제표준 제4.3항이 적용되는 경우는 제외)의 최소한 30일 전에 치료목적사용면책을 신청하여야 한다.

4.4.3 본 규정에서의 치료목적사용면책 표준은 치료목적사용면책 국제표준 및 한국도핑방지위원회 제4.4항 치료목적사용면책(TUEs)에 의한다.

제5조 검사 및 조사

5.1 검사 및 조사의 목적

검사 및 조사는 오직 도핑방지의 목적으로만 수행되고, 「검사 및 조사 국제표준」의 조항 및 이를 보충하는 한국도핑방지위원회 및 본 협회의 특정 지침에 따라 수행되어야 한다.

5.1.1 검사는 선수의 금지약물 또는 금지방법의 존재나 사용 금지에 대한 엄격한 규약의 준수(또는 비준수)에 대한 분석적 증거를 확보하기 위하여 수행되어야 한다. 한국도핑방지위원회 및 본 협회에서 실시하는 검사배분계획, 검사, 검사 후 활동 및 모든 관련 활동은 「검사 및 조사 국제표준」을 준수하여야 한다. 한국도핑방지위원회는 「검사 및 조사 국제표준」에서 수립한 기준에 의거하여 가능한 한 순위 검사, 무작위 검사, 그리고 표적검사의 수를 정하여야 한다. 「검사 및 조사 국제표준」의 모든 조항은 이러한 모든 검사에 자동적으로 적용된다.

5.2 검사수행의 권한

5.2.1 규약의 제5.3항에서 설명한 경기대회 검사에 대한 관할구역한정에 따라, 한국도핑방지위원회는 제1.3항 범위 내에 속하는 모든 선수에 대하여 경기기간 중 및 경기기간 외 검사에 대한 권한을 가진다.

5.2.2 한국도핑방지위원회는 검사권한을 가진 모든 선수에 대하여 시간과 장소를 불문하고 시료의 제공을 요청할 수 있다.

5.2.3 세계도핑방지기구는 규약 제20.7.8항에서 설명한 바대로 경기기간 중 및 경기기간 외 검사에 대한 권한을 가진다.

5.2.4 만약 국제경기연맹 또는 주요 국제경기대회 주관단체가(직접 또는 국내 경기단체를 통하여) 한국도핑방지위원회에 검사의 특정부분을 위탁 또는 계약한다면, 한국도핑방지위원회는 추가적인 시료를 채취할 수 있고 또는 도핑방지위원회 비용으로 시험실에 추가적 형태의 분석을 수행하도록 지시할 수 있다. 만약 추가시료가 채취되거나 추가적 형태의 분석이 수행된다면, 국제경기연맹 또는 주요 국제경기대회 주관단체에 통지하여야 한다.

5.2.5 한국도핑방지규정의 관할하에 있는 선수에 대해 검사권한을 가진 다른 도핑방지기구에서 해당 선수에 대한 검사를 실시할 경우, 한국도핑방지위원회와 선수의 국내경기단체(본 협회)는 한국도핑방지규정 제15조에 의거하여 이러한 검사를 인정하여야 하며, 다른 도핑방지위원회는 그러한 검사와 관련하여 발생하는 도핑방지규정 위반에 대하여 절차를 진행할 수 있다.

5.3 경기대회 검사

5.3.1 한국도핑방지규정 제5.3항에서 규정한 바를 제외하고는, 하나의 기구만이 경기대회 기간 동안 경기대회 장소에서 검사를 주관하고 지휘할 책임이 있다. 한국에서 개최되는 국제대회에서의 시료채취는 국제경기연맹(또는 경기를 주관하는 기타 다른 국제기구)에서 주관하고 지휘한다. 한국에서 개최되는 국내대회에서의 시료채취는 한국도핑방지위원회가 주관하고 지휘한다. 한국도핑방지위원회 또는 본 협회와 시·도지부 및 전국규모연맹체의 요청에 의하여, 대회기간 중 대회장소 이외의 장소에서 이루어지는 모든 검사는 한국도핑방지위원회 또는 본 협회와 시·도지부 및 전국규모연맹체와 함께 조율하여야 한다.

5.3.2 본 협회와 시·도지부 및 전국규모연맹체는 그러한 대회의 독립감시프로그램을 인정하고 편의를 제공하여야 한다.

5.4 선수소재지정보

본 협회 및 위원회의 관할하에 있는 선수는 한국도핑방지위원회의 운영사항을 충실히 이행하여야 한다. (가) 분기별로 도핑방지위원회에 자신의 소재지정보 제출, (나) 항상 정확하고 완성된 정보를 유지하기 위하여 필요할 때마다 최신의 정보로 갱신, 그리고 (다) 그러한 소재지에서 검사 받을 준비를 하여야 한다.

제6조 결과관리

6.1 결과관리 수행의 책임

6.1.1 본 협회 및 위원회는 본 규정 제6조에서 설명한 원칙에 따라 도핑방지 관할권하의 선수 및 기타 관계자의 결과관리에 대한 책임이 있다.

6.2 비정상분석결과에 대한 조사 후 통지

6.2.1 만약 한국도핑방지규정 제7.2.2항하의 비정상분석결과의 조사에서 적용 가능한 치료목적사용면책 또는 「치료목적사용면책 국제표준」에서 규정한 치료목적사용면책에 해당할 수 있는 권리가 없거나, 또는 비정상분석결과를 초래한 「검사 및 조사 국제표준」 또는 「시험실 국제표준」으로부터의 명백한 이탈이 있었음이 밝혀지지 않음에 따라 한국도핑방지위원회로부터 비정상분석결과에 대한 통지를 받게 되면 이를 선수 및 해당 시·도지부에 구두 또는 문서로 통지하여야 한다. (가) 비정상분석결과, (나) 위반된 도핑방지규정, (다) B시료의 분석을 요청할 수 있는 선수의 권리 또는 특정기간 내에 그러한 요청을 하지 않으면 해당 B시료 분석은 포기된 것으로 간주할 수 있음, (라) 선수 또는 도핑방지위원회가 B시료의 분석을 요청할 경우, B시료 분석을 위한 예정 날짜, 시간 및 장소, (마) 「시험실 국제표준」에 따른 B시료 개봉에 참여할 선수 및 선수 대리인의 기회, 그리고 (바) 「시험실 국제표준」에 의해 요구되는 정보가 포함된 A 및 B시료의 시험실 문서 일체의 사본을 요청할 수 있는 선수의 권리. 만약 한국도핑방지위원회가 비정상분석결과를 도핑방지규정위반으로 결정하지 않음에 따라 한국도핑방지위원회로부터 통지를 받게 되면 이를 선수 및 해당 시·도지부에 이를 구두 또는 문서로 통지하여야 한다.

6.2.2 선수 또는 한국도핑방지위원회의 요청이 있으면, 「시험실 국제표준」에 따라 B시료 분석을 위한 일정을 잡아야 한다. 선수는 B시료 분석요구를 포기함으로써 A시료 분석결과를 수용할 수 있다. 그럼에도 불구하고 한국도핑방지위원회는 B시료 분석의 진행을 선택할 수 있다.

6.2.3 선수 및 선수 대리인은 B시료 분석에 참석할 수 있다. 또한, 한국도핑방지위원회의 대표자 및 본 협회 대표자 역시 참석할 수 있다.

6.2.4 B시료 분석결과가 A시료의 비정상분석결과를 확인하지 못할 경우, (한국도핑방지위원회가 해당 사건을 본 규정 제2.2항하의 도핑방지규정위반으로 처리하지 않는다면) 전체검사는 음성으로 간주되고 이를 한국도핑방지위원회로부터 통지를 받게 되면 이를 선수 및 해당 시·도지부에 구두 또는 문서로 통지하여야 한다.

6.2.5 B시료 분석결과가 A시료의 비정상분석결과를 확인하고 한국도핑방지위원회로부터 통지를 받게 되면 결과를 선수 및 해당 시·도지부에 구두 또는 문서로 통지하여야 한다.

6.3 임시자격정지

6.3.1 의무적 임시자격정지 : A시료의 분석이 특정약물이 아닌 금지약물 또는 금지방법의 비정상분석결과로 나타나면, 그리고 한국도핑방지규정 제7.2.2항에 따른 조사에서 적용 가능한 치료목적사용면책 또는 비정상분석결과를 초래한 「검사 및 조사 국제표준」 또는 「시험실 국제표준」으로부터의 이탈이 없었던 것으로 나타난다면, 한국도핑방지규정 제7.2항, 제7.3항 또는 제7.5항에서 규정한 통지 시에 또는 통지 직후 임시자격정지가 부과되어야 한다.

6.3.2 선택적 임시자격정지 : 특정약물의 비정상분석결과, 또는 한국도핑방지규정 제7.9.1항이 적용되지 않는 모든 도핑방지규정위반의 경우에, 한국도핑방지위원회는 한국도핑방지규정 제7.2항~제7.7항에서 규정한 조사 및 통지 이후 언제든지 그리고 한국도핑방지규정 제8항에서 규정한 최종 청문회 전에 도핑방지규정위반 혐의를 받는 선수 또는 기타 관계자에게 임시자격정지를 부과할 수 있다.

6.3.3 임시자격정지에 대한 철회는 한국도핑방지규정 제7.9.3항 및 제7.9.4항에 준한다.

6.3.4 본 협회 및 위원회는 한국도핑방지위원회로부터 통지를 받게 되면 결과를 선수 및 해당 시·도지부에 구두 또는 문서로 통지하여야 한다.

제7조 개인 경기결과의 자동 실효

경기기간 중 검사와 관련한 개인종목의 도핑방지규정위반은 메달, 점수, 상금의 몰수 등 수반되는 모든 결과와 함께 해당 경기에서 획득한 결과가 자동적으로 실효된다.

제8조 개인에 대한 제재

8.1 도핑방지규정 위반에 대해 부과되는 자격정지기간은 한국도핑방지규정 제10조에 따른 제재결정에 의한다.

8.2 첫 번째 위반

일반부는 400만원, 학생부는 200만원에 해당하는 과징금을 부과한다. 단, 전국체육대회 도핑방지규정 위반 시에는 1,000만원의 과징금을 부과한다.

8.3 두 번째 위반

일반부는 1,000만원, 학생부는 500만원에 해당하는 과징금을 부과한다. 단, 전국체육대회 도핑방지규정 위반 시에는 1,500만원의 과징금을 부과한다.

8.4 세 번째 위반

1,500만원에 해당하는 과징금을 부과한다. 단, 전국체육대회 도핑방지규정 위반 시에는 2,500만원의 과징금을 부과한다.

8.4.1 단, 영구자격정지의 경우에는 과징금을 부과하지 않는다.

8.5 부과된 과징금은 본 규정에 특별히 규정한 것을 제외하고는 복귀신청 시에 납부해야 한다. (개정 2016.04.14.)

8.5.1 견책의 징계를 부과받은 자는 8.8 복귀를 위한 검사, 교육 및 과징금 납부에 적용을 받지 아니한다. 단, 차기 대회에 참가하기 이전에 본 위원회 또는 한국도핑방지위원회가 주관하는 도핑방지교육에 의무적으로 1회 참가해야 하며, 추후에 도핑방지규정 위반으로 자격정지기간을 부과받을 경우 8.3 두 번째 위반에 해당하는 과징금을 부과한다. (신설 2017.03.27.)

8.6 자격정지기간의 기산

한국도핑방지위원회에서 자격정지기간이 부과된 날로부터 기산된다.

8.7 자격정지기간 중의 신분 (개정 2020.02.19.)

8.7.1 자격정지가 부과된 선수는 제8.7.2항의 자격정지기간 중 참가 금지 의무를 준수한 것을 전제로 하여, 자격정지기간이 만료된 이후 복귀신청을 하여 선수활동을 할 수 있다. (개정 2020.02.19.)

8.7.2 자격정지기간 중 참가 금지

자격정지가 부과된 선수 또는 기타 관계자는 자격정지기간 중에 본 협회 또는 시·도지부, 전국규모연맹체, 본 협회 회원단체의 클럽 또는 기타 회원단체가 승인하거나 주최하는 경기 또는 활동(허가된 도핑방지교육 또는 재활 프로그램은 제외,) 또는 프로리그, 국제 또는 국내 수준의 대회주관단체가 승인하거나 주최하는 경기 또는 정부기관이 자금을 지원하는 스포츠 활동에 어떠한 자격으로도 참가할 수 없다.

8.8 복귀를 위한 검사, 교육 및 과징금 납부 (개정 2020.02.19.)

8.8.1 자격정지기간 중에 있는 선수는 자격정지 만료 후 복귀 신청 시, 복귀를 위한 검사, 교육 및 과징금 납부의 조건 충족을 위하여 해당년도에 선수등록을 하여야만 한다. (개정 2020.02.19.)

8.8.2 자격정지기간 만료 시에 자격을 회복하기 위한 조건으로 선수는 반드시 임시자격정지기간 또는 자격정지기간 동안 본 협회 및 본 위원회, 한국도핑방지위원회 또는 검사 관할권을 가진 반도핑기구가 선수에 대한 경기기간 외 검사(단, 시료분석은 경기기간 중 검사에 준해 실시할 수 있다)가 가능하도록 하여야 하며, 요구받는 경우 최신의 정확한 소재지정보를 제공하여야 한다. 아울러 자격정지기간 만료 시에 자격을 회복하기 위한 조건으로 자격정지기간 중 1회 이상 본 위원회 또는 한국도핑방지위원회가 주관하는 도핑방지교육에 참가하여야 하며, 복귀 신청자는 해당년도 한국도핑방지위원회 RTP 검사 대상자로 선정될 수 있다. (개정 2016.04.14.)

8.8.3 은퇴 통지를 한 도핑방지위원회의 검사대상자등록명부에 속한 선수는 서면으로 경기 복귀에 대한 의사 통지를 하고, (요구받은 경우 「검사 및 조사 국제표준」의 소재지정보 요구사항의 준수를 포함하여 경기복귀 전 6개월의 기간 동안 검사에 응할 준비를 하기 전까지는 국제대회 또는 국내대회에 복귀할 수 없다. 또한 자격정기기간 중에 종목에서 은퇴한 선수는 도핑방지위원회 및 국제경기 연맹에 6개월의 사전 서면통지(또는 선수가 은퇴한 날짜에 남아 있는 자격정기기간과 동일한 통지, 만약 그 기간이 6개월보다 길다면)를 제공하고, (요구받은 경우)「검사 및 조사 국제표준」의 소재지정보 요구사항의 준수를 포함하여 위 통지기간 동안 검사에 응할 준비를 하기 전까지는 국제대회 또는 국내대회에 복귀할 수 없다. (개정 2016.04.14.)

8.8.4 원칙적으로 본 규정 제8.7.1항 자격정지기간 중의 선수 신분의 규정에 의한 경기기간 외 검사의 시행은 한국도핑방지위원회의 책임이나, 요구사항을 충족시키기 위하여 본 협회 및 본 위원회, 다른 반도핑기구가 검사를 시행할 수도 있다.

8.8.5 선수에게 부과된 자격정지기간이 만료되고 선수가 복귀의 조건을 이행한 경우 선수는 자동적으로 참가자격을 가지며, 선수 또는 선수의 소속 시·도지부나 소속단체가 다시 자격 회복 신청을 할 필요는 없다. (개정 2016.04.14.)

8.9 특별사면을 위한 검사, 교육 및 과징금 납부 (신설 2022.05.11.)

8.9.1 도핑방지규정 위반으로 과거 우리 협회로부터 징계처분을 받은 선수는 아래의 특별사면 절차에 따라 임원, 지도자, 심판 등의 활동이 가능하다. 단, 한국도핑방지위원회 또는 기타 체육단체로부터 부과받은 징계가 만료되지 않았거나 영구제명에 해당하는 징계를 부과 받은 사람은 해당하지 않는다.

8.9.1.1 선수 활동을 희망하는 사람은 특별사면 대상자라 할지라도 8.8 복귀를 위한 검사, 교육 및 과징금 납부의 절차를 따라야 한다.

8.9.1.2 선수가 아닌 기타 활동을 희망하는 사람은 특별사면을 위한 교육 및 과징금 납부(200만원)의 조건을 충족하고, 특별사면 신청서를 징계 당시 소속 시·도지부를 통해 제출한 후 활동이 가능하다.

8.9.1.3 특별사면 이후 선수 활동을 희망할 경우 추가 과징금 200만원을 납부하여야 하며, 선수 등록을 희망하는 년도에 한국도핑방지위원회 RTP 검사 대상자로 선정된다.

제9조 선수지원요원과 시·도지부에 대한 제재

9.1 선수지원요원에 대한 제재

전국체육대회 경기기간 중 도핑방지규정 위반의 경우, 위반 선수의 소속 실업팀(기업체, 광역자치단체 및 기초자치단체, 공공기관 및 법인체, 시·도체육회) 감독(유급직·무급직 모두 포함)에게는 첫 번째 위반 시 400만원 및 자격정지, 두 번째 위반 시 800만원 및 자격정지, 세 번째 위반 시 퇴출, 코치(유급직·무급직 모두 포함)에게는 첫 번째 위반 시 200만원 및 자격정지, 두 번째 위반 시 400만원 및 자격정지, 세 번째 위반 시 퇴출한다. (개정 2018.01.16.)

9.1.1 본 규정 제9.1항의 경우를 제외한 도핑방지규정 위반에 따른 선수지원요원에 대한 제재는 도핑방지규정 위반의 정도에 따라 본 위원회에서 별도로 정한다.

9.2 시·도지부에 대한 제재

전국체육대회 경기기간 중 도핑방지규정 위반의 경우, 위반 선수의 소속 시·도지부에게는 선수 1명당 300만원의 과징금을 부과하며 시·도지부 관련 임원에게는 자격정지를 부과한다. (개정 2018.01.16.)

9.2.1 시·도지부가 본 규정을 이행하지 않거나 이를 준수하지 않는 경우, 이에 대한 제재는 이사회에서 별도로 정한다.

제10조 기밀과 보고

10.1 도핑방지위반 통지의 내용

본 협회 및 위원회는 한국도핑방지위원회의 청문회 결과를 해당 선수와 소속 시·도지부에 통보하여야 하며 통지는 다음 사항을 포함한다. 선수 성명, 국가, 종목 및 세부종목, 선수의 경기력 수준, 경기기간 중 검사 또는 경기기간 외 검사였는지 여부, 시료채취일 및 시험실에 의해 보고된 분석결과, 그리고 「검사 및 조사 국제표준」에 의해 요구되는 기타 정보

10.2 기밀 유지

통지를 받은 후 한국도핑방지위원회가 일반에 공개할 때까지 또는 한국도핑방지위원회 제14.3항에서 요구하는 바와 같이 일반에 공개하지 않는 경우에는, 본 협회 내의 알 필요가 있는 관계자 및 시·도지부의 관계자를 제외하고는 이러한 정보를 공개해서는 안 된다.

제11조 결정의 적용 및 인정

11.1 한국도핑방지규정 제13조에 규정된 항소권과 관련하여 규약을 준수하고 본 협회 및 위원회의 권한 내에 있는 모든 등록선수 및 선수지원요원 그리고 시·도지부와 전국규모연맹체의 검사, 청문결과 또는 기타 최종결정은 전 세계적으로 적용되고 본 협회 및 위원회 그리고 및 모든 등록선수 및 선수지원요원 그리고 시·도지부와 전국규모연맹체에 의하여 인정되고 존중된다.

11.2 한국도핑방지위원회는 규약을 수용하지 않은 다른 기구들의 규정이 다른 방법으로 규약과 일치하는 경우, 그 기구에 의해 취해진 조치를 인정한다.

11.3 한국도핑방지규정 제13조에 규정된 항소권과 관련하여, 본 도핑방지규정의 위반과 관련한 모든 한국도핑방지위원회의 결정은 본 협회 및 위원회에 의해서 인정되어야 하며, 그러한 결정이 유효하기 위한 필요한 모든 조치를 취해야 한다.

제12조 도핑방지규정의 수용 및 의무

12.1 등록선수 및 선수지원요원 그리고 시·도지부와 전국규모연맹체는 본 도핑방지규정을 준수하여야 한다. 도핑방지규정은 직접적으로 또는 각 시·도지부와 전국규모연맹체의 규정에 인용됨으로써 본 협회 및 위원회가 자체적으로 본 협회의 관할권하의 선수 또는 기타 관계자에 대해 도핑방지규정을 직접 시행할 수 있다.

12.2 시·도지부와 전국규모연맹체는 모든 선수 및 코치, 트레이너, 매니저, 팀 관계자, 임원, 의무요원 또는 준 의료 요원으로 본 협회가 승인하고 주관하는 경기나 활동에 참가하는 선수지원요원이 그러한 참가의 조건으로 본 도핑방지규정에 기속되는 것에 동의하고, 본 협회 및 한국도핑방지위원회의 결과관리권한을 따르는 규정을 수립하여야 한다.

12.3 본 협회 및 시·도지부 그리고 전국연맹체는 한국도핑방지위원회 및 소속 국제경기연맹에 도핑방지규정위반과 관련되는 모든 정보를 보고하여야 하며, 조사권한을 가진 도핑방지위원회 및 기타 도핑방지기구에 의해서 수행되는 조사에 협조하여야 한다.

12.4 시·도지부와 전국규모연맹체는 정당한 근거 없이 금지약물 또는 금지방법을 사용하는 선수지원요원이 본 협회의 도핑방지위원회 또는 국내경기단체의 관할권 내에 있는 선수에게 지원을 제공하는 것을 방지하기 위한 제재규정을 마련하여야 한다.

12.5 시·도지부와 전국규모연맹체는 본 협회 및 한국도핑방지위원회와 협력하여 도핑방지교육을 실시하여야 한다.

제13조 시효

위반발생 혐의가 제기된 날짜로부터 10년 이내에, 제7조에 규정된 한국도핑방지규정 위반과 관련된 통지를 받지 않았거나, 통지가 합리적으로 시도되지 않았으면, 선수 또는 기타 관계자에 대하여 어떠한 도핑방지규정위반 절차도 시작되지 않는다.

제14조 도핑방지위원회의 규약 준수

본 협회 및 위원회는 도핑방지활동을 함에 있어 규약 제23.5.2항에 따라 「세계도핑 방지규약」을 준수한다.

제15조 교육

본 협회 및 위원회는 적어도 규약 제18.2항에서 언급한 내용이 포함된 교육 및 예방 프로그램을 계획, 시행, 평가 및 모니터링하여야 하며, 선수 및 선수지원요원의 프로그램 참가를 적극적으로 지원하여야 한다.

제16조 도핑방지규정의 개정 및 해석

16.1 본 규정을 재·개정하고자 할 경우에는 도핑방지위원회 재적위원 과반수의 찬성으로 의결한 후 이사회의 승인을 받아야 한다.

    16.1.1 개정규정은 특별한 규정이 없는 한 이사회의 승인을 득한 날로부터 시행한다.

    16.1.2 본 규정의 시행에 관하여 필요한 사항은 본 위원회 의결을 거쳐 이사회에서 따로 정할 수 있다.

16.2 본 도핑방지규정 부분과 조항에 사용된 표제는 편의를 위해 사용된 것으로 본 도핑방지규정의 실제 내용의 일부분이거나 표제가 규정한 조항의 표현에 영향을 미치지 않는다.

16.3 세계반도핑규약 및 국제표준 및 한국도핑방지위원회 규정은 본 도핑방지규정의 필수 요소로 간주되며, 상충이 있는 경우 우선하며, 본 규정에 규정되지 않거나, 해석이 불분명한 경우 세계반도핑규정과 한국도핑방지규정에 따른다.

16.4 본 도핑방지규정은 세계반도핑규약의 세계반도핑규정에 의하여 채택되었으며, 세계반도핑규약의 세계반도핑규정을 준수하는 방식으로 해석된다. 전문은 본 도핑방지규정의 필수 요소로 간주된다.

16.5 세계반도핑규약 및 세계반도핑규정 그리고 한국도핑방지위원회의 여러 주해는 이 도핑방지규정을 이해하고 해석하는 데 참고자료로 활용된다.

제17조 선수 및 기타 관계자의 추가적인 역할과 책임

17.1 선수의 역할과 책임

    17.1.1 본 도핑방지규정 및 한국도핑방지규정에 규정된 모든 도핑방지 정책과 규정을 숙지하고 준수하여야 한다.

    17.1.2 시료채취가 언제나 가능하도록 하여야 한다.

    17.1.3 도핑방지와 관련하여 선수가 사용하고 복용한 모든 물질에 대하여 책임을 진다.

    17.1.4 의료진에게 선수로서 금지약물 및 금지방법을 사용하지 않아야 할 책임이 있음을 고지하고, 어떠한 의료처치도 본 도핑방지규정 및 한국도핑방지규정에 규정된 도핑방지정책 및 규정에 위반되지 않도록 확인할 책임을 진다.

    17.1.5 과거 10년 내에 선수가 도핑방지규정을 위반하였다고 결정한 비가맹기구의 모든 결정을 국제경기연맹 및 한국도핑방지위원회에 공개하여야 한다.

    17.1.6 도핑방지규정위반을 조사하는 도핑방지기구에 협력하여야 한다.

17.2 선수지원요원의 역할과 책임

    17.2.1 선수지원요원 또는 선수지원요원이 지원하는 선수에게 적용되는 모든 도핑방지정책과 규정을 숙지하고 준수하여야 한다.

    17.2.2 선수검사 프로그램에 협조하여야 한다.

    17.2.3 선수가 도핑방지에 대한 바람직한 가치관과 태도를 형성하도록 지도하여야 한다.

    17.2.4 과거 10년 내에 선수지원요원이 도핑방지규정을 위반하였다고 결정한 비가맹기구의 모든 결정을 국제경기연맹 및 도핑방지위원회에 공개하여야 한다.

    17.2.5 도핑방지규정위반을 조사하는 도핑방지기구에 협력하여야 한다.

    17.2.6 선수지원요원은 정당한 사유 없이 어떠한 금지약물 또는 금지방법을 사용 또는 소지할 수 없다.

부칙(2012.1.13.)

    1. (시행일) 이 규정은 본 협회 이사회의 승인을 받은 날로부터 시행된다.

부칙(2012.2.28.)

    1. (시행일) 이 규정은 본 협회 이사회의 승인을 받은 날로부터 시행된다.

부칙(2012.5.3.)

    1. (시행일) 이 규정은 본 협회 이사회의 승인을 받은 날로부터 시행된다.

부칙(2013.7.22.)

1. (시행일) 이 규정은 본 협회 이사회의 승인을 받은 날로부터 시행된다.
2. (실업팀 등록선수에 대한 검사 강화) 도핑방지규정 위반에 대한 강력한 예방조치와 도핑에 대한 선수 의식 전환을 위하여 실업팀 등록선수에 한하여 제4조 1항 2호에 의거 본 협회 및 본 위원회, 한국도핑방지위원회 또는 검사 관할권을 가진 반도핑기구에 의하여 연중 수시로 선수 본인 부담으로 경기기간 외 검사(단, 시료분석은 경기기간 중 검사에 준해 실시할 수 있다)가 가능하도록 하여야 하며, 요구받는 경우 해당 선수는 최신의 정확한 소재지정보를 제공하여야 한다.

부칙(2014.1.22.)

1. (시행일) 이 규정은 본 협회 이사회의 승인을 받은 날로부터 시행된다.

부칙(2015.1.22.)

1. (시행일) 이 규정은 본 협회 이사회의 승인을 받은 날로부터 시행된다.

부칙(2015.5.20.)

1. (시행일) 이 규정은 본 협회 이사회의 승인을 받은 날로부터 시행된다.

부칙(2016.1.27.)

1. (시행일) 이 규정은 본 협회 이사회의 승인을 받은 날로부터 시행된다.

부칙(2016.4.14.)

1. (시행일) 이 규정은 본 협회 이사회의 승인을 받은 날로부터 시행된다.

부칙(2017.3.27.)

1. (시행일) 이 규정은 본 협회 이사회의 승인을 받은 날로부터 시행된다.
2. (경과조치) 8.5.1은 본 규정 시행일 이전에 발생한 사항도 포함하여 적용한다.

부칙(2018.1.16.)

1. (시행일) 이 규정은 본 협회 이사회의 승인을 받은 날로부터 시행된다.

부칙(2018.2.8.)

1. (시행일) 이 규정은 본 협회 이사회의 승인을 받은 날로부터 시행된다.
2. (경과조치) 9.1 및 9.2는 본 규정 시행일 이전인 2017년도 제97회 전국체육대회에서 발생한 사항도 포함하여 적용한다.

부칙(2018.3.21.)

1. (시행일) 이 규정은 본 협회 이사회의 승인을 받은 날로부터 시행된다.
2. (경과조치) 9.1 및 9.2는 본 규정 시행일 이전인 2017년도 제98회 전국체육대회에서 발생한 사항도 포함하여 적용한다.

부칙(2019.5.10.)

1. (시행일) 이 규정은 관리위원회의 승인을 받은 날로부터 시행된다.

부칙(2020.2.19.)

1. (시행일) 이 규정은 우리 협회 이사회의 승인을 받은 날로부터 시행된다.

부칙(2022.5.11.)

1. (시행일) 이 규정은 우리 협회 이사회의 승인을 받은 날로부터 시행된다.

3 심판위원회규정

제1장 총칙

제1조(근거 및 명칭)
본 협회 정관 제37조 제1항의 규정에 따라 설치·운영하며, 그 명칭은 "심판위원회"라 한다.

제2조(심판위원회 설치 목적)
심판위원회는 심판이 스포츠의 기본 정신과 책임감을 갖고 경기 규칙에 따라 공정하게 직무를 수행할 수 있도록 심판의 독립성 및 자율성, 심판으로서의 역할, 임무, 의무 등에 관한 사항을 자문하여 경기진행의 공정성을 높이는 데 그 목적을 둔다.

제3조(적용범위)
① 이 규정은 심판위원회(이하 "위원회"라 한다) 및 본 협회에서 자격 취득한 등록 심판을 대상으로 적용한다.
② 본 협회는 대한체육회(이하 "체육회"라 한다) 심판위원회 규정을 준용하여 필요한 사항을 포함하여 본 협회의 이사회 승인을 받아 이 규정을 정하고 체육회에 보고하여야 한다.
③ 이 규정과 체육회 심판위원회 규정이 서로 다른 경우 체육회 규정을 우선 적용한다.
④ 위원회의 구성 및 회의에 관한 사항은 본 협회의 정관 및 이 규정에서 특별히 정한 경우를 제외하고는 체육회의 '자문위원회의 설치 및 운영에 관한 규정'에 따른다.

제4조(위원회의 기능)
위원회는 다음 각 호의 사항을 심의한다.
1. 심판이 경기 규칙에 따라 공정하게 직무를 수행할 수 있도록 심판의 독립성 및 자율성 보장 방법에 관한 사항
2. 심판의 권익 보호·증진에 관한 사항
3. 심판양성교육 및 체육회 심판아카데미에 관한 사항
4. 심판 등록 및 관리에 관한 사항
5. 심판 평가에 관한 사항
6. 그밖에 위원회의 설치 목적을 달성하기 위해 필요한 사항

제2장 위원회 구성 및 회의

제5조(구성)
① 위원회는 다음 각 호의 위원으로 구성한다.
1. 위원장 1인
2. 부위원장 3인 이내
3. 위원 11명 이상 25명 이하(위원장, 부위원장 포함)
② 위원회 위원 구성 시 다음 각 호에 따른다.
1. 본 협회 정관 제39조 제1항에 따라 임원의 결격사유에 해당하는 사람은 위원이 될 수 없다.
2. 동일 대학출신자 및 재직자가 재적위원수의 20%를 초과할 수 없다.
3. 경기인(선수, 지도자, 심판, 선수관리담당자) 출신자가 재적위원수의 50% 이상 포함되어야 한다.
4. 지도자로 재직 중인 사람은 위원이 될 수 없다.
5. 특정 성별의 비율이 재적위원수의 70%를 초과하지 않도록 노력하여야 한다.
③ 위원회에 간사 1명을 두며, 대한보디빌딩협회장(이하 "회장"이라 한다)이 사무국 직원 중에서 지명한다.
④ 위원회는 위원회의 효율적 운영과 전문성을 높이기 위하여 산하에 소운영위원회를 둘 수 있다.
⑤ 본 협회 심판위원회는 대회 기간에 심판의 제척·기피·회피 등을 다루기 위해 대회 개최 전까지 경기운영에 관한 권한과 책임이 있는 자(심판위원 포함)로 구성된 3인 이상의 소위원회를 구성할 수 있으며, 소위원회의 결정은 심판위원회의 결정으로 본다.

제6조(위원의 위촉)

① 위원장과 위원은 회장이 위촉하고 부위원장은 위원 중 호선하되, 위원장 임명은 이사회의 동의를 받아야 한다.

제7조(위원의 직무)

① 위원장은 위원회를 대표하고 그 업무를 총괄한다.

② 부위원장은 위원장을 보좌하고 위원장이 부득이한 사유로 직무를 수행할 수 없을 경우에는 부위원장 중 연장자 순으로 그 직무를 대행한다.

③ 위원은 위원회를 구성하고 위원회에 출석하여 그 직무에 관한 사항을 심의한다.

제8조(위원의 임기)

① 위원의 임기는 2년으로 하되, 일수를 기준으로 하지 않고 본 협회 정기총회를 기준으로 하며, 이 경우 임기만료일은 정기총회일 전날이다.

② 보선된 위원의 임기는 전임자의 잔임 기간으로 한다.

제9조(위원의 해촉)

회장은 다음 각 호의 경우에 위원을 해촉할 수 있다. 다만, 제5호와 제6호에 해당하는 경우에는 해촉하여야 한다.

  1. 위원 스스로 직무를 수행하는 것이 곤란하다고 의사를 밝히는 경우

  2. 직무와 관련된 비위사실이 있는 경우

  3. 제13조의2에 따른 의무사항을 지키지 않은 경우

  4. 직무태만, 품위손상이나 질병 등 그 밖의 사유로 인하여 위원으로 적합하지 아니하다고 인정되는 경우

  5. 제13조에 해당하는 데에도 불구하고 회피하지 아니한 경우

  6. 본인이 희망하여 사임서를 제출한 경우

제10조(회의소집)

회장 또는 위원장이 필요에 따라 위원회를 소집한다.

제11조(의사정족수 등)

위원회 회의는 재적위원의 과반수의 출석으로 개회하고, 출석위원의 과반수 찬성으로 의결한다.

제12조(긴급한 업무처리)

위원회가 심의할 사안 중 그 내용이 경미하거나 긴급하다고 인정될 때에는 서면결의로 위원회의 의결을 대신할 수 있다. 다만, 위원 과반수가 정식으로 위원회에 회부할 것을 요구할 때에는 이에 따라야 한다.

제13조(위원의 제척 및 회피)

① 위원은 다음 각 호의 경우 그 위원회 회의의 심의에 참여할 수 없다.

  1. 위원 본인, 배우자 또는 직계존비속이 체육회가 행하는 업무 및 사업과 관련한 용역을 수행하는 법인·단체의 임직원이거나 주주인 경우

  2. 심의 대상이 되는 업무 및 사업과 관련하여 용역이나 자문역할을 하는 등 특수 관계가 있거나 있었던 경우

  3. 그 밖에 해당 직무활동의 공정을 기할 수 없는 현저한 이유가 있는 경우

② 제1항의 사유에 해당하는 경우 그 사안의 심의에 대해 위원 스스로 회피하거나 위원장이 제척하여야 한다.

제13조의2(의무사항)

위원회의 위원, 간사 또는 그 직에 있었던 사람은 다음 각 호의 의무사항을 지켜야 한다.

  1. 위원회 활동과정에서 취득한 정보나 문서 등을 임의로 공표하거나 타인에게 배포·유포할 수 없다.

  2. 위원회 업무수행 중 알게 된 비밀을 누설하거나 도용해서는 아니 된다.

제3장 심판 등록 및 관리

제14조(심판등급 구분)

① 본 협회는 원칙적으로 다음 각 호와 같이 심판등급을 구분한다.

  1. 국제심판
     1) 세계연맹심판(A, B, C급) : 세계연맹 심판자격 취득자로서 각종 국제경기대회의 심판 및 전국규모의 경기대회에서 심판위원으로 지명받을 수 있다.

  2. 국내심판
     1) 1급 : 국내 심판 자격취득자로서 전국규모의 경기대회에서 심판 및 지역규모의 경기대회에 심판위원으로 지명받을 수 있다.
     2) 2급 : 국내 심판 자격취득자로서 지역규모의 경기대회에서 심판으로 지명받을 수 있다.

제15조(심판등록 결격사유)

삭제 <2019.11.26.>

제16조(심판등록 및 활동)

① 심판으로 활동하고자 하는 사람은 심판자격을 취득한 후 본 협회 경기인등록규정 제8조와 제25조에 따라 심판등록을 완료하여야 한다.

② 제1항에 따라 심판으로 등록한 사람만이 본 협회 심판으로서 활동할 수 있다.

③ 제1항에 따라 등록한 심판의 자격정보가 변경되었을 경우 본 협회의 심의를 거쳐 심판 자격정보에 관한 사항을 변경할 수 있다.

④ 심판자격 취득의 제한, 유지 및 부활에 관한 사항은 별표 1에 의한다.

⑤ 심판자격 취득에 관한 사항은 별표 2에 의한다.

⑥ 심판의 등록 취소는 본 협회 경기인등록규정 제28조에 따른다.

제17조(정보 제공)

① 체육회는 본 협회 등록심판의 기본정보, 선수·지도자경력, 심판경력, 교육이수경력, 상벌사항 등을 「공공기관의 정보공개에 관한 법률」과 체육회 규정에 따라 체육회 홈페이지 및 체육정보시스템을 통하여 공개하거나 또는 자료를 요청한 사람에게 제공할 수 있다.

② 심판 활동 실적발급은 별도 지침에 따른다.

제4장 심판평가 및 배정

제18조(심판평가)

① 본 협회는 심판에 대하여 매년 평가를 하여야 한다.

② 본 협회는 상임심판, 본 협회에 등록하여 해당 연도 경기진행에 참가한 심판에 대하여 등급별로 판정 평가서를 작성하여 본 협회 심판위원회를 통해 심판고과를 관리하고 승급이나 배정 시 자료로 활용하여야 한다.

③ 본 협회는 실정에 맞게 지표 등을 매 경기 가능한 20개 이상 항목을 설정하고, 별도의 세칙을 정하여 시행하여야 한다. 그 세칙에는 동료심판, 선수 및 지도자가 평가할 수 있는 다면평가를 반드시 포함한다.

제19조(심판의 제척)

심판은 다음 각 호에 해당할 경우 해당 경기 심판배정에서 제척된다. 단, 무작위 추첨으로 배정되는 경우는 예외로 한다.

  1. 심판이 경기에 참가하는 선수·지도자·선수관리담당자(이하 '경기참가자'라 한다)와 친족(「민법」 제777조에 의한 친족을 말한다)이거나 친족이었던 경우

  2. 심판이 경기참가자와 동일 소속팀이거나 동일 소속팀으로 활동했던 경우

제19조의2(심판의 기피)

① 경기참가자는 다음 각 호에 해당할 경우 심판의 기피를 신청할 수 있다. 단, 무작위 추첨으로 배정되는 경우는 예외로 한다.

   1. 심판이 제19조 제척 사유에 해당하는 경우

   2. 심판에게 공정한 판정을 기대하기 어려운 현저한 사유가 있는 경우

② 심판에 대한 기피 신청을 하고자 하는 경기참가자는 심판기피 신청서(별표 3)를 본 협회 심판위원회 또는 소위원회에 제출하여야 한다.

③ 기피당한 심판은 기피 신청에 대해 불인정하는 경우 소명서(별표 4)를 본 협회 심판위원회 또는 소위원회에 제출하여야 한다.

④ 본 협회 심판위원회 또는 소위원회는 접수된 소명서 내용을 심사하여 대회시작 전까지 기피 여부를 결정한다. 다만, 불가피한 사유로 대회시작 전까지 기피 결정을 못해 대회가 진행되더라도 기피 결정 전까지는 심판 배정을 정지하는 효력이 없다.

⑤ 본 협회 심판위원회 또는 소위원회는 기피 신청이 있을 경우, 해당 경기 시작 전까지 심판 기피 여부를 결정 및 통보하도록 노력하여야 한다.

⑥ 기피당한 심판이 기피 신청에 대해 인정하는 때에는 본 협회 심판위원회 또는 소위원회의 기피 결정이 있는 것으로 간주한다.

제19조의3(심판의 회피)

심판 본인이 제19조에 해당하면 스스로 해당 경기 심판을 회피하여야 하며, 제19조의2 제1항 제2호에 해당하면 회피할 수 있다. 단, 무작위 추첨으로 배정되는 경우는 예외로 한다.

제20조(심판배정)

① 본 협회 심판위원회의 결정으로 모든 대회의 심판을 배정하고, 게시판 등을 통해 경기참가자들이 배정된 심판 명단을 볼 수 있도록 공개하여야 한다. 단, 무작위 추첨으로 배정되는 경우는 예외로 한다.

② 심판배정 시 같은 선수(팀) 경기에 연속으로 배정해서는 안 된다. 단, 무작위 추첨으로 배정되는 경우는 예외로 한다.

③ 본 협회는 심판위원회가 특별히 정한 경우를 제외하고는 다음 각 호의 순으로 우선 배정한다.

   1. 체육회가 승인한 상임심판

   2. 체육회가 주관하는 심판심화교육(심판아카데미) 과정을 이수한 심판

   3. 체육회가 주관하는 심판양성교육(심판아카데미) 과정을 이수한 심판

④ 모든 전국규모 국내대회는 가급적 중앙심판과 시·도지부 소속 심판을 5대2(7심제) 또는 6대3(9심제)의 비율로 배정한다. 다만, 전국체전과 대상선발전, 국가대표선발전의 경우는 예외로 한다.

⑤ 심판위원장은 직접 심사에 참여할 수 없으며 공정한 심사를 위하여 감시·감독한다.

제21조(심판판정)

① 심판은 다음 각 호에 따라 판정하여야 한다.

   1. 외부 단체로부터 독립하여 공정한 업무를 수행하여야 한다.

   2. 심판 관련 규정과 해당 단체의 규약 및 심판 규정을 준수하고 경기규칙에 따라 명확한 판정을 위하여 최선을 다하여야 한다.

   3. 경기 운영 및 판정에 있어 공명정대하게 양심에 따라 판정한다.

② 심판은 경기 진행 중 경기규칙의 해석 및 적용에 대한 결정 권한을 갖는다.

③ 심판은 경기종료 후 공식 경기기록 등을 기록원과 확인하며, 본 협회 양식에 따라 경기 보고서를 작성하여 심판위원회에 제출하여야 한다.

④ 본 협회는 국내종합대회 및 전국규모대회 시 비디오 재 판독과 최소 3년 이상 영상보관의 의무를 대회요강에 명시하여야 한다.

⑤ 판정에 대한 이의제기와 상고는 국제연맹 및 본 협회 규정에서 정한 바에 따른다.

   1. 경기 진행 중 이의신청 발생 시에는 대회 종료직후 이의신청 내용을 확인, 필요에 따라 심판위원장(부재시 부위원장) 또는 이의신청을 신청하는 시·도지부에서 해당 체급 해당 선수의 심판채점지를 열람할 수 있으나, 그 외 어떠한 경우에도 심판채점지는 열람할 수 없다.

제22조(심판의 품위)

① 심판은 체육회 또는 본 협회에서 발급한 신분증서를 패용하여야 한다.

② 심판은 본 협회에서 규정한 복장과 장비만 사용하여야 한다.

③ 심판은 반드시 필요한 상해보험에 가입하여야 한다.

④ 심판은 본 협회의 정관 및 관련 규정을 준수하여야 한다.

⑤ 심판은 오심 또는 편파 판정 시 본 협회 '정관', 본 협회 또는 체육회의 '스포츠공정위원회규정'에 따라 징계(문책)를 받을 수 있다.

⑥ 심판은 선수·지도자의 팀(단체 등) 입단, 계약 또는 기타 취직의 알선, 협조 등 심판으로서의 직분이나 직무 공정성을 해치는 행위를 해서는 안 된다.

제5장 상벌 및 심판 매뉴얼

제23조(심판의 상벌)

① 심판이 명백한 오심을 하거나 사회적으로 물의를 일으키고 심판의 품위를 손상시키는 등 징계 사유에 해당되는 언행을 할 경우 본 협회의 '스포츠공정위원회규정'에 따라 처리한다.

② 오심 누적 시 심판자격을 강등할 수 있으며, 오심 횟수에 따라 심판자격도 박탈할 수 있다.

제24조(심판의 포상 등)

① 본 협회는 심판 평가 및 교육 우수심판에 대해서는 체육회 등에 표창을 상신하며 심판 승급 시 인센티브를 부여할 수 있다.

② 본 협회는 우수심판에 대해 체육회에 국제기구 연수를 요청할 수 있다.

제25조(심판매뉴얼)

본 협회는 심판매뉴얼을 제정하여 운영하여야 한다.

부칙(2015.01.22.)

　　1. 제1조(시행일) 이 규정은 이사회를 통과한 날로부터 시행한다.

부칙(2018.10.10.)

　　1. 제1조(시행일) 이 규정은 대한보디빌딩협회 관리위원회를 통과한 날로부터 시행한다.

부칙(2019.10.22.)

　　1. 제1조(시행일) 이 규정은 대한보디빌딩협회 이사회를 통과한 날로부터 시행한다.

부칙(2019.11.26.)

　　1. 제1조(시행일) 이 규정은 대한보디빌딩협회 이사회를 통과한 날로부터 시행한다. 다만, 제 16조 제1항, 제2항 및 제3항은 2020년 1월 1일부터 시행한다.

부칙(2021.07.02.)

　　1. 제1조(시행일) 이 규정은 대한보디빌딩협회 이사회를 통과한 날로부터 시행한다.

부칙(2022.02.08.)

　　1. 제1조(시행일) 이 규정은 대한보디빌딩협회 이사회를 통과한 날로부터 시행한다.

부칙(2023.01.30.)

　　1. 제1조(시행일) 이 규정은 이사회의 의결을 거친 날부터 시행한다.

부칙(2023.08.16.)

　　1. 제1조(시행일) 이 규정은 이사회의 의결을 거친 날부터 시행한다.

부칙(2024.02.02.)

　　1. 제1조(시행일) 이 규정은 이사회의 의결을 거친 날부터 시행한다.

[별표 1]

심판자격의 취득의 제한, 유지 및 부활(제16조 4항 및 제19조 관련)

구분	내용	비고
심판자격 취득의 제한	① 선수로 등록한 사람은 심판자격을 취득할 수 없다. ② 심판자격 유지 중 선수로 등록한 사람은 선수 등록한 해에는 심판으로 활동할 수 없다. (시행종료일 : 2020.1.1.) ③ 선수로 활동 중 도핑방지규정 위반으로 제재를 받은 사람은 징계 만료 후 5년 이상 경과해야 심판자격을 취득할 수 있다. 단, 영구제명 선수는 심판자격을 취득할 수 없다. ④ 위 3항과 관련하여, 우리 협회 도핑방지규정 제8조 8.9에 해당하는 자는 징계 만료(사면) 시점과 관계없이, 심판자격을 취득할 수 있다.	
심판자격의 유지 및 부활	① 심판자격의 유지를 희망하는 심판의 경우 자격 취득 후 4년에 한 번씩 재교육을 받아야 한다. ② 재교육을 이수하지 않아 자격을 상실한 자는 자격 상실 기간에 비례하는 소정의 추가 강습비 납부 및 재교육을 통해 동일 자격을 득할 수 있다. ③ 징계로 인하여 자격이 정지된 심판은 징계해제 후 3년이 경과한 후 재교육을 통하여 2급 심판자격을 득할 수 있다.	

[별표 2]

심판자격의 취득(제16조 5항 관련)

구분	자격요건	비고
국제심판	① 국내 1급 심판자격 취득 후 3년이 경과하고 전국규모 경기대회에 5회 이상 참가한 심판 중 시·도지부의 추천을 받은 심판 ② 국내 1급 심판자격 취득 후 3년이 경과하고 전국규모 경기대회에서 2회 이상 및 시·도지부에서 주최한 대회에 5회 이상 참가한 심판 중 시·도지부의 추천을 받은 심판 ③ 국내 1급 심판자격 취득 후 3년이 경과하였으나 상기 기준에 부합되지 않는 심판의 경우, 심판위원회에서 이와 동등한 자격이 인정되어 추천을 받은 심판 ④ 국내 1급 심판자격 보유자 중 특별히 필요에 따라 회장이 추천한 심판	①,②,③,④ 中 하나의 조건에 해당하는 심판
국내 1급 심판	① 2급 심판자격 취득 후 2년 동안 시·도지부에서 주최한 대회에 2회 이상 참가한 심판 중 시·도지부의 추천을 받은 심판 ② 2급 심판자격 취득 후 당해 2회 이상 시·도지부에서 주최한 대회에 참가하였다 해도 익년에는 1급 심판자격 취득에 응할 수 없다. ③ 역대 미스터&미즈 코리아 대상, 국가대표 자격으로 출전한 국제대회에서 금메달을 획득한 사람, 본 협회 이사는 1급 심판자격을 취득할 수 있음	
국내 2급 심판	① 보디빌딩 분야에 상당한 경력을 보유하고 일정기간 대회 운영요원으로 활동한 자 중에서 시·도지부 또는 본 협회의 추천을 받은 사람	

심판 기피신청서

대회명 * 경기명 기재	ex) 00000대회 (16강전)

신청인	성명: 구분: ☐ 선수 ☐ 지도자 ☐ 선수관리담당자 (신청인 신분 √ 체크)
기피 심판	

기피 사유	

「대한보디빌딩협회 심판위원회 규정」 제19조의2(심판의 기피) 제2항에 따라, 심판의 기피신청서를 제출합니다. 위 사항은 사실과 다름이 없음을 확인합니다.

년   월   일

신청인   (서명 또는 인)

대한보디빌딩협회 심판위원회 귀중

첨부서류 (필요시)	

처리 절차

신청서 작성/제출	→	접수	→	결정	→	결과알림
신청인		대한보디빌딩협회 심판위원회		대한보디빌딩협회 심판위원회		

210mm×297mm[백상지 80g/㎡]

[별표 4]

기피 신청에 대한 소명서(기피당한 심판)

대회명 * 경기명 기재	ex) 00000대회 (16강전)
소명 내용	

「대한보디빌딩협회 심판위원회 규정」 제19조의2(심판의 기피) 제3항에 따라, 기피 신청에 대한 소명서를 제출합니다. 위 사항은 사실과 다름이 없음을 확인합니다.

년   월   일

(서명 또는 인)

신청인

대한보디빌딩협회 심판위원회 귀중

첨부서류 (필요시)	

처리 절차

의견서 작성/제출	→	접수	→	결정	→	결과알림
기피당한 심판		대한보디빌딩협회 심판위원회		대한보디빌딩협회 심판위원회		

210mm×297mm[백상지 80g/㎡]

2 보디빌딩 종목소개(운영, 규정, 진행)

1 남자 보디빌딩 규정(2025)

제1조 − 서문

남자 보디빌딩은 유고슬라비아의 베오그라드에서 열린 1970년 IFBB 국제 총회에서 현대 스포츠 종목으로 공식적인 인정을 받았다. 여자 보디빌딩은 1982년 벨기에 브뤼헤에서 열린 IFBB 국제 총회에서 스포츠 종목으로 인정받았지만, 모로코 마라케시에서 개최된 2013년 IFBB 국제 총회에서 승인을 취소하면서 여자 피지크 종목으로 대체되었다.

1.1 일반

가능한 경우, 남자, 여자, 주니어, 시니어, 마스터즈를 포함한 모든 IFBB 세계선수권대회 및 IFBB 연례 총회를 하나의 큰 국제행사로 함께 조직하도록 한다.

남자 보디빌딩에 대한 IFBB 규정은 남자 보디빌딩 스포츠 운영에 있어서 IFBB와 그 회원들을 안내하기 위한 규정, 정책, 지침 및 결정문으로 구성되어 있다.

1.2 규정

특정 운영 및 기술 규정은 일반 규정과 동일하므로, 이 섹션에서는 다루지 않는다.

제2조 − 선수와 대표단에 대한 주최자의 책무

2.1 책무

세계선수권대회 주최자는 선수와 대표단을 위한 2인 1실 숙박 시설 및 식사(아침, 점심, 저녁) 비용을 다음과 같이 부담한다.

1. 세계선수권대회 & IFBB 국제 총회(남자 보디빌딩, 남자 클래식 보디빌딩, 남자 게임즈 클래식 보디빌딩, 남자 클래식 피지크, 남자 피지크, 머스큘러 남자 피지크 포함) :

   인원이 다음과 같은 경우, 4박 5일 지원

   a. 선수 3명 이상 − 대표자 2명

   b. 선수 1명 또는 2명 − 대표자 1명

   비고 1 : 국가별 최대 허용 인원수는 제한하지 않는다.

   비고 2 : 선수와 함께 참가하지 않는 대표단, 추가 대표단, 서포터들은 전체 패키지 특별 요금을 지불해야 한다.

   비고 3 : IFBB와 주최 측 간의 동의하에, 한 종별을 추가할 수 있다.

2. 세계 주니어 보디빌딩 & 피트니스 선수권 대회 :

   인원이 다음과 같은 경우, 3박 4일 지원

   a. 선수 3명 이상 − 대표자 2명

   b. 선수 1명 또는 2명 − 대표자 1명

   비고 1 : 국가별 최대 허용 인원수는 제한하지 않는다.

   비고 2 : 선수와 함께 참가하지 않는 대표단, 추가 대표단, 서포터들은 전체 패키지 특별 요금을 지불해야 한다.

   비고 3 : IFBB와 주최 측 간의 동의하에, 한 종별을 추가할 수 있다.

3. 세계 마스터즈 보디빌딩 & 피트니스 선수권 대회 :

   인원이 다음과 같은 경우, 3박 4일 지원

   a. 선수 3명 이상 − 대표자 2명

   b. 선수 1명 또는 2명 − 대표자 1명

   비고 1 : 국가별 최대 허용 인원수는 제한하지 않는다.

   비고 2 : 선수와 함께 참가하지 않는 대표단, 추가 대표단, 서포터들은 전체 패키지 특별 요금을 지불해야 한다.

   비고 3 : IFBB와 주최 측 간의 동의하에, 한 종별을 추가할 수 있다.

제3조 - 카테고리·체급(Categories)

3.1 남자 보디빌딩 세계 대회에는 현재 다음과 같은 9개 체급이 있다.

    a. Bantamweight : 65kg 이하

    b. Lightweight : 70kg 이하

    c. Welterweight : 75kg 이하

    d. Light-Middleweight : 80kg 이하

    e. Middleweight : 85kg 이하

    f. Super-Middleweight : 90kg 이하

    g. Light-Heavyweight : 95kg 이하

    h. Heavyweight : 100kg 이하

    i. Super-Heavyweight : 100kg 초과

    비고 1 : IFBB와 주최자 간의 동의하에 한 종별을 추가할 수 있다.

3.2 남자 주니어 보디빌딩 세계 대회의 체급은 다음과 같다.

    - 16세부터 20세까지 :

      a. 오픈 체급

    - 21세부터 23세까지 :

      a. Lightweight : 75kg 이하

      b. Heavyweight : 75kg 초과

3.3 남자 마스터즈 보디빌딩 세계 대회에는 현재 다음과 같은 14개의 체급이 있다.

    - 40세부터 44세까지 :

      a. Lightweight : 70kg 이하

      b. Middleweight : 80kg 이하

      c. Light-Heavyweight : 90kg 이하

      d. Heavyweight : 90kg 초과

    - 45세부터 49세까지 :

      a. Lightweight : 70kg 이하

      b. Middleweight : 80kg 이하

      c. Light-Heavyweight : 90kg 이하

      d. Heavyweight : 90kg 초과

    - 50세부터 54세까지 :

      a. Middleweight : 80kg 이하

      b. Heavyweight : 80kg 초과

    - 55세부터 59세까지 :

      a. Middleweight : 75kg 이하

      b. Heavyweight : 75kg 초과

    - 60세부터 64세까지 :

      a. 오픈 체급

    - 65세 이상 :

      a. 오픈 체급

3.4 세계선수권대회와 대륙선수권대회를 제외한 기타 대회의 경우, 출전 선수가 적어도 3명은 되어야 해당 체급의 경기를 진행한다. 선수가 3명 미만일 경우, 가능하다면 체급은 통합된다. 마스터즈 부문은 체급 통합이 없다. 세계선수권대회와 대륙선수권대회의 경우, 출전 선수가 5명 이상일 경우에만 해당 체급 경기를 진행할 수 있다. 선수가 5명 미만일 경우, 가능하다면 통합 가능한 체급과 함께 진행된다.

제4조 − 라운드

4.1 남자 보디빌딩은 다음과 같이 4개의 라운드로 구성된다.

　1. 예선: 예선 라운드 − 규정 포즈 4개

　2. 예선: 제1라운드 − 규정 포즈 4개 및 규정 포즈 7개 비교 심사

　3. 결선: 제2라운드 − 규정 포즈 7개 및 포즈다운

　4. 결선: 제3라운드 − 개인 자유 포즈(최대 60초)

제5조 − 예선(Prejudging) : 예선 라운드(Elimination Round)

5.1 일반

　체급별 예선 일정표는 공식 선수 등록 후에 발표된다. 준비 운동 및 경기 복장 환복 시간을 갖기 위해, 선수들은 적어도 자신의 체급 심사 시작 시간 45분 전까지 무대 뒤편 준비 구역에 도착해야 한다. 모든 선수는 호명 시 현장에서 경기에 출전할 수 있도록 준비하고 있어야 할 전적인 책임이 있으며 부재 시 탈락 처리될 수 있다.

5.2 예선 라운드 절차

　한 체급에 출전한 선수가 15명이 넘을 때 예선 라운드가 열린다. 필요한 경우, IFBB 심판위원장은 준결선에 진출할 선수를 10명으로 줄이거나 17명으로 늘릴 수 있다. 10명~17명의 선수가 경쟁하는 경우, 그에 맞춰 예선 라운드를 진행한다. 결정사항은 공식 선수 등록 후 발표한다. 예선 라운드는 다음과 같이 진행된다.

　1. 전체 출전 선수는 참가번호에 따라 한 줄로 또는 필요시, 두 줄로 정렬한다.

　2. 출전 선수는 동수의 2개 그룹으로 나뉘어 1개 그룹은 무대 좌측에, 다른 그룹은 무대 우측에 자리한다. 무대 중앙은 비교 심사를 위해 비워 둔다.

　3. 참가번호에 따라 최대 8명의 선수가 동시에 무대 중앙으로 나와 다음과 같은 4개의 규정 포즈를 실시한다.

　　a. Front double biceps

　　b. Side chest

　　c. Back double biceps

　　d. Abdominals & thighs

　　비고 1: 남자 보디빌딩 규정 포즈에 대한 상세한 설명은 부록 1을 참고한다.

　　비고 2: 선수들은 껌 또는 다른 어떠한 음식도 무대 위에서 섭취할 수 없다.

　　비고 3: 선수들은 무대 위에서 어떠한 음료도 마실 수 없다.

　4. 4개의 규정 포즈 심사가 끝나면 모든 출전 선수는 퇴장 전에 참가번호 순서에 따라 1열로 정렬한다.

제6조 − 예선(Prejudging) : 경기 복장

6.1 경기 복장은 다음 기준을 따른다.

　1. 선수는 단색의 불투명한 재질로 된 깔끔하고 단정한 경기 복장을 착용한다. 트렁크의 색상, 재질, 질감, 스타일은 선수의 재량으로 선택할 수 있다. 트렁크는 대둔근의 최소 3/4과 전면을 가려야 하고, 측면은 최소 5cm 폭이어야 한다. 트렁크 안에 패딩 처리를 하는 것은 금지된다.

　　비고 1: 트렁크를 입고 포즈를 취하는 것이 금지된 국가에서 대회가 열리는 경우, 출전 선수는 남자 클래식 피지크 규정에 명시된 대로 대둔근 전체와 전면을 가리는 최소 15cm 폭의 체조용 반바지를 착용해야 한다.

　2. 결혼반지를 제외하고, 선수들은 신발, 안경, 시계, 목걸이, 귀걸이, 가발, 정신 사나운 장식, 인공 보형물을 착용할 수 없다. 임플란트나 액상 주사를 사용하여 근육 또는 신체의 자연적인 형태를 변형시키는 것은 엄격히 금지되며, 적발 시 해당 선수는 실격처리된다.

　3. 일반적으로 헤드기어는 금지되지만, 선수가 대표하는 국가의 공식 규정이나 선수가 준수하는 종교적 원칙 때문에 필요할 경우, 안면 가리개가 없는 작고 꼭 맞는 모자를 사용할 수 있다. 해당 모자를 공식 선수 등록 때 지정된 IFBB 관계자에게 보여준 후, 승인을 받아야 한다.

　4. 예선 및 결선에서 소품을 사용하는 것은 엄격하게 금지된다.

6.2 지워질 수 있는 탄(tan)과 브론저(bronzer)의 사용은 금지한다. 문지르기만 해도 태닝이 벗겨지면, 선수는 무대에 입장할 수 없다. 인공 착색 및 셀프 태닝 제품을 사용할 수 있다. 전문 회사와 자격을 갖춘 개인에게 태닝을 받을 경우, 전문 경기 태닝 방법(에어브러시 태닝, 캐빈 스프레이 태닝)을 사용할 수 있다. 선수의 몸에 누가 발랐는지, 태닝 로션에 섞여 있는지, 아니면 별도 사용인지와 관계없이 광택, 광채의 효과를 내거나 반짝이는 금속 펄이 함유된, 또는 금색의 제품 사용은 금지된다.

6.3 신체에 오일을 과도하게 바르는 것은 엄격히 금지된다. 단, 바디 오일과 보습제는 적당히 사용할 수 있다.

6.4 IFBB 심판위원장 또는 그에 의해 위임된 경기 임원은 선수의 복장이 규정에 설정된 기준과 허용할 수 있는 미적 기준을 충족하는지 판단할 권한이 있다. 복장이 적합하지 않다면, 선수가 실격처리될 수 있다.

제7조 - 예선(Prejudging) : 예선 라운드 평가와 채점

7.1 예선 라운드 평가

제1라운드 심사에 사용된 것과 동일한 기준(제10조 참조)이 예선 라운드 심사에 적용된다.

1. 심판은 선수의 피부 색조뿐만 아니라 전체적인 체격 비율과 대칭, 근육 크기와 우수성(밀도, 분리도, 선명도)을 평가한다.

7.2 예선 라운드의 채점은 다음과 같이 진행된다.

1. 선수가 15명이 넘는 경우, 심판은 "예선(심판)"이라고 표시된 채점지 1의 선수 번호 옆에 "×"를 표시해 상위 15명을 선정한다. IFBB 심판위원장이 예선 라운드 필요 여부를 결정한다.

2. "예선(통계원)"이라고 표시된 채점지 2를 이용해 통계원이 대회 심판위원의 선택을 기록한 후, 대회 심판위원의 점수를 집계하여 상위 15명의 선수를 선정한다.

3. 상위 15인 안에 들기 위해 경쟁하는 선수들 중 두 명 이상의 선수가 동점을 기록한 경우, 승부를 가리기 위해 심판이 해당 선수들을 무대 가운데로 모아 다시 한 번 4가지 규정 포즈를 취할 것을 지시한다.

4. 상위 15명의 선수가 1라운드에 진출한다. 필요한 경우, IFBB 심판위원장은 준결선에 진출하는 선수를 10명으로 줄이거나 17명으로 늘릴 수 있다. 10명~17명의 선수가 경쟁하는 경우, 그에 맞춰 예선 라운드를 진행한다. 결정사항은 공식 선수 등록 후 발표한다.

제8조 - 예선(Prejudging) : 제1라운드 프레젠테이션(규정 포즈 비교 심사)

한 체급에 7명 이하의 선수가 있을 경우 제1라운드는 진행하지 않는다. 결정은 심판위원장이 내리며, 공식 선수 등록이 마감된 후 경기 진행 순서 발표 시에 해당 내용을 공개한다.

8.1 제1라운드는 다음과 같이 진행된다.

준결선에 진출한 전 선수는 하나의 그룹을 이뤄 참가번호에 따라 한 줄로 정렬한 상태에서 호명된다. 전 선수가 번호 순서대로 한 줄로 무대에 오른다. 시간이 허락하면, 각 준결선 진출자의 번호, 이름, 그리고 국가가 소개될 것이다. 심판위원장이 결정사항을 사회자나 아나운서에게 알린다.

1. 출전 선수는 동수의 2개 그룹으로 나뉘어 1개 그룹은 무대 좌측에, 다른 그룹은 무대 우측에 자리한다. 무대 중앙은 비교 심사를 위해 비워 둔다.

2. 참가번호에 따라, 한 번에 10명 이하의 선수로 구성된 각 그룹은 무대 중앙으로 안내되어 4개의 규정 포즈를 실시한다.
   a. Front Double Biceps
   b. Side Chest
   c. Back Double Biceps
   d. Abdominals & Thighs

선수들을 그룹으로 나누어 진행하는 4개 규정 포즈 결과에 따라 심판들은 7가지 규정 포즈 비교 심사에 참가할 선수를 결정한다. 남자 보디빌딩 규정 포즈에 대한 자세한 정보는 부록 1에 나와 있다.

3. 모든 심판은 상위 5명의 선수들에 대한 첫 번째 비교 심사를 위한 개인 제안서를 IFBB 심판위원장에게 제출한다. 이를 바탕으로, 심판위원장이 첫 번째 비교 심사를 구성한다. 비교 심사를 위한 인원수는 심판위원장이 결정하지만, 한 번에 3명 미만, 또는 10명을 초과하여 선수들을 비교 심사할 수 없다. 그 후, 심판들은 다음 상위 5명의 선수들을 비교 심사하기 위해서 중간 순위 선수들에 대한 개인 제안서를 제출하도록 요청받을 것이다. IFBB 심판위원장은 모든 선수를 한 번 이상 비교 심사할 때까지 두 번째 및 다음 비교 심사를 구성한다. 총 비교 심사 횟수는 IFBB 심판위원장이 결정한다.

4. 모든 비교 심사는 무대 중앙에서 진행한다.

5. IFBB 심판위원장이 구성하는 제1라운드 개별 비교 심사에서 선수들은 다음 7개의 규정 포즈를 실시한다.
   a. Front Double Biceps
   b. Front Lat Spread
   c. Side Chest
   d. Back Double Biceps
   e. Back Lat Spread
   f. Side Triceps
   g. Abdominals & Thighs

6. 마지막 비교 심사가 완료되면, 모든 선수들은 퇴장 전 참가번호 순서에 따라 1열로 정렬한다.

제9조 – 예선 : 제1라운드 채점

9.1 제1라운드 채점

제1라운드 채점은 다음과 같이 진행한다.

1. "개인 순위(예선, Prejudging)"라는 제목의 채점지 3을 이용하여, 각 심판은 각 선수에게 1위부터 최하위까지 개인 순위를 부여하고, 두 명 이상의 선수가 같은 순위를 받지 않도록 한다. 각 선수에 대한 평가 기록에는 "개인 노트(Judge's Personal Notes)"라는 제목의, 채점지 4가 사용된다.

2. 통계원은 심판으로부터 채점지 3을 걷은 후, 각 심판이 기재한 순위를 "채점지(통계원)"라고 적힌 채점지 5에 기록한다. 그리고 난 후, 심판이 9명일 경우에는 최고점 2개와 최저점 2개를 제외한 점수들을, 심판이 9명 미만일 경우에는 최고점 1개와 최저점 1개를 제거하고 남은 점수들을 합산해 "제1라운드 하위점수(Round 1 Subscore)"와 "제1라운드 순위"를 산출한다. 하위점수가 가장 낮은 선수는 1위를, 하위점수가 가장 높은 선수는 최하위를 받는다.

3. "제1라운드 하위점수"에서 동점이 발생한 경우, "상대 순위 방법"을 사용하여 순위를 정한다.

   비고 : 상대 순위 방법 절차

   동점 선수에 대한 각 개인 심판의 점수는 열별로 비교하게 되는데, 이때 더 낮은 점수를 기록한 선수의 번호 상단에 점을 찍는 방식이 사용된다. 대체 심판을 제외한 고정 심판 그룹 9명 모두의 점수가 승패를 가리는 데에 사용된다. 집계 후, 점의 수가 많은 선수가 동점자 중 승자로 선언되고 더 나은 순위를 받게 된다.

4. 예선 점수를 통해 1위에서 최하위까지의 선수 순위가 정해진다. 상위 6명의 선수가 결선에 진출하고 결선에서는 모두 0점(동일 조건)으로 시작한다.

5. 상위 6명의 결선 진출자는 예선 직후 발표된다.

제10조 – 예선 라운드(Elimination Round), 제1라운드, 제2라운드 평가(규정 포즈 비교 심사)

10.1 일반

출전 선수의 육체미를 평가할 때 심판은 체격 전체를 포괄적으로 평가하는 절차를 따른다. 규정 포즈 비교 심사에서 심판은 드러나는 기초 근육군을 가장 먼저 살핀다. 그런 다음 머리에서 시작해 전체적인 육체미를 관찰하고, 전반적인 인상으로 시작해 차례차례 아래쪽으로 신체의 모든 부분을 주시하면서 근육 크기, 균형적인 발달, 근육의 밀도와 선명도를 심사한다.

하향식 측정을 통해 머리, 목, 어깨, 가슴, 전체 팔 근육, 흉근을 포함한 상체 전면, 가슴에서 어깨로 이어지는 부위, 복부, 허리, 허벅지, 다리, 종아리, 발을 세밀히 관찰한다. 후면도 같은 방식으로 상부/하부 승모근, 원근, 극하근, 척추기립근, 둔근, 허벅지의 대퇴이두근, 종아리, 발을 세밀히 관찰한다.

비교 심사에서는 다양한 근육군을 세밀히 평가하는 동시에 선수의 전체적인 균형 잡힌 발달을 고려하면서 근육 형태, 밀도, 선명도를 비교하는 것이 효과적이다. 규정 포즈 비교 심사의 중요성은 아무리 강조해도 지나치지 않은데, 이는 어느 선수가 근육의 크기, 균형적인 발달, 근육의 밀도와 선명도 측면에서 더 뛰어난지 판단하는 데 도움이 되기 때문이다.

선수의 해부학적 구조가 피지크 스포츠에서 허용되는 신체조건의 기준과 현저하게 다른 예외적인 경우(부풀어 오른 배, 부자연스러운 근육의 형태, 여성형 유방, 과도한 체지방 수치 등), 심판위원장에게는 선수가 경기에 참가하는 것을 막거나, 무대 프레젠테이션 중 언제라도 선수를 실격시킬 수 있는 권한이 있다.

10.2 남자 선수 육체미 평가

예선 평가에서는 전체 형태와 다양한 근육군을 중요하게 본다. 심판은 조화롭고 표준적인 체격을 선보이는 선수에게 점수를 주어야 한다. 심판은 선수의 훌륭한 포즈와 선수의 자세, 올바른 해부학적인 구조(신체의 기본 구조, 넓은 어깨, 가슴의 높이, 올바른 척추 곡선, 바람직한 비율의 팔다리와 몸체, 안짱다리나 휜 다리가 아닌 곧은 다리 포함)를 관찰한다.

심판은 선수가 IFBB에서 피부 결점으로 고려하는, 수술 자국이나 흉터, 반점, 여드름, 문신이 없는 깔끔한 피부의 소유자인지, 머리 모양이 단정하고 발과 발가락의 형태가 바람직한지를 관찰한다. 2명 이상의 선수가 같은 수준으로 판단되어 순위 선정이 어려운 경우에는 심판은 위에 언급한 측면 중 결점을 찾아 순위를 정한다.

남자 규정 포즈에 대한 자세한 정보는 부록 1을 참고한다.

제11조 – 결선

11.1 결선 절차

예선에서 상위 6명의 선수가 결선에 출전하고, 다음 2개의 라운드가 진행된다.

1. 제2라운드 : 규정 포즈와 포즈다운
2. 제3라운드 : 개인 자유 포즈(Posing Routines)

11.2 제2라운드의 복장은 제1라운드와 같다.

비고 : 선수는 제1라운드와 다른 트렁크를 착용할 수 있지만, 그 복장 역시 제6조에 설명된 양식과 품위 기준을 준수하는 것이어야 한다.

제12조 – 결선 : 제2라운드 프레젠테이션(규정 포즈 및 포즈다운)

12.1 제2라운드 프레젠테이션

제2라운드 절차는 다음과 같다.

1. 상위 6명의 결선 진출자는 참가번호에 따라 한 줄로 무대 위에 오르게 되고, 선수들의 번호, 이름, 국가가 소개된다.
2. 상위 6명의 결선 진출자는 무대 중앙에서 하나의 그룹을 이뤄, 동시에 7가지 규정 포즈를 취하게 된다. 마지막 규정 포즈 후, 심판위원장은 선수들을 참가번호 역순으로 다시 정렬시킨 후 7가지 규정 포즈를 다시 한 번 반복하게 한다. 7가지의 규정 포즈로 제2라운드 점수를 채점한다.
3. 규정 포즈가 끝나는 대로 IFBB 심판위원장이 선수들에게 주최 측에서 준비한 음악에 맞춰 30초~60초 동안 포즈다운할 것을 요청한다. 포즈다운은 제2라운드 점수에 포함되지 않는다.
4. 포즈다운 후, 6명의 결선 진출자는 퇴장 전 참가번호 순서에 따라 1열로 정렬한다.
5. 규정 포즈에 대한 자세한 설명은 부록 1을 참고한다.

제13조 — 결선: 제2라운드 채점

13.1 제2라운드 채점

제2라운드의 채점은 다음과 같이 진행된다.

1. 심판은 "개인 순위(결선)"라고 표시된 채점지 6을 사용해 예선과 동일한 판정 기준으로 1위부터 6위까지 순위를 정하면서, 2명이 같은 순위가 되지 않도록 주의한다.
2. 통계원은 심판으로부터 채점지 6을 걷은 후, 각 심판이 기재한 순위를 "채점지(통계원)"라고 적힌 채점지 5에 기록한다. 그리고 난 후, 심판이 9명일 경우에는 최고점 2개와 최저점 2개를 제외한 점수들을, 심판이 9명 미만일 경우에는 최고점 1개와 최저점 1개를 제거하고 남은 점수들을 합산한다. 합산 점수에 2를 곱한 후 "제2라운드 하위점수"에 기록한다. 예선(제1라운드)의 점수는 결선에 반영되지 않는다. 결선에서는 모두 0점(동일 조건)으로 시작한다.
3. "제3라운드 하위점수"와 "제2라운드 하위점수"를 합산해 "최종 점수"를 계산하기 때문에 "제2라운드 하위점수"에서 동점이 발생해도 순위를 가리는 작업을 진행하지 않는다.

제14조 — 결선: 제2라운드 평가

14.1 제2라운드 평가

제2라운드는 제1라운드와 동일한 기준으로 평가한다. 자세한 내용은 본 섹션의 부록 1에서 확인할 수 있다. 그러나 심판은 참가자가 결선에서 예선에서와는 다른 컨디션을 선보일 수 있다는 사실에 주의를 기울여야 한다. 그러므로 모든 선수가 제2라운드에서의 본인의 신체 상태에 따라 공정한 평가를 받을 수 있도록 "새로운" 시각에서 판정을 해야 한다.

제15조 — 결선: 제3라운드 프레젠테이션(개인 자유 포즈)

15.1 절차

제2라운드가 끝나는 즉시 제3라운드를 시작하며, 제3라운드는 다음과 같이 진행한다.

1. 상위 출전 선수 6명은 참가번호 순으로 본인이 선택한 음악에 맞추어 자유 포즈를 최대 60초 동안 실시하며, 이는 제3라운드의 점수로 채점된다.
2. 곡예 동작은 엄격히 금지된다. 자유 포즈 도중 무대에서 점프하거나 무대에 다른 신체 부위가 닿지 않은 상태에서 두 발을 들어 올리는 동작은 허용되지 않는다.
3. 소품 사용은 금지된다.
4. 제3라운드 포즈 복장인 트렁크에 대한 기준(제6조 참조)은 기타 라운드와 동일하다.

제16조 — 결선: 제3라운드 채점

16.1 제3라운드 채점은 다음과 같이 진행한다.

1. 심판은 "개인 순위(결선)"라고 표시된 채점지 6을 사용해 1위부터 6위까지 순위를 정하면서, 2명이 같은 순위가 되지 않도록 주의한다.
2. 심판은 "개인 노트"라고 표시된 채점지 4에 각 선수의 평가를 적을 수 있다.
3. 통계원은 심판으로부터 채점지 6을 걷은 후, 각 심판이 기재한 순위를 "채점지(통계원)"라고 적힌 채점지 5에 기록한다. 그리고 난 후, 심판이 9명일 경우에는 최고점 2개와 최저점 2개를 제외한 점수들을, 심판이 9명 미만일 경우에는 최고점 1개와 최저점 1개를 제거하고 남은 점수들을 합산해 "제3라운드 하위점수"에 기록한다.
4. 통계원이 "제3라운드 하위점수"와 "제2라운드 하위점수"를 합산해 "최종 점수"를 계산한다. 예선(제1라운드) 점수는 결선에서 고려하지 않는다. 각 선수는 "0점"으로 결선을 시작한다. "최종 순위"에 각 선수의 순위를 기록한다. 가장 낮은 최종 점수를 받은 선수가 1위, 가장 높은 최종 점수를 받은 선수가 6위가 된다.
5. "제3라운드 하위점수"와 "제2라운드 하위점수"를 합산해 "최종 점수"를 계산하기 때문에 "제3라운드 하위점수"에서 동점이 발생해도 순위를 가리는 작업을 진행하지 않는다.
6. "최종 점수"에서 동일한 순위가 발생하면, 제2라운드 하위점수로 순위를 정한다. 그래도 동일 순위가 지속되는 경우 제2라운드 하위점수와 "상대 순위 방법(제9조 제3항 참조)"으로 순위를 정한다.

제17조 - 결선: 제3라운드 평가

17.1 제3라운드는 다음 기준에 따라 평가한다.

1. 제3라운드에서 심판은 선수가 음악에 맞춰 얼마나 본인의 육체미를 잘 표현하는지를 평가한다. 심판은 규정 포즈를 포함한 다양한 포즈에서 유연하고 예술적이며 안무가 훌륭한 동작을 기대한다. 선수는 또한 근육 발달을 보여주기 위해 간헐적인 정지 동작도 실시해야 한다. 대퇴사두근, 대둔근의 내측 상단을 보여주기 위한 "Moon" 포즈와 경기 복장을 당기는 행동은 엄격히 금지된다.

2. 심판은 제3라운드에서 육체미 50%, 개별 자유 포즈 50%의 비율로 심사해야 한다는 것을 명심해야 한다.

제18조 - 결선: 시상식

18.1 시상식

결선 진출자 상위 6명은 시상식에 참가하기 위해 무대에 오른다. 시상식 사회자는 6위 선수부터 1위 선수까지의 번호, 이름, 국가를 쭉 이어서 발표한다. 본 대회에 참석한 IFBB의 회장 또는 대회의 IFBB 고위 임원, 이 시상식에 초청된 다른 임원은 IFBB 메달 및 트로피를 수상자에게 수여한다. 1위 수상자의 국가(짧은 버전)는 1위 수상 즉시 연주된다. 국가가 끝난 후, 결선 진출자들은 잠시 동안 무대 위에서 기념 촬영에 응한 후 IFBB 심판위원장 또는 경기 운영위원의 지시를 따른다. 시상식에서 선수들은 자국 국기를 내보여서는 안 된다. 선수는 자신의 순위를 인정하고, 메달 및 상을 받은 후, 시상식 종료 시점(사진 촬영)까지 참여해야 한다. 시상식이 끝나기 전에 결과에 대한 불만을 드러내거나 무대를 일찍 떠나는 선수는 실격 처리될 수 있다.

시상식에 대한 자세한 설명은 섹션 1: 일반 규정 제16조 참조

제19조 - 오버롤 및 시상

19.1 남자 보디빌딩 오버롤은 다음과 같다.

a. 시니어 남자 보디빌딩(최대 9명의 체급 우승자)

b. 주니어 남자 보디빌딩(최대 3명의 체급 우승자)

c. 마스터 남자 보디빌딩(최대 14명의 체급 우승자)

19.2 오버롤은 다음과 같이 진행한다.

1. 마지막 보디빌딩 체급의 시상식 직후, 모든 체급별 우승자는 번호 순서대로 한 줄로 무대에 정렬한다.

2. 선수들은 무대 중앙에서 하나, 혹은 필요시 두 개의 그룹을 이뤄, 심판위원장의 지시에 따라 7가지 규정 포즈를 취하게 된다. 필요한 경우 비교 심사를 할 수도 있다.

3. 선수들은 규정 포즈 후 포즈다운을 30초~60초 동안 실시하고 무대를 퇴장한다.

4. 심판은 "개인 순위(결선)"라고 적힌 채점지 6을 사용한다. 각 심판은 각 선수에게 1위부터 최하위까지 개인 순위를 부여하고, 둘 이상의 선수가 같은 순위를 받지 않도록 한다.

5. 9명의 심판이 "채점지(통계원)"라고 적힌 채점지 5에 점수를 기록하며, 최고점 2개와 최저점 2개를 제외한 나머지 점수를 합산하여 "오버롤 점수"와 "오버롤 순위"를 산출한다.

6. "오버롤 점수"에서 동점이 발생할 경우, "상대 순위 방법(제9조 제3항 참조)"을 사용하여 순위를 정한다.

7. "오버롤 우승자"가 발표되면 IFBB 회장 또는 IFBB 고위 임원이 우승자에게 IFBB 오버롤 트로피를 수여한다. 트로피는 주최국 국가 연맹에서 제공한다.

제20조 - 국가 시상

20.1 베스트 국가

다음의 성적으로 베스트 국가를 선정한다.

- 세계보디빌딩선수권대회: 남자 보디빌딩 상위 6위까지

- 세계주니어선수권대회: *

-- 주니어 남자 보디빌딩 16-20세: 1위

-- 주니어 남자 보디빌딩 21-23세: 상위 2위까지

– 세계마스터즈선수권대회 : *
-- 마스터 남자 보디빌딩 40-44세 : 상위 3위까지
-- 마스터 남자 보디빌딩 45-49세 : 상위 3위까지
-- 마스터 남자 보디빌딩 50-54세 : 1위
-- 마스터 남자 보디빌딩 55-60세 : 1위
-- 마스터 남자 보디빌딩 60-64세 : 1위
-- 마스터 남자 보디빌딩 65세 이상 : 1위

* – 체급이 통합될 경우, 베스트 국가 채점 시에 참가 카테고리 수만큼의 상위 선수들이 포함된다.

베스트 국가 점수 계산의 자세한 절차는 섹션 1: 일반 규정, 제18조에서 확인할 수 있다.

상위 3개국의 수석대표 또는 팀 매니저가 자국을 대표하여 상을 받는다.

최종 결과 발표 – 섹션 1: 일반 규정, 제19조에 의거하여 진행된다.

부록 1: 7가지 규정 포즈 상세 설명

1.1 남자 보디빌딩 규정 포즈

1. Front Double Biceps

선수는 심판을 향해 정면으로 서서 한 발을 40-50cm 바깥쪽 앞으로 두고 두 팔을 들어 어깨와 수평을 이루게 한 후 팔꿈치를 구부린다. 이 포즈에서 중요하게 평가하는 이두근과 전완근이 수축되도록 주먹을 꽉 쥔 채 아래를 향하게 한다. 또한 심판이 전체적인 육체미를 심사하므로, 선수는 머리부터 발끝까지 가능한 한 많은 근육을 수축시킬 수 있도록 노력한다.

심판은 처음에 상완이두근이 꽉 차있는지, 봉우리는 잘 솟아있는지, 그리고 상완이두근의 전면부와 후면부의 분할이 선명한지를 심사하고 계속해서 전완근, 삼각근, 흉근, 가슴에서 어깨로 이어지는 부위, 복부, 허벅지, 종아리를 관찰함으로써 머리부터 발끝까지 심사를 이어간다. 심판은 또한 근육의 밀도, 선명도 그리고 전반적인 균형을 심사한다.

2. Front Lat Spread

선수는 심판을 향해 정면으로 서서 다리와 발의 안쪽 라인을 최대 15cm까지 벌리고, 펼치거나 주먹을 쥔 손을 허리 하부 또는 복사근에 위치시킨 채 광배근을 펼쳐 보인다. 동시에 가능한 한 많은 전면 근육의 수축을 시도한다. 트렁크를 올려서 대퇴사두근 안쪽을 보이게 하는 행위는 엄격히 금지된다.

심판은 일단 선수가 광배근을 잘 펼쳐서 몸통을 V-형태로 만들어 내는지를 심사한다. 그 후 심판은 머리부터 발끝까지 심사하면서 전체적인 체격과 다양한 근육군의 세밀한 측면을 집중해서 관찰한다.

3. Side Chest

선수는 더 "잘 발달된 팔"을 보여주기 위해 우측이나 좌측 중 한쪽을 선택한다. 선수는 심판을 향해 우측이나 좌측으로 서서 심판과 가까운 쪽 팔을 직각으로 구부리고 한 손은 주먹을 쥐고 다른 손은 주먹 쥔 손의 손목을 잡는다. 심판과 가까운 쪽 다리의 무릎을 구부리고 발가락으로 지탱한다. 그다음 가슴을 펴고 직각으로 구부린 팔의 상승 압력을 이용해 상완이두근을 최대한 수축한다. 선수는 발가락에 하강 압력을 가해 허벅지 근육과 대퇴이두근, 비복근을 수축한다.

심판은 가슴 근육과 흉곽의 아치 형태, 상완이두근, 대퇴이두근, 비복근을 집중적으로 관찰하면서 머리부터 발끝까지 심사한다. 심판은 선수의 옆모습을 보면서 허벅지와 종아리 근육의 더 정확한 발달 정도를 확인한다.

4. Back Double Biceps

선수는 뒷모습이 심판에게 보이게 서서 두 팔과 손목 자세를 Front Double Biceps 포즈와 동일하게 취하고 한 발을 뒤로 빼서 발가락으로 지탱한다. 그다음 어깨, 상·하부 등 근육, 허벅지, 비복근뿐만 아니라 상완이두근까지 수축시킨다.

심판은 먼저 팔 근육을 심사하고 그다음 머리부터 발끝까지 관찰하는데, 이때 다른 포즈를 취할 때보다 더 많은 근육군을 심사한다. 해당 근육군은 목, 삼각근, 상완이두근, 상완삼두근, 전완근, 승모근, 원근, 극하근, 척추 기립근, 외복사근, 광배근, 대둔근, 대퇴이두근, 비복근을 포함한다. 이 포즈를 취했을 때, 다른 포즈를 취했을 때보다 근육의 밀도, 선명도 그리고 전체적인 균형을 심사하기가 수월하다.

5. Back Lat Spread

선수는 뒷모습이 심판에게 보이게 서서 팔꿈치를 넓게 벌려 유지한 채로 손을 허리 위에 올리고 다리와 발의 안쪽 간격을 최대 15cm로 유지한다. 그 후 선수는 광배근을 최대한 넓게 수축한다. 선수는 심판이 양쪽 비복근을 동등하게 심사할 수 있도록 Back Double Biceps 포즈 때 보여주었던 종아리 근육의 반대쪽을 보여주도록 노력해야 한다. 대둔근을 보여주기 위해서 트렁크를 올려 입는 것은 엄격하게 금지된다.

심판은 광배근의 펼쳐짐을 심사하는 동시에 근육의 밀도를 심사하고, 다시 머리부터 발끝까지 살펴본다.

6. Side Triceps

선수는 더 "잘 발달된 팔"을 보여주기 위해 우측이나 좌측 중 한쪽을 선택한다. 선수는 심판을 향해 우측이나 좌측으로 서서 두 팔을 등 뒤에 놓고 깍지를 끼거나 앞쪽에 있는 손목을 다른 손으로 움켜잡는다. 심판과 가까운 쪽 다리의 무릎을 굽히고 발바닥을 바닥에 딱 붙인다. 그리고 심판과 먼 쪽 다리의 무릎을 굽히고 발가락으로 지탱한다. 선수는 앞쪽 팔에 압력을 가하여 상완삼두근을 수축한다. 또한 가슴은 올리고 복부 근육, 허벅지, 비복근을 수축한다.

심판은 일단 상완삼두근을 관찰하고 머리부터 발끝까지 심사한다. 이 포즈에서 심판은 측면에서의 허벅지와 종아리 근육을 관찰해 비교 발달 정도를 더 정확하게 확인할 수 있다.

7. Abdominals & Thighs

선수는 심판을 향해 정면으로 서서 두 팔을 머리 뒤에 놓고 한쪽 발을 앞에 둔다. 그다음 몸통을 약간 앞쪽으로 보내며 '크런칭(crunching)' 자세로 복부 근육을 수축하고 동시에 하체 전면 근육을 수축한다. 심판은 복부와 허벅지 근육을 관찰하고 난 후 머리부터 발끝까지 심사한다.

2 남자 클래식 보디빌딩 & 게임즈 클래식 보디빌딩 규정(2025)

제1조 - 서문

남자 클래식 보디빌딩은 2005년 11월 27일 중국 상하이에서 개최된 IFBB 최고 집행위원회와 IFBB 국제 총회에 의해 새로운 스포츠 종목으로 인정받았다. 클래식 보디빌딩은 기존의 보디빌더에 비해 근육 발달도는 조금 덜할지라도, 탄탄하고 미적인 신체를 선호하는 남성들을 위한 대회에 대한 전 세계적으로 증가하는 수요에 부응하는 종목이다.

남자 게임즈 클래식 보디빌딩은 2016년 11월 4월 스페인 베니도름에서 개최된 IFBB 최고 집행위원회와 IFBB 국제 총회에 의해 새로운 스포츠 종목으로 인정받았다. 이 종목을 클래식 보디빌딩과 비교했을 때의 유일한 차이는 체중 한계치를 더 낮춤으로써 근육을 덜 발달시키고자 하는 남성들을 고려했다는 점이다.

1.1 일반

가능한 경우, 남자, 여자, 주니어, 시니어, 마스터즈를 포함한 모든 IFBB 세계선수권대회 및 IFBB 연례 총회를 하나의 큰 국제행사로 함께 조직하도록 한다.

IFBB 규정은 남자 클래식 보디빌딩 스포츠 운영에 있어서 IFBB와 그 회원들을 안내하기 위한 규정, 정책, 지침 및 판정으로 구성되어 있다.

1.2 규정

남자 클래식 보디빌딩에 대한 특정 운영 및 기술 규정은 섹션 1: 일반 규정과 동일하므로, 이 섹션에서는 다루지 않는다.

제2조 – 선수와 대표단에 대한 주최자의 책무

2.1 책무

세계선수권대회 주최자는 선수와 대표단을 위한 2인 1실 숙박 시설 및 식사(아침, 점심, 저녁) 비용을 다음과 같이 부담한다.

1. 세계선수권대회 및 IFBB 국제 총회(남자 보디빌딩, 남자 클래식 보디빌딩, 남자 클래식 피지크, 남자 게임즈 클래식 보디빌딩, 남자 피지크, 머스큘러 남자 피지크 포함) :

   인원이 다음과 같은 경우, 4박 5일 지원

   a. 선수 3명 이상 – 대표자 2명

   b. 선수 1명 또는 2명 – 대표자 1명

   비고 1 : 각 국가별 최대 허용 인원수는 제한하지 않는다.

   비고 2 : 선수와 함께 참석하지 않는 대표단은 전체 패키지 특별 요금을 지불해야 한다.

   비고 3 : IFBB와 주최 측 간의 동의하에, 한 종별을 추가할 수 있다.

2. 세계 주니어 보디빌딩 및 피트니스 선수권 대회 :

   인원이 다음과 같은 경우, 3박 4일 지원

   a. 선수 3명 이상 – 대표자 2명

   b. 선수 1명 또는 2명 – 대표자 1명

   비고 1 : 각 국가별 최대 허용 인원수는 제한하지 않는다.

   비고 2 : 선수와 함께 참석하지 않는 대표단은 전체 패키지 특별 요금을 지불해야 한다.

   비고 3 : IFBB와 주최 측 간의 동의하에, 한 종별을 추가할 수 있다.

3. 세계 마스터즈 보디빌딩 및 피트니스 선수권 대회 :

   인원이 다음과 같은 경우, 3박 4일 지원

   a. 선수 3명 이상 – 대표자 2명

   b. 선수 1명 또는 2명 – 대표자 1명

   비고 1 : 각 국가별 최대 허용 인원수는 제한하지 않는다.

   비고 2 : 선수와 함께 참석하지 않는 대표단은 전체 패키지 특별 요금을 지불해야 한다.

   비고 3 : IFBB와 주최 측 간의 동의하에, 한 종별을 추가할 수 있다.

제3조 – 카테고리 · 체급(Categories)

3.1 남자 시니어 클래식 보디빌딩에는 현재 다음과 같은 5개의 체급이 있다.

   a. Class A : 168cm 이하 : 최대 체중[kg] = (신장[cm] − 100) + 0[kg]

   b. Class B : 171cm 이하 : 최대 체중[kg] = (신장[cm] − 100) + 2[kg]

   c. Class C : 175cm 이하 : 최대 체중[kg] = (신장[cm] − 100) + 4[kg]

   d. Class D : 180cm 이하 : 최대 체중[kg] = (신장[cm] − 100) + 7[kg]

   e. Class E : 180cm 초과 :

      a) 180cm 초과 − 188cm 이하 : 최대 체중[kg] = (신장[cm] − 100) + 9[kg]

      b) 188cm 초과 − 196cm 이하 : 최대 체중[kg] = (신장[cm] − 100) + 11[kg]

      c) 196cm 초과 : 최대 체중[kg] = (신장[cm] − 100) + 13[kg]

      비고 1 : 위에 언급한 모든 선수는 "180cm 초과" 체급에 출전한다.

3.2 남자 주니어 클래식 보디빌딩 세계 대회는 다음의 체급으로 구성된다.

16세부터 20세까지:

a. 오픈 체급

21세부터 23세까지:

a. 오픈 체급

두 체급 모두 다음의 체중 제한 기준 적용:

168cm 이하: 최대 체중[kg] = (신장[cm] − 100) + 0[kg]

171cm 이하: 최대 체중[kg] = (신장[cm] − 100) + 1[kg]

175cm 이하: 최대 체중[kg] = (신장[cm] − 100) + 2[kg]

180cm 이하: 최대 체중[kg] = (신장[cm] − 100) + 4[kg]

188cm 이하: 최대 체중[kg] = (신장[cm] − 100) + 5[kg]

196cm 이하: 최대 체중[kg] = (신장[cm] − 100) + 6[kg]

196cm 초과: 최대 체중[kg] = (신장[cm] − 100) + 7[kg]

3.3 남자 마스터 클래식 보디빌딩 세계 대회에는 현재 다음과 같은 3개의 체급이 있다.

40세부터 44세까지:

a. 오픈 체급

45세부터 49세까지:

a. 오픈 체급

50세 이상:

a. 오픈 체급

비고 1: 남자 마스터 클래식 보디빌딩 선수의 체중 제한 기준은 남자 시니어 클래식 보디빌딩과 같다(3.1 참조).

3.4 남자 게임즈 클래식 보디빌딩 세계 대회에는 현재 다음과 같은 2개의 체급이 있다.

a. 175cm 이하

b. 175cm 초과

다음의 체중 제한 기준 적용:

162cm 이하: 최대 체중[kg] = (신장[cm] − 100) − 2[kg]

165cm 이하: 최대 체중[kg] = (신장[cm] − 100) − 1[kg]

168cm 이하: 최대 체중[kg] = (신장[cm] − 100) + 0[kg]

171cm 이하: 최대 체중[kg] = (신장[cm] − 100) + 1[kg]

175cm 이하: 최대 체중[kg] = (신장[cm] − 100) + 2[kg]

180cm 이하: 최대 체중[kg] = (신장[cm] − 100) + 4[kg]

188cm 이하: 최대 체중[kg] = (신장[cm] − 100) + 5[kg]

196cm 이하: 최대 체중[kg] = (신장[cm] − 100) + 6[kg]

196cm 초과: 최대 체중[kg] = (신장[cm] − 100) + 7[kg]

3.5 남자 주니어 게임즈 클래식 보디빌딩 세계 대회는 다음의 체급으로 구성된다.

16세부터 20세까지 :

a. 오픈 체급

21세부터 23세까지 :

a. 오픈 체급

두 체급 모두 다음의 체중 제한 기준 적용 :

162cm 이하 : 최대 체중[kg] = (신장[cm] − 100) − 3[kg]

165cm 이하 : 최대 체중[kg] = (신장[cm] − 100) − 2[kg]

168cm 이하 : 최대 체중[kg] = (신장[cm] − 100) − 1[kg]

171cm 이하 : 최대 체중[kg] = (신장[cm] − 100) + 0[kg]

175cm 이하 : 최대 체중[kg] = (신장[cm] − 100) + 1[kg]

180cm 이하 : 최대 체중[kg] = (신장[cm] − 100) + 3[kg]

188cm 이하 : 최대 체중[kg] = (신장[cm] − 100) + 4[kg]

196cm 이하 : 최대 체중[kg] = (신장[cm] − 100) + 5[kg]

196cm 초과 : 최대 체중[kg] = (신장[cm] − 100) + 6[kg]

3.6 세계선수권대회와 대륙선수권대회를 제외한 기타 대회의 경우, 출전 선수가 적어도 3명은 되어야 해당 체급의 경기를 진행한다. 선수가 3명 미만일 경우, 가능하다면 체급은 통합된다. 마스터즈 부문은 체급 통합이 없다. 세계선수권대회와 대륙선수권대회의 경우, 출전 선수가 5명 이상일 경우에만 해당 체급 경기를 진행할 수 있다. 선수가 5명 미만일 경우, 가능하다면 통합 가능한 체급과 함께 진행된다.

3.7 **중복 출전(Crossovers) :** 만약 남자 클래식 보디빌딩 참가 선수가 각 종목의 특정 요건과 체중 / 신장 제한 기준을 충족한다면, 같은 대회에서 게임즈 클래식 보디빌딩, 클래식 피지크, 보디빌딩 경기에 참가할 수 있다.

제4조 − 라운드

4.1 남자 클래식 보디빌딩 및 게임즈 클래식 보디빌딩은 다음 4개의 라운드로 구성된다.

1. 예선 : 예선 라운드(Elimination Round) − 규정 포즈 4개

2. 예선 : 제1라운드(Round 1) − 규정 포즈 4개 & 규정 포즈 7개 비교 심사

3. 결선 : 제2라운드(Round 2) − 규정 포즈 7개×2 및 포즈다운

4. 결선 : 제3라운드(Round 3) − 개별 자유 포즈(60초)

제5조 − 예선 : 예선 라운드

5.1 일반

체급별 예선 일정표는 공식 선수 등록 후에 발표된다. 준비 운동 및 경기 복장 환복 시간을 갖기 위해, 선수들은 적어도 자신의 체급 심사 시작 시간 45분 전까지 무대 뒤편 준비 구역에 도착해야 한다. 모든 선수는 호명 시 현장에서 경기에 출전할 수 있도록 준비하고 있어야 할 전적인 책임이 있으며 부재 시 탈락 처리될 수 있다.

5.2 예선 라운드 절차

한 체급에 출전한 선수가 15명이 넘을 때 예선 라운드가 열린다. 필요한 경우, IFBB 심판위원장은 준결선에 진출할 선수를 10명으로 줄이거나 17명으로 늘릴 수 있다. 10명~17명의 선수가 경쟁하는 경우, 그에 맞춰 예선 라운드를 진행한다. 결정사항은 공식 선수 등록 후 발표한다. 예선 라운드는 다음과 같이 진행된다.

1. 전체 출전 선수는 참가번호에 따라 한 줄로 또는 필요시, 두 줄로 정렬한다.

2. 출전 선수는 동수의 2개 그룹으로 나뉘어 1개 그룹은 무대 좌측에, 다른 그룹은 무대 우측에 자리한다. 무대 중앙은 비교 심사를 위해 비워 둔다.

3. 참가번호에 따라 최대 8명의 선수가 동시에 무대 중앙으로 나와 다음과 같은 4개의 규정 포즈를 실시한다.
   a. Front Double Biceps
   b. Side Chest
   c. Back Double Biceps
   d. Abdominals & Thighs
   비고 1 : 본 섹션의 부록 1에 제공된 남자 클래식 보디빌딩 및 게임즈 클래식 보디빌딩에 대한 자세한 설명 참고
   비고 2 : 선수들은 껌 또는 다른 어떠한 음식도 무대 위에서 섭취할 수 없다.
   비고 3 : 선수들은 무대 위에서 어떠한 음료도 마실 수 없다.
4. 4개의 규정 포즈 심사가 끝나면 모든 출전 선수는 퇴장 전에 참가번호 순서에 따라 1열로 정렬한다.

제6조 – 예선 : 경기 복장
6.1 경기 복장은 다음 기준을 따른다.
   1. 선수는 어느 색이든 단색의 불투명한 소재의 체조용 반바지를 착용해야 한다. 반바지는 대둔근 전체와 전면을 가리는, 측면의 폭이 15cm 이상인 것이어야 한다. 다리 윗부분은 드러낼 수 있다. 복장에 장식품은 허용되지 않으며, 반바지 안에 패딩 처리를 하는 것은 금지된다.
   2. 결혼반지를 제외하고, 선수들은 신발, 안경, 시계, 목걸이, 귀걸이, 가발, 정신 사나운 장식, 인공 보형물을 착용할 수 없다. 임플란트나 액상 주사를 사용하여 근육 또는 신체의 자연적인 형태를 변형시키는 것은 엄격히 금지되며, 적발 시 해당 선수는 실격처리된다.
   3. 일반적으로 헤드기어는 금지되지만, 선수가 대표하는 국가의 공식 규정이나 선수가 준수하는 종교적 원칙 때문에 필요할 경우, 안면 가리개가 없는 작고 꼭 맞는 모자를 사용할 수 있다. 해당 모자를 공식 선수 등록 때 지정된 IFBB 관계자에게 보여준 후, 승인을 받아야 한다.
   4. 예선 및 결선에서 소품을 사용하는 것은 엄격하게 금지된다.
6.2 지워질 수 있는 탄(tan)과 브론저(bronzer) 사용은 금지한다. 문지르기만 해도 태닝이 벗겨지면, 선수는 무대에 입장할 수 없다. 인공 착색 및 셀프 태닝 제품을 사용할 수 있다. 전문 회사와 자격을 갖춘 개인에게 태닝을 받을 경우, 전문 경기 태닝 방법(에어브러시 태닝, 캐빈 스프레이 태닝)을 사용할 수 있다. 선수의 몸에 누가 발랐는지, 태닝 로션에 섞여 있는지, 아니면 별도 사용인지와 관계없이 광택, 광채의 효과를 내거나 반짝이는 금속 펄이 함유된, 또는 금색의 제품 사용은 금지된다.
6.3 신체에 오일을 과도하게 바르는 것은 엄격히 금지된다. 단, 바디 오일과 보습제는 적당히 사용할 수 있다.
6.4 IFBB 심판위원장 또는 그에 의해 위임된 경기 임원은 선수의 복장이 규정에 설정된 기준과 미적인 허용 기준을 충족하는지 판단할 권한이 있다. 복장이 적합하지 않다면, 선수가 실격처리될 수 있다.

제7조 – 예선 : 예선 라운드 평가와 채점
7.1 예선 라운드 평가
   제1라운드 심사에 사용된 것과 동일한 기준(제10조 참조)이 예선 라운드 심사에 적용된다.
   1. 심판은 선수의 피부 색조뿐만 아니라 전체적인 체격 비율과 대칭, 근육 크기와 우수성(밀도, 분리도, 선명도)을 평가한다.
7.2 예선 라운드의 채점은 다음과 같이 수행된다.
   1. 선수가 15명이 넘을 경우, 심판은 "예선(심판)"이라고 표시된 채점지 1의 선수 번호 옆에 "×"를 표시해 상위 15명을 선정한다. IFBB 심판위원장이 예선 라운드 필요 여부를 결정한다.
   2. "예선(통계원)"이라고 표시된 채점지 2를 이용해 통계원이 대회 심판위원의 선택을 기록한 후, 심사위원단의 점수를 집계하여 상위 15명의 선수를 선정한다.
   3. 상위 15인 안에 들기 위해 경쟁하는 선수들 중 두 명 이상의 선수가 동점을 기록한 경우, 승부를 가리기 위해 심판이 해당 선수들을 무대 가운데로 모아 다시 한 번 4가지 규정 포즈를 취할 것을 지시한다.
   4. 상위 15명의 선수가 제1라운드에 진출한다. 필요한 경우, IFBB 심판위원장은 준결선에 진출하는 선수를 10명으로 줄이거나 17명으로 늘릴 수 있다. 10명~17명의 선수가 경쟁하는 경우, 그에 맞춰 예선 라운드를 진행한다. 결정사항은 공식 선수 등록 후 발표한다.

제8조 − 예선: 제1라운드 프레젠테이션(규정 포즈 비교 심사)

한 체급에 7명 이하의 선수가 있을 경우 제1라운드는 진행하지 않는다. 결정은 심판위원장이 내리며, 공식 선수 등록이 마감된 후 경기 진행 순서 발표 시에 해당 내용을 공개한다.

8.1 제1라운드는 다음과 같이 진행된다.

준결선에 진출한 전 선수는 하나의 그룹을 이뤄 참가번호에 따라 한 줄로 정렬한 상태에서 호명된다. 전 선수가 번호 순서대로 한 줄로 무대에 오른다. 시간이 허락하면, 각 준결선 진출자의 번호, 이름, 그리고 국가가 소개될 것이다. 심판 위원장이 결정사항을 사회자나 아나운서에게 알린다.

1. 출전 선수는 동수의 2개 그룹으로 나뉘어 1개 그룹은 무대 좌측에, 다른 그룹은 무대 우측에 자리한다. 무대 중앙은 비교 심사를 위해 비워 둔다.

2. 참가번호에 따라, 한 번에 10명 이하의 선수로 구성된 각 그룹은 무대 중앙으로 안내되어 4개의 규정 포즈를 실시한다.

   a. Front Double Biceps

   b. Side Chest

   c. Back Double Biceps

   d. Abdominals & Thighs

3. 선수들을 그룹으로 나누어 진행하는 4가지의 규정 포즈 결과에 따라 심판들은 7가지 규정 포즈 비교 심사에 참가할 선수를 결정한다. 남자 클래식 보디빌딩 및 게임즈 클래식 보디빌딩 규정 포즈에 대한 자세한 정보는 부록 1을 참고한다.

4. 모든 심판은 상위 5명의 선수들에 대한 첫 번째 비교 심사를 위한 개인 제안서를 IFBB 심판위원장에게 제출한다. 이를 바탕으로, 심판위원장이 첫 번째 비교 심사를 구성한다. 비교 심사를 위한 인원수는 심판위원장이 결정하지만, 한 번에 3명 미만 또는 10명을 초과하여 선수들을 비교 심사할 수 없다. 그 후, 심판들은 다음 상위 5명의 선수들을 비교 심사하기 위해서 중간 순위 선수들에 대한 개인 제안서를 제출하도록 요청받을 것이다. IFBB 심판위원장은 모든 선수를 한 번 이상 비교 심사할 때까지 두 번째 및 다음 비교 심사를 구성한다. 총 비교 심사 횟수는 IFBB 심판위원장이 결정한다.

5. 모든 비교 심사는 무대 중앙에서 진행한다.

6. IFBB 심판위원장이 구성하는 제1라운드 개별 비교 심사에서 선수들은 다음 7개의 규정 포즈를 실시한다.

   a. Front Double Biceps

   b. Front Lats Spread

   c. Side Chest

   d. Back Double Biceps

   e. Back Lat Spread

   f. Side Triceps

   g. Abdominals & Thighs

7. 마지막 비교 심사가 완료되면, 모든 선수들은 퇴장 전 참가번호 순서에 따라 1열로 정렬한다.

제9조 − 예선: 제1라운드 채점

9.1 제1라운드 채점은 다음과 같이 진행된다.

1. "개인 순위(예선)"라는 제목의 채점지 3을 이용하여, 각 심판은 각 선수에게 1위부터 최하위까지 개인 순위를 부여하고, 두 명 이상의 선수가 같은 순위를 받지 않도록 한다. 심판은 각 선수에 대한 평가를 기록하기 위해 "개인 노트"라는 제목의, 채점지 4를 사용할 것이다.

2. 통계원은 심판으로부터 채점지 3을 걷은 후, 각 심판이 기재한 순위를 "채점지(통계원)"라고 적힌 채점지 5에 기록한다. 그러고 난 후, 심판이 9명일 경우에는 최고점 2개와 최저점 2개를 제외한 점수들을, 심판이 9명 미만일 경우에는 최고점 1개와 최저점 1개를 제거하고 남은 점수들을 합산해 "제1라운드 하위점수"와 "제1라운드 순위"를 산출한다. 하위점수가 가장 낮은 선수는 1위를, 하위점수가 가장 높은 선수는 최하위를 받는다.

3. "제1라운드 하위점수"에서 동점이 발생한 경우, "상대 순위 방법"을 사용하여 순위를 정한다.

　비고 : 상대 순위 방법 절차

　동점 선수에 대한 각 개인 심판의 점수는 열별로 비교하게 되는데, 이때 더 낮은 점수를 기록한 선수의 번호 상단에 점을 찍는 방식이 사용된다. 대체 심판을 제외한 고정 심판 그룹 9명 모두의 점수가 승패를 가리는 데에 사용된다. 집계 후, 점의 수가 많은 선수가 동점자 중 승자로 선언되고 더 나은 순위를 받게 된다.

4. 예선 점수를 통해 1위에서 최하위까지의 선수 순위가 정해진다. 상위 6명의 선수가 결선에 진출하고 결선에서는 모두 0점(동일 조건)으로 시작한다.

5. 상위 6명의 결선 진출자는 예선 직후 발표된다.

제10조 – 예선 라운드, 제1라운드 및 제2라운드 평가(규정 포즈 비교 심사)

10.1 제1라운드 채점은 다음 기준에 따라 진행된다.

1. 출전 선수의 육체미(physique)를 평가할 때 심판은 체격 전체를 포괄적으로 평가하는 절차를 따른다. 체격의 전체적인 인상에서부터 시작해, 헤어 스타일과 외모, 전반적인 근계(筋系)의 발달, 체격의 균형적이고 대칭적인 발달, 피부와 피부 톤, 무대 위에서 자신감 있게 표현하는 능력을 종합적으로 심사한다.

2. 규정 포즈 비교 심사에서 심판은 드러나는 기초 근육군을 가장 먼저 살핀다. 그런 다음 머리에서 시작해 전체적인 육체미를 관찰하고, 전반적인 인상으로 시작해 차례차례 아래쪽으로 신체의 모든 부분을 주시하면서 근육 크기, 균형적인 발달, 근육의 밀도와 선명도를 심사한다.

　하향식 측정을 통해 머리, 목, 어깨, 가슴, 전체 팔 근육, 흉근을 포함한 상체 전면, 가슴에서 어깨로 이어지는 부위, 복부, 허리, 허벅지, 다리, 종아리, 발을 세밀히 관찰한다. 후면도 같은 방식으로 상부/하부 승모근, 원근, 극하근, 척추 기립근, 둔근, 허벅지의 대퇴이두근, 종아리, 발을 세밀히 관찰한다.

　비교 심사에서는 다양한 근육군을 세밀히 평가하는 동시에 선수의 전체적인 균형 잡힌 발달을 고려하면서 근육 형태, 밀도, 선명도를 비교하는 것이 효과적이다. 규정 포즈 비교 심사의 중요성은 아무리 강조해도 지나치지 않은데, 이는 어느 선수가 근육의 크기, 균형적인 발달, 근육의 조밀도와 선명도 측면에서 더 뛰어난지 판단하는 데 도움이 되기 때문이다.

　남자 규정 포즈에 대한 자세한 정보는 부록 1을 참고한다.

3. 선수의 노력에 의해 완성된 전반적인 근 긴장도를 통해 체격을 평가한다. 근육군은 신체 지방이 적고 단단하며 둥근 형태여야 한다.

4. 근육의 단단함과 선수의 피부 톤도 심사한다. 피부 톤이 매끄럽고 건강해 보여야 한다.

5. 선수가 무대에 나오는 순간부터 다시 무대 밖으로 퇴장할 때까지의 전체 프레젠테이션 과정이 심판의 육체미 평가에 포함된다. 선수는 항상 "건강하고 체격이 좋으며 근육이 탄탄하게 발달된" 신체를 통해 "전체적으로 다 갖춘 모습"을 보여야 한다.

6. 선수의 해부학적 구조가 피지크 스포츠에서 허용되는 신체조건의 기준과 현저하게 다른 예외적인 경우(부풀어 오른 배, 부자연스러운 근육의 형태, 여성형 유방, 과도한 체지방 수치 등), 심판위원장은 선수의 경기 참가 자체를 막을 수 있으며, 또한 선수의 무대 프레젠테이션 중 언제든 선수를 실격시킬 수 있다.

제11조 – 결선

11.1 결선 절차

예선에서 상위 6명의 선수가 결선에 출전하고, 다음 2개의 라운드가 진행된다.

1. 제2라운드 : 규정 포즈 및 포즈다운

2. 제3라운드 : 개인 자유 포즈(Posing Routines)

11.2 제2라운드 복장은 제1라운드와 동일한 복장 기준(제6조 참조)을 따른다.

　비고 : 출전 선수는 제1라운드와 다른 트렁크를 착용할 수 있지만, 그 복장 역시 제6조에 설명된 양식과 품위 기준을 준수하는 것이어야 한다.

제12조 – 결선 : 제2라운드 프레젠테이션(규정 포즈 및 포즈다운)

12.1 제2라운드 프레젠테이션

제2라운드 절차는 다음과 같다.

1. 상위 6명의 결선 진출자는 참가번호에 따라 한 줄로 무대 위에 오르게 되고, 선수들의 번호, 이름, 국가가 소개된다.

2. 상위 6명의 결선 진출자는 무대 중앙에서 하나의 그룹을 이뤄, 동시에 7가지 규정 포즈를 취하게 된다. 마지막 규정 포즈 후, 심판위원장은 선수들을 참가번호 역순으로 다시 정렬시킨 후 7가지 규정 포즈를 다시 한 번 반복하게 한다. 이 부분은 모두 점수에 반영된다.

3. 규정 포즈가 끝나는 대로 IFBB 심판위원장이 선수들에게 주최 측에서 준비한 음악에 맞춰 30~60초 동안 포즈다운 할 것을 요청한다. 포즈다운은 제2라운드 점수에 포함되지 않는다.

4. 포즈다운 후, 6명의 결선 진출자는 퇴장 전 참가번호 순서에 따라 무대에 1열로 정렬한다.

5. 규정 포즈에 대한 자세한 정보는 부록 1을 참고한다.

제13조 – 결선 : 제2라운드 채점

13.1 제2라운드 채점

제2라운드 채점은 다음과 같이 진행된다.

1. 심판은 "개인 순위(결선)"라고 표시된 채점지 6을 사용해 예선과 동일한 판정 기준으로 1위부터 6위까지 순위를 정하면서, 2명이 같은 순위가 되지 않도록 주의한다.

2. 통계원은 심판으로부터 채점지 6을 걷은 후, 각 심판이 기재한 순위를 "채점지(통계원)"라고 적힌 채점지 5에 기록한다. 그러고 난 후, 심판이 9명일 경우에는 최고점 2개와 최저점 2개를 제외한 점수들을, 심판이 9명 미만일 경우에는 최고점 1개와 최저점 1개를 제거하고 남은 점수들을 합산한다. 합산 점수에 2를 곱한 후 "제2라운드 하위점수"에 기록한다. 예선(제1라운드)의 점수는 결선에 반영되지 않는다. 결선에서는 모두 0점(동일 조건)으로 시작한다.

3. "제2라운드 하위점수"와 "제3라운드 하위점수"를 합산해 "최종 점수"를 계산하기 때문에 "제2라운드 하위점수"에서 동점이 발생해도 순위를 가리는 작업을 진행하지 않는다.

제14조 – 결선 : 제2라운드 평가

14.1 제2라운드 평가

제1라운드와 동일한 판정 기준을 제2라운드에 적용한다(제10조 참조). 자세한 내용은 이 섹션의 부록 1과 부록 2를 참고한다. 그러나 심판은 참가자가 결선에서 예선에서와는 다른 컨디션을 선보일 수 있다는 사실에 주의를 기울여야 한다. 그러므로 모든 선수가 이번 라운드에서의 본인의 신체 상태에 따라 공정한 평가를 받을 수 있도록 "새로운" 시각에서 판정을 해야 한다.

제15조 – 결선 : 제3라운드 프레젠테이션(개인 자유 포즈)

15.1 절차

제2라운드가 끝나는 즉시 제3라운드를 시작하며, 제3라운드는 다음과 같이 진행한다.

1. 상위 출전 선수 6명은 참가번호 순으로 본인이 선택한 음악에 맞추어 자유 포즈를 최대 60초 동안 실시하며, 이는 제3라운드의 점수로 채점된다.

2. 곡예 동작은 엄격히 금지된다. 자유 포즈 도중 무대에서 점프하거나 무대에 다른 신체 부위가 닿지 않은 상태에서 두 발을 들어 올리는 동작은 허용되지 않는다.

3. 소품 사용은 금지된다.

4. 제3라운드 포즈 복장인 트렁크에 대한 기준은 기타 라운드와 동일(제6조 참조)하다.

제16조 – 결선 : 제3라운드 채점

16.1 제3라운드 채점은 다음과 같이 진행된다.

1. 심판은 "개인 순위(결선)"라고 표시된 채점지 6을 사용해 예선과 동일한 판정 기준으로 1위부터 6위까지 순위를 정하면서, 2명이 같은 순위가 되지 않도록 주의한다.

2. 심판은 "개인 노트"라고 표시된 채점지 4에 각 선수에 대한 평가를 적을 수 있다.

3. 통계원은 심판으로부터 채점지 6을 걷은 후, 각 심판이 기재한 순위를 "채점지(통계원)"라고 적힌 채점지 5에 기록한다. 그리고 난 후, 심판이 9명일 경우에는 최고점 2개와 최저점 2개를 제외한 점수들을, 심판이 9명 미만일 경우에는 최고점 1개와 최저점 1개를 제거하고 남은 점수들을 합산해 "제3라운드 하위점수"에 기록한다.

4. 통계원이 "제2라운드 하위점수"와 "제3라운드 하위점수"를 합산해 "최종 점수"를 산출한다. 예선(제1라운드) 점수는 결선에서 고려하지 않는다. 각 선수는 "0점"으로 결선을 시작한다. "최종 순위"에 각 선수의 순위를 기록한다. 가장 낮은 최종 점수를 받은 선수가 1위, 가장 높은 최종 점수를 받은 선수가 6위가 된다.

5. "제2라운드 하위점수"와 "제3라운드 하위점수"를 합산해 "최종 점수"를 계산하기 때문에 "제3라운드 하위점수"에서 동점이 발생해도 순위를 가리는 작업을 진행하지 않는다.

6. "최종 점수"에서 동일한 순위가 발생하면, 제2라운드 점수로 순위를 정한다. 그래도 동일 순위가 지속되는 경우 제2라운드 점수와 "상대 순위 방법(제9조 제3항 참조)"으로 순위를 정한다.

제17조 – 결선 : 제3라운드 평가

17.1 제3라운드는 다음 기준에 따라 평가한다.

1. 심판은 선수가 음악에 맞춰 얼마나 본인의 육체미를 잘 표현하는지를 평가한다. 각 심판은 근육의 발달, 선명도, 스타일과 우아함, 개성, 운동 협응력 및 전반적인 퍼포먼스를 보여주기 위한 포징 루틴을 평가한다. 심판은 규정 포즈를 포함한 다양한 포즈에서 유연하고 예술적이며 안무가 훌륭한 동작을 기대한다. 선수는 또한 근육 발달을 보여주기 위해 간헐적인 정지 동작도 실시해야 한다. 대퇴사두근, 대둔근의 내측 상단을 보여주기 위한 "Moon" 포즈와 경기 복장을 당기는 행동은 엄격히 금지된다.

2. 심판은 제3라운드에서 육체미 50%, 개별 자유 포즈 50%의 비율로 심사해야 한다는 것을 명심해야 한다.

제18조 – 결선 : 시상식

18.1 시상식

결선 진출자 상위 6명은 시상식에 참가하기 위해 무대에 오른다. 시상식 사회자는 6위 선수부터 1위 선수까지의 번호, 이름, 국가를 쭉 이어서 발표한다. 본 대회에 참석한 IFBB의 회장 또는 대회의 IFBB 고위 임원, 이 시상식에 초청된 다른 임원은 IFBB 메달 및 트로피를 수상자에게 수여한다. 1위 수상자의 국가(짧은 버전)는 1위 수상 즉시 연주된다. 국가가 끝난 후, 결선 진출자들은 잠시 동안 무대 위에서 기념 촬영에 응한 후 IFBB 심판위원장 또는 경기 운영위원의 지시를 따른다. 시상식에서 선수들은 자국 국기를 내보여서는 안 된다. 선수는 자신의 순위를 인정하고, 메달 및 상을 받은 후, 시상식 종료 시점(사진 촬영)까지 참여해야 한다. 시상식이 끝나기 전에 결과에 대한 불만을 드러내거나 무대를 일찍 떠나는 선수는 실격처리될 수 있다.

시상식에 대한 자세한 설명은 섹션 1 : 일반 규정 제16조 참조

제19조 – 오버롤 및 시상

19.1 남자 클래식 보디빌딩 오버롤은 다음과 같다.

a. 시니어 남자 클래식 보디빌딩(최대 5명의 체급 우승자)

b. 주니어 남자 클래식 보디빌딩(최대 2명의 체급 우승자)

c. 마스터 남자 클래식 보디빌딩(최대 3명의 체급 우승자)

19.2 남자 게임즈 클래식 보디빌딩 오버롤은 다음과 같다.

a. 남자 게임즈 클래식 보디빌딩(최대 2명의 체급 우승자)

19.2 오버롤은 다음과 같이 진행된다.

1. 남자 클래식 보디빌딩 마지막 체급 또는 남자 게임즈 보디빌딩 마지막 체급의 시상식 직후, 모든 체급별 우승자는 참가번호 순으로 무대 중앙에 1열로 정렬한다.

2. IFBB 심판위원장의 지시에 따라 선수들은 무대 중앙에서 7가지 규정 포즈를 취하게 된다. 마지막 규정 포즈 후, 심판위원장은 선수들을 참가번호 역순으로 다시 정렬시킨 후 7가지 규정 포즈를 다시 한 번 반복하게 한다.

3. 선수들은 규정 포즈 후 포즈다운을 30초~60초 동안 실시하고 무대에서 퇴장한다.

4. 심판은 "개인 순위(결선)"라는 제목의 채점지 6을 사용한다. 각 심판은 각 선수에게 1위부터 최하위까지 개인 순위를 부여하고, 둘 이상의 선수가 같은 순위를 받지 않도록 한다.

5. 통계원은 "채점지(통계원)"라고 적힌 채점지 5에 점수를 기록하게 되는데, 이때 최고점 2개와 최저점 2개를 제외한 나머지 점수를 합산하여 "오버롤 점수"와 "오버롤 순위"를 산출한다.

6. "오버롤 점수"에서 동점이 발생할 경우, "상대 순위 방법(제9조 제3항 참조)"을 사용하여 순위를 정한다.

7. "오버롤 우승자"가 발표되면 IFBB 회장 또는 IFBB 고위 임원이 우승자에게 IFBB 오버롤 트로피를 수여한다. 트로피는 주최국 국가 연맹에서 제공한다.

제20조 – 국가 시상

20.1 베스트 국가

다음의 성적으로 베스트 국가를 선정한다.

세계보디빌딩선수권대회: 남자 클래식 보디빌딩 상위 3위까지

세계보디빌딩선수권대회: * 남자 게임즈 클래식 보디빌딩 상위 2위까지

세계주니어선수권대회: *

-- 주니어 남자 클래식 보디빌딩 16~20세: 1위

-- 주니어 남자 클래식 보디빌딩 21~23세: 1위

-- 주니어 남자 게임즈 클래식 보디빌딩 16~20세: 1위

-- 주니어 남자 게임즈 클래식 보디빌딩 21~23세: 1위

세계마스터즈선수권대회: * 남자 마스터 클래식 보디빌딩 상위 2위까지

세계마스터즈선수권대회: * 남자 마스터 게임즈 클래식 보디빌딩 1위

* – 체급이 통합될 경우, 베스트 국가 채점 시에 참가 카테고리 수만큼의 상위 선수들이 포함된다.

베스트 국가 점수 계산의 자세한 절차는 섹션 1: 일반 규정, 제18조에서 확인할 수 있다.

상위 3개국의 수석대표 또는 팀 매니저가 자국을 대표하여 상을 받는다.

최종 결과 발표

1. 최종 결과: 심판 비서관이 통계원의 체급별 채점지를 수집하고 그 결과를 "최종 결과"라고 표시된 채점지 9에 기록한다. 이 결과의 사본을 대회 직후(일반적으로는 폐막 연회에서) 국가 대표단, 언론, 라디오, TV에 배포한 후 IFBB 웹사이트에 공개한다.

2. 내용: "최종 결과"에는 각 체급에 참여하는 모든 선수의 번호, 이름, 국가명, 최종 순위 순으로 상위 15명의 결선 출전자 이름과 라운드별 총점이 표시되며 나머지 선수의 번호, 이름, 국가명 또한 포함된다. 어떤 이유로든 실격 처리된 선수는 해당 체급 리스트의 맨 끝에서 언급한다.

3. 기타 내용: 오버롤 최종 결과 및 국가팀의 전체 체급 역시 "최종 결과지"에 포함한다.

4. 결과 정정: IFBB는 최초에 발표된 경기 결과에서 정정된 사항을 www.ifbb.com에 게시한다(예: 도핑 관리 결과로 인한 정정).

부록 1: 7가지 규정 포즈 상세 설명

1.1 남자 클래식 보디빌딩 규정 포즈

1. Front Double Biceps

선수는 심판을 향해 정면으로 서서 한 발을 약간 바깥쪽 앞으로 두고 두 팔을 들어 어깨와 수평을 이루게 한 후 팔꿈치를 구부린다. 이 포즈에서 중요하게 평가하는 이두근과 전완근이 수축되도록 주먹을 꽉 쥔 채 아래를 향하게 한다. 또한 심판이 전체 골격을 심사하므로, 선수는 머리부터 발끝까지 가능한 한 많은 근육을 수축시킬 수 있도록 노력한다. 심판은 처음에 상완이두근이 꽉 차있는지, 봉우리는 잘 솟아있는지, 그리고 상완이두근의 전면부와 후면부의 분할이 선명한지를 심사하고 계속해서 전완근, 삼각근, 흉근, 가슴에서 어깨로 이어지는 부위, 복부, 허벅지, 종아리를 관찰함으로써 머리부터 발끝까지 심사를 이어간다. 심판은 또한 근육의 밀도, 선명도 그리고 전반적인 균형을 심사한다.

2. Front Lat Spread

선수는 심판을 향해 정면으로 서서 다리와 발의 안쪽 라인을 최대 15cm까지 벌리고, 펼치거나 주먹을 쥔 손을 허리 하부 또는 복사근에 위치시킨 채 광배근을 펼쳐 보인다. 동시에 가능한 한 많은 전면 근육의 수축을 시도한다. 트렁크를 올려서 대퇴사두근 안쪽을 보이게 하는 행위는 엄격히 금지된다.

심판은 일단 선수가 광배근을 잘 펼쳐서 몸통을 V-형태로 만들어 내는지를 심사한다. 그 후 심판은 머리부터 발끝까지 심사하면서 전체적인 골격과 다양한 근육군의 세밀한 측면을 집중해서 관찰한다.

3. Side Chest

선수는 더 "잘 발달된 팔"을 보여주기 위해 우측이나 좌측 중 한쪽을 선택한다. 선수는 심판을 향해 우측이나 좌측으로 서서 심판과 가까운 쪽 팔을 직각으로 구부리고 한 손은 주먹을 쥐고 다른 손은 주먹 쥔 손의 손목을 잡는다. 심판과 가까운 쪽 다리의 무릎을 구부리고 발가락으로 지탱한다. 그다음 가슴을 펴고 직각으로 구부린 팔의 상승 압력을 이용해 상완이두근을 최대한 수축한다. 선수는 발가락에 하강 압력을 가해 허벅지 근육과 대퇴이두근, 비복근을 수축한다.

심판은 가슴 근육과 흉곽의 아치 형태, 상완이두근, 대퇴이두근, 비복근을 집중적으로 관찰하면서 머리부터 발끝까지 심사한다. 심판은 선수의 옆모습을 보면서 허벅지와 종아리 근육의 더 정확한 발달 정도를 확인한다.

4. Back Double Biceps

선수는 뒷모습이 심판에게 보이게 서서 두 팔과 손목 자세를 Front Double Biceps 포즈와 동일하게 취하고 한 발을 뒤로 빼서 발가락으로 지탱한다. 그다음 어깨, 상·하부 등 근육, 허벅지, 비복근뿐만 아니라 상완이두근까지 수축시킨다. 심판은 먼저 팔 근육을 심사하고 그다음 머리부터 발끝까지 관찰하는데, 이때 다른 포즈를 취할 때보다 더 많은 근육군을 심사한다. 해당 근육군은 목, 삼각근, 상완이두근, 상완삼두근, 전완근, 승모근, 원근, 극하근, 척추 기립근, 외복사근, 광배근, 대둔근, 대퇴이두근, 비복근을 포함한다. 이 포즈를 취했을 때, 다른 포즈를 취했을 때보다 근육의 밀도, 선명도 그리고 전체적인 균형을 심사하기가 수월하다.

5. Back Lat Spread

선수는 뒷모습이 심판에게 보이게 서서 팔꿈치를 넓게 벌려 유지한 채로 손을 허리 위에 올리고 다리와 발의 안쪽 간격을 최대 15cm로 유지한다. 그 후 선수는 광배근을 최대한 넓게 수축하며 발가락에 하강 압력을 가해 비복근을 수축한다. 선수는 심판이 양쪽 비복근을 동등하게 심사할 수 있도록 Back Double Biceps 포즈 때 보여주었던 종아리 근육의 반대쪽을 보여주도록 노력해야 한다.

심판은 광배근의 펼쳐짐을 심사하는 동시에 근육의 밀도를 심사하고, 다시 머리부터 발끝까지 살펴본다.

6. Side Triceps

선수는 더 "잘 발달된 팔"을 보여주기 위해 우측이나 좌측 중 한 쪽을 선택한다. 선수는 심판을 향해 우측이나 좌측으로 서서 두 팔을 등 뒤에 놓고 깍지를 끼거나 앞쪽에 있는 손목을 다른 손으로 움켜잡는다. 심판과 가까운 쪽 다리 무릎을 굽히고 발바닥을 바닥에 딱 붙인다. 그리고 심판과 먼 쪽 다리의 무릎을 굽히고 발가락으로 지탱한다. 선수는 앞쪽 팔에 압력을 가하여 상완삼두근을 수축한다. 또한 가슴은 올리고 복부 근육, 허벅지, 비복근을 수축한다.

심판은 일단 상완삼두근을 관찰하고 머리부터 발끝까지 심사한다. 이 포즈에서 심판은 측면에서의 허벅지와 종아리 근육을 관찰해 비교 발달 정도를 더 정확하게 확인할 수 있다.

7. Abdominals & Thighs

선수는 심판을 향해 정면으로 서서 두 팔을 머리 뒤에 놓고 한쪽 발을 앞에 둔다. 그다음 몸통을 약간 앞쪽으로 보내며 '크런칭(crunching)' 자세로 복부 근육을 수축하고 동시에 하체 전면 근육을 수축한다. 심판은 복부와 허벅지 근육을 관찰하고 난 후 머리부터 발끝까지 심사한다.

❸ 여자 피지크 규정(2025)

제1조 - 서문

여자 피지크(Women's Phyique)는 2012년 11월 11일에 에콰도르의 과야킬에서 열린 IFBB 최고 집행위원회와 IFBB 국제 총회에 의해 새로운 스포츠 종목으로서 공식적으로 인정받았다. 여자 피지크 부문은 이전 여자 보디빌더들에 비해 근육은 덜 발달시키면서, 탄탄하고 미적으로 보기 좋은 피지크를 선호하는 여성들을 대상으로 한다.

1.1 일반

가능한 경우, 남자, 여자, 주니어, 시니어, 마스터즈를 포함한 모든 IFBB 세계선수권대회 및 IFBB 연례 총회를 하나의 큰 국제행사로 함께 조직하도록 한다.

여자 피지크에 대한 IFBB 규정은 여자 피지크 스포츠 운영에 있어서 IFBB와 그 회원들을 안내하기 위한 규정, 정책, 지침 및 결정문으로 구성되어 있다.

1.2 규정

섹션 1: 일반 규정에 나오는 특정 운영 및 기술 규정은 여자 피지크와 동일하므로, 이 섹션에서는 다루지 않는다.

제2조 - 선수와 대표단에 대한 주최자의 책무

2.1 책무

세계선수권대회 주최자는 선수와 대표단을 위한 2인 1실 숙박 시설 및 식사(아침, 점심, 저녁) 비용을 다음과 같이 부담한다.

1. 세계피트니스선수권대회(여자 아크로바틱 피트니스, 여자 아티스틱 피트니스 , 남자 피트니스, 여자 피지크, 여자 보디피트니스, 여자 비키니, 여자 웰니스, 믹스 페어, 핏 페어 포함):

   인원이 다음과 같은 경우, 3박 4일 지원

   a. 선수 3명 이상 - 대표자 2명

   b. 선수 1명 또는 2명 - 대표자 1명

   비고 1: 국가별 최대 허용 인원수는 제한하지 않는다.

   비고 2: 선수와 함께 참가하지 않는 대표단, 추가 대표단, 서포터들은 전체 패키지 특별 요금을 지불해야 한다.

   비고 3: IFBB와 주최 측 간의 동의하에, 한 종별을 추가할 수 있다.

2. 세계 마스터즈 보디빌딩 및 피트니스 선수권 대회:

   인원이 다음과 같은 경우, 3박 4일 지원

   a. 선수 3명 이상 - 대표자 2명

   b. 선수 1명 또는 2명 - 대표자 1명

   비고 1: 국가별 최대 허용 인원수는 제한하지 않는다.

   비고 2: 선수와 함께 참가하지 않는 대표단, 추가 대표단, 서포터들은 전체 패키지 특별 요금을 지불해야 한다.

   비고 3: IFBB와 주최 측 간의 동의하에, 한 종별을 추가할 수 있다.

제3조 - 카테고리 · 체급(Categories)

3.1 여자 피지크 세계 대회에는 다음과 같은 체급이 있다.

1. 여자 피지크 세계 대회에는 현재 다음과 같은 2개의 체급이 있다.

   a. Class A: 163cm 이하

   b. Class B: 163cm 초과

2. 마스터즈 여자 피지크 세계 대회에는 한 개의 오픈 체급만 존재한다.

   a. 35세 이상

3. 세계선수권대회와 대륙선수권대회를 제외한 기타 대회의 경우, 출전 선수가 적어도 3명은 되어야 해당 체급의 경기를 진행한다. 선수가 3명 미만일 경우, 가능하다면 체급은 통합된다. 마스터즈 부문은 체급 통합이 없다. 세계선수권대회와 대륙선수권대회의 경우, 출전 선수가 5명 이상일 경우에만 해당 체급 경기를 진행할 수 있다. 선수가 5명 미만일 경우, 가능하다면 통합 가능한 체급과 함께 진행된다.

제4조 - 라운드

4.1 라운드

여자 피지크는 다음 4개의 라운드로 구성된다.

1. 예선: 예선 라운드(규정 포즈 4개)
2. 예선: 제1라운드(규정 포즈 4개, 쿼터 턴 및 규정 포즈 비교 심사)
3. 결선: 제2라운드(쿼터 턴, 규정 포즈, 비교 심사 및 포즈다운)
4. 결선: 제3라운드(개인 자유 포즈 - 60초)

제5조 - 예선: 예선 라운드

5.1 일반

체급별 예선 일정표는 공식 선수 등록 후에 발표된다. 준비 운동 및 경기 복장 환복 시간을 갖기 위해, 선수들은 적어도 자신의 체급 심사 시작 시간 45분 전까지 무대 뒤편 준비 구역에 도착해야 한다. 모든 선수는 호명 시 현장에서 경기에 출전할 수 있도록 준비하고 있어야 할 전적인 책임이 있으며 부재 시 탈락 처리될 수 있다.

5.2 예선 라운드 절차

한 체급에 출전한 선수가 15명이 넘을 때 예선 라운드가 열린다. 필요한 경우, IFBB 심판위원장이 준결선에 진출할 선수를 10명으로 줄이거나 17명으로 늘릴 수 있다. 10명~17명의 선수가 경쟁하는 경우, 그에 맞춰 예선 라운드를 진행한다. 결정사항은 공식 선수 등록 후 발표한다. 예선 라운드는 다음과 같이 진행된다.

1. 전체 출전 선수는 참가번호에 따라 한 줄로 또는 필요시, 두 줄로 정렬한다.
2. 출전 선수는 동수의 2개 그룹으로 나뉘어 한 그룹은 무대 좌측에, 다른 그룹은 무대 우측에 배치된다. 무대 중앙 부분은 비교 심사를 위해 비워 둔다.
3. 번호 순서에 따라, 한 번에 최대 10명의 선수가 동시에 무대 중앙으로 나와 4개의 규정 포즈를 실시한다.
4. IFBB 심판위원장 또는 경기 운영 위원(무대 감독)은 선수에게 다음과 같은 4개의 규정 포즈를 지시한다.
   a. Front Double Biceps(주먹을 쥐지 않은 채 양팔을 어깨 높이까지 올리는 포즈)
   b. Side Chest
   c. Back Double Biceps(주먹을 쥐지 않은 채 양팔을 어깨 높이까지 올리는 포즈)
   d. Side Triceps
   비고 1: 본 섹션의 부록 1에 제공된 여자 피지크 규정 포즈에 대한 자세한 설명 참고
   비고 2: 선수들은 무대 위에서 껌 또는 다른 어떠한 음식도 섭취할 수 없다.
   비고 3: 선수들은 무대 위에서 어떠한 음료도 마실 수 없다.
5. 규정 포즈 심사가 종료되면, 모든 출전 선수는 퇴장 전에 참가번호 순서에 따라 1열로 정렬한다.

제6조 - 예선 및 결선: 경기 복장

6.1 예선 라운드와 모든 라운드의 복장(비키니)은 다음 기준을 따른다.

1. 비키니는 어느 정도 품위가 있고 스타일이 좋으며 선수에게 적절히 들어맞는 것이어야 한다.
2. 비키니 하의는 최소 대둔근 1/2 이상과 전면 전체를 덮어야 한다. 끈으로 된 비키니는 엄격히 금지된다.
3. 비키니의 색, 섬유, 질감, 장식, 스타일은 선수의 재량에 맡긴다.
4. 신발 착용은 금지된다.
5. 공식 선수 등록 시 복장을 검사한다.

6.2 헤어는 스타일링 할 수 있다.

6.3 결혼반지, 팔찌, 귀걸이를 제외한 장신구 착용은 금지된다. 가슴보형물을 제외한 안경, 시계, 가발 또는 인공 보형물의 착용은 금지된다. 임플란트나 액상 주사를 사용하여 근육 또는 신체의 자연적인 형태를 변형시키는 것은 엄격히 금지되며, 적발 시 해당 선수는 실격처리된다.

6.4 지워질 수 있는 탄(tan)과 브론저(bronzer) 사용은 금지한다. 문지르기만 해도 태닝이 벗겨지면, 선수는 무대에 입장할 수 없다. 인공 착색 및 셀프 태닝 제품을 사용할 수 있다. 전문 회사와 자격을 갖춘 개인에게 태닝을 받을 경우, 전문 경기 태닝 방법(에어브러시 태닝, 캐빈 스프레이 태닝)을 사용할 수 있다. 선수의 몸에 누가 발랐는지, 태닝 로션에 섞여 있는지, 아니면 별도 사용인지와 관계없이 광택, 광채의 효과를 내거나 반짝이는 금속 펄이 함유된, 또는 금색의 제품 사용은 금지된다.

6.5 신체에 오일을 과도하게 바르는 것은 엄격히 금지된다. 단, 바디 오일과 보습제는 적당히 사용할 수 있다.

6.6 IFBB 심판위원장 또는 그에 의해 위임된 임원은 선수의 복장이 규정에 설정된 기준과 미적인 허용 기준을 충족하는지 판단할 권한이 있다. 복장이 적합하지 않으면 선수가 실격될 수 있다.

제7조 – 예선: 예선 라운드 채점

7.1 예선 라운드 채점

예선 라운드의 채점은 다음과 같이 진행된다.

1. 심판들은 전체적으로 근계의 발달, 비율, 대칭, 균형, 형태 및 피부 톤의 정도를 확인하며 전체적인 피지크를 평가한다. 여자 피지크 선수 평가의 세부 기준은 제10조에 나와 있다.

2. 선수가 15명이 넘을 경우, 심판은 "예선(심판)"이라고 표시된 채점지 1의 선수 번호 옆에 "×"를 표시해 상위 15명을 선정한다. IFBB 심판위원장이 예선 라운드 필요 여부를 결정한다.

3. "예선(통계원)"이라고 표시된 채점지 2를 이용해 통계원이 대회 심판위원의 선택을 기록한 후, 대회 심판위원의 점수를 집계하여 상위 15명의 선수를 선정한다.

4. 상위 15인 안에 들기 위해 경쟁하는 선수들 중 두 명 이상의 선수가 동점을 기록한 경우, 동점인 선수들을 무대로 다시 불러들이고, 승부를 가리기 위해 다시 한 번 4가지 쿼터 턴을 지시한다.

5. 상위 15명의 선수가 제1라운드에 진출한다. 필요한 경우, IFBB 심판위원장은 준결선에 진출하는 선수를 10명으로 줄이거나 17명으로 늘릴 수 있다. 10명~17명의 선수가 경쟁하는 경우, 그에 맞춰 예선 라운드를 진행한다. 결정사항은 공식 선수 등록 후 발표한다.

제8조 – 예선: 제1라운드 프레젠테이션

한 체급에 7명 이하의 선수가 있을 경우 제1라운드는 진행하지 않는다. 결정은 심판위원장이 내리며, 공식 선수 등록이 마감된 후 경기 진행 순서 발표 시에 해당 내용을 공개한다.

8.1 제1라운드 프레젠테이션

제1라운드는 다음과 같이 진행된다.

1. 전 선수가 번호 순서대로 한 줄로 무대에 오른다. 시간이 허락하면, 각 준결선 진출자의 번호, 이름, 그리고 국가가 소개될 것이다. 심판위원장이 결정사항을 사회자나 아나운서에게 알린다.

2. 출전 선수는 동수의 2개 그룹으로 나뉘어 1개 그룹은 무대 왼쪽에, 다른 그룹은 무대 오른쪽에 배치된다. 무대 중앙은 비교 심사 목적으로 비워 둔다.

3. 번호 순서에 따라, 한 번에 10명 이하의 선수로 구성된 각 그룹은 제5조 제2항에 설명된 대로 무대 중앙으로 안내되어 4개의 규정 포즈를 수행한다.

4. 이 선수들의 최초의 그룹 구성과 규정 포즈 수행은 심판이 이어지는 비교 심사에 참여하게 될 선수를 결정하는 데 도움이 되도록 고안되었다.

여자 피지크 규정 포즈에 대한 자세한 설명은 본 섹션의 부록 3에 나와 있다.

5. 모든 심판은 상위 5명의 첫 번째 비교 심사를 위한 개인 제안서를 IFBB 심판위원장에게 제출한다. 이를 바탕으로, 심판위원장이 첫 번째 비교 심사를 구성한다. 비교 대상 선수 수는 심판위원장이 결정하지만, 한 번에 3명 미만 또는 10명을 초과하여 선수들을 비교 심사할 수 없다.

그다음 심판은 그룹의 중간 순위 선수를 포함하여, 다음 5명의 두 번째 비교 심사를 위한 개인 제안서를 제출하도록 요청받을 것이다. IFBB 심판위원장은 모든 선수를 한 번 이상 비교할 때까지 두 번째와 그다음 비교 심사를 구성한다. 총 비교 심사 횟수는 IFBB 심판위원장이 결정한다.

6. 모든 개인 비교 심사는 무대 중앙에서 수행된다.

7. 제1라운드에서 IFBB 심판위원장이 구성한 개인 비교 선수들은 다음의 4가지 쿼터 턴과 4개의 규정 포즈를 수행해야 한다.

    a. Quarter Turn Right

    b. Quarter Turn Back

    c. Quarter Turn Right

    d. Quarter Turn Front

    e. Front Double Biceps(주먹을 쥐지 않은 채 양팔을 어깨 높이까지 올리는 포즈)

    f. Side Chest

    g. Back Double Biceps(주먹을 쥐지 않은 채 양팔을 어깨 높이까지 올리는 포즈)

    h. Side Triceps

    쿼터 턴에 대한 자세한 설명은 본 섹션의 부록 1에 나와 있다.

    규정 포즈에 대한 자세한 설명은 본 섹션의 부록 3에 나와 있다.

8. 마지막 비교 심사가 완료되면, 무대 퇴장 전에, 모든 출전 선수는 참가번호 순서에 따라 1열로 정렬한다.

제9조 – 예선: 제1라운드 채점

9.1 제1라운드 채점

제1라운드의 채점은 다음과 같이 진행한다.

1. "개인 순위(예선)"라는 제목의 채점지 3을 이용하여, 각 심판은 각 선수에게 1위부터 최하위까지 개인 순위를 부여하고, 두 명 이상의 선수가 같은 순위를 받지 않도록 한다. 심판은 각 선수에 대한 평가를 기록하기 위해 "개인 노트"라는 제목의, 채점지 4를 사용할 것이다.

2. 통계원은 심판으로부터 채점지 3을 걷은 후, 각 심판이 기재한 순위를 "채점지(통계원)"라고 적힌 채점지 5에 기록한다. 그리고 난 후, 심판이 9명일 경우에는 최고점 2개와 최저점 2개를 제외한 점수들을, 심판이 9명 미만일 경우에는 최고점 1개와 최저점 1개를 제거하고 남은 점수들을 합산해 "제1라운드 하위점수(Round 1 Subscore)"와 "제1라운드 순위"를 산출한다. 하위점수가 가장 낮은 선수는 1위를, 하위점수가 가장 높은 선수는 최하위를 받는다.

3. "제1라운드 하위점수"에서 동점이 발생한 경우, "상대 순위 방법"을 사용하여 순위를 정한다.

    비고: 상대 순위 방법 절차

    동점 선수에 대한 각 개인 심판의 점수는 열별로 비교하게 되는데, 이때 더 낮은 점수를 기록한 선수의 번호 상단에 점을 찍는 방식이 사용된다. 대체 심판을 제외한 일반 대회 심판위원 9명 모두의 점수가 승패를 가리는 데에 사용된다. 집계 후, 점의 수가 많은 선수가 동점자 중 승자로 선언되고 더 나은 순위를 받게 된다.

4. 예선에서 상위 6명의 선수가 결선에 진출하고, 0점으로 결선을 시작한다.

5. 상위 6명의 결선 진출자는 예선 직후 발표된다.

제10조 – 예선: 제1라운드 평가

10.1 제1라운드 평가

제1라운드는 다음 기준에 따라 평가된다.

1. 심판은 우선 전체적인 체격이 여성 운동 선수의 외관을 갖추고 있는지를 평가한다. 전체 체격을 고려하면서 머리에서 시작해 아래로 내려가는 방식으로 평가를 진행한다. 체격의 전체적인 인상에서부터 시작해, 헤어스타일과 메이크업, 전반적인 근계(筋系)의 발달, 체격의 균형적이고 대칭적인 발달, 피부와 피부 톤, 그리고 무대 위에서 자신 있게 자신을 표현하는 운동선수로서의 능력을 종합적으로 심사한다.

2. 규정 포즈 비교 심사에서 심판은 드러나는 기초 근육군을 가장 먼저 살핀다. 그런 다음 머리에서 시작해 전체적인 육체미를 관찰하고, 전반적인 인상으로 시작해 차례차례 아래쪽으로 신체의 모든 부분을 주시하면서 모든 근육군의 대칭적이고 균형적인 발달과 근육의 선명도를 심사한다. 하향식 측정을 통해 머리, 목, 어깨, 가슴, 전체 팔 근육, 흉근을 포함한 상체 전면, 가슴에서 어깨로 이어지는 부위, 복부, 허리, 허벅지, 다리, 종아리, 발을 세밀히 관찰한다. 후면도 같은 방식으로 상부/하부 승모근, 원근, 극하근, 척추 기립근, 둔근, 허벅지의 대퇴이두근, 종아리, 발을 세밀히 관찰한다. 비교 심사에서는 다양한 근육군을 세밀히 평가하는 동시에 선수의 전체적인 균형 잡힌 발달과 여성의 특질을 고려하면서 근육 형태, 밀도, 선명도를 비교하는 것이 효과적이다.

3. 선수의 노력에 의해 완성된 전반적인 근긴장의 정도를 통해 체격을 평가한다. 근육군은 신체 지방이 적고 단단하며 둥근 형태여야 한다.

4. 평가에서 피부의 팽팽함과 탄력도 고려해야 한다. 피부 톤이 매끄럽고 건강해 보여야 한다.

5. 선수가 무대에 나오는 순간부터 다시 무대 밖으로 퇴장할 때까지의 전체 프레젠테이션 과정이 심판의 육체미 평가에 포함된다. 여자 피지크 선수는 항상 "건강하고 체격이 좋으며 운동선수다운 동시에 근육이 탄탄하게 발달된" 신체를 통해 "전체적으로 다 갖춘 모습"을 보여야 한다.

제11조 – 결선

11.1 결선 절차

예선에서 상위 6명의 선수가 결선에 진출하고, 결선은 다음과 같이 2개의 라운드로 구성된다.

1. 제2라운드 : 쿼터 턴, 규정 포즈 및 포즈다운
2. 제3라운드 : 개인 자유 포즈(최대 60초)

11.2 제2라운드 복장은 제1라운드와 같은 기준을 따른다(제6조 참조).

비고 : 선수들은 제1라운드와 다른 의상을 사용할 수 있지만, 그 복장 역시 제6조에 설명된 양식과 품위 기준을 준수하는 것이어야 한다.

제12조 – 결선 : 제2라운드 프레젠테이션

12.1 제2라운드 프레젠테이션

제2라운드 절차는 다음과 같다.

1. 상위 6명의 결선 진출자는 번호 순서대로 한 줄로 무대에 오르게 되고, 선수들의 번호, 국가, 이름이 소개된다.
2. 상위 6명의 결선 진출자는 무대 중앙에서 하나의 그룹을 이뤄, 동시에 4가지 쿼터 턴과 4개의 규정 포즈를 선보이게 된다. 마지막 규정 포즈 후, 심판위원장은 선수들의 위치를 바꾼 후 다시 한 번 4가지 쿼터 턴과 4개의 규정 포즈를 반복하게 한다. 이 부분은 모두 점수에 반영된다.
3. 규정 포즈가 완료되면, IFBB 심판위원장은 주최 측에서 준비한 음악에 맞춰 30~60초 동안 포즈 다운할 것을 지시한다. 포즈다운은 제2라운드 점수에 포함되지 않는다.
4. 포즈다운 후, 6명의 결선 진출자는 퇴장 전 참가번호 순서에 따라 1열로 정렬한다.
5. 쿼터 턴과 규정 포즈에 대한 자세한 설명은 본 섹션의 부록 1과 부록 3에 나와 있다.

제13조 – 결선 : 제2라운드 채점

13.1 제2라운드 채점

제2라운드 채점은 다음과 같이 진행된다.

1. 심판은 "개인 순위(결선)"라는 채점지 6을 사용하고, 예선에서 사용된 것과 동일한 판단 기준을 사용하여 1위부터 6위까지의 선수 순위를 정한다. 두 선수에게 같은 순위를 부여하지 않는다.
2. 통계원은 심판으로부터 채점지 6을 걷은 후, 각 심판이 기재한 순위를 "채점지(통계원)"라고 적힌 채점지 5에 기록한다. 그러고 난 후, 심판이 9명일 경우에는 최고점 2개와 최저점 2개를 제외한 점수들을, 심판이 9명 미만일 경우에는 최고점 1개와 최저점 1개를 제거하고 남은 점수들을 합산한다. 합산 점수에 2를 곱한 후 "제2라운드 하위점수"에 기록한다. 예선(제1라운드)의 점수는 결선에 반영되지 않는다. 결선에서는 모두 "0점(동일 조건)"으로 시작한다.
3. "제2라운드 하위점수"에 "제3라운드 하위점수"를 합산해 "최종 점수"를 계산하기 때문에 "제2라운드 하위점수"에서 동점이 발생해도 순위를 가리는 작업을 진행하지 않는다.

제14조 – 결선 : 제2라운드 평가

14.1 제2라운드 평가

제2라운드는 제10조(제1라운드 평가)에 자세히 기술된 내용과 동일한 기준으로 평가한다. 자세한 내용은 본 섹션의 부록 1과 부록 3을 참조

심판은 모든 선수가 이번 라운드에서의 본인의 신체 상태에 따라 공정한 평가를 받을 수 있도록 "새로운" 시각에서 판정을 해야 한다.

제15조 − 결선 : 제3라운드 프레젠테이션(개인 자유 포즈)

15.1 절차

제2라운드가 끝나는 즉시 제3라운드가 이어지고, 제3라운드는 다음과 같이 진행한다.

1. 상위 출전 선수 6명은 참가번호 순으로 본인이 선택한 음악에 맞추어 자유 포즈를 최대 60초 동안 실시하며, 이는 제3라운드의 점수로 채점된다.
2. 소품 사용은 금지된다.
3. 제3라운드 포즈 복장인 비키니에 대한 기준(제6조 참조)은 기타 라운드와 동일하다.

제16조 − 결선 : 제3라운드 채점

16.1 제3라운드의 채점은 다음과 같이 진행한다.

1. 심판은 "개인 순위(결선)"라는 제목의 채점지 6을 사용해 1위부터 6위까지 순위를 정하면서, 2명이 같은 순위가 되지 않도록 주의한다.
2. 심판은 "개인 노트"라고 표시된 채점지 4에 각 선수의 평가를 적을 수 있다.
3. 통계원은 심판으로부터 채점지 6을 걷은 후, 각 심판이 기재한 순위를 "채점지(통계원)"라는 제목의 채점지 5에 기록한다. 그리고 난 후, 심판이 9명일 경우에는 최고점 2개와 최저점 2개를 제외한 점수들을, 심판이 9명 미만일 경우에는 최고점 1개와 최저점 1개를 제거하고 남은 점수들을 합산해 "제3라운드 하위점수"에 기록한다.
4. 통계원이 "제2라운드 하위점수"와 "제3라운드 하위점수"를 합산해 "최종 점수"를 계산한다. 예선(제1라운드) 점수는 결선에서 고려하지 않는다. 각 선수는 "0점"으로 결선을 시작한다. "최종 순위"에 각 선수의 순위를 기록한다. 가장 낮은 최종 점수를 받은 선수가 1위, 가장 높은 최종 점수를 받은 선수가 6위가 된다.
5. "제2라운드 하위점수"와 "제3라운드 하위점수"를 합산해 "최종 점수"를 계산하기 때문에 "제3라운드 하위점수"에서 동점이 발생해도 순위를 가리는 작업을 진행하지 않는다.
6. "최종 점수"에서 동일한 순위가 발생하면, 제2라운드 하위점수로 순위를 정한다. 그래도 동일 순위가 지속되는 경우 제2라운드 하위점수와 "상대 순위 방법(제9조 제3항 참조)"으로 순위를 정한다.

제17조 − 결선 : 제3라운드 평가

17.1 제3라운드는 다음 기준에 따라 평가한다.

1. 각 심판은 근육의 발달, 선명도, 스타일과 우아함, 개성, 운동 협응력 및 전반적인 퍼포먼스를 보여주기 위한 포징 루틴을 평가한다.
2. 심판들은 매끄럽고 예술적이며 안무가 훌륭한 루틴을 기대한다. 심판들은 이번 라운드에서 루틴과 육체미를 모두 심사한다는 것을 염두에 두어야 한다.

제18조 − 결선 : 시상식

18.1 시상식

상위 6명의 결선 진출자는 시상식에 참가하기 위해 무대에 오른다. 사회자는 6위 선수부터 1위 선수까지의 번호, 이름, 국가를 쭉 이어서 발표한다.

IFBB의 회장 또는 대회의 IFBB 고위 임원, 이 시상식에 초청된 다른 임원은 IFBB 메달 및 트로피를 수상자에게 수여한다.

1위 수상자의 국가(짧은 버전)는 1위 수상 즉시 연주된다.

국가가 끝난 후, 결선 진출자들은 잠시 동안 무대 위에서 기념 촬영에 응한 후 IFBB 심판위원장 또는 경기 운영위원의 지시를 따른다. 시상식에서, 선수는 자국 국기를 내보여서는 안 된다. 선수는 자신의 순위를 인정하고, 메달 및 상을 받은 후, 시상식 종료 시점(사진 촬영)까지 참여해야 한다. 시상식이 끝나기 전에 결과에 대한 불만을 드러내거나 무대를 일찍 떠나는 선수는 실격처리될 수 있다.

시상식에 대한 자세한 설명은 섹션 1 : 일반 규정, 제16조에서 확인할 수 있다.

제19조 – 오버롤 및 시상

19.1 여자 피지크의 오버롤은 다음과 같이 수행된다.

    a. 시니어 여자 피지크(최대 2명의 체급 우승자)

19.2 오버롤은 다음과 같이 진행한다.

    1. 마지막 여자 피지크 체급 시상식 직후, 두 체급의 우승자들은 번호 순서대로 한 줄로 무대에 오른다.

    2. IFBB 심판위원장은 번호 순으로 선수들을 세운 후 쿼터 턴과 규정 포즈를 실시하게 하고, 그다음 선수들의 위치를 바꾼 후 다시 한 번 쿼터 턴과 규정 포즈를 실시하게 한다.

    3. 쿼터 턴과 규정 포즈가 완료되면, 선수들은 무대에서 퇴장한다.

    4. 심판은 "개인 순위(결선)"라는 제목의 채점지 6을 사용하여 각 선수에게 1위와 2위의 순위를 부여한다.

    5. 9명의 심판이 "채점지(통계원)"라고 적힌 채점지 5에 점수를 기록하며, 최고점 2개와 최저점 2개를 제외한 나머지 점수를 합산하여 "오버롤 점수"와 "오버롤 순위"를 산출한다.

    6. "오버롤 점수"에서 동점이 발생할 경우, "상대 순위 방법(제9조 제3항 참조)"을 사용하여 순위를 정한다.

    7. "오버롤 우승자"가 발표되면 IFBB 회장 또는 IFBB 고위 임원이 우승자에게 IFBB 오버롤 트로피를 수여한다. 트로피는 주최국 국가 연맹에서 제공한다.

제20조 – 국가 시상

20.1 베스트 국가

    다음의 성적으로 베스트 국가를 선정한다.

    – 세계피트니스선수권대회 : 여자 피지크 1위

    – 세계마스터즈선수권대회 : 마스터 여자 피지크 1위

    베스트 국가 점수 계산의 자세한 절차는 섹션 1 : 일반 규정, 제18조에서 확인할 수 있다.

    상위 3개국의 수석대표 또는 팀 매니저가 자국을 대표하여 상을 받는다.

    최종 결과 발표 – 섹션 1 : 일반 규정, 제19조에 의거하여 진행된다.

부록 1 : 여자 피지크 쿼터 턴

서문

심판들은 이전의 여자 보디빌딩 대회가 아니라 여자 피지크 대회를 심사하고 있음을 명심해야 한다. 여자 보디빌딩 선수에게 보이는 근육질, 혈관이 도드라지는 상태(vascularity), 근육 선명도 및 건조한 상태는 허용되지 않는다. 만약 여자 피지크 선수가 그러한 모습을 보인다면 반드시 감점처리 한다.

일반 프레젠테이션

심판은 무대 위에 있는 선수의 자세와 태도도 심사 항목이라는 점을 항상 상기해야 한다. 나타나는 전체 이미지는 침착함, 여성스러움 및 자신감을 보여주어야 한다. 특히 선수가 라인업에 서 있을 때와 쿼터 턴 비교심사 시에 그러해야 한다. 라인업에 설 때, 선수는 팔에 힘을 줘 구부리고 옆으로 내밀어 근육질을 강조하는 긴장된 자세를 취하지 않도록 주의해야 한다.

라인업에서의 편안한 자세란 양팔을 옆으로 내리고 발을 모은 채로, 심판 앞에 똑바로 서는 것을 의미한다. 머리와 눈은 정면을 향하게 하고, 어깨는 뒤로 펴고, 가슴은 내밀고, 배는 집어넣는다.

IFBB 심판위원장이 지시할 때, 라인업에 선 선수는 프런트 포지션(Front Position) 자세를 수행해야 한다.

쿼터 턴(QURTER TURNS)

프런트 포지션(Front Position)

바르게 서서 머리와 눈이 몸과 같은 방향을 향하게 한다. 발뒤꿈치는 모으고, 양 발을 바깥쪽 30° 각도로 벌려준다. 양 무릎을 붙인 채로 펴고, 배는 안으로 집어넣고, 가슴을 내밀고 어깨를 뒤로 젖힌다. 두 팔을 신체 중심선을 따라 측면으로 내리고 팔꿈치를 약간 구부린 채 손바닥이 몸통을 바라보게 한 상태에서 엄지손가락과 나머지 손가락을 한데 모아 손을 살짝 오므린다. 적합한 자세를 취하지 않은 선수는 경고를 1회 받게 되며, 경고 후 득점에서 점수가 차감된다.

쿼터 턴 라이트(Quarter Turn Right) - 몸의 왼편이 심판을 향하는 자세

바르게 서서, 머리와 눈이 몸과 같은 방향을 향하게 한다. 발뒤꿈치를 모은 상태로 양 발을 바깥쪽 30° 각도로 벌려준다. 무릎을 펴고, 배는 안으로 집어넣고, 가슴은 내민 채 어깨를 뒤로 젖히고 고개를 든다. 왼팔을 신체 중심선보다 약간 뒤로 두고 손바닥이 몸통을 바라보게 한 상태에서 엄지손가락과 나머지 손가락을 한데 모아 손을 약간 오므린다. 오른팔의 팔꿈치를 살짝 구부린 채 신체 전방에 위치하게 하며, 손바닥이 몸통을 바라보게 한 상태에서 손을 약간 오므린다. 팔의 위치에 의해 상체가 약간 좌측으로 틀어지고, 좌측 어깨가 내려가고, 우측 어깨가 올라가게 되는 게 정상이지만, 너무 과장된 자세가 되지 않도록 주의한다.

쿼터 턴 백(Quarter Turn Back) - 등이 심판을 향하는 자세

바르게 서서 머리와 눈이 몸과 같은 방향을 향하게 한다. 발뒤꿈치를 모은 상태로 양 발을 바깥쪽 30° 각도로 벌려준다. 무릎을 펴고, 배는 안으로 집어넣고, 가슴은 내민 채 어깨를 뒤로 젖힌다. 두 팔을 신체 중심선을 따라 측면으로 내리고 팔꿈치를 약간 구부린 채 손바닥이 몸통을 바라보게 한 상태에서 엄지손가락과 나머지 손가락을 한데 모아 손을 약간 오므린다.

쿼터 턴 라이트(Quarter Turn Right) - 몸의 오른편이 심판을 향하는 자세

바르게 서서 머리와 눈이 몸과 같은 방향을 향하게 한다. 발뒤꿈치를 모은 상태로 양 발을 바깥쪽 30° 각도로 벌려준다. 무릎을 펴고, 배는 안으로 집어넣고, 가슴은 내민 채 어깨를 뒤로 젖힌다. 오른팔을 신체 중심선보다 약간 뒤로 두고 손바닥이 몸통을 바라보게 한 상태에서 엄지손가락과 나머지 손가락을 한데 모아 손을 약간 오므린다. 왼팔의 팔꿈치를 살짝 구부린 채 신체 전방에 위치하게 하며, 손바닥이 몸통을 바라보게 한 상태에서 손을 약간 오므린다. 팔의 위치에 의해 상체가 약간 우측으로 틀어지고, 우측 어깨가 내려가고, 좌측 어깨가 올라가게 되는 게 정상이지만, 너무 과장된 자세가 되지 않도록 주의한다.

부록 2: 여자 피지크 쿼터 턴 평가

심판은 먼저 선수의 체격 전체를 포괄적으로 평가해야 한다. 이 평가는 전체 피지크를 고려해야 한다. 체격의 전체적인 인상에서부터 시작해, 헤어스타일과 메이크업, 전반적인 근계(筋系)의 발달, 체격의 균형적이고 대칭적인 발달, 피부와 피부 톤, 그리고 자신감, 침착함과 우아함으로 자신을 표현하는 운동선수로서의 능력을 종합적으로 심사한다. 식이요법을 포함한 선수의 노력에 의해 완성된 전반적인 근긴장의 정도를 통해 체격을 평가한다. 근육군은 신체 지방이 적고 단단하며 둥근 형태여야 한다. 체격은 지나치게 근육질이거나 체지방을 지나치게 제거한 상태여서는 안 되며 깊은 근육의 분리도 및 근육의 줄무늬가 돋보여서는 안 된다. 너무 근육질이거나 너무 체지방률이 낮다고 간주되는 체격은 반드시 감점처리된다. 피부의 탱탱함과 탄력도 고려해야 한다. 피부에 셀룰라이트가 없어야 하며 톤이 매끄럽고 건강해 보여야 한다. 헤어와 메이크업을 통해 "전체적으로 다 갖춘 모습(Total Package)"이 완성된다. 선수가 무대에 나오는 순간부터 다시 무대 밖으로 퇴장할 때까지의 전체 프레젠테이션 과정이 심판의 육체미 평가에 포함된다. 여자 피트니스 선수는 항상 "건강하고 체격이 좋으며 근육이 탄탄하게 발달된" 신체를 통해 "전체적으로 다 갖춘 모습"을 보여야 한다.

부록 3: 여성 피지크 대회 규정 포즈 4개에 대한 설명

1. Front Double Biceps

오른쪽 또는 왼쪽 다리를 바깥쪽으로 빼고 다리와 발은 일직선상에 둔 채 정면으로 서서, 두 팔을 어깨 높이까지 올린 다음 팔꿈치를 구부린다. 손을 편 상태에서 손가락이 하늘을 향하게 한다. 또한 심판이 머리부터 발끝까지 전체적인 육체미를 심사하므로, 선수는 머리부터 발끝까지 가능한 한 많은 근육을 수축시킬 수 있도록 노력한다.

심판은 전체적인 신체 비율 및 대칭뿐만 아니라 바디라인 및 균형, 적절한 근육의 발달로 형성된 각 신체 부위의 윤곽을 관찰함으로써, 머리부터 발끝까지의 전체적인 체격을 심사한다. 심판은 또한 근육 밀도, 낮은 체지방률 및 전체적인 균형을 평가할 것이다.

2. Side Chest

선수는 더 "잘 발달된 팔"을 보여주기 위해, 왼쪽 또는 오른쪽 중 한쪽을 선택한다. 선수는 심판을 향해 우측이나 좌측으로 선 상태에서 상체를 약간 심판 방향으로 비틀어, 심판을 바라보고 배는 안으로 집어넣고, 심판과 가까운 쪽 다리의 무릎을 곧게 편 채로 고정하고 앞으로 뻗어 발가락으로 지탱한다. 심판과 먼 쪽 다리는 발을 바닥에 딱 붙인 채, 무릎을 약간 구부리고, 양팔은 몸의 약간 앞쪽에서 곧게 편 채로 팔꿈치를 고정하고, 엄지손가락과 손가락들을 한 데 모아 약간 오므린 채, 손바닥이 아래쪽을 향하게 한 상태에서 양손의 깍지를 끼거나 한 손을 다른 손 위에 포갠다. 그다음 선수는 가슴 근육, 삼두근과 허벅지 근육, 특히 대퇴이두근을 수축시키고 발가락에 하방 압력을 가하여 수축된 종아리 근육을 보여준다. 심판은 가슴 근육, 삼두근, 대퇴사두근 및 종아리를 집중적으로 관찰하면서 머리부터 발끝까지 심사한다. 이 포즈에서, 심판은 선수의 옆모습을 보면서 허벅지와 종아리 근육의 더 정확한 발달 정도를 확인할 수 있게 되는데, 이는 비교 발달을 더 정확하게 평가하는 데 도움이 된다.

3. Back Double Biceps

선수는 뒷모습이 심판에게 보이게 서서 두 팔과 손목 자세를 Front Double Biceps 포즈와 동일하게 취하고 한 발을 뒤로 빼서 발가락으로 지탱한다. 그다음 어깨, 상·하부 등 근육, 허벅지, 비복근뿐만 아니라 상완이두근까지 수축시킨다.

심판은 전체적인 신체 비율 및 대칭뿐만 아니라 바디라인 및 균형, 적절한 근육의 발달로 형성된 각 신체 부위의 윤곽을 관찰함으로써, 머리부터 발끝까지의 전체적인 체격을 심사한다. 심판은 또한 근육 밀도, 낮은 체지방률 및 전체적인 균형을 평가할 것이다.

4. Side Triceps

선수는 "잘 발달된 팔"을 보여주기 위해, 왼쪽 또는 오른쪽 중 한쪽을 선택한다. 선수는 심판을 향해 우측이나 좌측으로 선 상태에서 상체를 약간 심판 방향으로 비틀어, 심판을 바라보고 가슴은 내밀고 복부는 안으로 집어넣은 상태로 두 팔을 등 뒤에 위치시키고 앞에 있는 손목을 뒤쪽 손으로 움켜잡는다. 심판과 가까운 쪽의 팔은 곧게 펴고 팔꿈치를 고정하며, 엄지손가락과 나머지 손가락을 한 데 모은 상태에서 주먹을 쥐지 않은 채 아래를 향하고 있는 손바닥이 지면과 평행을 이루도록 한다. 선수는 앞쪽 팔에 압력을 가하여 삼두근 근육을 수축시킨다. 뒤에 둔 다리의 무릎을 구부리고 발은 바닥에 딱 붙인다. 심판과 가까운 쪽의 다리를 곧게 편 상태에서 무릎을 고정하고, 앞으로 뻗어 발가락으로 지탱한다.

심판은 삼두근 근육을 우선적으로 관찰하면서 머리부터 발끝까지 심사한다. 이 포즈에서, 심판은 선수의 옆모습을 보면서 흉근, 복부 윤곽, 허벅지 및 종아리 근육의 더 정확한 발달 정도를 확인할 수 있게 되는데, 이는 비교 발달을 더 정확하게 평가하는 데 도움이 된다.

4 남자 피지크 규정(2025)

제1조 – 서문

남자 피지크(MEN'S PHYSIQUE)는 2012년 11월 11일에 에콰도르의 과야킬에서 열린 IFBB 최고 집행위원회와 IFBB 국제 총회에 의해 새로운 스포츠 종목으로서 공식적으로 인정받았다. 남자 피지크 부문은 근육은 덜 발달시키면서, 탄탄하고 미적으로 보기 좋은 체격을 선호하는 남성들을 대상으로 한다. 머스큘러 남자 피지크(MUSCULAR MEN'S PHYSIQUE)는 2016년에 새로운 종목으로 도입되었고 일반 남자 피지크에서 허용되는 것보다 근육이 약간 더 큰 선수들을 위해 개설되었다. 위의 조건을 제외하고, 머스큘러 남자 피지크 선수에 대한 수행과 평가 규정은 남자 피지크와 같다.

원래 남자 피지크는 IFBB 세계피트니스선수권대회의 일부였으나 2017년부터 이 스포츠 부문은 세계보디빌딩선수권대회에 포함되었다.

1.1 일반

가능한 경우, 남자, 여자, 주니어, 시니어, 마스터즈를 포함한 모든 IFBB 세계선수권대회 및 IFBB 연례 총회를 하나의 큰 국제행사로 함께 조직하도록 한다.

남자 피지크에 대한 IFBB 규정은 스포츠 운영에 있어서 IFBB와 그 회원들을 안내하기 위한 규정, 정책, 지침 및 결정문으로 구성되어 있다.

1.2 규정

특정 운영 및 기술 규정은 일반 규정과 동일하므로, 이 섹션에서는 다루지 않는다.

제2조 – 선수와 대표단에 대한 주최자의 책무

2.1 책무

세계보디빌딩선수권대회 주최자는 선수와 대표단을 위한 2인 1실 숙박 시설 및 식사(아침, 점심, 저녁) 비용을 다음과 같이 부담한다.

1. 세계보디빌딩선수권대회 & IFBB 국제 총회(남자 보디빌딩, 남자 클래식 보디빌딩, 남자 게임즈 클래식 보디빌딩, 남자 클래식 피지크, 남자 피지크, 남자 머스큘러 피지크 포함):

   인원이 다음과 같은 경우, 4박 5일 지원

   a. 선수 3명 이상 – 대표자 2명

   b. 선수 1명 또는 2명 – 대표자 1명

   비고 1: 국가별 최대 허용 인원수는 제한하지 않는다.

   비고 2: 선수와 함께 참가하지 않는 대표단, 추가 대표단, 서포터들은 전체 패키지 특별 요금을 지불해야 한다.

   비고 3: IFBB와 주최 측 간의 동의하에, 한 종별을 추가할 수 있다.

2. 세계 주니어 보디빌딩 & 피트니스 선수권 대회:

   인원이 다음과 같은 경우, 3박 4일 지원

   a. 선수 3명 이상 – 대표자 2명

   b. 선수 1명 또는 2명 – 대표자 1명

   비고 1: 국가별 최대 허용 인원수는 제한하지 않는다.

   비고 2: 선수와 함께 참가하지 않는 대표단, 추가 대표단, 서포터들은 전체 패키지 특별 요금을 지불해야 한다.

   비고 3: IFBB와 주최 측 간의 동의하에, 한 종별을 추가할 수 있다.

3. 세계 마스터즈 보디빌딩 & 피트니스 선수권 대회:

   인원이 다음과 같은 경우, 3박 4일 지원

   a. 선수 3명 이상 – 대표자 2명

   b. 선수 1명 또는 2명 – 대표자 1명

   비고 1: 국가별 최대 허용 인원수는 제한하지 않는다.

   비고 2: 선수와 함께 참가하지 않는 대표단, 추가 대표단, 서포터들은 전체 패키지 특별 요금을 지불해야 한다.

   비고 3: IFBB와 주최 측 간의 동의하에, 한 종별을 추가할 수 있다.

제3조 – 카테고리 · 체급(Categories)

3.1 시니어 남자 피지크에는 현재 다음과 같은 6개의 체급이 있다.

   a. Class A: 170cm 이하

   b. Class B: 173cm 이하

   c. Class C: 176cm 이하

   d. Class D: 179cm 이하

   e. Class E: 182cm 이하

   f. Class F: 182cm 초과

3.2 시니어 머스큘러 남자 피지크에는 현재 다음과 같은 2개의 체급이 있다.

   a. Class A: 179cm 이하

   b. Class B: 179cm 초과

   비고: 머스큘러 남자 피지크 부문은 일반 남자 피지크에서 허용되는 것보다 근육이 약간 더 큰 선수들을 대상으로 한다.

3.3 주니어 남자 피지크에는 현재 다음과 같은 체급이 있다.
- 16세부터 17세까지 :
   a. 오픈 체급
- 18세부터 20세까지 :
   a. 오픈 체급
- 21세부터 23세까지 :
   a. Class A : 174cm 이하
   b. Class B : 178cm 이하
   c. Class C : 178cm 초과

3.4 마스터즈 남자 피지크에는 현재 다음과 같은 3개의 체급이 있다.
   a. Class A : 40~44세 : 오픈 체급
   b. Class B : 45~49세 : 오픈 체급
   c. Class C : 50세 이상 : 오픈 체급

3.5 세계선수권대회와 대륙선수권대회를 제외한 기타 대회의 경우, 출전 선수가 적어도 3명은 되어야 해당 체급의 경기를 진행한다. 선수가 3명 미만일 경우, 가능하다면 체급은 통합된다. 마스터즈 부문은 체급 통합이 없다. 세계선수권대회와 대륙선수권대회의 경우, 출전 선수가 5명 이상일 경우에만 해당 체급 경기를 진행할 수 있다. 선수가 5명 미만일 경우, 가능하다면 통합 가능한 체급과 함께 진행된다.

3.6 **중복 출전(Crossovers)** : 만약 선수가 해당 부문의 의무적인 특정 요건을 충족한다면, 남자 피지크 선수는 같은 대회에서 남자 피트니스 부문에 참가할 수 있다.

제4조 − 라운드

4.1 남자 피지크는 다음 3개의 라운드로 구성된다.
   1. 예선 : 예선 라운드(4가지 쿼터 턴)
   2. 예선 : 제1라운드(쿼터 턴 및 쿼터 턴 비교 심사)
   3. 결선 : 제2라운드(쿼터 턴×2)

제5조 − 예선 : 예선 라운드

5.1 일반
   체급별 예선 일정표는 공식 선수 등록 후에 발표된다. 준비 운동 및 경기 복장 환복 시간을 갖기 위해, 선수들은 적어도 자신의 체급 심사 시작 시간 45분 전까지 무대 뒤편 준비 구역에 도착해야 한다. 모든 선수는 호명 시 현장에서 경기에 출전할 수 있도록 준비하고 있어야 할 전적인 책임이 있으며 부재 시 탈락 처리될 수 있다.

5.2 예선 라운드 절차
   한 체급에 출전한 선수가 15명이 넘을 때 예선 라운드가 열린다. 필요한 경우, IFBB 심판위원장은 준결선에 진출할 선수를 10명으로 줄이거나 17명으로 늘릴 수 있다. 10명~17명의 선수가 경쟁하는 경우, 그에 맞춰 예선 라운드를 진행한다. 결정사항은 공식 선수 등록 후 발표한다.
   예선 라운드는 다음과 같이 진행된다.
   1. 전체 출전 선수는 참가번호에 따라 한 줄로 또는 필요시, 두 줄로 정렬한다.
   2. 출전 선수는 동수의 2개 그룹으로 나뉘어 한 그룹은 무대 좌측에, 다른 그룹은 무대 우측에 배치된다. 무대 중앙 부분은 비교 심사를 위해 비워 둔다.
   3. 참가번호에 따라 최대 10명의 선수가 동시에 무대 중앙으로 나와 4가지 쿼터 턴을 수행한다.

4. IFBB 심판위원장 또는 경기 운영 위원은 선수에게 다음과 같은 4가지 쿼터 턴을 지시한다.

   a. Quarter Turn Right

   b. Quarter Turn Back

   c. Quarter Turn Right

   d. Quarter Turn Front

   비고 1: 본 섹션의 부록 1에 제공된 남자 피지크 쿼터 턴에 대한 자세한 설명 참고

   비고 2: 선수들은 무대 위에서 껌 또는 다른 어떠한 음식도 섭취할 수 없다.

   비고 3: 선수들은 무대 위에서 어떠한 음료도 마실 수 없다.

5. Quarter Turn Front와 Quarter Turn Back을 수행할 때, 광배근은 보디빌더처럼 최대한 수축하는 것이 아니라, 자연스럽게 펼쳐야 한다.

6. 쿼터 턴 심사가 끝나면 모든 출전 선수는 퇴장 전 참가번호 순으로 1열로 무대에 선다.

제6조 – 예선 및 결선: 경기 복장

6.1 예선 라운드 및 기타 라운드의 복장(보드 반바지)은 다음 기준을 따른다.

1. 선수는 깔끔하고 단정하며 불투명한, 루즈 핏 보드 반바지를 입는다. 보드 반바지의 색상과 섬유는 선수의 재량에 맡긴다. 보드 반바지에 기하학적인 무늬와 모티브는 허용되지만, 새겨진 문자나 볼록한 장식은 허용되지 않는다. 보드 반바지는 다리 상부 전체를 덮어야 하며, 무릎(슬개골)의 위쪽 지점까지 내려와야 한다. 트렁크 안에 패딩 처리를 하는 것은 금지된다.

2. 몸에 달라붙는, 라이크라(lycra) 스타일의 반바지는 허용되지 않는다.

3. 보드 반바지에 개인 스폰서 로고를 부착하는 것은 허용되지 않지만, 제조사의 로고는 허용된다.

4. 결혼반지를 제외한 신발, 안경, 시계, 귀걸이, 가발, 보석, 정신 사나운 장식 또는 인공 보형물의 착용은 금지된다. 임플란트나 액상 주사를 사용하여 근육 또는 신체의 자연적인 형태를 변형시키는 것은 엄격히 금지되며, 적발 시 해당 선수는 실격처리된다.

5. 일반적으로 헤드기어는 금지되지만, 선수가 대표하는 국가의 공식 규정이나 선수가 준수하는 종교적 원칙 때문에 필요할 경우, 안면 가리개가 없는 작고 꼭 맞는 모자를 사용할 수 있다. 해당 모자를 공식 선수 등록 때 지정된 IFBB 관계자에게 보여준 후, 승인을 받아야 한다.

6.2 지워질 수 있는 탄(tan)과 브론저(bronzer) 사용은 금지한다. 문지르기만 해도 태닝이 벗겨지면, 선수는 무대에 입장할 수 없다. 인공 착색 및 셀프 태닝 제품을 사용할 수 있다. 전문 회사와 자격을 갖춘 개인에게 태닝을 받을 경우, 전문 경기 태닝 방법(에어브러시 태닝, 캐빈 스프레이 태닝)을 사용할 수 있다. 선수의 몸에 누가 발랐는지, 태닝 로션에 섞여 있는지, 아니면 별도 사용인지와 관계없이 광택, 광채의 효과를 내거나 반짝이는 금속 펄이 함유된, 또는 금색의 제품 사용은 금지된다.

6.3 신체에 오일을 과도하게 바르는 것은 엄격히 금지된다. 단, 바디 오일과 보습제는 적당히 사용할 수 있다.

6.4 IFBB 심판위원장 또는 그에 의해 위임된 경기 임원은 선수의 복장이 규정에 설정된 기준과 미적인 허용 기준을 충족하는지 판단할 권한이 있다. 복장이 적합하지 않다면, 선수가 실격처리될 수 있다.

제7조 – 예선: 예선 라운드 평가 및 채점

7.1 예선 라운드 평가

   제1라운드 심사에 사용된 것과 동일한 기준(제10조 참조)이 예선 라운드 심사에 사용된다.

1. 이때 심판들은 피부 톤뿐만 아니라 비율, 대칭, 근육 윤곽 및 근육의 질(밀도, 체지방 수준)의 정도를 확인하며 전체적인 체격을 평가한다. 예선 라운드의 채점은 다음과 같이 진행된다.

7.2 예선 라운드의 채점은 다음과 같이 수행된다.

1. 선수가 15명이 넘을 경우, 심판은 "예선(심판)"이라고 표시된 채점지 1의 선수 번호 옆에 "×"를 표시해 상위 15명을 선정한다. IFBB 심판위원장이 예선 라운드 필요 여부를 결정한다.

2. "예선(통계원)"이라고 표시된 채점지 2를 이용해 통계원이 대회 심판위원의 선택을 기록한 후, 대회 심판위원의 점수를 집계하여 상위 15명의 선수를 선정한다.

3. IFBB 심판위원장으로부터 사전 경고를 받았음에도 불구하고, 쿼터 턴을 잘못 수행하거나 라인업에 잘못 서 있는 선수는 옐로카드를 받는다. 심판위원장은 이 카드를 받은 선수에게 경고의 이유를 밝혀야 한다. 옐로카드는 경고인 동시에, 해당 선수가 다시 실수한다면 심판위원장으로부터 레드카드를 받게 될 것이라는 의미를 갖는다. 예선 라운드에서, 레드카드는 심판이 그 라운드에서 해당 선수에게 부여한 총 "×"들 중에서 "×" 1개가 차감되는 것을 의미한다. 계속 그렇게 할 경우, 선수는 두 번째(또는 그 이상) 레드카드를 받을 것이고, 그 결과 더 많은 "×"(레드카드 하나당 하나씩)가 차감되게 된다. 통계원이 심판위원장의 지시에 따라 이러한 결과 수정 작업을 실시한다. 통계원들은 해당 선수의 성에 별표(*)를 표시하고, 이 카테고리의 점수표 아래에 정확한 내용을 기재한다.

4. 상위 15인 안에 들기 위해 경쟁하는 선수들 중 두 명 이상의 선수가 동점을 기록한 경우, 동점인 선수들을 무대로 다시 불러들이고, 승부를 가리기 위해 다시 한 번 4개의 규정 포즈를 지시한다.

5. 상위 15명의 선수가 제1라운드에 진출한다. 필요한 경우, IFBB 심판위원장은 준결선에 진출하는 선수를 10명으로 줄이거나 17명으로 늘릴 수 있다. 10명~17명의 선수가 경쟁하는 경우, 그에 맞춰 예선 라운드를 진행한다. 결정사항은 공식 선수 등록 후 발표한다.

제8조 – 예선 : 제1라운드 프레젠테이션(쿼터 턴)

한 체급에 7명 이하의 선수가 있을 경우 제1라운드는 진행하지 않는다. 심판위원장이 결정하고 공식 선수 등록 후 발표하며, 경기 일정에 포함된다.

8.1 제1라운드는 다음과 같이 진행된다.

1. 모든 준결선 진출자는 하나의 그룹을 이뤄 번호 순서대로 한 줄로 무대에 오른다. 시간이 허락하면, 각 준결선 진출자의 번호, 이름, 그리고 국가가 소개될 것이다. 심판위원장이 결정사항을 사회자나 아나운서에게 알린다.

2. 출전 선수는 동수의 2개 그룹으로 나뉘어, 한 그룹은 무대 왼쪽에, 다른 그룹은 무대 오른쪽에 배치된다. 무대 중앙은 비교 심사 목적을 위해 비워 둔다.

3. 번호 순서에 따라, 한 번에 10명 이하의 선수로 구성된 각 그룹은 무대 중앙으로 안내되어 4가지 쿼터 턴을 수행한다. 쿼터 턴을 수행하는 선수는 포즈를 취한 채 움직이지 않는다.

4. 선수들을 그룹으로 나누어 진행하는 4가지 쿼터 턴 결과에 따라 심판들은 쿼터 턴 비교 심사에 참가할 선수를 결정한다. 남자 피지크 쿼터 턴에 대한 자세한 정보는 부록 1에 나와 있다.

5. 모든 심판은 상위 선수 5명의 첫 번째 비교 심사를 위한 개인 제안서를 IFBB 심판위원장에게 제출한다. 이를 바탕으로, 심판위원장이 첫 번째 비교 심사를 구성한다. 비교 대상 선수 수는 심판위원장이 결정하지만, 한 번에 3명 미만 또는 10명을 초과하여 선수들을 비교 심사할 수 없다. 그다음 심판은 그룹의 중간 순위 선수를 포함하여, 다음 선수 5명의 두 번째 비교 심사를 위한 개인 제안서를 제출하도록 요청받을 것이다. IFBB 심판위원장은 모든 선수를 한 번 이상 비교할 때까지 두 번째와 다음 비교 심사를 구성한다. 총 비교 심사 횟수는 IFBB 심판위원장이 결정한다.

6. 모든 비교 심사는 무대 중앙에서 수행되어야 한다.

7. 마지막 비교 심사가 완료되면, 모든 선수들은 퇴장 전에 참가번호 순서에 따라 1열로 정렬한다.

제9조 – 예선 : 제1라운드 채점

9.1 제1라운드 채점은 다음과 같이 진행한다.

1. "개인 순위(예선, Prejudging)"라는 제목의 채점지 3을 이용하여, 각 심판은 각 선수에게 1위부터 최하위까지 개인 순위를 부여하고, 두 명 이상의 선수가 같은 순위를 받지 않도록 한다. 심판은 각 선수에 대한 평가를 기록하기 위해 "개인 노트"라는 제목의, 채점지 4를 사용할 것이다.

2. 통계원은 심판으로부터 채점지 3을 걷은 후, 각 심판이 기재한 순위를 "채점지(통계원)"라고 적힌 채점지 5에 기록한다. 그리고 난 후, 심판이 9명일 경우에는 최고점 2개와 최저점 2개를 제외한 점수들을, 심판이 9명 미만일 경우에는 최고점 1개와 최저점 1개를 제거하고 남은 점수들을 합산해 "제1라운드 하위점수"와 "제1라운드 순위"를 산출한다. 하위점수가 가장 낮은 선수는 1위를, 하위점수가 가장 높은 선수는 최하위를 받는다.

3. 선수가 심판위원장으로부터 레드카드를 받은 경우(제7조 제2항 참조), 선수는 한 순위 아래로 강등(레드카드를 받을 때마다)되므로 결선(제2라운드)에 진출하지 못하게 될 수도 있다. 그 선수의 원래 점수가 제공되기는 하지만 통계원이 "제1라운드 하위점수" 열에 있는 그 선수의 점수에 별표(*)표시를 할 것이며, 또한 이 카테고리의 점수표 아래에 정확한 내용을 기재할 것이다.

4. "제1라운드 하위점수"에서 동점이 발생한 경우, "상대 순위 방법"을 사용하여 순위를 정한다.

　비고 : 상대 순위 방법 절차

　동점 선수에 대한 각 개인 심판의 점수는 열별로 비교하게 되는데, 이때 더 낮은 점수를 기록한 선수의 번호 상단에 점을 찍는 방식이 사용된다. 대체 심판을 제외한 일반 대회 심판위원 9명 모두의 점수가 승패를 가리는 데에 사용된다. 집계 후, 점의 수가 많은 선수가 동점자 중 승자로 선언되고 더 나은 순위를 받게 된다.

5. 예선 점수는 상위 15명의 선수에게 1위에서 최하위까지의 순위를 부여하기 위해 사용된다. 예선에서 상위 6명의 선수가 결선에 진출하고 0점으로 결선을 시작한다.

6. 예선에서 상위 6명의 선수가 결선에 진출하고, 0점으로 결선을 시작한다. 한 체급에 7명의 선수가 있을 경우, 심판위원장은 결선만 진행할 수도 있다. 결정사항은 공식 선수 등록 후 발표된다.

7. 상위 6명의 결선 진출자는 예선 직후 발표된다.

제10조 – 예선 라운드, 제1라운드 및 제2라운드 평가(쿼터 턴 비교 심사)

10.1 모든 라운드는 다음 기준에 따라 평가한다.

1. 근육질 및 신체 상태

　심판은 선수의 체격 전체를 포괄적으로 평가해야 한다. 전체 체격을 고려하면서 머리에서 시작해 아래로 내려가는 방식으로 평가를 진행한다. 체격의 전체적인 인상에서부터 시작해, 피부와 피부 톤 및 헤어 상태를 심사한다. 선수는 균형 잡힌 근육질과 전반적으로 우수한 근육의 상태와 더불어 적절한 모양 및 신체 비율을 보여주어야 한다. 심판들은 극단적인 근육질과 선명도는 감점 대상이라는 것을 명심해야 한다. 남자 피지크 쿼터 턴의 평가 방법은 본 섹션의 부록 2에 설명되어 있다.

2. 무대 연기 및 개성

　심판들은 자신의 개성을 잘 전달하고 자신감을 기반으로 자신을 표현할 수 있는 능력을 갖춘, 최고의 무대 연기 및 태도를 보여주는 선수에게 좋은 점수를 준다.

3. 선수의 해부학적 구조가 피지크 스포츠에서 허용되는 신체조건의 기준과 현저하게 다른 예외적인 경우(부풀어 오른 배, 부자연스러운 근육의 형태, 여성형 유방, 과도한 체지방 수치 등), 심판위원장은 선수의 경기 참가 자체를 막을 수 있으며, 또한 선수의 무대 프레젠테이션 중 언제든 선수를 실격시킬 수 있다.

제11조 – 결선

11.1 결선 절차

　예선에서 상위 6명의 선수가 결선에 진출하며, 결선은 다음과 같이 단일 라운드로 구성된다.

1. 제2라운드 : 쿼터 턴×2

11.2 제2라운드의 복장은 제1라운드와 같은 기준을 따른다.

　비고 : 선수는 제1라운드와 다른 보드 반바지를 착용할 수 있지만, 그 복장 역시 제6조에 설명된 양식과 품위의 기준을 준수하는 것이어야 한다.

제12조 – 결선 : 제2라운드 프레젠테이션

12.1 제2라운드 프레젠테이션

　제2라운드 절차는 다음과 같다.

1. 상위 6명의 결선 진출자는 번호 순서대로 한 줄로 무대에 오르게 되고, 선수들의 번호, 이름, 국가가 소개된다.

2. IFBB 심판위원장은 그룹을 이룬 선수들을 번호 순으로 세운 후 4가지 쿼터 턴을 실시하게 하고, 그다음 선수들의 위치를 바꾼 후 다시 한 번 쿼터 턴을 실시하게 한다.

3. 쿼터 턴에 대한 자세한 설명은 본 섹션의 부록 1에 나와 있다.

4. 쿼터 턴이 완료되면, 선수들은 무대에서 퇴장한다.

제13조 − 결선 : 제2라운드 채점

13.1 제2라운드 채점

제2라운드 채점은 다음과 같이 진행된다.

1. 심판은 "개인 순위(결선)"라는 채점지 6을 사용하고, 예선에서 사용된 것과 동일한 판단 기준을 사용하여 1위부터 최하위까지의 순위를 선수에게 부여한다. 두 선수에게 같은 순위를 부여하지 않는다.

2. 통계원은 심판으로부터 채점지 6을 걷은 후, 각 심판이 기재한 순위를 "채점지(통계원)"라고 적힌 채점지 5에 기록한다. 그러고 난 후, 심판이 9명일 경우에는 최고점 2개와 최저점 2개를 제외한 점수들을, 심판이 9명 미만일 경우에는 최고점 1개와 최저점 1개를 제거하고 남은 점수들을 합산해 "제2라운드 하위점수"에 기록한다. 예선(제1라운드)의 점수는 결선에 반영되지 않는다. 결선에서는 모두 "0점(동일 조건)"으로 시작한다.

3. 선수가 심판위원장으로부터 레드카드를 받은 경우(제7조 제2항 참조), 선수는 제2라운드에서 한 순위 아래로 강등(레드카드를 받을 때마다)될 것이다. 그 선수의 원래 점수가 제공되기는 하지만 통계원이 "제2라운드 하위점수" 열에 있는 그 선수의 점수에 별표(*)표시를 할 것이며, 또한 이 카테고리의 점수표 아래에 정확한 내용을 기재할 것이다.

4. "제2라운드 하위점수"에서 동점이 발생한 경우, 선수의 "제2라운드 하위점수"에 기반해 "상대 순위방법(제9조 제4항 참조)"을 사용하여 순위를 정한다.

제14조 − 결선 : 제2라운드 평가

14.1 제2라운드 평가

제2라운드는 제10조(제1라운드 평가)에 자세하게 기술된 것과 동일한 기준으로 평가한다. 자세한 내용은 본 섹션의 부록 1을 참조

심판은 모든 선수가 이 라운드에서의 자신의 신체 상태에 따라 공정한 평가를 받을 수 있도록, "새로운" 시각에서 판정을 해야 한다.

제15조 − 결선 : 시상식

15.1 시상식

결선 진출자 상위 6명은 시상식에 참가하기 위해 무대에 오른다. 시상식 사회자는 6위 선수부터 1위 선수까지의 번호, 이름, 국가를 쭉 이어서 발표한다.

본 대회에 참석한 IFBB의 회장 또는 대회의 IFBB 고위 임원, 이 시상식에 초청된 다른 임원은 IFBB 메달 및 트로피를 수상자에게 수여한다.

1위 수상자의 국가(짧은 버전)는 1위 수상 즉시 연주된다.

국가가 끝난 후, 결선 진출자들은 잠시 동안 무대 위에서 기념 촬영에 응한 후 IFBB 심판위원장 또는 경기운영위원의 지시를 따른다. 시상식에서 선수들은 자국 국기를 내보여서는 안 된다.

선수는 자신의 순위를 인정하고, 메달 및 상을 받은 후, 시상식 종료 시점(사진 촬영)까지 참여해야 한다.

시상식이 끝나기 전에 결과에 대한 불만을 드러내거나 무대를 일찍 떠나는 선수는 실격 처리될 수 있다.

시상식에 대한 자세한 설명은 섹션 1 : 일반 규정 참조

제16조 − 오버롤 및 시상

16.1 남자 피지크에서 오버롤은 다음과 같이 진행된다.

a. 시니어 남자 피지크(최대 6명의 체급 우승자)

b. 주니어 남자 피지크(최대 5명의 체급 우승자)

c. 마스터 남자 피지크(최대 3명의 체급 우승자)

비고 : 머스큘러 남자 피지크 체급 우승자는 시니어 남자 피지크 오버롤에 참가하지 않는다.

16.2 오버롤은 다음과 같이 진행한다.

1. 마지막 남자 피지크 체급 시상식 직후, 머스큘러 남자 피지크를 제외한 모든 체급 우승자는 보드 반바지를 입고 번호 순서대로 한 줄로 무대에 오른다.

2. IFBB 심판위원장은 번호 순으로 선수들을 세운 후 쿼터 턴을 실시하게 하고, 그다음 선수들의 위치를 바꾼 후 다시 한 번 쿼터 턴을 실시하게 한다.

3. 쿼터 턴이 완료되면, 선수들은 무대에서 퇴장한다.

4. 심판은 "개인 순위(결선)"라는 제목의 채점지 6을 사용하여 각 선수에게 1위부터 최하위까지 개인 순위를 부여하며, 두 명 이상의 선수들이 동일한 순위를 받지 않도록 주의한다.

5. 9명의 심판이 "채점지(통계원)"라는 제목의 채점지 5에 점수를 기록하며, 최고점 2개와 최저점 2개를 제외한 나머지 점수를 합산하여 "오버롤 점수"와 "오버롤 순위"를 산출한다.

6. "오버롤 점수"에서 동점이 발생할 경우, "상대 순위 방법(제9조 제4항 참조)"을 사용하여 순위를 정한다.

7. "오버롤 우승자"가 발표되면 IFBB 회장 또는 IFBB 고위 임원이 우승자에게 IFBB 오버롤 트로피를 수여한다. 트로피는 주최국 국가 연맹에서 제공한다.

제17조 − 국가 시상

17.1 베스트 국가

다음의 성적으로 베스트 국가를 선정한다.

− 세계보디빌딩선수권대회 : 남자 피지크 상위 4명 & 머스큘러 남자 피지크 상위 1명

− 세계주니어선수권대회 : *

-- 주니어 남자 피지크 16~17세 : 1위

-- 주니어 남자 피지크 18~20세 : 1위

-- 주니어 남자 피지크 21~23세 : 상위 2명

− 세계마스터즈선수권대회 : 마스터 남자 피지크 상위 2명

* − 체급이 통합될 경우, 베스트 국가 채점 시에 카테고리 수만큼의 상위 선수들이 포함된다.

베스트 국가 점수 계산의 자세한 절차는 섹션 1 : 일반 규정, 제18조에서 확인할 수 있다.

상위 3개국의 수석대표 또는 팀 매니저가 자국을 대표하여 상을 받는다.

최종 결과 발표 − 섹션 1 : 일반 규정, 제19조에 의거하여 진행된다.

부록 1 : 남자 피지크 쿼터 턴에 대한 상세 설명

IFBB 심판위원장의 사전 경고에도 불구하고, 쿼터 턴을 잘못 수행하거나 라인업에 잘못 서 있는 선수는 옐로카드를 받는다. 만약 계속 그렇게 한다면, 그 선수는 레드카드를 받게 되고, 순위가 하나 아래로 강등(레드카드 한 장당 하나)된다.

프런트 포지션(Front Position)

바르게 서서 근육을 긴장시킨 자세로, 머리와 눈은 몸과 같은 방향을 향하게 하고, 네 손가락은 몸 앞쪽으로 둔 채, 한 손을 엉덩이에 얹고, 한 다리는 약간 측면으로 뻗어준다. 다른 손은 몸을 따라 아래로 늘어뜨린 상태에서 약간 몸에서 떨어지게 하고, 팔꿈치를 살짝 구부린 후, 손바닥을 곧게 펴주며, 손가락은 보기 좋게 정렬해준다. 무릎은 펴고, 복근과 광배근을 살짝 수축시킨 상태에서 고개를 들어 준다.

쿼터 턴 라이트(Quarter Turn Right) − 몸의 왼편이 심판을 향하는 자세

선수가 첫 쿼터 턴 라이트를 수행한다. 선수들은 몸의 왼편이 심판을 향하게 선 상태에서, 심판을 바라볼 수 있도록 상체를 약간 심판 쪽으로 돌려준다. 왼손은 왼쪽 엉덩이에 얹고, 오른팔은 몸의 중심선보다 약간 앞에 두고, 손바닥을 편 채로 손가락을 보기 좋게 정렬해놓고, 팔꿈치는 약간 구부린다. 왼쪽 다리(심판과 가까운 쪽)의 무릎을 약간 구부리고, 발은 바닥에 딱 붙인다. 오른쪽 다리(심판에게서 먼 쪽)의 무릎을 구부리고 뒤쪽으로 빼서 발가락으로 체중을 지탱한다.

쿼터 턴 백(Quarter Turn Back) − 등이 심판을 향하는 자세

바르게 서서 근육을 긴장시킨 자세로, 머리와 눈은 몸과 같은 방향을 향하게 하고, 네 손가락은 몸 앞쪽으로 둔 채, 한 손을 엉덩이에 얹는다. 다른 손은 몸을 따라 아래로 늘어뜨린 상태에서 약간 몸에서 떨어지게 하고, 팔꿈치를 살짝 구부린 후, 손바닥을 곧게 펴주며, 손가락은 보기 좋게 정렬해준다. 한쪽 다리는 약간 뒤쪽 측면으로 빼고, 발가락으로 체중을 지탱한다. 광배근을 약간 수축시킨 채, 고개를 들어 준다.

쿼터 턴 라이트(Quarter Turn Right) - 몸의 오른편이 심판을 향하는 자세

선수는 다음 쿼터 턴 라이트를 실시하여 몸의 오른편이 심판을 향하게 선 상태에서, 심판을 바라볼 수 있도록 상체를 약간 심판 쪽으로 돌려준다. 오른손은 오른쪽 엉덩이에 얹고, 왼팔은 몸의 중심선에서 약간 앞으로 두고, 손바닥을 편 채로 손가락을 보기 좋게 정렬해놓고, 팔꿈치는 약간 구부린다. 오른쪽 다리(심판과 가까운 쪽)의 무릎을 약간 구부리고, 발은 바닥에 딱 붙인다. 왼쪽 다리(심판에게서 먼 쪽)의 무릎을 구부리고 뒤쪽으로 빼서 발가락으로 체중을 지탱한다.

부록 2: 남자 피지크 쿼터 턴 평가

보드 반바지로 덮여 있는 다리 위쪽을 제외한 전체적인 체격에 대한 평가가 이뤄져야 한다. 체격의 전체적인 인상에서부터 시작해, 헤어, 전반적인 신체 발달 상태와 형태, 체격의 균형적이고 대칭적인 발달, 피부와 피부 톤, 그리고 자신감과 우아함으로 자신을 표현하는 운동선수로서의 능력을 종합적으로 심사한다.

심판은 조화롭고 비례적이며 클래식한 남성 체격, 좋은 자세, 올바른 해부학적 구조(신체 골격, 올바른 척추 곡선, 적절한 비율의 사지 및 몸통, 내반슬 또는 외반슬이 아닌 곧은 다리 등)를 가진 선수에게 좋은 점수를 부여해야 한다. 세로 비율(다리에서 상체까지의 길이)과 가로 비율(엉덩이와 허리에서 어깨까지의 너비)은 주요 요소 중 하나이다.

체격은 운동 노력과 식이 요법을 통해 달성되는, 전체적인 신체 밀도의 수준에 따라 평가되어야 한다. 신체 부위는 체지방이 줄어 보기 좋고 단단한 모습이어야 하지만 보디빌딩보다 "더 부드럽고", "더 매끄러운" 모습을 보여야 한다. 체격은 지나치게 근육질이거나 체지방을 지나치게 제거한 상태여서는 안 되며 깊은 근육의 분리도 및 근육의 줄무늬가 돋보여서는 안 된다. 너무 근육질이거나, 너무 단단하거나, 너무 건조하거나, 너무 체지방률이 낮다고 간주되는 체격은 반드시 감점처리된다. 또한 피부 톤을 고려한 평가가 이뤄져야 한다. 피부 톤은 보기에 매끄럽고 건강해야 한다. 헤어를 통해 "전체적으로 다 갖춘 모습(Total Package)"이 완성된다.

선수가 무대에 나오는 순간부터 다시 무대 밖으로 퇴장할 때까지의 전체 프레젠테이션 과정이 심판의 육체미 평가에 포함된다. 남자 피지크 선수는 항상 "건강하고 근육이 탄탄하게 발달된" 신체를 통해 "전체적으로 다 갖춘 모습"을 보여야 한다. 심판들은 이것이 보디빌딩 대회가 아니라는 것을 염두에 두어야 한다. 선수는 근육의 형태를 갖춰야 하지만, 보디빌딩 경기에서 볼 수 있는 근육의 분리도, 선명도, 매우 낮은 체지방 수준, 건조함 또는 강도를 보여서는 안 된다. 이러한 특징을 보이는 선수는 모두 감점처리된다.

5 남자 클래식 피지크 규정(2025)

제1조 - 서문

남자 클래식 피지크는 2018년 11월 9일 스페인 베니도름에서 개최된 IFBB 국제 총회에서 새로운 스포츠 종목으로 공식적으로 인정받았다.

1.1 일반

가능한 경우, 남자, 여자, 주니어, 시니어, 마스터즈를 포함한 모든 IFBB 세계선수권대회 및 IFBB 연례 총회를 하나의 큰 국제행사로 함께 조직하도록 한다.

남자 클래식 피지크에 대한 IFBB 규정은 남자 클래식 피지크 스포츠 운영에 있어서 IFBB와 그 회원들을 안내하기 위한 규정, 정책, 지침 및 결정문으로 구성되어 있다.

1.2 규정

남자 클래식 피지크에 대한 특정 운영 및 기술 규정은 섹션 1: 일반 규정과 같기 때문에 이 섹션에서는 다루지 않는다.

제2조 - 선수와 대표단에 대한 주최자의 책무

2.1 책무

세계선수권대회 주최자는 선수들과 대표단을 위한 2인 1실 숙박 시설 및 식사(아침, 점심, 저녁) 비용을 다음과 같이 부담한다.

1. 세계보디빌딩선수권대회 및 IFBB 국제 총회(남자 보디빌딩, 남자 클래식 보디빌딩, 남자 클래식 피지크, 남자 게임즈 클래식 보디빌딩, 남자 피지크, 머스큘러 남자 피지크 포함):

인원이 다음과 같은 경우, 4박 5일 지원

a. 선수 3명 이상 - 대표자 2명

b. 선수 1명 또는 2명 - 대표자 1명

비고 1 : 국가별 최대 허용 인원수는 제한하지 않는다.

비고 2 : 선수와 함께 참가하지 않는 대표단, 추가 대표단, 서포터들은 전체 패키지 특별 요금을 지불해야 한다.

비고 3 : IFBB와 주최 측 간의 동의하에, 한 종별을 추가할 수 있다.

2. 세계 주니어 보디빌딩 및 피트니스 선수권 대회:

인원이 다음과 같은 경우, 3박 4일 지원

a. 선수 3명 이상 − 대표자 2명

b. 선수 1명 또는 2명 − 대표자 1명

비고 1 : 국가별 최대 허용 인원수는 제한하지 않는다.

비고 2 : 선수와 함께 참가하지 않는 대표단, 추가 대표단, 서포터들은 전체 패키지 특별 요금을 지불해야 한다.

비고 3 : IFBB와 주최 측 간의 동의하에, 한 종별을 추가할 수 있다.

3. 세계 마스터즈 보디빌딩 및 피트니스 선수권 대회: 인원이 다음과 같은 경우, 3박 4일 지원

a. 선수 3명 이상 − 대표자 2명

b. 선수 1명 또는 2명 − 대표자 1명

비고 1 : 국가별 최대 허용 인원수는 제한하지 않는다.

비고 2 : 선수와 함께 참가하지 않는 대표단, 추가 대표단, 서포터들은 전체 패키지 특별 요금을 지불해야 한다.

비고 3 : IFBB와 주최 측 간의 동의하에, 한 종별을 추가할 수 있다.

제3조 − 카테고리 · 체급(Categories)

3.1 체급

남자 시니어 클래식 피지크에는 현재 다음과 같은 5개의 체급이 있다.

1. 168cm 이하 최대 체중[kg] = (신장[cm] − 100) + 4[kg]

2. 171cm 이하 최대 체중[kg] = (신장[cm] − 100) + 6[kg]

3. 175cm 이하 최대 체중[kg] = (신장[cm] − 100) + 8[kg]

4. 180cm 이하 최대 체중[kg] = (신장[cm] − 100) + 11[kg]

5. 180cm 초과

a) 180cm 초과~188cm 이하 : 최대 체중[kg] = (신장[cm] − 100) + 13[kg]

b) 188cm 초과~196cm 이하 : 최대 체중[kg] = (신장[cm] − 100) + 15[kg]

c) 196cm 초과 : 최대 체중[kg] = (신장[cm] − 100) + 17[kg]

비고 : IFBB와 주최자 간의 동의하에 한 종별을 추가할 수 있다.

3.2 남자 주니어 클래식 피지크 세계 대회에는 현재 다음과 같은 체급이 있다.

− 16세부터 20세까지 :

a. 오픈 체급

− 21세부터 23세까지 :

a. 오픈 체급

두 부문 모두 다음의 체중 제한 기준 적용

168cm 이하 : 최대 체중[kg] = (신장[cm] − 100) + 2[kg]

171cm 이하 : 최대 체중[kg] = (신장[cm] − 100) + 3[kg]

175cm 이하 : 최대 체중[kg] = (신장[cm] − 100) + 4[kg]

180cm 이하 : 최대 체중[kg] = (신장[cm] − 100) + 6[kg]

188cm 이하 : 최대 체중[kg] = (신장[cm] − 100) + 7[kg]

196cm 이하 : 최대 체중[kg] = (신장[cm] − 100) + 8[kg]

196cm 초과 : 최대 체중[kg] = (신장[cm] − 100) + 9[kg]

3.3 남자 마스터 클래식 피지크 대회에는 현재 다음과 같은 3개의 체급이 있다.

  - 40세부터 44세까지:

   a. 오픈 체급

  - 45세부터 49세까지:

   a. 오픈 체급

  - 50세 이상:

   a. 오픈 체급

  비고: 남자 마스터 클래식 피지크 선수의 체중 제한 기준은 남자 시니어 클래식 피지크와 같다(제3조 제1항 참조).

3.4 세계선수권대회와 대륙선수권대회를 제외한 기타 대회의 경우, 출전 선수가 적어도 3명은 되어야 해당 체급의 경기를 진행한다. 선수가 3명 미만일 경우, 가능하다면 체급은 통합된다. 마스터즈 부문은 체급 통합이 없다. 세계선수권대회와 대륙선수권대회의 경우, 출전 선수가 5명 이상일 경우에만 해당 체급 경기를 진행할 수 있다. 선수가 5명 미만일 경우, 가능하다면 통합 가능한 체급과 함께 진행된다.

3.5 **중복 출전(Crossovers)**: 남자 클래식 피지크 참가 선수는 각 종목의 특정 요건과 체중/신장 제한을 충족하는 경우, 같은 대회의 게임즈 클래식 보디빌딩, 클래식 보디빌딩, 보디빌딩 경기에 참가할 수 있다. 또한, 믹스 페어 종목 참가도 가능하다.

제4조 − 라운드

1. 예선: 예선 라운드 − 규정 포즈 4개

2. 예선: 제1라운드 − 규정 포즈 4개 & 규정 포즈 7개 비교 심사

3. 결선: 제2라운드 − 규정 포즈 7개×2 및 포즈다운

4. 결선: 제3라운드 − 개별 자유 포즈(60초)

제5조 − 예선: 예선 라운드

5.1 일반

체급별 예선 일정표는 공식 선수 등록 후에 발표된다. 준비 운동 및 경기 복장 환복 시간을 갖기 위해, 선수들은 적어도 자신의 체급 심사 시작 시간 45분 전까지 무대 뒤편 준비 구역에 도착해야 한다. 모든 선수는 호명 시 현장에서 경기에 출전할 수 있도록 준비하고 있어야 할 전적인 책임이 있으며 부재 시 탈락 처리될 수 있다.

5.2 예선 라운드 절차

한 체급에 출전한 선수가 15명이 넘을 경우, 예선 라운드를 진행한다. 필요한 경우, IFBB 심판위원장이 준결선에 출전하는 선수의 수를 10명으로 줄이거나 17명으로 늘릴 수 있다. 10명~17명의 선수가 경쟁하는 경우, 그에 맞춰 예선 라운드를 진행한다. 결정사항은 공식 선수 등록 후 발표한다.

5.3 예선 라운드는 다음과 같이 진행된다.

  1. 출전 선수는 참가번호에 따라 한 줄로 또는 필요시, 두 줄로 정렬한다.

  2. 출전 선수는 동수의 2개 그룹으로 나뉘어 1개 그룹은 무대 왼편에, 다른 그룹은 무대 오른편에 서고, 무대 중앙은 비교 심사를 위해 비워 둔다.

  3. 참가번호에 따라 최대 10명의 선수가 동시에 무대 중앙으로 나와 다음과 같은 4개의 규정 포즈를 실시한다.:

  a. Front Double Biceps

  b. Side Chest

  c. Back Double Biceps

  d. Vacuum Pose

  비고 1: 남자 클래식 피지크 규정 포즈에 대한 자세한 정보는 부록 1에서 확인한다.

  비고 2: 선수들은 무대 위에서 껌 또는 다른 어떠한 음식도 섭취할 수 없다.

  비고 3: 선수들은 무대에서 어떠한 음료도 마실 수 없다.

  4. 4개의 규정 포즈 심사가 끝나면 모든 출전 선수는 퇴장 전에 참가번호 순서에 따라 1열로 정렬한다.

제6조 – 예선: 경기 복장

6.1 경기 복장은 다음 기준을 따른다.

1. 선수는 어느 색이든 단색의 불투명한 소재의 체조용 반바지를 착용해야 한다. 반바지는 대둔근 전체와 전면을 가리는, 측면의 폭이 15cm 이상인 것이어야 한다. 다리 윗부분은 드러낼 수 있다. 복장에 장식품은 허용되지 않으며, 반바지 안에 패딩 처리를 하는 것은 금지된다.

2. 결혼반지를 제외하고, 선수는 신발, 안경, 시계, 목걸이, 귀걸이, 가발, 정신 사나운 장식, 인공 보형물을 착용할 수 없다. 임플란트나 액상 주사를 사용하여 근육 또는 신체의 자연적인 형태를 변형시키는 것은 엄격히 금지되며, 적발 시 해당 선수는 실격처리된다.

3. 머리 장식은 일반적으로 금지되지만, 출전 선수가 대표하는 국가의 공식 규정이나 준수하는 종교적 원칙으로 인해 머리 장식이 필요한 경우에는, 안면 가리개가 없는 작고 꼭 맞는 모자를 착용할 수 있다. 해당 모자를 공식 선수 등록 때 지정된 IFBB 관계자에게 보여준 후, 승인을 받아야 한다.

4. 예선이나 결선에서 소품을 사용하는 것은 엄격하게 금지된다.

6.2 지워질 수 있는 탄(tan) 및 브론저(bronzer)의 사용을 금지한다. 문지르기만 해도 태닝이 벗겨지면, 선수는 무대에 입장할 수 없다. 인공 착색 및 셀프 태닝 제품은 허용될 수도 있다. 전문 회사와 자격을 갖춘 개인에게 태닝을 받을 경우, 전문 경기 태닝 방법(에어브러시 태닝, 캐빈 스프레이 태닝)을 사용할 수 있다. 선수의 몸에 누가 발랐는지, 태닝 로션에 섞여 있는지, 아니면 별도 사용인지와 관계없이 광택, 광채의 효과를 내거나 반짝이는 금속 펄이 함유된, 또는 금색의 제품 사용은 금지된다.

6.3 오일의 과도한 사용은 엄격히 금지되지만, 적당한 보디 오일과 보습제 사용은 허용한다.

6.4 IFBB 심판위원장 또는 그에 의해 위임된 경기 임원은 선수의 복장이 규정에 설정된 기준과 미적인 허용 기준을 충족하는지 판단할 권한이 있다. 복장이 적합하지 않다면, 선수가 실격처리될 수 있다.

제7조 – 예선: 예선 라운드 평가 및 채점

7.1 예선 라운드 평가

예선 라운드와 제1라운드의 평가 기준(제10조 참조)은 같다.

1. 심판은 선수의 피부 색조뿐만 아니라 전체적인 체격 비율과 대칭, 근육 크기와 우수성(밀도, 분리도, 선명도)을 평가한다.

7.2 예선 라운드 채점

예선 라운드 채점은 다음과 같이 진행된다.

1. 선수가 15명이 넘을 경우, 심판은 "예선(심판)"이라고 표시된 채점지 1의 선수 번호 옆에 "×"를 표시해 상위 15명을 선정한다. IFBB 심판위원장이 예선 라운드 필요 여부를 결정한다.

2. "예선(통계원)"이라고 표시된 채점지 2를 이용해 통계원이 대회 심판위원의 선택을 기록한 후, 대회 심판위원의 점수를 집계하여 상위 15명의 선수를 선정한다.

3. 상위 15인 안에 들기 위해 경쟁하는 선수들 중 두 명 이상의 선수가 동점을 기록한 경우, 승부를 가리기 위해 심판이 해당 선수들을 무대 가운데로 모아 다시 한 번 4가지 규정 포즈를 취할 것을 지시한다.

4. 상위 15명의 선수가 제1라운드에 출전한다. 필요한 경우, IFBB 심판위원장이 준결선에 출전하는 선수의 수를 10명으로 줄이거나 17명으로 늘릴 수 있다. 10명~17명의 선수가 경쟁하는 경우, 그에 맞춰 예선 라운드를 진행한다. 결정사항은 공식 선수 등록 후 발표한다.

제8조 – 예선: 제1라운드 프레젠테이션(규정 포즈 비교 심사)

한 체급에 7명 이하의 선수가 있을 경우, 제1라운드를 진행하지 않는다. 결정은 심판위원장이 내리며, 공식 선수 등록이 마감된 후 경기 진행 순서 발표 시에 해당 내용을 공개한다.

8.1 제1라운드는 다음과 같이 진행된다.

1. 제1라운드 출전 선수는 참가번호 순으로 한 줄로 무대에 오른다. 시간이 허락하면, 제1라운드에 진출한 선수의 번호, 이름, 국가를 소개하며, 심판위원장이 결정사항을 행사 사회자 또는 아나운서에게 알린다.

2. 출전 선수는 동수의 2개 그룹으로 나뉘어, 1개 그룹은 무대 왼편에, 다른 그룹은 무대 오른편에 서고, 무대 중앙은 비교 심사를 위해 비워 둔다.

3. 번호 순서에 따라, 한 번에 10명 이하의 선수로 구성된 각 그룹은 무대 중앙으로 안내되어 다음 4개의 규정 포즈를 실시한다.

   a. Front Double Biceps

   b. Side Chest

   c. Back Double Biceps

   d. Vacuum Pose

   선수들을 그룹으로 나누어 진행하는 4가지의 규정 포즈 결과에 따라 심판들은 7가지 규정 포즈 비교 심사에 참가할 선수를 결정한다. 남자 클래식 피지크 규정 포즈에 대한 자세한 정보는 부록 1을 참고한다.

4. 모든 심판은 상위 5명의 선수들에 대한 첫 번째 비교 심사를 위한 개인 제안서를 IFBB 심판위원장에게 제출한다. 이를 바탕으로, 심판위원장이 첫 번째 비교 심사를 구성한다. 비교 심사를 위한 인원수는 심판위원장이 결정하지만, 한 번에 3명 미만 또는 10명을 초과하여 선수들을 비교 심사할 수 없다. 그 후, 심판들은 다음 상위 5명의 선수들을 비교 심사하기 위해서 중간 순위 선수들에 대한 개인 제안서를 제출하도록 요청받을 것이다. IFBB 심판위원장은 모든 선수를 한 번 이상 비교 심사할 때까지 두 번째 및 다음 비교 심사를 구성한다. 총 비교 심사 횟수는 IFBB 심판위원장이 결정한다.

5. 모든 비교 심사는 무대 중앙에서 진행한다.

6. 심판위원장이 구성하는 제1라운드 개별 비교 심사에서 선수들은 다음 7개의 규정 포즈를 실시한다.

   a. Front Double Biceps

   b. Side Chest

   c. Back Double Biceps

   d. Side Triceps

   e. Vacuum Pose

   f. Abdominals & Thighs

   g. 선수가 선택한 클래식(Classic) 포즈: 선수가 자유롭게 한 가지의 전면 포즈 실시(단, 모스트 머스큘러 포즈는 금지)

7. 마지막 비교 심사가 완료되면, 모든 선수들은 퇴장 전 참가번호 순서에 따라 1열로 정렬한다.

제9조 − 예선: 제1라운드 채점

9.1 제1라운드 채점

제1라운드 채점은 다음과 같이 진행된다.

1. 심판은 "개인 순위(예선)"라는 제목의 채점지 3을 이용해 각 선수에게 1위부터 최하위까지 개인 순위를 부여하면서, 두 명 이상의 선수가 동일한 순위를 받지 않도록 한다. 심판은 각 선수에 대한 평가를 기록하기 위해 "개인 노트"라는 채점지 4를 이용할 수 있다.

2. 통계원은 심판으로부터 채점지 3을 걷은 후, 각 심판이 기재한 순위를 "채점지(통계원)"라고 적힌 채점지 5에 기록한다. 그러고 난 후, 심판이 9명일 경우에는 최고점 2개와 최저점 2개를 제외한 점수들을, 심판이 9명 미만일 경우에는 최고점 1개와 최저점 1개를 제거하고 남은 점수들을 합산해 "제1라운드 하위점수"와 "제1라운드 순위"를 산출한다. 하위점수가 가장 낮은 선수는 1위를, 하위점수가 가장 높은 선수는 최하위를 받는다.

3. "제1라운드 하위점수"에서 동점이 발생한 경우, "상대 순위 방법"을 사용하여 순위를 정한다.

   비고: 상대 순위 방법 절차

   동점 선수에 대한 각 개인 심판의 점수는 열별로 비교하게 되는데, 이때 더 낮은 점수를 기록한 선수의 번호 상단에 점을 찍는 방식이 사용된다. 대체 심판을 제외한 고정 심판 그룹 9명 모두의 점수가 승패를 가리는 데에 사용된다. 집계 후, 점의 수가 많은 선수가 동점자 중 승자로 선언되고 더 나은 순위를 받게 된다.

4. 예선 점수를 통해 1위에서 최하위까지의 선수 순위가 정해진다. 상위 6명의 선수가 결선에 진출하고 결선에서는 모두 0점(동일 조건)으로 시작한다.

5. 상위 6명의 결선 진출자는 예선 직후 발표된다.

제10조 - 예선 라운드, 제1라운드 및 제2라운드 평가(규정 포즈 비교 심사)

10.1 일반

출전 선수의 육체미를 평가할 때, 심판은 체격 전체를 포괄적으로 평가하는 절차를 따른다. 규정 포즈 비교 심사에서 심판은 드러나는 기초 근육군을 가장 먼저 살핀다. 그런 다음 머리에서 시작해 전체적인 육체미를 관찰하고, 전반적인 인상으로 시작해 차례차례 아래쪽으로 신체의 모든 부분을 주시하면서 근육 크기, 균형적인 발달, 근육의 밀도와 선명도를 심사한다. 하향식 측정을 통해 머리, 목, 어깨, 가슴, 전체 팔 근육, 흉근을 포함한 상체 전면, 가슴에서 어깨로 이어지는 부위, 복부, 허리, 허벅지, 다리, 종아리, 발을 세밀히 관찰한다. 후면도 같은 방식으로 상부/하부 승모근, 원근, 극하근, 척추 기립근, 둔근, 허벅지의 대퇴이두근, 종아리, 발을 세밀히 관찰한다.

비교 심사에서는 다양한 근육군을 세밀히 평가하는 동시에 선수의 전체적인 균형 잡힌 발달을 고려하면서 근육 형태, 밀도, 선명도를 비교하는 것이 효과적이다. 규정 포즈 비교 심사의 중요성은 아무리 강조해도 지나치지 않은데, 이는 어느 선수가 근육의 크기, 균형적인 발달, 근육의 밀도와 선명도 측면에서 더 뛰어난지 판단하는 데 도움이 되기 때문이다. 선수의 해부학적 구조가 피지크 스포츠에서 허용되는 신체조건의 기준과 현저하게 다른 예외적인 경우(부풀어 오른 배, 부자연스러운 근육의 형태, 여성형 유방, 과도한 체지방 수치 등), 심판위원장은 선수의 경기 참가 자체를 막을 수 있으며, 또한 선수의 무대 프레젠테이션 중 언제든 선수를 실격시킬 수 있다.

10.2 남자 육체미 평가

예선 평가에서는 전체 형태와 다양한 근육군을 중요하게 본다. 심판은 조화롭고 표준적인 육체미를 선보이는 선수에게 보다 높은 점수를 주어야 한다. 심판은 좋은 자세와 태도, 올바른 해부학적 구조(신체 골격, 넓은 어깨, 두드러진 가슴, 올바른 척추 곡선, 바람직한 비율의 사지 및 몸통, 내반슬이나 외반슬이 아닌 곧은 다리 포함)를 가진 선수에게 좋은 점수를 부여해야 한다.

심판은 선수가 IFBB에서 피부 결점으로 고려하는, 수술 자국이나 흉터, 반점, 여드름, 문신이 없는 깔끔한 피부의 소유자인지, 머리 모양이 단정하고 발과 발가락의 형태가 바람직한지를 관찰한다. 2명 이상의 선수가 같은 수준으로 판단되어 순위 선정이 어려운 경우에는 심판은 위에 언급한 측면 중 결점을 찾아 순위를 정한다.

남자 규정 포즈에 대한 자세한 정보는 부록 1을 참고한다.

제11조 - 결선

11.1 결선 절차

예선에서 상위 6명의 선수가 결선에 출전하고, 다음 2개의 라운드가 진행된다.

1. 제2라운드: 규정 포즈 및 포즈다운
2. 제3라운드: 개인 자유 포즈

11.2 제2라운드 복장은 제1라운드와 동일한 복장 기준(제6조 참조)을 따른다.

비고: 출전 선수는 제1라운드에서 착용했던 반바지와 다른 반바지를 착용할 수 있지만, 그 복장 역시 제6조에 설명된 양식과 품위의 기준을 준수하는 것이어야 한다.

제12조 - 결선: 제2라운드 프레젠테이션(규정 포즈 및 포즈다운)

12.1 제2라운드 프레젠테이션

제2라운드 프레젠테이션은 다음과 같이 진행된다.

1. 상위 6명의 결선 참가 선수는 참가번호에 따라 한 줄로 무대 위에 오르게 되고, 각 선수의 번호, 국가, 이름이 소개된다.
2. 상위 6명의 결선 참가 선수는 무대 중앙에서 하나의 그룹을 이뤄, 7개 규정 포즈를 실시한다. 7번째 규정 포즈 후, IFBB 심판위원장이 선수들을 참가번호 역순으로 다시 정렬시킨 후, 7개 규정 포즈를 다시 반복하게 한다. 이 부분은 모두 점수에 반영된다.
3. 규정 포즈가 끝나는 대로 IFBB 심판위원장이 주최 측에서 준비한 음악에 맞춰 30초~60초 동안 포즈다운할 것을 요청한다. 포즈다운은 제2라운드 점수에 포함되지 않는다.
4. 포즈다운 후, 6명의 선수는 퇴장 전 참가번호 순서에 따라 1열로 정렬한다.
5. 규정 포즈에 대한 자세한 정보는 부록 1을 참고한다.

제13조 – 결선 : 제2라운드 채점

13.1 제2라운드 채점

제2라운드 채점은 다음과 같이 진행된다.

1. 심판은 "개인 순위(결선)"라고 표시된 채점지 6을 사용해 예선과 동일한 판정 기준으로 1위부터 6위까지 순위를 정하면서, 2명이 같은 순위가 되지 않도록 주의한다.

2. 통계원은 심판으로부터 채점지 6을 걷은 후, 각 심판이 기재한 순위를 "채점지(통계원)"라고 적힌 채점지 5에 기록한다. 그리고 난 후, 심판이 9명일 경우에는 최고점 2개와 최저점 2개를 제외한 점수들을, 심판이 9명 미만일 경우에는 최고점 1개와 최저점 1개를 제거하고 남은 점수들을 합산한다. 합산 점수에 2를 곱한 후 "제2라운드 하위점수"에 기록한다. 예선(제1라운드)의 점수는 결선에 반영되지 않는다. 결선에서는 모두 "0점(동일 조건)"으로 시작한다.

3. "제2라운드 하위점수"와 "제3라운드 하위점수"를 합산해 "최종 점수"를 산출하기 때문에 "제2라운드 하위점수"에서 동점이 발생해도 순위를 가리는 작업을 진행하지 않는다.

제14조 – 결선 : 제2라운드 평가

14.1 제2라운드 평가

제1라운드와 동일한 판정 기준(제10조 참조)을 제2라운드에 적용한다. 자세한 내용은 부록 1을 참고한다. 그러나 심판은 참가자가 결선에서 예선에서와는 다른 컨디션을 선보일 수 있다는 사실에 주의를 기울여야 한다. 그러므로 모든 선수가 제2라운드에서의 본인의 신체 상태에 따라 공정한 평가를 받을 수 있도록 "새로운" 시각에서 판정을 해야 한다.

제15조 – 결선 : 제3라운드 프레젠테이션(개인 자유 포즈)

15.1 절차

제2라운드가 끝나는 즉시 제3라운드를 시작하며, 제3라운드는 다음과 같이 진행된다.

1. 상위 출전 선수 6명은 참가번호 순으로 본인이 선택한 음악에 맞춰 자유 포즈를 최대 60초 동안 실시하며, 이는 제3라운드의 점수로 채점된다.

2. 곡예 동작은 엄격히 금지된다. 자유 포즈 도중 무대에서 점프하거나 무대에 다른 신체 부위가 닿지 않은 상태에서 두 발을 들어 올리는 동작은 허용되지 않는다.

3. 소품 사용은 금지된다.

4. 제3라운드 포즈 복장인 반바지에 대한 기준은 기타 라운드와 동일하다(제6조 참조).

제16조 – 결선 : 제3라운드 채점

16.1 제3라운드 채점은 다음과 같이 진행된다.

1. 심판은 "개인 순위(결선)"라고 표시된 채점지 6을 사용해 1위부터 6위까지 순위를 정하면서, 2명이 같은 순위가 되지 않도록 주의한다.

2. 각 선수에 대한 평가 기록에는 "개인 노트"라는 제목의, 채점지 4가 사용된다.

3. 통계원은 심판으로부터 채점지 6을 걷은 후, 각 심판이 기재한 순위를 "채점지(통계원)"라고 적힌 채점지 5에 기록한다. 그리고 난 후, 심판이 9명일 경우에는 최고점 2개와 최저점 2개를 제외한 점수들을, 심판이 9명 미만일 경우에는 최고점 1개와 최저점 1개를 제거하고 남은 점수들을 합산해 "제3라운드 하위점수"에 기록한다.

4. 통계원이 "제2라운드 하위점수"와 "제3라운드 하위점수"를 합산해 "최종 점수"를 산출한다. 예선(제1라운드) 점수는 결선에 영향을 미치지 않는다. 각 선수는 "0점"으로 결선을 시작한다. "최종 순위"에 각 선수의 순위를 기록한다. 가장 낮은 최종 점수를 받은 선수가 1위, 가장 높은 최종 점수를 받은 선수가 6위가 된다.

5. "제2라운드 하위점수"와 "제3라운드 하위점수"를 합산해 "최종 점수"를 계산하기 때문에 "제3라운드 하위점수"에서 동점이 발생해도 순위를 가리는 작업을 진행하지 않는다.

6. "최종 점수"에서 동일한 순위가 발생하면, 제2라운드 하위점수로 순위를 정한다. 그래도 동일 순위가 지속되는 경우 "제2라운드 하위점수"와 "상대 순위 방법(제9조 제3항 참조)"으로 순위를 정한다.

제17조 – 결선 : 제3라운드 평가

17.1 제3라운드는 다음 기준에 따라 평가된다.

1. 제3라운드에서 심판은 선수가 음악에 맞춰 얼마나 본인의 육체미를 잘 표현하는지를 평가한다. 심판은 규정 포즈를 포함한 다양한 포즈에서 유연하고 예술적이며 안무가 훌륭한 동작을 기대한다. 선수는 근육 발달을 보여주기 위해 간헐적인 정지 동작도 실시해야 한다. 대퇴사두근, 대둔근의 내측 상단을 보여주기 위한 "Moon" 포즈와 경기 복장을 당기는 행동은 엄격히 금지된다.

2. 심판은 제3라운드에서 육체미 50%, 개별 자유 포즈 50%의 비율로 심사해야 한다는 것을 명심해야 한다.

제18조 – 결선 : 시상식

18.1 시상식

결선 상위 6명의 선수가 시상식에 참여하기 위해 무대에 오른다. 사회자가 6위 선수부터 1위 선수까지의 참가번호, 이름, 국가를 쭉 이어서 발표한다. IFBB의 회장 또는 대회의 IFBB 고위 임원, 이 시상식에 초청된 다른 임원은 IFBB 메달 및 트로피를 수상자에게 수여한다. 1위 수상자의 국가(짧은 버전)는 1위 수상 즉시 연주된다. 국가가 끝난 후, 결선 진출자들은 잠시 동안 무대 위에서 기념 촬영에 응한 후 IFBB 심판위원장 또는 경기운영위원의 지시를 따른다. 시상식에서, 선수는 자국 국기를 내보여서는 안 된다. 선수는 자신의 순위를 인정하고, 메달 및 상을 받은 후, 시상식 종료 시점(사진 촬영)까지 참여해야 한다. 시상식이 끝나기 전에 결과에 대한 불만을 드러내거나 무대를 일찍 떠나는 선수는 실격처리될 수 있다.

시상식에 대한 자세한 설명은 섹션 1 : 일반 규정, 제16조에서 확인할 수 있다.

제19조 – 오버롤 및 시상

19.1 남자 클래식 피지크 오버롤은 다음과 같다.

a. 남자 시니어 클래식 피지크(최대 5명의 체급 우승자)

b. 남자 주니어 클래식 피지크(최대 2명의 체급 우승자)

c. 남자 마스터 클래식 피지크(최대 3명의 체급 우승자)

19.2 오버롤은 다음과 같이 진행된다.

1. 마지막 남자 클래식 피지크 체급의 시상식 직후, 모든 체급별 우승자는 참가번호 순으로 무대 중앙에 한 줄로 정렬한다.

2. IFBB 심판위원장의 지시에 따라 선수들은 무대 중앙에서 7가지 규정 포즈를 취하게 된다. 마지막 규정 포즈 후, 심판위원장은 선수들을 참가번호 역순으로 다시 정렬시킨 후 7가지 규정 포즈를 다시 한 번 반복하게 한다.

3. 선수들은 규정 포즈 후 포즈다운을 30초~60초 동안 실시하고 무대에서 퇴장한다.

4. 심판은 "개인 순위(결선)"라는 제목의 채점지 6을 사용하여 각 선수에게 1위부터 최하위까지 개인 순위를 부여하며, 두 명 이상의 선수들이 동일한 순위를 받지 않도록 주의한다.

5. 9명의 심판이 "채점지(통계원)"라고 적힌 채점지 5에 점수를 기록하며, 최고점 2개와 최저점 2개를 제외한 나머지 점수를 합산하여 "오버롤 점수"와 "오버롤 순위"를 산출한다.

6. "오버롤 점수"에서 동일 순위가 발생하면 "상대 순위 방법(제9조 제3항 참조)"을 이용해 순위를 정한다.

7. "오버롤 우승자"를 발표하고 IFBB 회장이나 대회에 참석 중인 IFBB 고위 임원이 우승자에게 오버롤 트로피를 수여한다. 트로피는 주최국 국가 연맹에서 제공한다.

제20조 – 국가 시상

20.1 베스트 국가

다음의 성적으로 베스트 국가를 선정한다.

- 세계선수권대회: 상위 3위까지
- 세계주니어선수권대회: *
  - -- 남자 주니어 클래식 피지크 16~20세: 1위
  - -- 남자 주니어 클래식 피지크 21~23세: 1위
- 세계마스터즈선수권대회: * 남자 마스터 클래식 피지크 상위 2위까지

* – 체급이 통합될 경우, 베스트 국가 채점 시에 참가 카테고리 수만큼의 상위 선수들이 포함된다.

베스트 국가 점수 계산에 대한 자세한 정보는 섹션 1: 일반 규정, 제18조에서 확인할 수 있다.

상위 3개국의 수석대표 또는 팀 매니저가 국가를 대표해 상을 받는다.

최종 결과 발표 – 섹션 1: 일반 규정, 제19조에 의거하여 진행된다.

부록 1: 7가지 규정 포즈 상세 설명

1.1 남자 클래식 피지크 규정 포즈

1. Front Double Biceps

선수는 심판을 향해 정면으로 서서 한 발을 40~50cm 바깥쪽 앞으로 두고 두 팔을 들어 어깨와 수평을 이루게 한 후 팔꿈치를 구부린다. 이 포즈에서 중요하게 평가하는 이두근과 전완근이 수축되도록 주먹을 꽉 쥔 채 아래를 향하게 한다. 또한 심판이 전체 골격을 심사하므로, 선수는 머리부터 발끝까지 가능한 한 많은 근육을 수축시킬 수 있도록 노력한다.

심판은 처음에 상완이두근이 꽉 차있는지, 봉우리는 잘 솟아있는지, 그리고 상완이두근의 전면부와 후면부의 분할이 선명한지를 심사하고 계속해서 전완근, 삼각근, 흉근, 가슴에서 어깨로 이어지는 부위, 복부, 허벅지, 종아리를 관찰함으로써 머리부터 발끝까지 심사를 이어간다. 심판은 또한 근육의 밀도, 선명도 그리고 전반적인 균형을 심사한다.

2. Side Chest

선수는 더 "잘 발달된 팔"을 보여주기 위해 우측이나 좌측 중 한쪽을 선택한다. 선수는 심판을 향해 우측이나 좌측으로 서서 심판과 가까운 쪽 팔을 직각으로 구부리고 한 손은 주먹을 쥐고 다른 손은 주먹 쥔 손의 손목을 잡는다. 심판과 가까운 쪽 다리의 무릎을 구부리고 발가락으로 지탱한다. 그다음 가슴을 펴고 직각으로 구부린 팔의 상승 압력을 이용해 상완이두근을 최대한 수축한다. 선수는 발가락에 하강 압력을 가해 허벅지 근육과 대퇴이두근, 비복근을 수축한다.

심판은 가슴 근육과 흉곽의 아치 형태, 상완이두근, 대퇴이두근, 비복근을 집중적으로 관찰하면서 머리부터 발끝까지 심사한다. 심판은 선수의 옆모습을 보면서 허벅지와 종아리 근육의 더 정확한 발달 정도를 확인한다.

3. Back Double Biceps

선수는 뒷모습이 심판에게 보이게 서서 두 팔과 손목 자세를 Front Double Biceps 포즈와 동일하게 취하고 한 발을 뒤로 빼서 발가락으로 지탱한다. 그다음 어깨, 상·하부 등 근육, 허벅지, 비복근뿐만 아니라 상완이두근까지 수축시킨다. 심판은 먼저 팔 근육을 심사하고 그다음 머리부터 발끝까지 관찰하는데, 이때 다른 포즈를 취할 때보다 더 많은 근육군을 심사한다. 해당 근육군은 목, 삼각근, 상완이두근, 상완삼두근, 전완근, 승모근, 원근, 극하근, 척추 기립근, 외복사근, 광배근, 대둔근, 대퇴이두근, 비복근을 포함한다. 이 포즈를 취했을 때, 다른 포즈를 취했을 때보다 근육의 밀도, 선명도 그리고 전체적인 균형을 심사하기가 수월하다.

4. Side Triceps

선수는 더 "잘 발달된 팔"을 보여주기 위해 우측이나 좌측 중 한쪽을 선택한다. 선수는 심판을 향해 우측이나 좌측으로 서서 두 팔을 등 뒤에 놓고 깍지를 끼거나 앞쪽에 있는 손목을 다른 손으로 움켜잡는다. 심판과 가까운 쪽 다리 무릎을 굽히고 발바닥을 바닥에 딱 붙인다. 그리고 심판과 먼 쪽 다리의 무릎을 굽히고 발가락으로 지탱한다. 선수는 앞쪽 팔에 압력을 가하여 상완삼두근을 수축한다. 또한 가슴은 올리고 복부 근육, 허벅지, 비복근을 수축한다.

심판은 일단 상완삼두근을 관찰하고 머리부터 발끝까지 심사한다. 이 포즈에서 심판은 측면에서의 허벅지와 종아리 근육을 관찰해 비교 발달 정도를 더 정확하게 확인할 수 있다.

5. Vacuum Pose

새로운 규정 포즈로 선수는 심판을 향해 정면으로 서서 두 팔을 머리 뒤에 대고 두 발은 모은다. 그런 후 숨을 깊게 내쉬고, 배꼽을 척추 쪽으로 당긴다는 느낌으로 복부를 안으로 당기면서 동시에 복횡근, 다리, 몸통 및 팔 근육을 수축해 "Vacuum Pose"를 실시한다. 이 포즈에서 복근(복직근)은 수축시키지 않는다.

6. Abdominals & Thighs

선수는 심판을 향해 정면으로 서서 두 팔을 머리 뒤에 놓고 한쪽 발을 앞에 둔다. 그다음 몸통을 약간 앞쪽으로 보내며 '크런칭(crunching)' 자세로 복부 근육을 수축하고 동시에 하체 전면 근육을 수축한다. 심판은 복부와 허벅지 근육을 관찰하고 난 후 머리부터 발끝까지 심사한다.

7. 선수가 선택한 클래식(Classic) 포즈

선수는 심판을 향해 바르게 서서 본인이 원하는 전면 클래식 포즈를 취한다. 단, "모스트 머스큘러" 포즈는 금지된다. 선수는 클래식 포즈에서 주요 근육군을 포함한 기타 근육군을 수축시켜야 하며, 한 가지 포즈만 실시한다.

6 여자 보디피트니스 규정(2025)

제1조 – 서문

여자 보디피트니스(Women's Bodyfitness)는 2002년 10월 27일에 이집트의 카이로에서 열린 IFBB 최고 집행위원회와 IFBB 국제 총회에 의해 새로운 스포츠 종목으로서 공식적으로 인정받았다.

1.1 일반

가능한 경우, 남자, 여자, 주니어, 시니어, 마스터즈를 포함한 모든 IFBB 세계선수권대회 및 IFBB 연례 총회를 하나의 큰 국제행사로 함께 조직하도록 한다.

보디피트니스에 대한 IFBB 규정은 스포츠 운영에 있어서 IFBB와 그 회원들을 안내하기 위한 규정, 정책, 지침 및 결정문으로 구성된다.

1.2 규정

보디피트니스의 특정 운영 및 기술 규정은 섹션 1: 일반 규정과 동일하므로, 이 섹션에서는 다루지 않는다.

제2조 – 선수와 대표단에 대한 주최자의 책무

2.1 책무

세계선수권대회 주최자는 선수와 대표단을 위한 2인 1실 숙박 시설 및 식사(아침, 점심, 저녁) 비용을 다음과 같이 부담한다.

1. 세계피트니스선수권대회(여자 아크로바틱 피트니스, 여자 아티스틱 피트니스, 남자 피트니스, 여자 피지크, 여자 보디피트니스, 여자 비키니, 여자 웰니스, 믹스 페어, 핏 페어 포함):

   인원이 다음과 같은 경우, 3박 4일 지원

   a. 선수 3명 이상 – 대표자 2명

   b. 선수 1명 또는 2명 – 대표자 1명

   비고 1: 국가별 최대 허용 인원수는 제한하지 않는다.

   비고 2: 선수와 함께 참가하지 않는 대표단, 추가 대표단, 서포터들은 전체 패키지 특별 요금을 지불해야 한다.

   비고 3: IFBB와 주최 측 간의 동의하에, 한 종별을 추가할 수 있다.

2. 세계 주니어 보디빌딩 및 피트니스 선수권 대회: 인원이 다음과 같은 경우, 3박 4일 지원

   a. 선수 3명 이상 – 대표자 2명

   b. 선수 1명 또는 2명 – 대표자 1명

   비고 1: 국가별 최대 허용 인원수는 제한하지 않는다.

   비고 2: 선수와 함께 참가하지 않는 대표단, 추가 대표단, 서포터들은 전체 패키지 특별 요금을 지불해야 한다.

   비고 3: IFBB와 주최 측 간의 동의하에, 한 종별을 추가할 수 있다.

3. 세계 마스터즈 보디빌딩 및 피트니스 선수권 대회:

인원이 다음과 같은 경우, 3박 4일 지원

a. 선수 3명 이상 – 대표자 2명

b. 선수 1명 또는 2명 – 대표자 1명

비고 1: 국가별 최대 허용 인원수는 제한하지 않는다.

비고 2: 선수와 함께 참가하지 않는 대표단, 추가 대표단, 서포터들은 전체 패키지 특별 요금을 지불해야 한다.

비고 3: IFBB와 주최 측 간의 동의하에, 한 종별을 추가할 수 있다.

제3조 – 카테고리 · 체급(Categories)

3.1 체급:

여자 보디피트니스 세계 대회에는 다음과 같은 체급이 있다.

1. 시니어 여자 보디피트니스 세계 대회에는 현재 다음과 같은 4개의 체급이 있다.

a. Class A: 158cm 이하

b. Class B: 163cm 이하

c. Class C: 168cm 이하

d. Class D: 168cm 초과

2. 주니어 여자 보디피트니스 세계 대회의 체급 구성은 현재 다음과 같다.

－16세부터 20세까지:

a. open 체급

－21세부터 23세까지:

a. open 체급

3. 마스터 여자 보디피트니스 세계 대회의 체급 구성은 다음과 같다.

－35세부터 39세까지:

a. open 체급

－40세부터 44세까지:

a. open 체급

－45세부터 49세까지:

a. open 체급

－50세 이상:

a. open 체급

4. 세계선수권대회와 대륙선수권대회를 제외한 기타 대회의 경우, 출전 선수가 적어도 3명은 되어야 해당 체급의 경기를 진행한다. 선수가 3명 미만일 경우, 가능하다면 체급은 통합된다. 마스터즈 부문은 체급 통합이 없다. 세계선수권대회와 대륙선수권대회의 경우, 출전 선수가 5명 이상일 경우에만 해당 체급 경기를 진행할 수 있다. 선수가 5명 미만일 경우, 가능하다면 통합 가능한 체급과 함께 진행된다.

5. 중복 출전(Crossover): 여자 보디피트니스 선수는 각 부문의 특정 요건을 충족할 경우, 같은 대회에서 여자 아크로바틱 피트니스(Women's Acrobatic Fitness) 부문에 참가할 수 있다.

제4조 – 라운드

4.1 라운드

여자 보디피트니스는 다음 3개의 라운드로 구성된다.

1. 예선: 예선 라운드(쿼터 턴)

2. 예선: 제1라운드(쿼터 턴 및 쿼터 턴 비교 심사)

3. 결선: 제2라운드("아이 워킹" 개인 프레젠테이션 및 쿼터 턴)

제5조 - 예선 : 예선 라운드

5.1 일반

체급별 예선 일정표는 공식 선수 등록 후에 발표된다. 준비 운동 및 경기 복장 환복 시간을 갖기 위해, 선수들은 적어도 자신의 체급 심사 시작 시간 45분 전까지 무대 뒤편 준비 구역에 도착해야 한다. 모든 선수는 호명 시 현장에서 경기에 출전할 수 있도록 준비하고 있어야 할 전적인 책임이 있으며 부재 시 탈락 처리될 수 있다.

5.2 예선 라운드 절차 :

한 체급에 출전한 선수가 15명이 넘을 때 예선 라운드가 열린다. 필요한 경우, IFBB 심판위원장은 준결선에 진출할 선수를 10명으로 줄이거나 17명으로 늘릴 수 있다. 10명~17명의 선수가 경쟁하는 경우, 그에 맞춰 예선 라운드를 진행한다. 결정사항은 공식 선수 등록 후 발표한다. 예선 라운드는 다음과 같이 진행된다.

1. 전체 출전 선수는 참가번호에 따라 한 줄로 또는 필요시, 두 줄로 정렬한다.

2. 출전 선수는 동수의 2개 그룹으로 나뉘어 한 그룹은 무대 좌측에, 다른 그룹은 무대 우측에 배치된다. 무대 중앙 부분은 비교 심사를 위해 비워 둔다.

3. 번호 순서에 따라, 한 번에 10명 이하의 선수로 구성된 각 그룹은 무대 중앙으로 나와 4가지 쿼터 턴을 수행한다.

4. IFBB 심판위원장 또는 무대 감독은 선수에게 다음과 같은 4가지 쿼터 턴을 지시한다.

   a. Quarter Turn Right

   b. Quarter Turn Back

   c. Quarter Turn Right

   d. Quarter Turn Front

   비고 1 : 본 섹션의 부록 1에 제공된 여자 보디피트니스 쿼터 턴에 대한 자세한 설명 참고

   비고 2 : 선수들은 무대 위에서 껌 또는 다른 어떠한 음식도 섭취할 수 없다.

   비고 3 : 선수들은 무대 위에서 어떠한 음료도 마실 수 없다.

5. 쿼터 턴이 완료되면, 모든 출전 선수는 퇴장 전에 참가번호 순서에 따라 1열로 정렬한다.

제6조 - 예선 및 결선 : 경기 복장

6.1 예선 라운드와 모든 라운드의 복장(비키니)은 다음 기준을 따른다.

1. 불투명한 일반 비키니

2. 아래에 명시된 경우를 제외하고, 비키니의 색상, 섬유, 재질, 장식 및 스타일과 하이힐의 색상과 스타일은 선수의 재량에 맡긴다.

3. 하이힐의 앞 굽 두께는 최대 1cm이고 힐의 높이는 최대 12cm이다. 플랫폼 구두는 허용되지 않는다.

4. 비키니 하의는 최소 대둔근 1/2 이상과 전면 전체를 덮어야 한다. 비키니는 품위를 갖춘 것이어야 하며 끈으로 된 비키니는 엄격히 금지된다.

5. 공식 선수 등록 시 복장을 검사한다.

6.2 헤어는 스타일링 할 수 있다.

6.3 결혼반지, 팔찌, 귀걸이를 제외한 장신구 착용은 금지된다. 가슴보형물을 제외한 안경, 시계, 가발 또는 인공 보형물의 착용은 금지된다. 임플란트나 액상 주사를 사용하여 근육 또는 신체의 자연적인 형태를 변형시키는 것은 엄격히 금지되며, 적발 시 해당 선수는 실격처리된다.

6.4 지워질 수 있는 탄(tan)과 브론저(bronzer) 사용은 금지한다. 문지르기만 해도 태닝이 벗겨지면, 선수는 무대에 입장할 수 없다. 인공 착색 및 셀프 태닝 제품을 사용할 수 있다. 전문 회사와 자격을 갖춘 개인에게 태닝을 받을 경우, 전문 경기 태닝 방법(에어브러시 태닝, 캐빈 스프레이 태닝)을 사용할 수 있다. 선수의 몸에 누가 발랐는지, 태닝 로션에 섞여 있는지, 아니면 별도 사용인지와 관계없이 광택, 광채의 효과를 내거나 반짝이는 금속 펄이 함유된, 또는 금색의 제품 사용은 금지된다.

6.5 신체에 오일을 과도하게 바르는 것은 엄격히 금지된다. 단, 바디 오일과 보습제는 적당히 사용할 수 있다.

6.6 IFBB 심판위원장 또는 그에 의해 위임된 임원은 선수의 복장이 규정에 설정된 기준과 미적인 허용 기준을 충족하는지 판단할 권한이 있다. 복장이 적합하지 않으면 선수가 실격될 수 있다.

제7조 – 예선 : 예선 라운드 채점

7.1 예선 라운드 채점

1. 이때, 심판들은 탄탄한 동작, 비율, 대칭, 균형, 형태 및 피부 톤의 정도를 확인하며 전체적인 체격을 평가한다. 여자 보디피트니스 선수 평가의 세부 기준은 본 섹션의 제10조에 나와 있다. 예선 라운드의 채점은 다음과 같이 진행된다.

2. 선수가 15명이 넘을 경우, 심판은 "예선(심판)"이라고 표시된 채점지 1의 선수 번호 옆에 "×"를 표시해 상위 15명을 선정한다. IFBB 심판위원장이 예선 라운드 필요 여부를 결정한다.

3. "예선(통계원)"이라고 표시된 채점지 2를 이용해 통계원이 대회 심판위원의 선택을 기록한 후, 대회 심판위원의 점수를 집계하여 상위 15명의 선수를 선정한다.

4. 상위 15인 안에 들기 위해 경쟁하는 선수들 중 두 명 이상의 선수가 동점을 기록한 경우, 승부를 가리기 위해 해당 선수들을 무대로 다시 불러, 다시 한 번 4가지 쿼터 턴을 실시할 것을 지시한다.

5. 상위 15명의 선수가 제1라운드에 진출한다. 필요한 경우, IFBB 심판위원장은 준결선에 진출하는 선수를 10명으로 줄이거나 17명으로 늘릴 수 있다. 10명~17명의 선수가 경쟁하는 경우, 그에 맞춰 예선 라운드를 진행한다.

제8조 – 예선 : 제1라운드 프레젠테이션

한 체급에 6명 이하의 선수가 있을 경우 제1라운드는 진행하지 않는다. 결정은 심판위원장이 내리며, 공식 선수 등록이 마감된 후 경기 진행 순서 발표 시에 해당 내용을 공개한다.

8.1 제1라운드 프레젠테이션

제1라운드는 다음과 같이 진행된다.

1. 전 선수는 하나의 그룹을 이뤄 참가번호에 따라 한 줄로 정렬한 상태에서 호명된다. 전 선수가 번호 순서대로 한 줄로 무대에 오른다. 시간이 허락하면, 각 준결선 진출자의 번호, 이름, 그리고 국가가 소개될 것이다. 심판위원장이 결정사항을 사회자나 아나운서에게 알린다.

2. 출전 선수는 동수의 2개 그룹으로 나뉘어 1개 그룹은 무대 좌측에, 다른 그룹은 무대 오른쪽에 배치된다. 무대 중앙은 비교 심사를 위해 비워 둔다.

3. 번호 순서에 따라, 한 번에 10명 이하의 선수로 구성된 각 그룹은 무대 중앙으로 안내되어 4가지 쿼터 턴을 수행한다.

4. 선수들을 그룹으로 나누어 진행하는 4가지 쿼터 턴 결과에 따라 심판들은 쿼터 턴 비교 심사에 참가할 선수를 결정한다. 여자 보디피트니스 쿼터 턴에 대한 자세한 정보는 본 섹션의 부록 1에 나와 있다.

5. 모든 심판은 상위 선수 5명의 첫 번째 비교 심사를 위한 개인 제안서를 IFBB 심판위원장에게 제출한다. 이를 바탕으로, 심판위원장이 첫 번째 비교 심사를 구성한다. 비교 대상 선수 수는 심판위원장이 결정하지만, 한 번에 3명 미만 또는 10명을 초과하여 선수들을 비교 심사할 수 없다. 그다음 심판은 그룹의 중간 순위 선수를 포함하여, 다음 선수 5명의 두 번째 비교 심사를 위한 개인 제안서를 제출하도록 요청받을 것이다. IFBB 심판위원장은 모든 선수를 한 번 이상 비교할 때까지 두 번째와 다음 비교 심사를 구성한다. 총 비교 심사 횟수는 IFBB 심판위원장이 결정한다.

6. 모든 비교 심사는 무대 중앙에서 진행한다.

7. 마지막 비교 심사가 완료되면, 모든 선수들은 퇴장 전 참가번호 순서에 따라 1열로 정렬한다.

제9조 – 예선 : 제1라운드 채점

9.1 제1라운드 채점

제1라운드 채점은 다음과 같이 진행한다.

1. "개인 순위(예선)"라는 제목의 채점지 3을 이용하여, 각 심판은 각 선수에게 1위부터 최하위까지 개인 순위를 부여하고, 두 명 이상의 선수가 같은 순위를 받지 않도록 한다. 심판은 각 선수에 대한 평가를 기록하기 위해 "개인 노트"라는 제목의, 채점지 4를 사용할 것이다.

2. 통계원은 심판으로부터 채점지 3을 걷은 후, 각 심판이 기재한 순위를 "채점지(통계원)"라고 적힌 채점지 5에 기록한다. 그러고 난 후, 심판이 9명일 경우에는 최고점 2개와 최저점 2개를 제외한 점수들을, 심판이 9명 미만일 경우에는 최고점 1개와 최저점 1개를 제거하고 남은 점수들을 합산해 "제1라운드 하위점수"와 "제1라운드 순위"를 산출한다. 하위점수가 가장 낮은 선수는 1위를, 하위점수가 가장 높은 선수는 최하위를 받는다.

3. "제1라운드 하위점수"에서 동점이 발생한 경우, "상대 순위 방법"을 사용하여 순위를 정한다.

　　비고 : 상대 순위 방법 절차

　　동점 선수에 대한 각 개인 심판의 점수는 열별로 비교하게 되는데, 이때 더 낮은 점수를 기록한 선수의 번호 상단에 점을 찍는 방식이 사용된다. 대체 심판을 제외한 일반 대회 심판위원 9명 모두의 점수가 승패를 가리는 데에 사용된다. 집계 후, 점의 수가 많은 선수가 동점자 중 승자로 선언되고 더 나은 순위를 받게 된다.

4. 예선에서 상위 6명의 선수가 결선에 진출하고, 0점으로 결선을 시작한다. 한 체급에 7명의 선수가 있을 경우, 심판위원장은 결선만 진행할 수도 있다. 결정사항은 공식 선수 등록 후 발표된다.

5. 상위 6명의 결선 진출자는 예선 직후 발표된다.

제10조 – 예선 : 제1라운드 평가

10.1 제1라운드 평가

제1라운드 평가 기준은 다음과 같다.

1. 심판은 선수의 체격 전체를 포괄적으로 평가해야 한다. 체격의 전체적인 인상에서부터 시작해, 헤어스타일과 메이크업, 전반적인 근계(筋系)의 발달, 체격의 균형적이고 대칭적인 발달, 피부와 피부 톤, 그리고 자신감, 침착함과 우아함으로 자신을 표현하는 운동선수로서의 능력을 종합적으로 심사한다.

2. 식이요법을 포함한 선수의 노력에 의해 완성된 전반적인 근긴장의 정도를 통해 체격을 평가한다. 근육군은 신체 지방이 적고 단단하며 둥근 형태여야 한다. 체격은 지나치게 근육질이거나 체지방을 지나치게 제거한 상태여서는 안 되며 깊은 근육의 분리도 및 근육의 줄무늬가 돋보여서는 안 된다. 너무 근육질이거나 너무 체지방률이 낮다고 간주되는 체격은 반드시 감점처리된다.

3. 피부의 탱탱함과 탄력도 고려해야 한다. 피부에 셀룰라이트가 없어야 하며 톤이 매끄럽고 건강해 보여야 한다. 헤어와 메이크업을 통해 "전체적으로 다 갖춘 모습(Total Package)"이 완성된다.

4. 선수가 무대에 나오는 순간부터 다시 무대 밖으로 퇴장할 때까지의 전체 프레젠테이션 과정이 심판의 육체미 평가에 포함된다. 여자 보디피트니스 선수는 항상 "건강하고 체격이 좋으며 근육이 탄탄하게 발달된" 신체를 통해 "전체적으로 다 갖춘 모습"을 보여야 한다.

5. 심판들은 이 대회가 여자 피지크 대회가 아니라는 것을 염두에 두어야 한다. 선수의 근육은 형태를 갖추어야 하지만, 그 크기, 선명함 또는 혈관이 두드러지는 상태(vascularity)가 극단적이어서는 안 된다. 이러한 특징을 보이는 선수는 모두 감점처리된다.

제11조 – 결선

11.1 결선 절차

예선에서 상위 6명의 선수가 결선에 진출하고, 결선은 다음과 같이 단일 라운드로 구성된다.

1. 제2라운드 : "아이 워킹" 개인 프레젠테이션 및 쿼터 턴

11.2 제2라운드 경기 복장은 제1라운드와 같은 기준(제6조 참고)을 따른다.

　　비고 : 선수들은 제1라운드와 다른 의상을 착용할 수 있지만, 그 복장 역시 제6조에 설명된 양식과 품위 기준을 준수하는 것이어야 한다.

제12조 – 결선 : 제2라운드 프레젠테이션

12.1 제2라운드 프레젠테이션

제2라운드의 절차는 다음과 같다.

1. 상위 6명의 결선 진출자는 참가번호 순으로 무대에 한 명씩 호출되어 아이 워킹(I-walking)을 수행하게 된다.
   * 선수는 무대 중앙으로 걸어가서 정지하고 자신이 선택한 4가지의 각기 다른 포즈를 취한다.
   * 그런 다음 선수는 무대 뒤쪽의 라인업 위치로 걸어간다.

2. 상위 6명의 결선 진출자는 한 줄로, 그리고 번호 순서대로 무대 중앙으로 안내된다.

3. IFBB 심판위원장 혹은 무대 감독은 번호 순으로 선수들을 세운 후 쿼터 턴을 실시하게 하고, 그다음 선수들의 위치를 바꾼 후 다시 한 번 쿼터 턴을 실시하게 한다.

4. 쿼터 턴에 대한 자세한 설명은 본 섹션의 부록 1에 나와 있다.

5. 쿼터 턴이 완료되면, 선수들은 무대에서 퇴장한다.

제13조 − 결선: 제2라운드 채점

13.1 제2라운드 채점은 다음과 같이 진행한다.

1. 심판은 "개인 순위(결선)"라고 표시된 채점지 6을 사용해 예선과 동일한 판정 기준으로 1위부터 6위까지 순위를 정하면서, 2명이 같은 순위가 되지 않도록 주의한다.

2. 통계원은 심판으로부터 채점지 6을 걷은 후, 각 심판이 기재한 순위를 "채점지(통계원)"라고 적힌 채점지 5에 기록한다. 그러고 난 후, 심판이 9명일 경우에는 최고점 2개와 최저점 2개를 제외한 점수들을, 심판이 9명 미만일 경우에는 최고점 1개와 최저점 1개를 제거하고 남은 점수들을 합산해 "제2라운드 하위점수"에 기록한다. 예선(제1라운드)의 점수는 결선에 반영되지 않는다. 결선에서는 모두 0점(동일 조건)으로 시작한다.

3. "제2라운드 하위점수"에서 동점이 발생한 경우, 그 선수의 "제2라운드 하위점수"와 "상대 순위 방법(제9조 제3항 참조)"으로 순위를 정한다.

제14조 − 결선: 제2라운드 평가

14.1 제2라운드 평가

제2라운드는 제10조(제1라운드 평가)에 자세하게 기술된 것과 동일한 기준으로 평가한다. 자세한 내용은 본 섹션의 부록 1을 참조

심판은 모든 선수가 이번 라운드에서의 자신의 신체 상태에 따라 공정한 평가를 받을 수 있도록, "새로운" 시각에서 판정을 해야 한다.

제15조 − 결선: 시상식

15.1 시상식

상위 6명의 결선 진출자는 시상식에 참가하기 위해 무대에 오른다. 사회자는 6위 선수부터 1위 선수까지의 번호, 이름, 국가를 쭉 이어서 발표한다. IFBB의 회장 또는 대회의 IFBB 고위 임원, 이 시상식에 초청된 다른 임원은 IFBB 메달 및 트로피를 수상자에게 수여한다.

1위 수상자의 국가(짧은 버전)는 1위 수상 즉시 연주된다. 국가가 끝난 후, 결선 진출자들은 잠시 동안 무대 위에서 기념 촬영에 응한 후 IFBB 심판위원장 또는 경기운영위원의 지시를 따른다. 시상식에서, 선수는 자국 국기를 내보여서는 안 된다. 선수는 자신의 순위를 인정하고, 메달 및 상을 받은 후, 시상식 종료 시점(사진 촬영)까지 참여해야 한다. 시상식이 끝나기 전에 결과에 대한 불만을 드러내거나 무대를 일찍 떠나는 선수는 실격처리될 수 있다.

시상식에 대한 자세한 설명은 섹션 1: 일반 규정, 제16조 참조

제16조 − 결선: 오버롤 및 시상

16.1 여자 보디피트니스 오버롤은 다음과 같이 진행된다.

a. 시니어 여자 보디피트니스(최대 4명의 체급 우승자)

b. 주니어 여자 보디피트니스(최대 2명의 체급 우승자)

c. 마스터 여자 보디피트니스(최대 4명의 체급 우승자)

16.2 오버롤은 다음과 같이 진행한다.

1. 마지막 보디피트니스 체급 시상식 직후, 모든 체급의 우승자들은 비키니와 하이힐을 착용하고, 번호 순서대로 한 줄로 무대에 오른다.

2. IFBB 심판위원장은 번호 순으로 선수들을 세운 후 쿼터 턴을 실시하게 하고, 그다음 선수들의 위치를 바꾼 후 다시 한 번 쿼터 턴을 실시하게 한다.

3. 쿼터 턴이 완료되면, 선수들은 무대에서 퇴장한다.

4. 심판은 "개인 순위(결선)"라는 제목의 채점지 6을 사용하여 각 선수에게 1위부터 최하위까지 개인 순위를 부여하며, 두 명 이상의 선수들이 동일한 순위를 받지 않도록 주의한다.

5. 통계원은 "채점지(통계원)"라는 제목의 채점지 5에 점수를 기록하게 되는데, 이때 최고점 2개와 최저점 2개를 제외한 나머지 점수를 합산하여 "오버롤 점수"와 "오버롤 순위"를 산출한다.

6. "오버롤 점수"에서 동점이 발생할 경우, "상대 순위 방법(제9조 제3항 참조)"을 사용하여 순위를 정한다.

7. "오버롤 우승자"가 발표되면 IFBB 회장 또는 IFBB 고위 임원이 우승자에게 IFBB 오버롤 트로피를 수여한다. 트로피는 주최국 국가 연맹에서 제공한다.

제17조 - 국가 시상

17.1 베스트 국가

다음의 성적으로 베스트 국가를 선정한다.

- 세계주니어선수권대회: *
  -- 주니어 여자 보디피트니스 16~20세: 1위
  -- 주니어 여자 보디피트니스 21~23세: 1위
- 세계마스터즈선수권대회: * 마스터즈 여자 보디피트니스 선수 상위 3위까지
* - 체급이 통합될 경우, 베스트 국가 채점 시에 참가 카테고리 수만큼의 상위 선수들이 포함된다.

베스트 국가 점수 계산의 자세한 절차는 섹션 1: 일반 규정, 제18조에서 확인할 수 있다.

상위 3개국의 수석대표 또는 팀 매니저가 자국을 대표하여 상을 받는다.

최종 결과 발표 - 섹션 1: 일반 규정, 제19조에 의거하여 진행된다.

부록 1: 보디피트니스 경기 쿼터 턴 설명

서문

심판들은 여자 피지크 대회가 아니라 여자 보디피트니스 대회를 심사하고 있음을 명심해야 한다. 여자 피지크 선수가 보여주는 극단적인 근육질, 혈관이 도드라지는 상태(vascularity), 근육 선명도 및 식이 조절로 인해 체지방이 거의 없는 모습 등은 허용되지 않는다. 만약 보디피트니스 선수가 그러한 모습을 보이면 반드시 감점처리한다.

일반 프레젠테이션

심판은 무대 위에 있는 선수의 자세와 태도도 심사 항목이라는 점을 항상 상기해야 한다. 나타나는 전체 이미지는 침착함, 여성스러움 및 자신감을 보여주어야 한다. 특히 선수가 라인업 자세를 취할 때와 쿼터 턴을 비교할 때, 항상 이런 모습을 보여야 한다.

라인업 자세를 취할 때, 선수는 쿼터 턴을 수행할 때와 마찬가지로 근육질을 강조하는 긴장된 자세를 취하지 않도록 주의해야 한다.

편안한 라인업 자세란 다음과 같은 것을 의미한다.

- 양팔을 옆으로 내리고 발을 모은 채로, 심판을 정면으로 바라보고 똑바로 선다.
- 선수의 참가번호가 잘 보이도록 몸을 약간 돌려 몸의 왼편이 심판을 향하도록 서서, 오른손은 엉덩이에 얹고 왼쪽 다리는 살짝 측면 앞쪽으로 뻗어준다.

머리와 눈은 정면을 향하게 하고, 어깨는 뒤로 펴고, 가슴은 내밀고, 배는 집어넣는다.

IFBB 심판위원장의 지시에 맞춰 라인업 자세로 서 있던 선수는 프런트 포지션 자세를 취해야 한다.

쿼터 턴(QURTER TURNS)

프런트 포지션(Front Position)

바르게 서서 머리와 눈이 몸과 같은 방향을 향하게 한다. 발뒤꿈치는 모으고, 양 발을 바깥쪽 30° 각도로 벌려준다. 무릎을 펴고, 배는 안으로 집어넣고, 가슴은 내민 채 어깨를 뒤로 젖히고 고개를 든다. 두 팔을 신체 중심선을 따라 측면으로 내리고 팔꿈치를 약간 구부린 채 손바닥이 몸통을 바라보게 한 상태에서 엄지손가락과 나머지 손가락을 한데 모아 손을 오므리고, 몸에서 약 10cm 떨어진 곳에 위치시킨다. 적절한 자세를 취하지 않은 선수는 한 번의 경고를 받게 되며, 이후 감점처리된다.

쿼터 턴 라이트(Quarter Turn Right) - 몸의 왼편이 심판을 향하는 자세

바르게 서서, 머리와 눈이 몸과 같은 방향을 향하게 한다. 발뒤꿈치를 모은 상태로 양 발을 바깥쪽 30° 각도로 벌려준다. 무릎을 펴고, 배는 안으로 집어넣고, 가슴은 내민 채 어깨를 뒤로 젖힌다. 왼팔의 팔꿈치를 살짝 구부린 채 신체 중심선보다 약간 뒤로 두고 손바닥이 몸통을 바라보게 한 상태에서 엄지손가락과 나머지 손가락을 한데 모아 손을 약간 오므린다. 오른팔의 팔꿈치를 살짝 구부린 채 신체 전방에 위치하게 하며, 손바닥이 몸통을 바라보게 한 상태에서 엄지손가락과 나머지 손가락을 한데 모아 손을 약간 오므린다. 팔의 위치에 의해 상체가 약간 좌측으로 틀어지고, 좌측 어깨가 내려가고, 우측 어깨가 올라가게 되는 게 정상이지만, 너무 과장된 자세가 되지 않도록 주의한다.

적절한 자세를 취하지 않는 선수는 한 번의 경고를 받게 되며, 이후 감점처리된다.

쿼터 턴 백(Quarter Turn Back) - 등이 심판을 향하는 자세

바르게 서서 머리와 눈이 몸과 같은 방향을 향하게 한다. 발뒤꿈치를 모은 상태로 양 발을 바깥쪽 30° 각도로 벌려준다. 무릎을 펴고, 배는 안으로 집어넣고, 가슴은 내민 채 어깨를 뒤로 젖히고 고개를 든다. 두 팔을 신체 중심선을 따라 측면으로 내리고 팔꿈치를 약간 구부린 채 손바닥이 몸통을 바라보게 한 상태에서 엄지손가락과 나머지 손가락을 한데 모아 손을 약간 오므리고, 몸에서 약 10cm 떨어진 곳에 위치시킨다.

적절한 자세를 취하지 않은 선수는 한 번의 경고를 받게 되며, 경고 후 득점에서 점수가 차감된다.

쿼터 턴 라이트(Quarter Turn Right) - 몸의 오른편이 심판을 향하는 자세

바르게 서서 머리와 눈이 몸과 같은 방향을 향하게 한다. 발뒤꿈치를 모은 상태로 양 발을 바깥쪽 30° 각도로 벌려준다. 무릎을 펴고, 배는 안으로 집어넣고, 가슴은 내민 채 어깨를 뒤로 젖히고 고개를 든다. 오른팔의 팔꿈치를 살짝 구부린 채 신체 중심선보다 약간 뒤로 두고 손바닥이 몸통을 바라보게 한 상태에서 엄지손가락과 나머지 손가락을 한데 모아 손을 약간 오므린다. 왼팔의 팔꿈치를 살짝 구부린 채 신체 전방에 위치하게 하며, 손바닥이 몸통을 바라보게 한 상태에서 엄지손가락과 나머지 손가락을 한데 모아 손을 약간 오므린다. 팔의 위치에 의해 상체가 약간 우측으로 틀어지고, 우측 어깨가 내려가고, 좌측 어깨가 올라가게 되는 게 정상이지만, 너무 과장된 자세가 되지 않도록 주의한다.

적절한 자세를 취하지 않은 선수는 한 번의 경고를 받게 되며, 경고 후 득점에서 점수가 차감된다.

부록 2: 쿼터 턴 수행 시 여자 보디피트니스 선수 육체미(Physique) 평가

모든 라운드에서, 선수들은 번호 순서대로, 가능하다면, 한 줄로 무대에 오른다. 8명 이하의 선수(준결선) 또는 6명 이하의 선수(결선)로 이뤄진 그룹이 같이 쿼터 턴 비교 심사를 치르게 된다. 각 심판은 모든 비교 심사를 지켜보게 되어 있다. 비교 심사를 하는 동안, 심판은 선수의 "전체적으로 갖춘 모습(Total Package)"을 심사해야 한다는 사실을 잊어서는 안 된다.

심판은 선수의 체격 전체를 포괄적으로 평가해야 한다. 체격의 전체적인 인상에서부터 시작해, 헤어스타일과 메이크업, 전반적인 근계(筋系)의 발달, 체격의 균형적이고 대칭적인 발달, 피부와 피부 톤, 그리고 자신감, 침착함과 우아함으로 자신을 표현하는 운동선수로서의 능력을 종합적으로 심사한다.

식이요법을 포함한 선수의 노력에 의해 완성된 전반적인 근긴장의 정도를 통해 체격을 평가한다. 근육군은 신체 지방이 적고 단단하며 둥근 형태여야 한다. 체격은 지나치게 근육질이거나 체지방을 지나치게 제거한 상태여서는 안 되며 깊은 근육의 분리도 및 근육의 줄무늬가 돋보여서는 안 된다. 너무 근육질이거나 너무 체지방률이 낮다고 간주되는 체격은 반드시 감점처리된다.

피부의 탱탱함과 탄력도 고려해야 한다. 피부에 셀룰라이트가 없어야 하며 톤이 매끄럽고 건강해 보여야 한다. 헤어와 메이크업을 통해 "전체적으로 다 갖춘 모습(Total Package)"이 완성된다.

선수가 무대에 나오는 순간부터 다시 무대 밖으로 퇴장할 때까지의 전체 프레젠테이션 과정이 심판의 육체미 평가에 포함된다. 여자 피트니스 선수는 항상 "건강하고 체격이 좋으며 근육이 탄탄하게 발달된" 신체를 통해 "전체적으로 다 갖춘 모습"을 보여야 한다.

부록 3: 아이 워킹(I-Walking) 수행 및 평가 방법

I-walking은 다음과 같은 방식으로 수행한다.

• 선수는 무대 중앙으로 걸어가서 정지하고 자신이 선택한 4가지의 각기 다른 포즈를 취한다.
• 그런 다음 선수는 무대 뒤쪽의 라인업 위치로 걸어간다.

심판은 선수들이 동작 속에서 그들의 체격을 얼마나 잘 선보이는지에 대한 평가를 한다. 무대 위에서의 선수들의 이동이 얼마나 우아한지에 대한 평가도 이뤄진다. 속도, 동작의 우아함, 몸짓, "쇼맨십", 개성, 카리스마, 무대 존재감, 매력은 물론 자연스러운 리듬까지도 각 선수의 최종 순위에 영향을 미치는 요소들이다.

7 여자 비키니 규정(2025)

제1조 – 서문

여자 비키니(Women's Bikini) 부문은 2010년 11월 7일에 아제르바이잔의 바쿠에서 열린 IFBB 최고 집행위원회와 IFBB 국제 총회에 의해 새로운 스포츠 종목으로서 공식적으로 인정받았다. 2021년에 이 부문의 명칭이 여자 비키니 피트니스에서 여자 비키니로 변경되었다.

1.1 일반

가능한 경우, 남자, 여자, 주니어, 시니어, 마스터즈를 포함한 모든 IFBB 세계선수권대회 및 IFBB 연례 총회를 하나의 큰 국제행사로 함께 조직하도록 한다.

여자 비키니에 대한 IFBB 규정은 스포츠 운영에 있어서 IFBB와 그 회원들을 안내하기 위한 규정, 정책, 지침 및 결정문으로 구성되어 있다.

1.2 규정

특정 운영 및 기술 규정은 일반 규정과 동일하므로, 이 섹션에서는 다루지 않는다.

제2조 – 선수와 대표단에 대한 주최자의 책무

2.1 책무

세계선수권대회 주최자는 선수와 대표단을 위한 2인 1실 숙박 시설 및 식사(아침, 점심, 저녁) 비용을 다음과 같이 부담한다.

1. 세계피트니스선수권대회(여자 아크로바틱 피트니스, 여자 아티스틱 피트니스, 남자 피트니스, 여자 피지크, 여자 보디피트니스, 여자 비키니, 여자 웰니스, 믹스 페어, 핏 페어 포함):

    인원이 다음과 같은 경우, 3박 4일 지원

    a. 선수 3명 이상 – 대표자 2명

    b. 선수 1명 또는 2명 – 대표자 1명

    비고 1: 국가별 최대 허용 인원수는 제한하지 않는다.

    비고 2: 선수와 함께 참가하지 않는 대표단, 추가 대표단, 서포터들은 전체 패키지 특별 요금을 지불해야 한다.

    비고 3: IFBB와 주최 측 간의 동의하에, 한 종별을 추가할 수 있다.

2. 세계 주니어 보디빌딩 및 피트니스 선수권 대회:

    인원이 다음과 같은 경우, 3박 4일 지원

    a. 선수 3명 이상 – 대표자 2명

    b. 선수 1명 또는 2명 – 대표자 1명

    비고 1: 국가별 최대 허용 인원수는 제한하지 않는다.

    비고 2: 선수와 함께 참가하지 않는 대표단, 추가 대표단, 서포터들은 전체 패키지 특별 요금을 지불해야 한다.

    비고 3: IFBB와 주최 측 간의 동의하에, 한 종별을 추가할 수 있다.

3. 세계 마스터즈 보디빌딩 및 피트니스 선수권 대회:

    인원이 다음과 같은 경우, 3박 4일 지원

    a. 선수 3명 이상 – 대표자 2명

    b. 선수 1명 또는 2명 – 대표자 1명

    비고 1: 국가별 최대 허용 인원수는 제한하지 않는다.

    비고 2: 선수와 함께 참가하지 않는 대표단, 추가 대표단, 서포터들은 전체 패키지 특별 요금을 지불해야 한다.

    비고 3: IFBB와 주최 측 간의 동의하에, 한 종별을 추가할 수 있다.

제3조 – 카테고리 · 체급(Categories)

3.1 체급

여자 비키니 세계 대회에는 다음과 같은 체급이 있다.

1. 시니어 여자 비키니 세계 대회에는 현재 다음과 같은 8개의 체급이 있다.

    a. Class A: 158cm 이하

    b. Class B: 160cm 이하

    c. Class C: 162cm 이하

    d. Class D: 164cm 이하

    e. Class E: 166cm 이하

    f. Class F: 169cm 이하

    g. Class G: 172cm 이하

    h. Class H: 172cm 초과

2. 주니어 여자 비키니 세계 대회에는 현재 다음과 같은 체급이 있다.

    – 16세부터 20세까지:

    a. Class A: 160cm 이하

    b. Class B: 166cm 이하

    c. Class C: 166cm 초과

    – 21세부터 23세까지:

    a. Class A: 160cm 이하

    b. Class B: 166cm 이하

    c. Class C: 166cm 초과

3. 마스터 여자 비키니 세계 대회에는 현재 다음과 같은 체급이 있다.

    – 35세부터 39세까지:

    a. Class A: 164cm 이하

    b. Class B: 164cm 초과

    – 40세부터 44세까지:

    a. 오픈 체급 1개

    – 45세부터 49세까지:

    a. 오픈 체급 1개

    – 50세 이상:

    a. 오픈 체급 1개

4. 세계선수권대회와 대륙선수권대회를 제외한 기타 대회의 경우, 출전 선수가 적어도 3명은 되어야 해당 체급의 경기를 진행한다. 선수가 3명 미만일 경우, 가능하다면 체급은 통합된다. 마스터즈 부문은 체급 통합이 없다. 세계선수권대회와 대륙선수권대회의 경우, 출전 선수가 5명 이상일 경우에만 해당 체급 경기를 진행할 수 있다. 선수가 5명 미만일 경우, 가능하다면 통합 가능한 체급과 함께 진행된다.

5. **중복 출전(Crossover)**: 여자 비키니 선수는 각 부문의 특정 요건을 충족할 경우, 같은 대회에서 여자 아티스틱 피트니스와 여자 핏 모델 부문에 참가할 수 있다.

제4조 – 라운드

4.1 라운드

여자 비키니는 다음 3개의 라운드로 구성된다.

1. 예선: 예선 라운드(쿼터 턴)

2. 예선: 제1라운드(쿼터 턴 및 쿼터 턴 비교 심사)

3. 결선: 제2라운드("아이 워킹" 개인 프레젠테이션 및 쿼터 턴×2)

제5조 - 예선: 예선 라운드

5.1 일반

체급별 예선 일정표는 공식 선수 등록 후에 발표된다. 준비 운동 및 경기 복장 환복 시간을 갖기 위해, 선수들은 적어도 자신의 체급 심사 시작 시간 45분 전까지 무대 뒤편 준비 구역에 도착해야 한다. 모든 선수는 호명 시 현장에서 경기에 출전할 수 있도록 준비하고 있어야 할 전적인 책임이 있으며 부재 시 탈락 처리될 수 있다.

5.2 예선 라운드 절차

한 체급에 출전한 선수가 15명이 넘을 때 예선 라운드가 열린다. 필요한 경우, IFBB 심판위원장이 준결선에 진출할 선수를 10명으로 줄이거나 17명으로 늘릴 수 있다. 10명~17명의 선수가 경쟁하는 경우, 그에 맞춰 예선 라운드를 진행한다. 결정사항은 공식 선수 등록 후 발표한다. 예선 라운드는 다음과 같이 진행된다.

1. 전체 출전 선수는 참가번호에 따라 한 줄로 또는 필요시, 두 줄로 정렬한다.

2. 출전 선수는 동수의 2개 그룹으로 나뉘어 한 그룹은 무대 좌측에, 다른 그룹은 무대 우측에 배치된다. 무대 중앙 부분은 비교 심사를 위해 비워 둔다.

3. 번호 순서에 따라, 한 번에 10명 이하의 선수로 구성된 각 그룹은 무대 중앙으로 나와 4가지 쿼터 턴을 수행한다.

4. IFBB 심판위원장 또는 무대 감독은 선수에게 다음과 같은 4가지 쿼터 턴을 지시한다.

    a. Quarter Turn Right

    b. Quarter Turn Back

    c. Quarter Turn Right

    d. Quarter Turn Front

    비고 1: 본 섹션의 부록 1에 제공된 여자 비키니 쿼터 턴에 대한 자세한 설명 참고

    비고 2: 선수들은 무대 위에서 껌 또는 다른 어떠한 음식도 섭취할 수 없다.

    비고 3: 선수들은 무대 위에서 어떠한 음료도 마실 수 없다.

5. IFBB 심판위원장으로부터 사전 경고를 받았음에도 불구하고, 쿼터 턴을 잘못 수행하거나 라인업에 잘못 서 있는 선수는 옐로카드를 받는다. 심판위원장은 이 카드를 받은 선수에게 경고의 이유를 밝혀야 한다. 옐로카드는 경고인 동시에, 해당 선수가 다시 실수한다면 심판위원장으로부터 레드카드를 받게 될 것이라는 의미를 갖는다. 예선 라운드에서, 레드카드는 심판이 그 라운드에서 해당 선수에게 부여한 총 "×"들 중에서 "×" 1개가 차감되는 것을 의미한다. 계속 그렇게 할 경우, 선수는 두 번째(또는 그 이상) 레드카드를 받을 것이고, 그 결과 더 많은 "×"(레드카드 하나당 하나씩)가 차감되게 된다. 통계원이 심판위원장의 지시에 따라 이러한 결과 수정 작업을 실시한다. 통계원들은 해당 선수의 성에 별표(*)를 표시하고, 이 카테고리의 점수표 아래에 정확한 내용을 기재한다.

6. 쿼터 턴 심사가 완료되면, 모든 출전 선수는 퇴장 전에 참가번호 순서에 따라 1열로 정렬한다.

제6조 - 예선 및 결선: 경기 복장

6.1 예선 라운드와 모든 라운드 복장

예선 라운드와 모든 라운드의 복장(비키니)은 다음 기준을 따른다.

1. 불투명한 일반 비키니

2. 비키니의 섬유, 질감, 장식, 스타일은 선수의 재량에 맡긴다. 커넥터는 비키니 상의에만 허용된다.

3. 하이힐의 색상과 스타일은 아래에 명시된 경우를 제외하고 선수의 재량에 맡긴다.

4. 하이힐의 앞 굽 두께는 최대 1cm이고 힐의 높이는 최대 12cm이다. 플랫폼 구두는 허용되지 않는다.

5. 비키니 하의는 최소 대둔근 1/3 이상과 전면 전체를 덮어야 한다. 비키니는 품위를 갖춘 것이어야 한다.

6. 공식 선수 등록 시 복장을 검사한다.

6.2 헤어는 스타일링 할 수 있다.

6.3 결혼반지, 팔찌, 귀걸이를 제외한 장신구 착용은 금지된다. 가슴보형물을 제외한 안경, 시계, 가발 또는 인공 보형물의 착용은 금지된다. 임플란트나 액상 주사를 사용하여 근육 또는 신체의 자연적인 형태를 변형시키는 것은 엄격히 금지되며, 적발 시 해당 선수는 실격처리된다.

6.4 지워질 수 있는 탄(tan)과 브론저(bronzer) 사용은 금지한다. 문지르기만 해도 태닝이 벗겨지면, 선수는 무대에 입장할 수 없다. 인공 착색 및 셀프 태닝 제품을 사용할 수 있다. 전문 회사와 자격을 갖춘 개인에게 태닝을 받을 경우, 전문 경기 태닝 방법(에어브러시 태닝, 캐빈 스프레이 태닝)을 사용할 수 있다. 선수의 몸에 누가 발랐는지, 태닝 로션에 섞여 있는지, 아니면 별도 사용인지와 관계없이 광택, 광채의 효과를 내거나 반짝이는 금속 펄이 함유된, 또는 금색의 제품 사용은 금지된다.

6.5 신체에 오일을 과도하게 바르는 것은 엄격히 금지된다. 단, 바디 오일과 보습제는 적당히 사용할 수 있다.

6.6 IFBB 심판위원장 또는 그에 의해 위임된 임원은 선수의 복장이 규정에 설정된 기준과 미적인 허용 기준을 충족하는지 판단할 권한이 있다. 복장이 적합하지 않으면 선수가 실격될 수 있다.

제7조 – 예선 : 예선 라운드 채점

7.1 예선 라운드 채점

예선 라운드의 채점은 다음과 같이 진행된다.

1. 심판들은 비율, 대칭, 균형, 형태 및 피부 톤의 정도를 확인하며 전체적인 체격을 평가한다. 여자 비키니 선수 평가의 세부 기준은 본 섹션의 제10조에 나와 있다.

2. 선수가 15명이 넘을 경우, 심판은 "예선(심판)"이라고 표시된 채점지 1의 선수 번호 옆에 "×"를 표시해 상위 15명을 선정한다. IFBB 심판위원장이 예선 라운드 필요 여부를 결정한다.

3. "예선(통계원)"이라고 표시된 채점지 2를 이용해 통계원이 대회 심판위원의 선택을 기록한 후, 심사위원단의 점수를 집계하여 상위 15명의 선수를 선정한다.

4. 상위 15인 안에 들기 위해 경쟁하는 선수들 중 두 명 이상의 선수가 동점을 기록한 경우, 승부를 가리기 위해 해당 선수들을 무대로 다시 불러, 다시 한 번 4가지 쿼터 턴을 실시할 것을 지시한다.

5. 상위 15명의 선수가 제1라운드에 진출한다. 필요한 경우, IFBB 심판위원장은 준결선에 진출하는 선수를 10명으로 줄이거나 17명으로 늘릴 수 있다. 10명~17명의 선수가 경쟁하는 경우, 그에 맞춰 예선 라운드를 진행한다. 결정사항은 공식 선수 등록 후 발표한다.

제8조 – 예선 : 제1라운드 프레젠테이션

한 체급에 7명 이하의 선수가 있을 경우 제1라운드는 진행하지 않는다. 결정은 심판위원장이 내리며, 공식 선수 등록이 마감된 후 경기 진행 순서 발표 시에 해당 내용을 공개한다.

8.1 제1라운드 프레젠테이션

제1라운드는 다음과 같이 진행된다.

1. 전 선수가 번호 순서대로 한 줄로 무대에 오른다. 시간이 허락하면, 각 준결선 진출자의 번호, 이름, 그리고 국가가 소개될 것이다. 심판위원장이 결정하고, 결정사항을 사회자나 아나운서에게 알린다.

2. 출전 선수는 동수의 2개 그룹으로 나뉘어 1개 그룹은 무대 좌측에, 다른 그룹은 무대 오른쪽에 배치된다. 무대 중앙은 비교 심사를 위해 비워 둔다.

3. 번호 순서에 따라, 한 번에 10명 이하의 선수로 구성된 각 그룹은 무대 중앙으로 안내되어 4가지 쿼터 턴을 수행한다. 쿼터 턴을 수행하는 선수는 포즈를 취한 채 움직이지 않는다.

4. 선수들을 그룹으로 나누어 진행하는 4가지 쿼터 턴 결과에 따라 심판들은 쿼터 턴 비교 심사에 참가할 선수를 결정한다. 여자 비키니 쿼터 턴에 대한 자세한 정보는 본 섹션의 부록 1에 나와 있다.

5. 모든 심판은 상위 선수 5명의 첫 번째 비교 심사를 위한 개인 제안서를 IFBB 심판위원장에게 제출한다. 이를 바탕으로, 심판위원장이 첫 번째 비교 심사를 구성한다. 비교 대상 선수 수는 심판위원장이 결정하지만, 한 번에 3명 미만 또는 10명을 초과하여 선수들을 비교 심사할 수 없다. 그다음 심판은 그룹의 중간 순위 선수를 포함하여, 다음 선수 5명의 두 번째 비교 심사를 위한 개인 제안서를 제출하도록 요청받을 것이다. IFBB 심판위원장은 모든 선수를 한 번 이상 비교할 때까지 두 번째와 다음 비교 심사를 구성한다. 총 비교 심사 횟수는 IFBB 심판위원장이 결정한다.

6. 모든 비교 심사는 무대 중앙에서 수행되어야 한다.

7. 마지막 비교 심사가 완료되면, 모든 선수들은 퇴장 전에 참가번호 순서에 따라 1열로 정렬한다.

제9조 - 예선 : 제1라운드 채점

9.1 제1라운드 채점

제1라운드의 채점은 다음과 같이 진행한다.

1. "개인 순위(예선)"라는 제목의 채점지 3을 이용하여, 각 심판은 각 선수에게 1위부터 최하위까지 개인 순위를 부여하고, 두 명 이상의 선수가 같은 순위를 받지 않도록 한다. 심판은 각 선수에 대한 평가를 기록하기 위해 "개인 노트(Judge's Personal Notes)"라는 제목의, 채점지 4를 사용할 것이다.

2. 통계원은 심판으로부터 채점지 3을 걷은 후, 각 심판이 기재한 순위를 "채점지(통계원)"라는 제목의 채점지 5에 기록한다. 그러고 난 후, 심판이 9명일 경우에는 최고점 2개와 최저점 2개를 제외한 점수들을, 심판이 9명 미만일 경우에는 최고점 1개와 최저점 1개를 제거하고 남은 점수들을 합산해 "제1라운드 하위점수(Round 1 Subscore)"와 "제1라운드 순위"를 산출한다. 하위점수가 가장 낮은 선수는 1위를, 하위점수가 가장 높은 선수는 최하위를 받는다.

3. 선수가 심판위원장으로부터 레드카드를 받은 경우(제5조 제2항 참조), 선수는 한 순위 아래로 강등(레드카드를 받을 때마다)되므로, 결선(제2라운드)에 진출하지 못하게 될 수도 있다. 그 선수의 원래 점수가 제공되기는 하지만 통계원이 "제1라운드 하위점수" 열에 있는 그 선수의 점수에 별표(*)표시를 할 것이며, 또한 이 카테고리의 점수표 아래에 정확한 내용을 기재할 것이다.

4. "제1라운드 하위점수"에서 동점이 발생한 경우, "상대 순위 방법"을 사용하여 순위를 정한다.

   비고 : 상대 순위 방법 절차

   동점 선수에 대한 각 개인 심판의 점수는 열별로 비교하게 되는데, 이때 더 낮은 점수를 기록한 선수의 번호 상단에 점을 찍는 방식이 사용된다. 대체 심판을 제외한 고정 심판 그룹 9명 모두의 점수가 승패를 가리는 데에 사용된다. 집계 후, 점의 수가 많은 선수가 동점자 중 승자로 선언되고 더 나은 순위를 받게 된다.

5. 예선에서 상위 6명의 선수가 결선에 진출하고, 0점으로 결선을 시작한다. 한 체급에 7명의 선수가 있을 경우, 심판위원장은 결선만 진행할 수도 있다. 결정사항은 공식 선수 등록 후 발표된다.

6. 상위 6명의 결선 진출자는 예선 직후 발표된다.

제10조 - 예선 : 제1라운드 평가

10.1 제1라운드 평가 :

제1라운드는 다음 기준에 따라 평가한다.

1. 심판은 선수의 체격 전체를 포괄적으로 평가해야 한다. 체격의 전체적인 인상에서부터 시작해, 헤어스타일, 전반적인 근계(筋系)의 발달, 체격의 균형적이고 대칭적인 발달, 피부와 피부 톤, 그리고 자신감, 침착함과 우아함으로 자신을 표현하는 운동선수로서의 능력을 종합적으로 심사한다.

2. 체격은 운동 노력과 식이요법을 통해 달성되는, 전반적인 근육 탄력의 수준에 따라 평가되어야 한다. 신체 부위는 체지방이 줄어 보기 좋고 단단한 모습이어야 하지만 보디피트니스보다 "더 부드럽고", "더 매끄러운" 모습을 보여야 한다. 체격은 지나치게 근육질이거나 체지방을 지나치게 제거한 상태여서는 안 되며 깊은 근육의 분리도 및 근육의 줄무늬가 돋보여서는 안 된다. 너무 근육질이거나, 너무 단단하거나, 너무 체지방률이 낮다고 간주되는 체격은 반드시 감점처리된다.

3. 평가에서 피부의 탱탱함과 탄력도 고려해야 한다. 피부 탄력은 셀룰라이트 없이 매끄럽고 건강해 보여야 한다. 헤어와 메이크업을 통해 "전체적으로 다 갖춘 모습(Total Package)"이 완성된다.

4. 선수가 무대에 나오는 순간부터 다시 무대 밖으로 퇴장할 때까지의 전체 프레젠테이션 과정이 심판의 육체미 평가에 포함된다. 여자 비키니 선수는 항상 "건강하고 근육이 탄탄하게 발달된" 신체를 통해 "전체적으로 다 갖춘 모습"을 보여야 한다.

5. 심판들은 이 대회가 보디피트니스 대회가 아니라는 것을 염두에 두어야 한다. 선수의 근육은 형태를 갖추어야 하지만, 보디피트니스 선수와 같은 분리도, 선명도, 매우 낮은 체지방 수준, 건조함 또는 밀도를 보여서는 안 된다. 이러한 특징을 보이는 선수는 모두 감점처리 된다.

제11조 – 결선

11.1 결선 절차

예선에서 상위 6명의 선수가 결선에 진출하고, 결선은 다음과 같이 단일 라운드로 구성된다.

1. 제2라운드: "아이 워킹" 개인 프레젠테이션 및 쿼터 턴×2

11.2 제2라운드 경기 복장은 제1라운드와 같은 기준(제6조 참고)을 따른다.

비고: 선수들은 제1라운드와 다른 의상을 착용할 수 있지만, 그 복장 역시 제6조에 설명된 양식과 품위 기준을 준수해야 한다.

제12조 – 결선: 제2라운드 프레젠테이션

12.1 제2라운드 프레젠테이션

제2라운드의 절차는 다음과 같다.

1. 상위 6명의 결선 진출자는 참가번호 순으로 무대에 한 명씩 호출되어 아이 워킹(I-walking)을 수행한다.
   - 선수는 무대 중앙으로 걸어가서 정지하고 자신이 선택한 4가지의 각기 다른 포즈를 취한다.
   - 그런 다음 선수는 무대 뒤쪽의 라인업 위치로 걸어간다.
2. 상위 6명의 결선 진출자는 한 줄로, 그리고 번호 순서대로 무대 중앙으로 안내된다.
3. IFBB 심판위원장은 번호 순으로 선수들을 세운 후 4가지 쿼터 턴을 실시하게 하고, 그다음 선수들의 위치를 바꾼 후 다시 한 번 쿼터 턴을 실시하게 한다. 쿼터 턴을 수행하는 선수는 포즈를 취한 채 움직이지 않는다.
4. 쿼터 턴은 다음과 같은 방법으로 수행한다.

   전면 자세(Front Stance): 선수는 한 손을 엉덩이에 얹고 한쪽 다리를 약간 옆으로 뻗어준다. 대칭적 스트래들(straddle) 자세로 서 있는 것은 옳지 않다. 심판은 그러한 자세로 서 있는 선수의 순위 하락, 또는 퇴장을 명할 수 있다.

   쿼터 턴 라이트(Quarter Turn Right): 선수가 첫 쿼터 턴 라이트를 수행한다. 선수들은 몸의 왼편이 심판을 향하게 선 상태에서, 심판을 바라볼 수 있도록 상체를 약간 심판 쪽으로 돌려준다. 오른손은 오른쪽 엉덩이에 얹고, 왼팔을 신체 중심선보다 약간 뒤로 둔 상태에서 아래로 내리고, 왼쪽 엉덩이를 약간 올리고, 왼쪽 다리(심판과 가까운 쪽)의 무릎을 약간 구부리고, 왼발을 몸의 중심선 가까이에 둔 상태에서 발가락으로 체중을 지탱한다. 이때 오른쪽 다리는 곧게 편다.

   쿼터 턴 백(Quarter Turn Back): 선수는 다음 쿼터 턴 라이트를 실시하여 심판에게 등을 보인 상태로 선다. 한 손은 엉덩이에 얹고 한 다리는 옆으로 살짝 뻗은 채, 상체를 앞으로 기울이지 않고 똑바로 세운다. 다른 손은 몸을 따라 아래로 늘어뜨린 상태에서 약간 몸에서 떨어지게 하고, 손바닥을 곧게 펴주며, 손가락은 보기 좋게 정렬해준다. 선수가 상체를 심판 쪽으로 돌려서는 안 되며, 심사가 진행되는 동안 무대 뒤 쪽을 바라보고 있어야 한다. 대칭적 스트래들(straddle) 자세로 서 있는 것은 옳지 않다. 심판은 그러한 자세로 서 있는 선수의 순위 하락, 또는 퇴장을 명할 수 있다.

   세 걸음 앞으로(Three Steps Forward): 심판이나 경기운영위원(무대 감독)의 지시에 따라, 선수는 무대 뒤로 세 걸음 전진한 다음, 정지하고 후면 자세를 취한다.

   쿼터 턴 라이트(Quarter Turn Right): 선수는 다음 쿼터 턴 라이트를 실시하여 몸의 오른편이 심판을 향하게 선 상태에서, 심판을 바라볼 수 있도록 상체를 약간 심판 쪽으로 돌려준다. 왼손은 왼쪽 엉덩이에 얹고, 오른팔을 신체 중심선보다 약간 뒤로 둔 상태에서 아래로 내리고, 오른쪽 엉덩이를 약간 올리고, 오른쪽 다리(심판과 가까운 쪽)의 무릎을 약간 구부리고, 오른발을 몸의 중심선 가까이에 둔 상태에서 발가락으로 체중을 지탱한다. 이때 왼쪽 다리는 곧게 편다.

   쿼터 턴 프런트(Quarter Turn Front): 선수가 마지막 쿼터 턴 라이트를 수행하고 전면 자세를 취한다.

   세 걸음 앞으로(Three Steps Forward): 심판이나 경기운영위원(무대 감독)의 지시에 따라 선수는 무대 앞으로 세 걸음 전진한 다음, 정지하고 전면 자세를 취한다.
5. 쿼터 턴에 대한 자세한 설명은 본 섹션의 부록 1에 나와 있다.
6. 경기운영위원은 선수들의 순서를 바꿔 다시 줄을 세우고, 심판위원장은 선수들에게 4가지 쿼터 턴을 다시 한 번 지시한다.
7. 쿼터 턴이 완료되면, 선수들은 무대에서 퇴장한다.

제13조 – 결선 : 제2라운드 채점

13.1 제2라운드의 채점은 다음과 같이 진행한다.

1. 심판은 "개인 순위(결선)"라고 표시된 채점지 6을 사용해 제1라운드와 동일한 판정 기준으로 1위부터 6위까지 순위를 정하면서, 2명이 같은 순위가 되지 않도록 주의한다.

2. 통계원은 심판으로부터 채점지 6을 걷은 후, 각 심판이 기재한 순위를 "채점지(통계원)"라는 제목의 채점지 5에 기록한다. 그러고 난 후, 심판이 9명일 경우에는 최고점 2개와 최저점 2개를 제외한 점수들을, 심판이 9명 미만일 경우에는 최고점 1개와 최저점 1개를 제거하고 남은 점수들을 합산해 "제2라운드 하위점수"에 기록한다. 예선(제1라운드)의 점수는 결선에 반영되지 않는다. 결선에서는 모두 0점(동일 조건)으로 시작한다.

3. 선수가 심판위원장으로부터 레드카드를 받은 경우(제5조 제2항 참조), 선수는 제2라운드 하위점수에서 한 순위 아래로 강등(레드카드를 받을 때마다)된다. 그 선수의 원래 점수가 제공되기는 하지만 통계원이 "제2라운드 하위점수" 열에 있는 그 선수의 점수에 별표(*)를 할 것이며, 또한 이 카테고리의 점수표 아래에 정확한 내용을 기재할 것이다.

4. "제2라운드 하위점수"에서 동점이 발생한 경우, 그 선수의 "제2라운드 하위점수"와 "상대 순위 방법(제9조 제3항 참조)"으로 순위를 정한다.

제14조 – 결선 : 제2라운드 평가

14.1 제2라운드 평가

제2라운드는 제10조(제1라운드 평가)에 자세하게 기술된 것과 동일한 기준으로 평가한다. 자세한 내용은 본 섹션의 부록 1을 참조

심판은 모든 선수가 이 라운드에서의 자신의 신체 상태에 따라 공정한 평가를 받을 수 있도록, "새로운" 시각에서 판정을 해야 한다.

제15조 – 결선 : 시상식

15.1 시상식

상위 6명의 결선 진출자는 시상식에 참가하기 위해 무대에 오른다. 사회자는 6위 선수부터 1위 선수까지의 번호, 이름, 국가를 쭉 이어서 발표한다. IFBB의 회장 또는 대회의 IFBB 고위 임원, 이 시상식에 초청된 다른 임원은 IFBB 메달 및 트로피를 수상자에게 수여한다.

1위 수상자의 국가(짧은 버전)는 1위 수상 즉시 연주된다.

국가가 끝난 후, 결선 진출자들은 잠시 동안 무대 위에서 기념 촬영에 응한 후 IFBB 심판위원장 또는 경기 운영위원의 지시를 따른다. 시상식에서, 선수는 자국 국기를 내보여서는 안 된다. 선수는 자신의 순위를 인정하고, 메달 및 상을 받은 후, 시상식 종료 시점(사진 촬영)까지 참여해야 한다. 시상식이 끝나기 전에 결과에 대한 불만을 드러내거나 무대를 일찍 떠나는 선수는 실격처리될 수 있다.

시상식에 대한 자세한 설명은 섹션 1: 일반 규정, 제16조에서 확인할 수 있다.

제16조 – 결선 : 오버롤 및 시상

16.1 여자 비키니의 오버롤은 다음과 같이 진행된다.

a. 시니어 여자 비키니(최대 8명의 체급 우승자)

b. 주니어 여자 비키니(최대 6명의 체급 우승자)

c. 마스터 여자 비키니(최대 5명의 체급 우승자)

16.2 오버롤은 다음과 같이 진행한다.

1. 마지막 여자 비키니 부문 시상식 직후, 모든 체급의 우승자들은 비키니와 하이힐을 착용하고, 번호 순서대로 한 줄로 무대에 오른다.

2. IFBB 심판위원장은 선수에게 하나, 혹은 두 개의 그룹을 이뤄 무대 중앙에서 번호 순서로 쿼터 턴을 실시할 것을 지시하며, 필요시 선수들의 위치를 바꾼 후 다시 한 번 실시할 것을 지시한다.

3. 쿼터 턴이 완료되면, 선수들은 무대에서 퇴장한다.

4. 심판은 "개인 순위(결선)"라는 제목의 채점지 6을 사용하여 각 선수에게 1위부터 최하위까지 개인 순위를 부여하며, 두 명 이상의 선수들이 동일한 순위를 받지 않도록 주의한다.

5. 통계원은 "채점지(통계원)"라는 제목의 채점지 5에 점수를 기록하게 되는데, 이때 최고점 2개와 최저점 2개를 제외한 나머지 점수를 합산하여 "오버롤 점수"와 "오버롤 순위"를 산출한다.

6. "오버롤 점수"에서 동점이 발생할 경우, "상대 순위 방법"을 사용하여 순위를 정한다(제9조 제3항 참조).

7. "오버롤 우승자"가 발표되면 IFBB 회장 또는 IFBB 고위 임원이 우승자에게 IFBB 오버롤 트로피를 수여한다. 트로피는 주최국 국가 연맹에서 제공한다.

제17조 – 국가 시상

17.1 베스트 국가

다음의 성적으로 베스트 국가를 선정한다.

- 세계피트니스선수권대회: 여자 비키니 선수 상위 5위까지
- 세계주니어선수권대회: *
  -- 주니어 여자 비키니 16~20세: 1위
  -- 주니어 여자 비키니 21~23세: 상위 2위까지
- 세계마스터즈선수권대회: * 마스터 여자 비키니 선수 상위 2위까지

* – 체급이 통합될 경우, 베스트 국가 채점 시에 참가 카테고리 수만큼의 상위 선수들이 포함된다.

베스트 국가 점수 계산의 자세한 절차는 섹션 1: 일반 규정, 제18조에서 확인할 수 있다.

상위 3개국의 수석대표 또는 팀 매니저가 자국을 대표하여 상을 받는다.

최종 결과 발표 – 섹션 1: 일반 규정, 제19조에 의거하여 진행된다.

부록 1: 여자 비키니 경기 쿼터 턴 설명

서문

심판들은 여자 비키니 경기를 심사하고 있음을 확실하게 염두에 두어야 한다. 극도의 근육질, 혈관이 도드라지는 상태(vascularity), 근육 선명도 및 분할, 건조함 및 식이 조절로 체지방이 거의 없는 상태는 허용되지 않는다. 만약 여자 비키니 선수가 그러한 모습을 보인다면 반드시 감점처리한다.

일반 프레젠테이션

심판은 무대 위에 있는 선수의 자세와 태도도 심사 항목이라는 점을 항상 상기해야 한다. 나타나는 전체 이미지는 침착함, 여성스러움 및 자신감을 보여주어야 한다. 특히 선수가 결선에서 아이 워킹(I-walking)을 수행할 때, 라인업 자세를 취할 때와 쿼터 턴을 비교할 때, 항상 이런 모습을 보여야 한다. 라인업에 설 때, 선수는 근육질을 강조하는 긴장된 자세를 취하지 않도록 주의해야 한다. 라인업에서의 편안한 자세란 선수가 한 손을 엉덩이에 얹고 한쪽 다리는 옆으로 약간 뻗은 채로, 심판을 바라보고 똑바로 서는 것을 의미한다. 다른 팔은 측면으로 늘어뜨린다. 머리와 눈은 정면을 향하게 하고, 어깨는 뒤로 펴고, 가슴은 내밀고, 배는 집어넣는다. IFBB 심판위원장의 지시에 맞춰 라인업 자세로 서 있던 선수는 프런트 포지션 자세를 취해야 한다.

쿼터 턴(QUARTER TURNS)

IFBB 심판위원장의 사전 경고에도 불구하고, 쿼터 턴을 잘못 수행하거나 라인업에 잘못 서 있는 선수는 옐로카드를 받는다. 만약 계속 그렇게 한다면, 그 선수는 레드카드를 받게 되고, 순위가 하나 아래로 강등(레드카드 한 장당 하나)된다. 각 쿼터 턴을 수행하는 선수는 포즈를 취한 채 움직이지 않는다. 광배근은 보디빌더처럼 최대한 수축하는 것이 아니라, 자연스럽게 펼쳐야 한다.

프런트 포지션(Front Position)

선수는 한 손을 엉덩이에 얹고 한 발은 약간 옆으로 뻗은 채로, 머리와 눈을 몸과 같은 방향을 향하게 하고 똑바로 선다. 다른 손은 몸을 따라 아래로 늘어뜨린 상태에서 약간 몸에서 떨어지게 하고, 손바닥을 곧게 펴주며, 손가락은 보기 좋게 정렬해준다. 무릎은 펴고, 배는 집어넣고, 가슴은 내밀고, 어깨는 뒤로 펴준다. 대칭적 스트래들(straddle) 자세로 서 있는 것은 옳지 않다. 심판은 그러한 자세로 서 있는 선수의 순위 하락, 또는 퇴장을 명할 수 있다.

쿼터 턴 라이트(Quarter Turn Right) – 몸의 왼편이 심판을 향하는 자세

선수가 첫 쿼터 턴 라이트를 수행한다. 선수들은 몸의 왼편이 심판을 향하게 선 상태에서, 심판을 바라볼 수 있도록 상체를 약간 심판 쪽으로 돌려준다. 오른손은 오른쪽 엉덩이에 얹고, 왼팔은 신체 중심선보다 약간 뒤로 둔 상태에서 아래로 내린다. 왼손은 곧게 펴고, 손가락은 미적으로 가지런히 정렬시킨다. 왼쪽 엉덩이를 약간 올리고, 왼쪽 다리(심판과 가까운 쪽)의 무릎을 약간 구부리고, 왼발을 몸의 중심선 가까이에 둔 상태에서 발가락으로 체중을 지탱한다. 이때 오른쪽 다리는 곧게 편다.

쿼터 턴 백(Quarter Turn Back) – 등이 심판을 향하는 자세

선수는 다음 쿼터 턴 라이트를 실시하여 심판에게 등을 보인 상태로 선다. 한 손은 엉덩이에 얹고 한 다리는 옆으로 살짝 뻗은 채, 상체를 앞으로 기울이지 않고 똑바로 세운다. 다른 손은 몸을 따라 아래로 늘어뜨린 상태에서 약간 몸에서 떨어지게 하고, 손은 곧게 펴주며, 손가락은 보기 좋게 정렬해준다. 무릎은 펴고, 배는 집어넣고, 가슴은 내밀고, 어깨는 뒤로 펴준다. 허리 아랫부분은 자연스럽게 굽히거나 약간의 척추전만 형태를 띠게 하며, 등 위쪽은 곧게 펴고, 고개는 들어준다. 선수가 상체를 심판 쪽으로 돌려서는 안 되며, 심사가 진행되는 동안 무대 뒤 쪽을 바라보고 있어야 한다. 대칭적 스트래들(straddle) 자세로 서 있는 것은 옳지 않다. 심판은 그러한 자세로 서 있는 선수의 순위 하락, 또는 퇴장을 명할 수 있다.

쿼터 턴 라이트(Quarter Turn Right) – 몸의 오른편이 심판을 향하는 자세

선수는 다음 쿼터 턴 라이트를 실시하여 몸의 오른편이 심판을 향하게 선 상태에서, 심판을 바라볼 수 있도록 상체를 약간 심판 쪽으로 돌려준다. 왼손은 왼쪽 엉덩이에 얹고, 오른팔을 신체 중심선보다 약간 뒤로 둔 상태에서 아래로 내리고, 오른쪽 엉덩이를 약간 올리고, 오른쪽 다리(심판과 가까운 쪽)의 무릎을 약간 구부리고, 오른발을 몸의 중심선 가까이에 둔 상태에서 발가락으로 체중을 지탱한다. 이때 왼쪽 다리는 곧게 편다.

부록 2: 여자 비키니 쿼터 턴 평가 방법

심판은 선수의 체격 전체를 포괄적으로 평가해야 한다. 체격의 전체적인 인상에서부터 시작해, 헤어스타일과 메이크업, 전반적인 신체 발달 상태와 형태, 체격의 균형적이고 대칭적인 발달, 피부와 피부 톤, 그리고 자신감, 침착함과 우아함으로 자신을 표현하는 운동선수로서의 능력을 종합적으로 심사한다.

근육 발달도와 근육의 질을 평가하지 않기 때문에, 심판은 조화롭고 비례적이며, 클래식한 여성 체격, 좋은 자세, 올바른 해부학적 구조(신체 골격, 올바른 척추 곡선, 적절한 비율의 사지 및 몸통, 내반슬 또는 외반슬이 아닌 곧은 다리 포함)를 가진 선수에게 좋은 점수를 부여해야 한다. 세로 비율(다리에서 상체까지의 길이)과 가로 비율(엉덩이와 허리에서 어깨까지의 너비)은 주요 요소 중 하나이다.

체격은 운동 노력과 식이요법을 통해 달성되는, 전반적인 근육 탄력의 수준에 따라 평가되어야 한다. 신체 부위는 체지방이 줄어 보기 좋고 단단한 모습이어야 하지만 보디피트니스보다 "더 부드럽고", "더 매끄러운" 모습을 보여야 한다. 체격은 지나치게 근육질이거나 체지방을 지나치게 제거한 상태여서는 안 되며 깊은 근육의 분리도 및 근육의 줄무늬가 돋보여서는 안 된다. 너무 근육질이거나, 너무 단단하거나, 너무 체지방률이 낮다고 간주되는 체격은 반드시 감점처리된다.

피부의 탱탱함과 탄력도 고려해야 한다. 피부에 셀룰라이트가 없어야 하며 톤이 매끄럽고 건강해 보여야 한다. 헤어와 메이크업을 통해 "전체적으로 다 갖춘 모습(Total Package)"이 완성된다.

선수가 무대에 나오는 순간부터 다시 무대 밖으로 퇴장할 때까지의 전체 프레젠테이션 과정이 심판의 육체미 평가에 포함된다. 여자 비키니 선수는 항상 "건강하고 근육이 탄탄하게 발달된" 신체를 통해 "전체적으로 다 갖춘 모습"을 보여야 한다. 심판들은 이것이 보디피트니스 경기가 아니라는 것을 염두에 두어야 한다. 선수의 근육은 형태를 갖추어야 하지만, 보디피트니스 선수와 같은 분리도, 선명도, 매우 낮은 체지방 수준, 건조함 또는 밀도를 보여서는 안 된다. 이러한 특징을 보이는 선수는 모두 감점처리된다.

부록 3: 아이 워킹(I-Walking) 수행 및 평가 방법

I-walking은 다음과 같은 방식으로 수행한다.

• 선수는 무대 중앙으로 걸어가서 정지하고 자신이 선택한 4가지의 각기 다른 포즈를 취한다.

• 그런 다음 선수는 무대 뒤쪽의 라인업 위치로 걸어간다.

심판은 선수들이 동작에서 그들의 체격을 얼마나 잘 선보이는지에 관해 각 선수를 평가한다. 무대 위에서의 선수들의 이동이 얼마나 우아한지에 대한 평가도 이뤄진다. 속도, 동작의 우아함, 몸짓, "쇼맨십", 성격, 카리스마, 무대 존재감, 매력은 물론 자연스러운 리듬까지도 각 선수의 최종 순위에 영향을 미치는 요소들이다.

3   스포츠 인권

01 스포츠 폭력

스포츠와 관련된 분야에서 스포츠인을 상대로 이루어지는 감금, 갈취, 강요, 폭력, 협박 등 금전적·신체적·정신적으로 피해를 주는 것을 말한다.

02 스포츠 폭력 예방법

① 스포츠 지도자와 관계자들은 스포츠 선수 모두를 공평하게 인식하고, 대해야 한다.
② 스포츠인들은 모두 상대방의 인격과 명예를 훼손하는 일이 발생하지 않도록 주의한다.
③ 운동 시작 전에는 스포츠 선수에게 훈련 과정 등을 상세히 설명하고, 소통을 통하여 충분한 의견을 수렴할 수 있도록 한다.

03 스포츠 폭력 대처법

① 피해자 안전보호를 최우선으로 하고, 사건 조사 및 증거 확보 등의 조사를 진행한다.
② 가해자와 사건 연루자는 사건의 심각성을 인식하게 하고, 적절한 처벌과 함께 재발 방지를 위한 교육을 한다.

04 스포츠 인권 관련 범위

성희롱	말 또는 행동으로 상대방의 성적 수치심을 유발하는 행위
성추행	신체적 접촉 등을 통해서 혐오감 등을 주는 행위
강제 추행	협박과 폭행 등을 통하여 상대방을 강제로 추행하는 행위
성폭행	강제적으로 성관계를 요구하고, 실행하는 행위
성폭력	성희롱, 성추행, 강제 추행, 성폭행의 요소를 포함하는 가장 큰 범위의 행위

05 스포츠 성폭력

스포츠인이 지위와 권력 등 힘을 이용하여 상대방에게 신체적·언어적·정신적으로 성적인 자기 결정권을 착취하는 행위를 말한다.

06 스포츠 성폭력 예방법

① 스포츠 훈련과 상담 시 공적인 공간을 사용한다.
② 스포츠 훈련에서 신체 접촉을 최소화하며, 만약 필요한 경우 우선 상대방의 동의를 얻는다.
③ 스포츠인에 대한 신체와 외모에 대한 성적 대화를 하지 않는다.
④ 스포츠 성폭력 예방과 대처에 대한 책임을 인식하고 방지를 위해 노력한다.
⑤ 스포츠 성폭력은 이성 간에만 이루어지는 것이 아니며 동성 간에도 성적 굴욕감이 생길 수 있음을 인식한다.

07 스포츠 성폭력 대처법

① 스포츠인은 성적 불쾌감 등을 인지할 때 상대방에게 즉시 알리고 그 행위를 중단하도록 요구한다.
② 스포츠인은 비의도적으로 발생한 신체 접촉의 경우 고의가 아님을 분명히 알리고 즉시 사과한다.
③ 스포츠인의 성폭력 발생 시 피해자 보호를 최우선으로 하며, 전문 기관과 주변의 지인에게 즉시 알리고 도움을 받는다.

08 그루밍 성범죄

성범죄 가해자가 피해자에게 오랜 기간 호감과 친분을 쌓아서 심리적으로 지배한 뒤 성폭력을 가하는 것을 의미한다.

09 성인지 감수성

남녀 간의 사회적 불평등을 인지하고 일상생활 속에서 성차별적 요소를 감지해 내는 민감성을 의미한다. 이 용어는 법조계에서 성범죄 사건 등 관련사건을 심리할 때 피해자가 처한 상황을 피해자의 눈높이에서 바라보고 이해해야 한다는 개념으로 사용된다.

10 스포츠 윤리적 의식 필요 이유

① 스포츠 상황에서 윤리적 문제의 발생 원인을 밝히고 바람직한 윤리 규범을 모색하는 데 필요하다.
② 경쟁의 도덕적 조건과 가치 있는 승리의 의미를 탐색하는 데 필요하다.
③ 스포츠의 도덕적 가치를 옹호하고 보편적 윤리의 정당성 확보에 필요하다.
④ 스포츠 선수의 도덕적 자질과 인격의 함양 추구에 필요하다.
⑤ 스포츠맨십, 페어플레이 등 스포츠윤리 규범 확산과 이상적인 경기문화 제시에 필요하다.
⑥ 스포츠의 비윤리적 행위의 근절과 공정성 확보를 위한 방안을 마련하는 데 필요하다.

11 대한체육회 선수폭력 규정 사항

① 선수를 대상으로 구타하거나 상처가 나게 하는 것
② 지속적으로 따돌림을 시키는 것
③ 물품이나 돈을 갈취하는 것
④ 어떠한 장소에 가둬두는 것
⑤ 겁을 먹게 하거나 강요하는 것
⑥ 인격적으로 모욕하거나 마음에 상처를 주는 것
⑦ 다른 사람들 앞에서 창피를 주는 것

---

4 생활체육 개요

01 생활체육의 목적과 기능

① 생활체육의 목적: 신체활동의 부족, 자기 표현의 기회상실, 인간관계 등과 관련해서 신체활동을 통하여 체력을 단련하고 일상생활에 활력을 주어 보다 밝고 건강한 생활을 영위하는 데 그 목적이 있다.
② 생활체육의 기능: 크게 생리적, 심리적, 사회적 기능으로 구분하고 있다.

생리적 기능	신체적 건강 유지와 증진에 필요한 생리적 자극을 제공함으로써 질병을 예방하는 기능이 있다.
심리적 기능	인간의 정서적 안정감을 통하여 균형을 유지하고 갈등, 긴장, 스트레스 등 부정적인 측면을 완화하여 긍정적인 요소를 더욱 강화하는 기능이 있다.
사회적 기능	스포츠 활동에 참여하면서 경기의 규칙을 지키는 과정에서 사회의 규범을 학습하고 규칙을 준수하려는 사회성이 좋아지는 사회공동체 의식의 강화 기능이 있다.

02 생활체육 지도 원리

① 생활체육의 철학적 기초에 의하여 지도한다.
② 참가자의 욕구나 참가자 간의 개인차를 고려하여 지도한다.
③ 생활체육 참가자 간의 경쟁과 협동의 역동적 상호 관계를 유지하도록 지도한다.
④ 보다 과학적이고 체계적인 생활체육 지도법을 활용하여 참가자를 효율적으로 지도한다.
⑤ 참가자들이 자발적으로 참가할 수 있도록 지도한다.

03 생활스포츠지도사의 역할

① 생활체육 활동의 목표 설정
② 효율적인 지도기법의 개발
③ 생활스포츠지도사 간의 인간관계 유지
④ 생활체육 프로그램 개발
⑤ 생활체육 재정의 관리

04 생활체육 영역

가정체육	사회의 기초인 가족에서 이루어지는 체육을 말한다.
직장체육	기업이나 근로현장에서 직장인들이 참여하는 체육을 말한다.
지역사회체육	지역사회 주민의 자발적인 참여로 이루어지며, 지역의 복지증진에 필요한 역할을 한다.
상업체육	영리적 목적으로 대중들에게 스포츠 활동을 하도록 여러 가지 서비스와 상품을 제공하는 것을 말한다.

05 생활체육 구성

생활체육은 시설, 프로그램, 지도자로 구성되어 있다.

06 생활체육 시설 범위

공공체육 시설	국가 및 지방자치단체, 공공법인체가 설치 및 운영하는 체육시설을 말한다.
학교체육 시설	학교의 체육교육을 위한 장소뿐만 아니라 지역주민의 생활체육 공간으로 기능과 역할을 한다.
직장체육 시설	직장인들에게 건전한 체육활동을 장려하고, 문화생활 및 복지를 위한 시설이다.
민간체육 시설	일반 대중들의 스포츠 활동을 위한 시설로서, 영리를 목적으로 운영하는 영리 체육시설과 사회봉사의 목적으로 운영하는 비영리 체육시설로 구분된다.

07 생활체육 시설의 기능

시설대여 서비스	체육활동에 필요한 장소와 용기구를 개인 및 단체에게 대여하는 서비스를 말한다.
프로그램 서비스	체육활동에 필요한 활동 프로그램을 제공하는 서비스를 말한다.
조직결성 서비스	사람들이 동호회 조직결성 등 체육활동이 지속되도록 하는 역할을 한다.
지도자 서비스	적절한 지도자가 체육활동을 지속하게 하는 서비스를 말한다.
상담 서비스	전문 상담원 및 체육 전문도서 등을 제공하는 서비스를 말한다.
안내 서비스	다양한 생활체육을 안내하고, 정보 등을 제공하는 서비스를 말한다.

08 생활체육 프로그램

협의 개념	개인적 특성과 사회적 환경 특성에 의하여 진행되는 방법과 절차
광의 개념	체육의 생활화를 실현하는 데 이루어지는 수단과 방법

09 생활체육 프로그램 계획 과정

① 프로그램 목적 이해 → ② 욕구 조사 → ③ 프로그램 목적 및 목표 설정 → ④ 프로그램 계획 → ⑤ 프로그램 실행 → ⑥ 프로그램 평가

10 생활체육 프로그램 구성 요소

참가자, 지도자, 장소 및 시설, 홍보, 재정, 활동의 안정성, 활동 등록 등

11 생활체육 프로그램 구성 원리

① 평등성 : 모든 사람이 참여할 수 있는 평등성
② 창조성 : 창조적인 체육활동
③ 욕구 반영성 : 참가자의 욕구를 반영
④ 다양성 : 다양한 프로그램 개발
⑤ 전문성 : 전문성 있게 구성
⑥ 평가성 : 객관적인 평가
⑦ 보완성 : 평가 후 지속적인 수정 및 보완
⑧ 편의성 : 쉽고, 편리한 참여
⑨ 전달성 : 광범위한 보급

12 생활스포츠지도사

안내자, 지시자, 영향력 행사자 등의 역할이 있으며, 이러한 역할이 조화를 이루어야 한다.

안내자	참여자들에게 효율적인 접근으로 체육활동 욕구를 충족시키고, 긍정적인 활동 결과를 갖도록 한다.
지시자	체육활동에서 참여자들을 관리하며, 참여자들을 통제한다.
영향력 행사자	지도력을 발휘하여 선한 영향력을 행사한다.

13 생활스포츠지도사의 자질

의사전달 능력	지도자의 의사전달과 소통 능력은 매우 중요한 요소이다.
투철한 사명감	직업적 사명감과 투철한 직업정신으로 참여자들에게 선한 영향을 미치는 요소이다.
활발하고 강인한 성격	체육활동에서 긍정적인 에너지를 전달하는 요소이다.
도덕적 품성	지도자의 덕목으로 참여자들에게 긍정적인 참여를 유도하고, 긍정적으로 이끈다.
칭찬의 미덕	참여자들에게 긍정적인 동기부여를 한다.
공정성	참여자들을 공정하고, 평등하게 대우한다.

14 스포츠 지도 시 주의사항

개인차 고려, 공정성, 정확한 지식전달, 안전주의

15 스포츠지도사 유의사항

시간 엄수, 용모 단정, 개인 특성 고려, 긍정적 대화, 공평성

16 생활체육 목표 5가지

① 건강 증진 : 생활스포츠지도사는 참가자의 신체적, 정신적, 사회적 건강을 유지 및 증진시키는 데 기여해야 한다.
② 사회관계 촉진 : 생활스포츠지도사는 참가자 간에 원만한 유대관계를 유지하도록 도와주는 한편, 궁극적으로 바람직한 사회성을 함양하도록 유도한다.
③ 지적 성장 : 생활스포츠지도사는 참가자가 새로운 경험과 도전에 대한 욕구를 자연스럽게 충족시킬 수 있도록 도와주어야 한다.
④ 가족 유대관계 강화 : 가족 단위 참가를 유도하여 가족 유대관계 강화에 기여해야 한다.
⑤ 협동 정신 강화 : 생활스포츠지도사는 참가자 개개인에게 소속감을 느끼게 하고 타인을 존중하는 자세를 주지시켜 협동 정신을 배양하도록 돕는다.

17 Sport For All 운동

1975년 브뤼셀에서 개최된 유럽공동체 스포츠 관련 장관회의에서 '스포츠 참가는 각 국민의 권리'라는 '스포츠포올 헌정(SFA Charter)'이 채택된 것이 계기가 되어 국제적인 표어가 되었다. '모든 사람에게 스포츠를'이라는 의미로 과거 근대 스포츠의 보수적인 이념을 극복하고 현대 스포츠를 대중적으로 모두가 공평하게 도전하고 즐길 수 있는 생활체육으로 발전해야 한다는 의미를 가지고 있다.

18 Fitness 운동

'신체 적성(physical fitness)'이라는 의미로 우리나라에서는 '체력'과 같은 뜻으로도 사용되고 있다. 피트니스 운동은 건강한 상태를 만들기 위해서 생리적으로 신경 계통과 근육 활동을 조정하는 운동과 사회적 안전 교육의 목적으로 모든 국민이 적절한 피트니스 운동을 실시할 필요가 있다.

19 Aerobics 운동

에어로빅스 운동은 일정 시간 신체에 최대한 많은 양의 산소를 공급함으로써 폐와 심장의 기능을 촉진시켜 신체의 건강을 증진시키는 유산소 운동으로 '에어로빅 엑서사이즈'라고도 한다. 에어로빅스 운동은 경쾌한 음악과 활기찬 움직임으로 심폐기능 및 체력 발달을 도모하고 체중 조절과 신체 균형유지에 좋다. 어디서든 누구나 즐길 수 있다는 장점 때문에 저변 확대가 쉽게 이루어져 일반 대중운동으로 자리를 잡았으며, 현재 여러 가지 운동 목적으로 활용되고 있다.

20 Wellness 운동

웰빙(well-being)과 피트니스(fitness)를 결합한 단어로 행복(웰빙)하고 건강(피트니스)한 삶을 의미한다. 웰니스는 세계보건기구(WHO) 정의에 따르면, 건강은 신체적·정신적·사회적으로 안녕한 상태이며, 삶의 연장에 초점을 맞춘 용어이다. 건강의 개념은 시간이 지남에 따라 범위가 확대되었고, 삶의 질 향상에 중점을 두게 되었다. 현재 웰니스 운동은 생활체육의 포괄적인 건강관리 운동 개념으로 사용되고 있다.

CHAPTER 02 보디빌딩 지도방법 [배점 40점]

1 웨이트트레이닝

01 준비운동의 필요성 및 효과

트레이닝에서 준비운동은 매우 중요한 요소이다. 상해 예방 효과와 관절의 가동범위를 좋게 만들어 운동의 효과를 높여주고, 전반적인 운동기능을 향상시켜준다.

02 운동 처방의 기본적 원리

운동의 목적, 운동의 목표, 운동의 형태, 운동의 강도, 운동의 빈도, 운동의 시간

03 트레이닝의 주요 5가지 원리

과부하의 원리	운동 시 일정 이상의 과부하를 주어야 근육이 성장한다는 원리
점진성의 원리	근육 발달을 위해서 부하를 점진적으로 높여야 한다는 원리
특이성의 원리	운동에 사용된 특정 부위에 한정되어 효과가 나타난다는 원리
개별성의 원리	각 개인의 특성에 따라 운동을 설계해야 효과가 있다는 원리
반복성의 원리	운동은 장기적으로 반복해야 효과가 있다는 원리

04 웨이트트레이닝 효과

근력이 강화되어 체력이 향상되는 효과가 있고, 근육의 형태에 긍정적인 변화가 일어난다.

05 웨이트트레이닝의 신체적 효과

전반적인 체력 강화 효과로 인하여 근력 및 근지구력 향상, 심폐기능 향상, 유연성 등을 향상시키는 효과가 있으며, 뼈의 건강과 체중 조절에도 긍정적인 영향을 미친다.

06 웨이트트레이닝의 정신적 효과

스트레스 해소 및 심리적 안정감을 주며, 건강해진 육체로 인하여 자신감이 생겨 심리적으로 긍정적인 효과가 있다.

07 트레이닝의 주요 종류

플라이오메트릭 트레이닝 (plyometric training)	단시간에 최대 근력을 발휘하는 운동을 말하며, 근육의 힘을 증가시키는 방법
레피티션 트레이닝 (repetition training)	운동 후 충분한 휴식을 취한 뒤 반복하여 운동하는 방법
인터벌 트레이닝 (interval training)	불완전한 휴식으로 신체의 피로를 충분히 회복하기 전에 다시 운동하는 방법
서키트 트레이닝 (circuit training)	순환이라는 의미로 몇 가지 운동을 정해서 세트화하여 운동하는 방법으로, 기초체력 향상과 심폐 기능 강화에 도움이 되는 방법

08 트레이닝의 다양한 원리

분리 원리	신체를 부위별로 구분하여 훈련하는 원리
세트 시스템 원리	신체의 각 근육 부위별로 세트화하여 운동하는 원리
혼동 원리	하나의 단순한 방법으로 근육에 자극을 주는 것이 아니라 근육에 다양한 변화를 주는 운동으로 근육에 혼동을 주는 원리
슈퍼세트 원리	서로 반대로 작용하는 근육(길항근)을 단련하는 운동으로 두 종류를 묶어서 각 세트 사이 휴식 없이 실시하는 원리
컴파운드세트 원리	같은 근육 부위에 두 가지 이상의 운동을 실시하는 훈련
스플릿 원리	고강도 부하 운동을 위해 하루에 몸 전체의 근육 부위를 운동하지 않고 2~3개의 부위로 나누어 각 부분을 교대하는 훈련
피라미드 원리	부상 방지와 효과적인 트레이닝을 위하여 피라미드 모양처럼 서서히 운동 강도를 올려서 운동 후 다시 서서히 운동 강도를 낮추는 방법
플러싱 원리	근육 한 부분에 몇 가지의 운동을 집중적으로 부하를 주어 충혈시키는 훈련
트라이세트 원리	같은 근육 부위에 세트 사이에 휴식 없이 3가지 운동을 실시하는 훈련
자이언트세트 원리	근육 부위에 거의 휴식 없이 4~6가지의 운동을 연속으로 실시하는 훈련
치팅 원리	반동을 이용하여 근육에 자극을 증가시키는 훈련
프리 이그져션 원리	부상 방지를 위해 가벼운 운동을 먼저 실시한 후 무거운 운동을 실시하는 훈련
피크 컨트렉션 원리	근육이 긴장한 상태에서 약 1~2초 정도 멈추었다가 이완하는 훈련
퀄리티 원리	운동 중 세트 사이의 휴식 시간을 점진적으로 감소시키는 훈련
디센딩 원리	한 가지 운동 종목을 몇 개의 세트로 할 때마다 중량을 조금씩 낮추며 가벼워진 중량으로 할 수 있을 때까지 반복 횟수를 실시하는 훈련
더블 스플릿 원리	오전에 1~2개 부위를 훈련하고, 오후에 신체의 다른 1~2개 부위를 훈련

09 트레이닝의 기본요소

트레이닝 시 어떤 목적으로 운동을 하는지 구체적이고, 체계적인 계획이 수립되어야 효과를 가질 수 있다. 구성요소로 운동형태, 운동강도, 운동시간, 운동빈도가 있다.

10 머신웨이트와 프리웨이트의 차이점

구분	머신웨이트	프리웨이트
장점	• 제한된 각도로 안전하다. • 초보자에게 편리하다. • 특정 근육 자극이 가능하다. • 보조자가 필요하지 않다.	• 개인의 가동범위에 적합한 동작을 제공한다. • 협응근에 자극을 유도할 수 있다. • 다양한 근력운동이 가능하다.
단점	• 프리웨이트보다 효과가 다소 떨어진다. • 파워풀한 동작이 제한된다. • 동작의 가동범위가 제한되어 있다.	• 초보자들은 하기 어렵다. • 부상의 위험이 있다. • 무게조절의 번거로움이 있다.

11 웨이트트레이닝 시 호흡법

근육이 수축할 때 호흡을 내쉬고, 이완할 때 호흡을 마시는 방법으로 호흡한다.

12 발살바 호흡법(valsalva maneuver)

의미	• 웨이트트레이닝에서 무거운 중량을 들어 올릴 때 호흡을 멈추고 압력을 증가시키는 방법이다. • 숙달된 운동자가 큰 부하로 구조적인 운동을 할 때 적절히 척추를 유지하고 지지하는 데 좋다.
방법	• 첫 번째 방법 : 신장성 수축에서 호흡을 들이마신 뒤 가장 힘든 부분(sticking point)에서 호흡을 참은 후 내쉰다. • 두 번째 방법 : 운동 시작 전에 들이마신 뒤 가장 힘든 부분(sticking point)을 지날 때까지 호흡을 참은 후 내쉰다.
주의사항	순식간에 혈압을 상승시켜 현기증과 급성피로, 방향감각 상실, 혈관 파열, 실신을 유발할 수 있기 때문에 심혈관, 대사, 호흡, 정형외과적 이상이 있는 경우 사용해선 안 된다.

13 1RM

1RM(Repetition Maximum)이란 한 관절을 중심으로 발휘되는 최대의 힘을 말한다. 즉, 1회만 들어 올릴 수 있는 중량을 들 때 발휘하는 힘이다.

14 근비대를 위한 적절한 운동 부하가 되는 1RM의 %

근비대를 위해서는 1RM의 약 70~85%로 훈련하는 것이 좋다.

15 운동 목표에 따른 운동 부하와 반복 횟수

① 근력 : 85~100%의 강도로 1~6회 반복
② 근지구력 : 60~75%의 강도로 12~15회 반복
③ 근비대 : 70~85%의 강도로 8~12회 반복
④ 파워 : 80~90%의 강도로 2~3회 반복

16 보디빌딩 바벨을 잡는 방법

오버핸드 그립 (overhand grip)	손등이 천장을 향하게 잡는 방법
언더핸드 그립 (underhand grip)	손등이 바닥을 향하게 잡는 방법
뉴트럴 그립 (neutral grip)	손바닥이 서로 마주보게 잡는 방법으로, 패러럴 그립(parallel grip)이라고도 함
얼터네이트 그립 (alternate grip)	한 손은 오버핸드 그립, 다른 한 손은 언더핸드 그립으로 잡는 방법
섬레스 그립 (thumbless grip)	엄지손가락을 제외한 나머지 네 손가락으로 잡는 방법
훅 그립 (hook grip)	엄지손가락을 네 손가락 안으로 넣어서 바를 감싸 잡는 방법

17 보디빌딩 바벨을 잡는 간격

와이드 그립 (wide grip)	어깨너비보다 넓은 간격으로 잡는 방법
스탠다드 그립 (standard grip)	어깨너비 간격으로 잡는 방법
내로우 그립 (narrow grip)	어깨너비보다 좁은 간격으로 잡는 방법

18 ROM

ROM이란 관절의 가동범위(Rang Of Motion)를 말하며, ROM이 클수록 동작 가능한 범위가 넓고, 작을수록 가동범위가 작다.

19 비만 환자의 트레이닝 방법

운동시간은 길고, 강도는 낮은 유산소 운동 위주로 하는 것이 좋다.

20 보디빌딩 트레이닝에서 근비대 중요 요소 3가지

운동, 영양, 휴식

21 세컨드 윈드(second wind)와 사점

극한 운동을 할 때 매우 힘든 시기가 오는데, 이것을 '사점'이라고 하며, 이를 극복하고 견뎌내면 괴로움이 점차 완화된다. 이러한 변화의 시기를 '세컨드 윈드(second wind)'라고 말한다.

22 웨이트트레이닝 후 심한 피로감과 근육통의 이유

에너지를 쓰고 난 후 부산물인 젖산(lactate) 때문이다.

23 다관절 운동과 단순관절 운동의 차이

① 다관절 운동 : 2가지 이상의 관절을 사용하며 보다 큰 힘을 낼 수 있다. 예 덤벨 체스트 프레스
② 단순관절 운동 : 1가지 관절을 사용하며 큰 힘을 내지 못한다. 예 체스트 덤벨 플라이

24 다관절 운동과 단순관절 운동 종목

① 다관절 운동 : 스쿼트, 데드리프트, 체스트 벤치프레스 등
② 단순관절 운동 : 컨센트레이션 컬, 레그 익스텐션, 체스트 덤벨 플라이 등

25 최대심박수 계산 방법

220 – 자기나이 = 최대심박수

26 초보자에게 적절한 유산소 운동 강도

최대심박수의 약 60% 강도 운동으로, 옆사람과 간단한 대화를 하며 할 수 있는 강도이다.

27 슈퍼세트(super set) 종류

① 컴파운드 슈퍼세트(compound super set) : 한 부위에 두 가지 이상의 운동을 쉬지 않고 하는 것
② 오포징 슈퍼세트(opposing super set) : 주동근과 길항근을 쉬지 않고 번갈아서 하는 것

28 **서키트 트레이닝(circuit training)**

전신 또는 일부 운동 종목을 정하고, 각 운동 세트와 세트 사이 휴식을 30초 이내로 실시하여 유산소 운동과 무산소 운동을 병행하는 방법으로, 심폐지구력과 근지구력을 동시에 향상시키는 장점이 있다.

29 **근력 강화 및 근비대를 위한 트레이닝의 최대근력 비율(%)**

70% 이상

30 **스티프 레그 데드리프트(stiff-leg deadlift)와 데드리프트(deadlift)의 차이점**

① 스티프 레그 데드리프트 : 주로 대퇴이두근을 발달시킨다.
② 데드리프트 : 대둔근, 척추기립근, 광배근을 발달시킨다.

31 **근육 부상 방지와 효과적인 운동을 위해 점차 중량을 올리는 훈련 원칙**

피라미드훈련 원칙

32 **상체와 하체 또는 각 근육 부위별 훈련 원칙**

분할훈련 원칙

33 **한 가지 근육 부위에 4가지 운동을 연속으로 실시하여 근육의 선(데피니션)을 선명하게 하는 근지구력 훈련 방법**

자이언트 세트

34 **힘이 많을 때 우선 약한 근육 부위를 먼저 훈련하는 원칙**

취약부위 우선원칙

2 과학적 지도방법

1 운동 영양학

01 필수 영양소

3대 주요 영양소는 탄수화물, 단백질, 지방이며, 조절소는 무기질(미네랄), 비타민, 수분(물)이 포함된다. 이를 합쳐서 총 6대 영양소라고 말한다.

02 근육을 형성하고 있는 물질

수분 약 70%, 단백질 약 20%, 탄수화물 약 10%

03 섭취한 영양소 중 탄수화물이 분해되어 간과 근육 등에 저장되고 운동 시 에너지로 쓰이는 탄수화물의 최종 형태

글리코겐

04 시합 전 3~5일간 운동량을 줄이고 탄수화물을 많이 섭취하여 탄수화물 저장량을 높여 경기수행 능력을 높이는 방법

글리코겐 로딩

05 트레이닝 영양의 중요성

트레이닝에 필요한 근육에 영양소를 공급해 주고, 운동 후 빠른 회복을 도와준다.

06 인체에서 수분의 역할

우리 몸의 약 60~70%는 수분으로 구성되어 있다. 수분의 역할은 체온 조절, 영양 전달, 노폐물 배출 등이 있다.

07 주요 영양소 1g당 칼로리량

탄수화물 4kcal, 단백질 4kcal, 지방 9kcal

08 탄수화물의 기능

① 우리 몸의 주 에너지로 이용
② 단백질을 절약하는 데 이용
③ 중추신경계 연료로 이용

09 탄수화물의 종류

① 구성요소 : 탄소(C), 수소(H), 산소(O)의 3원소로 구성
② 분류 : 단당류, 이당류, 다당류로 분류
③ 단순 탄수화물 : 설탕, 밀가루, 음료수, 과일 등
④ 복합 탄수화물 : 채소류, 고구마, 쌀, 곡류 등

10 탄수화물 섭취 후 탄수화물 저장소 3곳

간, 근육(글리코겐), 혈액(글루코스)

11 단백질의 기능

① 근수축을 위한 기본 요소
② 세포, 생체의 구성성분
③ 효소, 호르몬 생성
④ 성장발달과 근조직 구성에 이용

12 단백질의 종류

① 구성 : 아미노산으로 이루어진 복잡한 고분자 N화합물
② 식물성 단백질 : 콩, 땅콩, 곡물, 옥수수, 해바라기씨 등
③ 동물성 단백질 : 육류, 생선, 닭고기, 계란, 우유, 치즈 등

13 완전 단백질과 불완전 단백질

완전 단백질	생명체 성장과 유지에 필요한 필수아미노산을 포함 예 소고기, 닭고기, 달걀, 생선 등
불완전 단백질	필수아미노산이 없고, 생명체 성장과 유지에 부족 예 두부, 견과류, 곡류 등

14 단백질 섭취의 시기

운동 후 약 45분 이내 단백질/탄수화물을 섭취하는 것이 근육을 생성하는 동화작용을 극대화시켜 고강도 운동에 필요한 에너지원으로 탄수화물도 같이 섭취하는 것이 좋다.

15 주요 영양소 중 칼로리가 제일 높은 것

지방

16 지방의 기능

① 에너지원으로 신체에 기능
② 생명기관 보호(내부기관의 보호막 역할)
③ 절연기능(예 피하지방, 체온 조절)

17 지방의 종류

① 체내에 중성지방 형태로 저장
② 유리지방산 이용 가능한 연료의 형태
③ 지방산은 포화지방산과 불포화지방산으로 분류
④ 필수지방산은 신체의 성장과 유지 및 생리적 과정의 기능에 필수 요소

18 체지방

피하지방과 내장지방으로 구분한다. 피하지방은 피부 밑에 있는 지방이며, 내장지방은 인체의 장기 사이에 있는 지방을 말한다.

19 포화지방과 불포화지방

포화지방 (동물성)	• 시간이 지나면 굳어지는 특징이 있음 • 다량 섭취 시 심혈관질환을 유발
불포화지방 (식물성)	• 시간이 지나도 굳어지지 않고, 상온에서 액체 형태임 • 견과류와 생선류에 포함되어 있어 콜레스테롤 수치와 심혈관질환을 낮추는 역할을 함

20 웨이트트레이닝 시 주요 에너지원

탄수화물

21 웨이트트레이닝 시 사용되는 에너지원의 순서

탄수화물 → 지방 → 단백질

22 저강도 유산소 운동 시 주로 사용되는 에너지원

지방이 주로 사용되고 운동시간이 길어지거나 에너지원이 고갈 시 단백질을 분해하여 에너지로 사용된다.

23 포도당

포도당은 단당류로 글루코스라고 한다. 생물체에 중요한 에너지원으로 사용되며, 과일에 많이 포함되어 있다. 에너지가 급하게 요구될 때 저장된 글리코겐이 포도당으로 전환되며, 글리코겐 저장이 더 이상 불가능할 때 남은 포도당은 지방으로 전환된다.

24 스테로이드

보디빌딩에서 근육의 빠른 성장과 강화에 사용되는데, 이에 따른 오남용으로 여드름을 발생한다. 장기간 사용하면 남자는 고환 축소, 불임 등이 발생하고, 여성은 남성화, 생리불순 등의 부작용이 있다. 고농도 사용은 분노, 공격성 등을 야기할 수 있다.

25 비타민 종류

수용성 비타민	과섭취해도 몸에 축척되지 않고, 과섭취 부분이 소변을 통해 빠져나간다. **예** 비타민 B, C
지용성 비타민	몸에 축척되기 때문에 과섭취할 경우 부작용이 발생한다. **예** 비타민 A, D, E, K

26 스포츠 활동 및 근력운동 시 섭취하면 효과적인 비타민

비타민 C

27 단백질 대사와 세포분열 그리고 DNA와 RNA 합성에 중요한 비타민

엽산

28 에어로빅 운동 시 산소를 절약하는 비타민

비타민 E

29 콜레스테롤

콜레스테롤은 인체 내에 있는 지방 종류로, 여러 가지 세포막 형성, 호르몬 합성 등의 기능을 갖는다.

30 BCAA

분자사슬 아미노산으로 류신, 이소류신, 발린을 말한다.

31 필수아미노산

류신, 이소류신, 발린, 라이신, 메티오닌, 트레오닌, 트립토판, 페닐알라닌, 히스티딘

32 카보로딩(탄수화물 축적)

탄수화물 에너지원이 고갈되는 것을 늦추기 위해 추가적으로 인체에 탄수화물을 저장하는 방법이다. 보디빌딩 시합에서 근육의 크기를 높이는 데 활용되기도 한다.

33 카르니틴

대사과정에서 지방산을 미토콘드리아로 옮기는 데 필요한 효소로 지방의 활용을 높이는 등의 기전으로 유산소성 지구력을 증가시키며, 에너지 보충제로 능력을 인정받고 있는 화합물이다.

34 글루타민

비필수아미노산으로 면역력을 높여 주고, 근육통과 피로를 해소해주며 근육 손실을 방지하는 데 사용된다.

35 크레아틴

크레아틴은 질소를 포함하는 유기산으로 척추동물의 생체 내에서 합성되어 골격근의 에너지 공급원으로 사용된다. 주로 근육에 저장되며 약 98%의 크레아틴이 골격근에 저장되어 있고, 그중 50%는 인산크레아틴 형태로 저장된다.

36 이화작용과 동화작용

① 이화작용 : 근육이 분해되는 작용
② 동화작용 : 근육이 합성하는 과정(동화작용을 촉진하기 위해서는 운동 직후 적절한 영양을 섭취해야 한다.)

37 보충제의 필요성과 섭취 방법

근력운동 후 일반적인 식사로 충분하고 효과적인 영양공급이 되지 않을 경우 보충제가 필요하다. 근력 강화를 위하여 단백질 1회 섭취 시 남성 30g, 여성 20g을 넘지 않아야 간과 신장에 무리가 가지 않고, 아침 기상 후나 취침 전 또는 운동 전과 후에 적절히 섭취하는 것이 필요하다.

38 테스토스테론

남성 스테로이드인 안드로젠 계열의 대표적인 성 호르몬으로 근육, 피부, 뼈의 성장을 돕는다.

39 운동 전 카페인 섭취 효능

카페인은 각성제 효과가 있어 운동 시 중추신경을 흥분시킨다. 유산소 운동 시는 지방 활용에 유리하다는 주장이 있으나 효과가 높지 않으며, 다만 고강도 운동 시 각성효과로 인하여 지속적인 운동을 하는 데 도움을 줄 수도 있다. 하지만 과도한 섭취는 불안감, 불면증, 이뇨 작용 등의 부작용을 야기한다.

40 생리학적 남자, 여자 최소 필요 지방보유율

남자 5%, 여자 10%

41 근육통 종류

지연성 근육통 (delayed-onset muscle soreness)	운동을 하고 바로 다음 날이 아닌 약 이틀 뒤 나타나는 심한 근육통으로, 근육에 구조적인 손상으로 근육이 수축되어 근육의 길이나 가동범위가 줄어들고 신경근성 기능에 이상이 생기는 통증
가벼운 근육통	운동을 한 다음 날 느끼는 전형적인 가벼운 통증으로, 근육섬유에 생기는 미세한 상해와 젖산 과다 원인
부상과 관련된 근육통	훈련을 한 다음 날 근육뿐만 아니라 관절을 움직일 수 없게 될 수도 있으며 찌르는 듯한 고통이 동반되는 통증

42 아나볼릭 스테로이드

세계도핑방지규약에 규정된 금지약물이다. 근육을 일시적으로 강화시키기 위하여 단백질의 동화, 흡수를 촉진하는 합성 스테로이드이다.

2 운동 생리학

01 인간의 체형 구분

외배엽	근육이나 지방이 적은 마른 체형으로, 체내 신진대사가 빠르다.
중배엽	골격과 근육이 발달된 체형으로, 운동 시 근육량의 증가가 빠르다.
내배엽	골격의 크기가 크고 지방량이 많은 체형으로, 과체중이 많은 편이다.

02 운동이 뼈에 미치는 영향

운동을 하면 뼈가 자극되어 골밀도를 증가시킨다. 그리고 뼈가 건강하면 뼈의 기능이 향상되어 무기질 저장과 공급이 좋아지고, 조혈 작용이 원활해진다. 하지만 무리한 운동은 오히려 뼈나 성장판을 손상시킬 수 있어 적절한 운동이 중요하다.

03 근육의 종류

골격근	인체의 움직임을 관할하며 의지에 따라 움직일 수 있는 수의근이고 가로무늬 형태이다.
심장근	심장과 심장벽을 구성하는 근육으로, 내장근과 함께 불수의근이고 가로무늬 형태이다.
내장근(평활근)	위와 장의 외벽을 구성하는 근육으로, 수축과 이완을 통해 음식을 이동시키며, 심장근과 함께 불수의근이고 민무늬 형태이다.

04 근섬유의 종류

속근(백근)	• 모세혈관 밀도 및 마이오글로빈 함유량이 낮다. • 수축 반응이 빠르며 강도 높은 신체활동에 사용된다. • 해당작용 능력이 높아 피로를 빨리 느낀다. **예** 보디빌딩, 역도 등
지근(적근)	• 모세혈관 밀도 및 마이오글로빈 함유량이 높다. • 수축 반응이 느리며 강도 낮은 신체활동에 사용된다. • 미토콘드리아 산화능력이 높아 쉽게 피로해지지 않고 장기간 사용이 가능하다. **예** 마라톤, 수영 등

05 주동근과 길항근

① 주동근: 운동하는 부위에 직접적으로 움직임을 일으키는 근육
② 길항근: 주동근의 반대편에서 움직임을 느리게 하거나 안정화(정지)시키는 근육

06 근력운동의 2가지 종류

① 정적 운동: 움직임 없이 근력을 발휘하는 운동(**예** 등척성 운동)
② 동적 운동: 움직이면서 근력을 발휘하는 운동(**예** 등장성 운동)

07 근육의 수축형태 3가지

등척성 운동 (isometric exercise)	• 정적 근력운동으로, 근수축 시 관절의 각도 변화가 일어나지 않는다. • 관절과 관절 사이 근육 길이 변화는 발생하지 않지만 장력이 발생되는 운동이다.
등장성 운동 (isotonic exercise)	• 동적 근력운동으로, 근수축 시 관절의 각도 변화가 일어난다. • 물체를 움직이기 위해서 근육은 무게만큼 힘을 발휘하며, 근육이 단축되면서 힘을 발휘하는 단축성(concentric) 수축과 신장하면서 힘을 발휘하는 신장성(eccentric) 수축이 있다.
등속성 운동 (isokinetic exercise)	• 근육수축 속도가 일정하고 근육의 길이가 짧아지는 운동이다. • 저항이 근력에 적용되도록 정확하게 조절된 운동기구만을 사용해야 등속성 수축 운동이 발생된다 (관절각이 동일한 속도로 운동하는 근수축 형태).

08 탄수화물 저장 방법

탄수화물은 인체의 주된 에너지원으로 간과 근육에 글리코겐 형태로 저장되어 사용된다. 간과 근육에서 사용하고 남은 탄수화물은 지방으로 저장된다.

09 근육을 성장시키는 남성 호르몬

테스토스테론

10 남성 호르몬(테스토스테론)과 여성 호르몬(에스트로겐)의 차이점

남성 호르몬은 남성화 작용을 일으켜서 근육 성장을 도와주며, 여성 호르몬은 지방 생산을 일으켜 여성화한다.

11 여성이 남성과 같이 근육이 생기지 않는 이유

근육을 성장시키려면 남성 호르몬이 필요하지만 여성은 여성 호르몬이 선천적으로 생성되기 때문에 지방이 만들어지고 근육이 잘 생기지 않는다.

12 운동 중 고원현상

일정 기간 진보가 정체되어 학습효과가 나타나지 않는 현상이다.

13 당 수치에 민감한 반응을 보이는 것

인슐린

14 세포 내 미토콘드리아 지방산 합성과 탄수화물 대사에 관여하는 세포 발전소 구조와 기능에 필요한 미네랄

망간(망가니즈)

15 여춘화과실 약물에서 도핑에 걸리는 성분

콥티신

16 구골수피, 구골엽, 고정다, 오동자와 같은 약물들에서 도핑에 걸리는 성분

카페인

17 마황 약물에서 도핑에 걸리는 성분

에페드린

18 부정적 사고를 할 때 인체에서 생성되는 호르몬

아드레날린

19 긍정적 사고를 할 때 인체에서 생성되는 호르몬

엔도르핀

20 인체를 좌·우 대칭으로 나누는 경우, 시상면이라고도 하는 인체의 면

정중면

21 인체를 앞·뒤 수직으로 나누는 경우, 전두면이라고도 하고, 내전과 외전의 기본 움직임이 발생하는 인체의 면

관상면

22 인체를 상·하 수평으로 나누는 경우, 횡단면이라고도 하는 인체의 면

수평면

23 **피(blood)가 생성되는 기관**

뼈(골수)

24 **우리 인체에서 연결되어 골격을 형성하는 뼈의 개수**

206개

25 **인체 기능을 정상적으로 유지하고, 자극에 적절하게 반응하고 적응하는 기능**

항상성

26 **근육의 역할**

자세를 유지하고, 운동과 호흡, 체온 유지를 위한 열을 발생시킨다.

27 **ATP(아데노신 3인산염)**

생물의 세포가 사용하는 에너지원으로 탄수화물, 지방, 단백질이 산소를 만나 ATP를 생성하여 생명 활동에 이용된다.

28 **에너지 시스템**

에너지는 움직이고, 활동을 할 수 있는 능력을 말한다. 근육에서 직접적으로 사용할 수 있는 화학적 에너지는 ATP(Adenosine Tri-Phosphate)이다. ATP를 재합성하여 에너지로 사용하는 ATP-PC(인원질) 시스템과 젖산 시스템의 무산소성 과정이 있고, 산소 시스템의 유산소성 과정이 있다.

29 **ATP-PC 시스템**

강한 근력운동 시 에너지 고갈이 빠르게 일어나며 ATP는 근수축에 필요한 에너지를 방출한다. 근육 속에 저장되어 있는 ATP의 양은 아주 소량이므로 ATP는 ADP+Pi로 분해가 일어나고 PC가 C+Pi 분해되면서 ADP+Pi를 ATP로 재합성한다. 이때 ATP의 양은 최대 운동을 할 때 약 1~2초, PC는 약 6~8초 후에 고갈된다.

30 젖산 시스템

ATP 시스템에 의한 에너지 고갈 후 근육과 간 속에 있는 글리코겐을 사용하는 시스템으로, 글리코겐은 해당 과정을 거쳐 초성 포도산으로 분해되면서 3ATP를 생성하고 이때 산소가 불충분하면 젖산으로 전환되며 젖산 시스템으로 도입한다. 젖산 시스템은 ATP-PC 시스템 다음으로 빠른 속도로 에너지 생산이 가능하고 글리코겐의 최종 부산물인 젖산이 축적되어 근육에 피로와 고통을 초래한다. 1~3분 사이 최대 강도 운동의 경우에 젖산 시스템이 사용된다.

31 유산소 시스템

유산소 시스템은 산소를 이용하여 에너지를 만드는데, 운동 시 산소가 충분히 공급될 경우 글리코겐이 이산화탄소와 물로 분해되면서 39ATP를 생성하고 젖산의 축적을 막으며 ATP를 생성하므로 주로 장시간 운동에 사용되는 시스템이다.

32 몇 초 안의 폭발적인 운동에서 주로 쓰이는 에너지 시스템

ATP-PC 시스템

33 에너지 공급 시스템 중 웨이트트레이닝에서 주로 사용되는 시스템

ATP-PC 시스템

34 무산소 운동과 같이 강한 운동을 하면 호흡을 헐떡이며 깊은 숨을 몰아쉬게 되는데, 이처럼 운동 중에 호흡을 못하고 운동 후 몰아쉬는 것

산소부채(EPOC)

35 근수축 과정

근육은 엑틴과 마이오신으로 구성된 근세사가 모여 근섬유를 만들고, 이들이 모여 근육을 이루고 있다. 근육을 수축하라는 신호가 오면 엑틴과 마이오신이 서로 끌어당겨 근세사의 길이가 짧아지고, 근섬유가 수축하게 된다. 이들이 동시에 작용하기 때문에 근수축이 일어난다.

36 일반적으로 남성과 여성의 비만을 판정하는 체지방율 기준(%)

남성 20% 이상, 여성 30% 이상

37 크레아틴(creatine)의 골격근 내에서 차지하는 비율(%)

약 95%

38 근육량과 뼈의 무게로 변하며, 우리 몸이 쉬고 있을 때 생명을 유지할 수 있는 최소한의 에너지 요구량

BMR(Basal Metabolic Rate), 즉 기초대사량

39 스포츠 심장

스포츠를 통해 단련된 심장을 말한다. 스포츠로 단련된 심장은 좌심실의 근육벽이 두꺼워져 심장에서 혈액을 내보내는 능력이 향상되므로 낮은 심박수로도 충분한 혈액 공급이 가능해진다.

40 대순환과 소순환

대순환	체순환[좌심실 → 대동맥 → 조직(가스교환 : 산소와 이산화탄소 교환) → 대정맥 → 우심방]으로 되돌아오는 혈액 순환과정이다.
소순환	폐순환[우심실 → 폐동맥 → 폐(가스교환) → 폐정맥 → 좌심방]으로 되돌아오는 혈액 순환과정이다.

41 당뇨병의 종류

당뇨는 체내에 혈당조절이 안 되는 상태로 두 가지 유형이 있다.
① 제1형 인슐린 의존형 : 인슐린 분비 저하, 마른 사람, 당뇨환자 약 10%가 해당
② 제2형 인슐린 비의존형 : 인슐린 저항성 증가, 비만, 가족력, 당뇨환자 90%가 해당

3 규정 포즈

1 남자 보디빌딩 규정 포즈

01 Front Double Biceps

선수는 심판을 향해 정면으로 서서 한 발을 40~50cm 바깥쪽 앞으로 두고 두 팔을 들어 어깨와 수평을 이루게 한 후 팔꿈치를 구부린다. 이 포즈에서 중요하게 평가하는 이두근과 전완근이 수축되도록 주먹을 꽉 쥔 채 아래를 향하게 한다. 또한 심판이 전체적인 육체미를 심사하므로, 선수는 머리부터 발끝까지 가능한 한 많은 근육을 수축시킬 수 있도록 노력한다.

심판은 처음에 상완이두근이 꽉 차있는지, 봉우리는 잘 솟아있는지, 그리고 상완이두근의 전면부와 후면부의 분할이 선명한지를 심사하고 계속해서 전완근, 삼각근, 흉근, 가슴에서 어깨로 이어지는 부위, 복부, 허벅지, 종아리를 관찰함으로써 머리부터 발끝까지 심사를 이어간다. 심판은 또한 근육의 밀도, 선명도 그리고 전반적인 균형을 심사한다.

02 Front Lat Spread

선수는 심판을 향해 정면으로 서서 다리와 발의 안쪽 라인을 최대 15cm까지 벌리고, 펼치거나 주먹을 쥔 손을 허리 하부 또는 복사근에 위치시킨 채 광배근을 펼쳐 보인다. 동시에 가능한 한 많은 전면 근육의 수축을 시도한다. 트렁크를 올려서 대퇴사두근 안쪽을 보이게 하는 행위는 엄격히 금지된다.

심판은 일단 선수가 광배근을 잘 펼쳐서 몸통을 V-형태로 만들어 내는지를 심사한다. 그 후 심판은 머리부터 발끝까지 심사하면서 전체적인 체격과 다양한 근육군의 세밀한 측면을 집중해서 관찰한다.

03 Side Chest

선수는 더 "잘 발달된 팔"을 보여주기 위해 우측이나 좌측 중 한쪽을 선택한다. 선수는 심판을 향해 우측이나 좌측으로 서서 심판과 가까운 쪽 팔을 직각으로 구부리고 한 손은 주먹을 쥐고 다른 손은 주먹 쥔 손의 손목을 잡는다. 심판과 가까운 쪽 다리의 무릎을 구부리고 발가락으로 지탱한다. 그다음 가슴을 펴고 직각으로 구부린 팔의 상승 압력을 이용해 상완이두근을 최대한 수축한다. 선수는 발가락에 하강 압력을 가해 허벅지 근육과 대퇴이두근, 비복근을 수축한다.

심판은 가슴 근육과 흉곽의 아치 형태, 상완이두근, 대퇴이두근, 비복근을 집중적으로 관찰하면서 머리부터 발끝까지 심사한다. 심판은 선수의 옆모습을 보면서 허벅지와 종아리 근육의 더 정확한 발달 정도를 확인한다.

04 Back Double Biceps

선수는 뒷모습이 심판에게 보이게 서서 두 팔과 손목 자세를 Front Double Biceps 포즈와 동일하게 취하고 한 발을 뒤로 빼서 발가락으로 지탱한다. 그다음 어깨, 상·하부 등 근육, 허벅지, 비복근뿐만 아니라 상완이 두근까지 수축시킨다.

심판은 먼저 팔 근육을 심사하고 그다음 머리부터 발끝까지 관찰하는데, 이때 다른 포즈를 취할 때보다 더 많은 근육군을 심사한다. 해당 근육군은 목, 삼각근, 상완이두근, 상완삼두근, 전완근, 승모근, 원근, 극하근, 척추 기립근, 외복사근, 광배근, 대둔근, 대퇴이두근, 비복근을 포함한다. 이 포즈를 취했을 때, 다른 포즈를 취했을 때보다 근육의 밀도, 선명도 그리고 전체적인 균형을 심사하기가 수월하다.

05 Back Lat Spread

선수는 뒷모습이 심판에게 보이게 서서 팔꿈치를 넓게 벌려 유지한 채로 손을 허리 위에 올리고 다리와 발의 안쪽 간격을 최대 15cm로 유지한다. 그 후 선수는 광배근을 최대한 넓게 수축한다. 선수는 심판이 양쪽 비복 근을 동등하게 심사할 수 있도록 Back Double Biceps 포즈 때 보여주었던 종아리 근육의 반대쪽을 보여주도 록 노력해야 한다. 대둔근을 보여주기 위해서 트렁크를 올려 입는 것은 엄격하게 금지된다.

심판은 광배근의 펼쳐짐을 심사하는 동시에 근육의 밀도를 심사하고, 다시 머리부터 발끝까지 살펴본다.

06 Side Triceps

선수는 더 "잘 발달된 팔"을 보여주기 위해 우측이나 좌측 중 한쪽을 선택한다. 선수는 심판을 향해 우측이나 좌측으로 서서 두 팔을 등 뒤에 놓고 깍지를 끼거나 앞쪽에 있는 손목을 다른 손으로 움켜잡는다. 심판과 가까운 쪽 다리의 무릎을 굽히고 발바닥을 바닥에 딱 붙인다. 그리고 심판과 먼 쪽 다리의 무릎을 굽히고 발가락으로 지탱한다. 선수는 앞쪽 팔에 압력을 가하여 상완삼두근을 수축한다. 또한 가슴은 올리고 복부 근육, 허벅지, 비복근을 수축한다.

심판은 일단 상완삼두근을 관찰하고 머리부터 발끝까지 심사한다. 이 포즈에서 심판은 측면에서의 허벅지와 종아리 근육을 관찰해 비교 발달 정도를 더 정확하게 확인할 수 있다.

07 Abdominals & Thighs

선수는 심판을 향해 정면으로 서서 두 팔을 머리 뒤에 놓고 한쪽 발을 앞에 둔다. 그다음 몸통을 약간 앞쪽으로 보내며 '크런칭(crunching)' 자세로 복부 근육을 수축하고 동시에 하체 전면 근육을 수축한다.

심판은 복부와 허벅지 근육을 관찰하고 난 후 머리부터 발끝까지 심사한다.

2 남자 클래식 보디빌딩 규정 포즈

01 Front Double Biceps

선수는 심판을 향해 정면으로 서서 한 발을 약간 바깥쪽 앞으로 두고 두 팔을 들어 어깨와 수평을 이루게 한 후 팔꿈치를 구부린다. 이 포즈에서 중요하게 평가하는 이두근과 전완근이 수축되도록 주먹을 꽉 쥔 채 아래를 향하게 한다. 또한 심판이 전체 골격을 심사하므로, 선수는 머리부터 발끝까지 가능한 한 많은 근육을 수축시킬 수 있도록 노력한다.

심판은 처음에 상완이두근이 꽉 차있는지, 봉우리는 잘 솟아있는지, 그리고 상완이두근의 전면부와 후면부의 분할이 선명한지를 심사하고 계속해서 전완근, 삼각근, 흉근, 가슴에서 어깨로 이어지는 부위, 복부, 허벅지, 종아리를 관찰함으로써 머리부터 발끝까지 심사를 이어간다. 심판은 또한 근육의 밀도, 선명도 그리고 전반적인 균형을 심사한다.

02 Front Lat Spread

선수는 심판을 향해 정면으로 서서 다리와 발의 안쪽 라인을 최대 15cm까지 벌리고, 펼치거나 주먹을 쥔 손을 허리 하부 또는 복사근에 위치시킨 채 광배근을 펼쳐 보인다. 동시에 가능한 한 많은 전면 근육의 수축을 시도한다. 트렁크를 올려서 대퇴사두근 안쪽을 보이게 하는 행위는 엄격히 금지된다.

심판은 일단 선수가 광배근을 잘 펼쳐서 몸통을 V-형태로 만들어 내는지를 심사한다. 그 후 심판은 머리부터 발끝까지 심사하면서 전체적인 골격과 다양한 근육군의 세밀한 측면을 집중해서 관찰한다.

03 Side Chest

선수는 더 "잘 발달된 팔"을 보여주기 위해 우측이나 좌측 중 한쪽을 선택한다. 선수는 심판을 향해 우측이나 좌측으로 서서 심판과 가까운 쪽 팔을 직각으로 구부리고 한 손은 주먹을 쥐고 다른 손은 주먹 쥔 손의 손목을 잡는다. 심판과 가까운 쪽 다리의 무릎을 구부리고 발가락으로 지탱한다. 그다음 가슴을 펴고 직각으로 구부린 팔의 상승 압력을 이용해 상완이두근을 최대한 수축한다. 선수는 발가락에 하강 압력을 가해 허벅지 근육과 대퇴이두근, 비복근을 수축한다.

심판은 가슴 근육과 흉곽의 아치 형태, 상완이두근, 대퇴이두근, 비복근을 집중적으로 관찰하면서 머리부터 발끝까지 심사한다. 심판은 선수의 옆모습을 보면서 허벅지와 종아리 근육의 더 정확한 발달 정도를 확인한다.

04 Back Double Biceps

선수는 뒷모습이 심판에게 보이게 서서 두 팔과 손목 자세를 Front Double Biceps 포즈와 동일하게 취하고 한 발을 뒤로 빼서 발가락으로 지탱한다. 그다음 어깨, 상·하부 등 근육, 허벅지, 비복근뿐만 아니라 상완이 두근까지 수축시킨다.

심판은 먼저 팔 근육을 심사하고 그다음 머리부터 발끝까지 관찰하는데, 이때 다른 포즈를 취할 때보다 더 많은 근육군을 심사한다. 해당 근육군은 목, 삼각근, 상완이두근, 상완삼두근, 전완근, 승모근, 원근, 극하근, 척추 기립근, 외복사근, 광배근, 대둔근, 대퇴이두근, 비복근을 포함한다. 이 포즈를 취했을 때, 다른 포즈를 취했을 때보다 근육의 밀도, 선명도 그리고 전체적인 균형을 심사하기가 수월하다.

05 Back Lat Spread

선수는 뒷모습이 심판에게 보이게 서서 팔꿈치를 넓게 벌려 유지한 채로 손을 허리 위에 올리고 다리와 발의 안쪽 간격을 최대 15cm로 유지한다. 그 후 선수는 광배근을 최대한 넓게 수축한다. 선수는 심판이 양쪽 비복 근을 동등하게 심사할 수 있도록 Back Double Biceps 포즈 때 보여주었던 종아리 근육의 반대쪽을 보여주도 록 노력해야 한다. 대둔근을 보여주기 위해서 트렁크를 올려 입는 것은 엄격하게 금지된다.

심판은 광배근의 펼쳐짐을 심사하는 동시에 근육의 밀도를 심사하고, 다시 머리부터 발끝까지 살펴본다.

06 Side Triceps

선수는 더 "잘 발달된 팔"을 보여주기 위해 우측이나 좌측 중 한쪽을 선택한다. 선수는 심판을 향해 우측이나 좌측으로 서서 두 팔을 등 뒤에 놓고 깍지를 끼거나 앞쪽에 있는 손목을 다른 손으로 움켜잡는다. 심판과 가까운 쪽 다리의 무릎을 굽히고 발바닥을 바닥에 딱 붙인다. 그리고 심판과 먼 쪽 다리의 무릎을 굽히고 발가락으로 지탱한다. 선수는 앞쪽 팔에 압력을 가하여 상완삼두근을 수축한다. 또한 가슴은 올리고 복부 근육, 허벅지, 비복근을 수축한다.

심판은 일단 상완삼두근을 관찰하고 머리부터 발끝까지 심사한다. 이 포즈에서 심판은 측면에서의 허벅지와 종아리 근육을 관찰해 비교 발달 정도를 더 정확하게 확인할 수 있다.

07 Abdominals & Thighs

선수는 심판을 향해 정면으로 서서 두 팔을 머리 뒤에 놓고 한쪽 발을 앞에 둔다. 그다음 몸통을 약간 앞쪽으로 보내며 '크런칭(crunching)' 자세로 복부 근육을 수축하고 동시에 하체 전면 근육을 수축한다.

심판은 복부와 허벅지 근육을 관찰하고 난 후 머리부터 발끝까지 심사한다.

3 남자 피지크 쿼터 턴(QURTER TURNS)

01 프런트 포지션(Front Position)

바르게 서서 근육을 긴장시킨 자세로, 머리와 눈은 몸과 같은 방향을 향하게 하고, 네 손가락은 몸 앞쪽으로 둔 채, 한 손을 엉덩이에 얹고, 한 다리는 약간 측면으로 뻗어준다. 다른 손은 몸을 따라 아래로 늘어뜨린 상태에서 약간 몸에서 떨어지게 하고, 팔꿈치를 살짝 구부린 후, 손바닥을 곧게 펴주며, 손가락은 보기 좋게 정렬해준다. 무릎은 펴고, 복근과 광배근을 살짝 수축시킨 상태에서 고개를 들어 준다.

02 쿼터 턴 라이트(Quarter Turn Right) – 몸의 왼편이 심판을 향하는 자세

선수가 첫 쿼터 턴 라이트를 수행한다. 선수들은 몸의 왼편이 심판을 향하게 선 상태에서, 심판을 바라볼 수 있도록 상체를 약간 심판 쪽으로 돌려준다. 왼손은 왼쪽 엉덩이에 얹고, 오른팔은 몸의 중심선보다 약간 앞에 두고, 손바닥을 편 채로 손가락을 보기 좋게 정렬해놓고, 팔꿈치는 약간 구부린다. 왼쪽 다리(심판과 가까운 쪽)의 무릎을 약간 구부리고, 발은 바닥에 딱 붙인다. 오른쪽 다리(심판에게서 먼 쪽)의 무릎을 구부리고 뒤쪽으로 빼서 발가락으로 체중을 지탱한다.

03 쿼터 턴 백(Quarter Turn Back) – 등이 심판을 향하는 자세

바르게 서서 근육을 긴장시킨 자세로, 머리와 눈은 몸과 같은 방향을 향하게 하고, 네 손가락은 몸 앞쪽으로 둔 채, 한 손을 엉덩이에 얹는다. 다른 손은 몸을 따라 아래로 늘어뜨린 상태에서 약간 몸에서 떨어지게 하고, 팔꿈치를 살짝 구부린 후, 손바닥을 곧게 펴주며, 손가락은 보기 좋게 정렬해준다. 한쪽 다리는 약간 뒤쪽 측면으로 빼고, 발가락으로 체중을 지탱한다. 광배근을 약간 수축시킨 채, 고개를 들어 준다.

04 쿼터 턴 라이트(Quarter Turn Right) – 몸의 오른편이 심판을 향하는 자세

선수는 다음 쿼터 턴 라이트를 실시하여 몸의 오른편이 심판을 향하게 선 상태에서, 심판을 바라볼 수 있도록 상체를 약간 심판 쪽으로 돌려준다. 오른손은 오른쪽 엉덩이에 얹고, 왼팔은 몸의 중심선에서 약간 앞으로 두고, 손바닥을 편 채로 손가락을 보기 좋게 정렬해놓고, 팔꿈치는 약간 구부린다. 오른쪽 다리(심판과 가까운 쪽)의 무릎을 약간 구부리고, 발은 바닥에 딱 붙인다. 왼쪽 다리(심판에게서 먼 쪽)의 무릎을 구부리고 뒤쪽으로 빼서 발가락으로 체중을 지탱한다.

4 남자 클래식 피지크 규정 포즈

01 Front Double Biceps

선수는 심판을 향해 정면으로 서서 한 발을 40~50cm 바깥쪽 앞으로 두고 두 팔을 들어 어깨와 수평을 이루게 한 후 팔꿈치를 구부린다. 이 포즈에서 중요하게 평가하는 이두근과 전완근이 수축되도록 주먹을 꽉 쥔 채 아래를 향하게 한다. 또한 심판이 전체 골격을 심사하므로, 선수는 머리부터 발끝까지 가능한 한 많은 근육을 수축시킬 수 있도록 노력한다.

심판은 처음에 상완이두근이 꽉 차있는지, 봉우리는 잘 솟아있는지, 그리고 상완이두근의 전면부와 후면부의 분할이 선명한지를 심사하고 계속해서 전완근, 삼각근, 흉근, 가슴에서 어깨로 이어지는 부위, 복부, 허벅지, 종아리를 관찰함으로써 머리부터 발끝까지 심사를 이어간다. 심판은 또한 근육의 밀도, 선명도 그리고 전반적인 균형을 심사한다.

02 Side Chest

선수는 더 "잘 발달된 팔"을 보여주기 위해 우측이나 좌측 중 한쪽을 선택한다. 선수는 심판을 향해 우측이나 좌측으로 서서 심판과 가까운 쪽 팔을 직각으로 구부리고 한 손은 주먹을 쥐고 다른 손은 주먹 쥔 손의 손목을 잡는다. 심판과 가까운 쪽 다리의 무릎을 구부리고 발가락으로 지탱한다. 그다음 가슴을 펴고 직각으로 구부린 팔의 상승 압력을 이용해 상완이두근을 최대한 수축한다. 선수는 발가락에 하강 압력을 가해 허벅지 근육과 대퇴이두근, 비복근을 수축한다.

심판은 가슴 근육과 흉곽의 아치 형태, 상완이두근, 대퇴이두근, 비복근을 집중적으로 관찰하면서 머리부터 발끝까지 심사한다. 심판은 선수의 옆모습을 보면서 허벅지와 종아리 근육의 더 정확한 발달 정도를 확인한다.

03 Back Double Biceps

선수는 뒷모습이 심판에게 보이게 서서 두 팔과 손목 자세를 Front Double Biceps 포즈와 동일하게 취하고 한 발을 뒤로 빼서 발가락으로 지탱한다. 그다음 어깨, 상·하부 등 근육, 허벅지, 비복근뿐만 아니라 상완이두근까지 수축시킨다.

심판은 먼저 팔 근육을 심사하고 그다음 머리부터 발끝까지 관찰하는데, 이때 다른 포즈를 취할 때보다 더 많은 근육군을 심사한다. 해당 근육군은 목, 삼각근, 상완이두근, 상완삼두근, 전완근, 승모근, 원근, 극하근, 척추 기립근, 외복사근, 광배근, 대둔근, 대퇴이두근, 비복근을 포함한다. 이 포즈를 취했을 때, 다른 포즈를 취했을 때보다 근육의 밀도, 선명도 그리고 전체적인 균형을 심사하기가 수월하다.

04 Side Triceps

선수는 더 "잘 발달된 팔"을 보여주기 위해 우측이나 좌측 중 한쪽을 선택한다. 선수는 심판을 향해 우측이나 좌측으로 서서 두 팔을 등 뒤에 놓고 깍지를 끼거나 앞쪽에 있는 손목을 다른 손으로 움켜잡는다. 심판과 가까운 쪽 다리 무릎을 굽히고 발바닥을 바닥에 딱 붙인다. 그리고 심판과 먼 쪽 다리의 무릎을 굽히고 발가락으로 지탱한다. 선수는 앞쪽 팔에 압력을 가하여 상완삼두근을 수축한다. 또한 가슴은 올리고 복부 근육, 허벅지, 비복근을 수축한다.

심판은 일단 상완삼두근을 관찰하고 머리부터 발끝까지 심사한다. 이 포즈에서 심판은 측면에서의 허벅지와 종아리 근육을 관찰해 비교 발달 정도를 더 정확하게 확인할 수 있다.

05 Vacuum Pose

새로운 규정 포즈로 선수는 심판을 향해 정면으로 서서 두 팔을 머리 뒤에 대고 두 발은 모은다. 그런 후 숨을 깊게 내쉬고, 배꼽을 척추 쪽으로 당긴다는 느낌으로 복부를 안으로 당기면서 동시에 복횡근, 다리, 몸통 및 팔 근육을 수축해 "Vacuum Pose"를 실시한다. 이 포즈에서 복근(복직근)은 수축시키지 않는다.

06 Abdominals & Thighs

선수는 심판을 향해 정면으로 서서 두 팔을 머리 뒤에 놓고 한쪽 발을 앞에 둔다. 그다음 몸통을 약간 앞쪽으로 보내며 '크런칭(crunching)' 자세로 복부 근육을 수축하고 동시에 하체 전면 근육을 수축한다. 심판은 복부와 허벅지 근육을 관찰하고 난 후 머리부터 발끝까지 심사한다.

07 선수가 선택한 클래식(Classic) 포즈

선수는 심판을 향해 바르게 서서 본인이 원하는 전면 클래식 포즈를 취한다. 단, "모스트 머스큘러" 포즈는 금지된다. 선수는 클래식 포즈에서 주요 근육군을 포함한 기타 근육군을 수축시켜야 하며, 한 가지 포즈만 실시한다.

5 여성 피지크 규정 포즈

01 Front Double Biceps

오른쪽 또는 왼쪽 다리를 바깥쪽으로 빼고 다리와 발은 일직선상에 둔 채 정면으로 서서, 두 팔을 어깨 높이까지 올린 다음 팔꿈치를 구부린다. 손을 편 상태에서 손가락이 하늘을 향하게 한다. 또한 심판이 머리부터 발끝까지 전체적인 육체미를 심사하므로, 선수는 머리부터 발끝까지 가능한 한 많은 근육을 수축시킬 수 있도록 노력한다.

심판은 전체적인 신체 비율 및 대칭뿐만 아니라 바디라인 및 균형, 적절한 근육의 발달로 형성된 각 신체 부위의 윤곽을 관찰함으로써, 머리부터 발끝까지의 전체적인 체격을 심사한다. 심판은 또한 근육 밀도, 낮은 체지방률 및 전체적인 균형을 평가할 것이다.

02 Side Chest

선수는 더 "잘 발달된 팔"을 보여주기 위해, 왼쪽 또는 오른쪽 중 한쪽을 선택한다. 선수는 심판을 향해 우측이나 좌측으로 선 상태에서 상체를 약간 심판 방향으로 비틀어, 심판을 바라보고 배는 안으로 집어넣고, 심판과 가까운 쪽 다리의 무릎을 곧게 편 채로 고정하고, 앞으로 뻗어 발가락으로 지탱한다. 심판과 먼 쪽 다리는 발을 바닥에 딱 붙인 채, 무릎을 약간 구부리고, 양팔은 몸의 약간 앞쪽에 곧게 펴서 두고 팔꿈치를 고정하고, 엄지손가락과 손가락들을 한 데 모아 약간 오므린 채, 손바닥이 아래쪽을 향하게 한 상태에서 양손의 깍지를 끼거나 한 손을 다른 손 위에 포갠다. 그다음 선수는 가슴 근육, 삼두근과 허벅지 근육, 특히 대퇴이두근을 수축시키고 발가락에 하방 압력을 가하여 수축된 종아리 근육을 보여준다.

심판은 가슴 근육, 삼두근, 대퇴사두근 및 종아리를 집중적으로 관찰하면서 머리부터 발끝까지 심사한다. 이 포즈에서, 심판은 선수의 옆모습을 보면서 허벅지와 종아리 근육의 더 정확한 발달 정도를 확인할 수 있게 되는데, 이는 비교 발달을 더 정확하게 평가하는 데 도움이 된다.

03 Back Double Biceps

선수는 뒷모습이 심판에게 보이게 서서 두 팔과 손목 자세를 Front Double Biceps 포즈와 동일하게 취하고 한 발을 뒤로 빼서 발가락으로 지탱한다. 그다음 어깨, 상·하부 등 근육, 허벅지, 비복근뿐만 아니라 상완이두근까지 수축시킨다.

심판은 전체적인 신체 비율 및 대칭뿐만 아니라 바디라인 및 균형, 적절한 근육의 발달로 형성된 각 신체 부위의 윤곽을 관찰함으로써, 머리부터 발끝까지의 전체적인 체격을 심사한다. 심판은 또한 근육 밀도, 낮은 체지방률 및 전체적인 균형을 평가할 것이다.

04 Side Triceps

선수는 "잘 발달된 팔"을 보여주기 위해, 왼쪽 또는 오른쪽 중 한쪽을 선택한다. 선수는 심판을 향해 우측이나 좌측으로 선 상태에서 상체를 약간 심판 방향으로 비틀어, 심판을 바라보고 가슴은 내밀고 복부는 안으로 집어넣은 상태로 두 팔을 등 뒤에 위치시키고 앞에 있는 손목을 뒤쪽 손으로 움켜잡는다. 심판과 가까운 쪽의 팔은 곧게 펴고 팔꿈치를 고정하며, 엄지손가락과 나머지 손가락을 한 데 모은 상태에서 주먹을 쥐지 않은 채 아래를 향하고 있는 손바닥이 지면과 평행을 이루도록 한다. 선수는 앞쪽 팔에 압력을 가하여 삼두근 근육을 수축시킨다. 뒤에 둔 다리의 무릎을 구부리고 발은 바닥에 딱 붙인다. 심판과 가까운 쪽의 다리를 곧게 편 상태에서 무릎을 고정하고, 앞으로 뻗어 발가락으로 지탱한다.

심판은 삼두근 근육을 우선적으로 관찰하면서 머리부터 발끝까지 심사한다. 이 포즈에서, 심판은 선수의 옆모습을 보면서 흉근, 복부 윤곽, 허벅지 및 종아리 근육의 더 정확한 발달 정도를 확인할 수 있게 되는데, 이는 비교 발달을 더 정확하게 평가하는 데 도움이 된다.

6 여자 피지크 쿼터 턴(QUARTER TURNS)

01 프런트 포지션(Front Position)

바르게 서서 머리와 눈이 몸과 같은 방향을 향하게 한다. 발뒤꿈치는 모으고, 양 발을 바깥쪽 30° 각도로 벌려준다. 양 무릎을 붙인 채로 펴고, 배는 안으로 집어넣고, 가슴을 내밀고 어깨를 뒤로 젖힌다. 두 팔을 신체 중심선을 따라 측면으로 내리고 팔꿈치를 약간 구부린 채 손바닥이 몸통을 바라보게 한 상태에서 엄지손가락과 나머지 손가락을 한데 모아 손을 살짝 오므린다. 적합한 자세를 취하지 않은 선수는 경고를 1회 받게 되며, 경고 후 득점에서 점수가 차감된다.

02 쿼터 턴 라이트(Quarter Turn Right) − 몸의 왼편이 심판을 향하는 자세

바르게 서서, 머리와 눈이 몸과 같은 방향을 향하게 한다. 발뒤꿈치를 모은 상태로 양 발을 바깥쪽 30° 각도로 벌려준다. 무릎을 펴고, 배는 안으로 집어넣고, 가슴은 내민 채 어깨를 뒤로 젖히고 고개를 든다. 왼팔을 신체 중심선보다 약간 뒤로 두고 손바닥이 몸통을 바라보게 한 상태에서 엄지손가락과 나머지 손가락을 한데 모아 손을 약간 오므린다. 오른팔의 팔꿈치를 살짝 구부린 채 신체 전방에 위치하게 하며, 손바닥이 몸통을 바라보게 한 상태에서 손을 약간 오므린다. 팔의 위치에 의해 상체가 약간 좌측으로 틀어지고, 좌측 어깨가 내려가고, 우측 어깨가 올라가게 되는 게 정상이지만, 너무 과장된 자세가 되지 않도록 주의한다.

03 쿼터 턴 백(Quarter Turn Back) − 등이 심판을 향하는 자세

바르게 서서 머리와 눈이 몸과 같은 방향을 향하게 합니다. 발뒤꿈치를 모은 상태로 양 발을 바깥쪽 30° 각도로 벌려준다. 무릎을 펴고, 배는 안으로 집어넣고, 가슴은 내민 채 어깨를 뒤로 젖힌다. 두 팔을 신체 중심선을 따라 측면으로 내리고 팔꿈치를 약간 구부린 채 손바닥이 몸통을 바라보게 한 상태에서 엄지손가락과 나머지 손가락을 한데 모아 손을 약간 오므린다.

04 쿼터 턴 라이트(Quarter Turn Right) − 몸의 오른편이 심판을 향하는 자세

바르게 서서 머리와 눈이 몸과 같은 방향을 향하게 합니다. 발뒤꿈치를 모은 상태로 양 발을 바깥쪽 30° 각도로 벌려준다. 무릎을 펴고, 배는 안으로 집어넣고, 가슴은 내민 채 어깨를 뒤로 젖힌다. 오른팔을 신체 중심선보다 약간 뒤로 두고 손바닥이 몸통을 바라보게 한 상태에서 엄지손가락과 나머지 손가락을 한데 모아 손을 약간 오므린다. 왼팔의 팔꿈치를 살짝 구부린 채 신체 전방에 위치하게 하며, 손바닥이 몸통을 바라보게 한 상태에서 손을 약간 오므린다. 팔의 위치에 의해 상체가 약간 우측으로 틀어지고, 우측 어깨가 내려가고, 좌측 어깨가 올라가게 되는 게 정상이지만, 너무 과장된 자세가 되지 않도록 주의한다.

7 여자 보디피트니스 쿼터 턴(QURTER TURNS)

01 프런트 포지션(Front Position)

바르게 서서 머리와 눈이 몸과 같은 방향을 향하게 한다. 발뒤꿈치는 모으고, 양 발을 바깥쪽 30° 각도로 벌려준다. 무릎을 펴고, 배는 안으로 집어넣고, 가슴은 내민 채 어깨를 뒤로 젖히고 고개를 든다. 두 팔을 신체 중심선을 따라 측면으로 내리고 팔꿈치를 약간 구부린 채 손바닥이 몸통을 바라보게 한 상태에서 엄지손가락과 나머지 손가락을 한데 모아 손을 오므리고, 몸에서 약 10cm 떨어진 곳에 위치시킨다. 적절한 자세를 취하지 않은 선수는 한 번의 경고를 받게 되며, 이후 감점처리된다.

02 쿼터 턴 라이트(Quarter Turn Right) – 몸의 왼편이 심판을 향하는 자세

바르게 서서, 머리와 눈이 몸과 같은 방향을 향하게 한다. 발뒤꿈치를 모은 상태로 양 발을 바깥쪽 30° 각도로 벌려준다. 무릎을 펴고, 배는 안으로 집어넣고, 가슴은 내민 채 어깨를 뒤로 젖힌다. 왼팔의 팔꿈치를 살짝 구부린 채 신체 중심선보다 약간 뒤로 두고 손바닥이 몸통을 바라보게 한 상태에서 엄지손가락과 나머지 손가락을 한데 모아 손을 약간 오므린다. 오른팔의 팔꿈치를 살짝 구부린 채 신체 전방에 위치하게 하며, 손바닥이 몸통을 바라보게 한 상태에서 엄지손가락과 나머지 손가락을 한데 모아 손을 약간 오므린다. 팔의 위치에 의해 상체가 약간 좌측으로 틀어지고, 좌측 어깨가 내려가고, 우측 어깨가 올라가게 되는 게 정상이지만, 너무 과장된 자세가 되지 않도록 주의한다. 적절한 자세를 취하지 않는 선수는 한 번의 경고를 받게 되며, 이후 감점처리된다.

03 쿼터 턴 백(Quarter Turn Back) – 등이 심판을 향하는 자세

바르게 서서 머리와 눈이 몸과 같은 방향을 향하게 한다. 발뒤꿈치를 모은 상태로 양 발을 바깥쪽 30° 각도로 벌려준다. 무릎을 펴고, 배는 안으로 집어넣고, 가슴은 내민 채 어깨를 뒤로 젖히고 고개를 든다. 두 팔을 신체 중심선을 따라 측면으로 내리고 팔꿈치를 약간 구부린 채 손바닥이 몸통을 바라보게 한 상태에서 엄지손가락과 나머지 손가락을 한데 모아 손을 약간 오므리고, 몸에서 약 10cm 떨어진 곳에 위치시킨다. 적절한 자세를 취하지 않은 선수는 한 번의 경고를 받게 되며, 경고 후 득점에서 점수가 차감된다.

04 쿼터 턴 라이트(Quarter Turn Right) – 몸의 오른편이 심판을 향하는 자세

바르게 서서 머리와 눈이 몸과 같은 방향을 향하게 한다. 발뒤꿈치를 모은 상태로 양 발을 바깥쪽 30° 각도로 벌려준다. 무릎을 펴고, 배는 안으로 집어넣고, 가슴은 내민 채 어깨를 뒤로 젖히고 고개를 든다. 오른팔의 팔꿈치를 살짝 구부린 채 신체 중심선보다 약간 뒤로 두고 손바닥이 몸통을 바라보게 한 상태에서 엄지손가락과 나머지 손가락을 한데 모아 손을 약간 오므린다. 왼팔의 팔꿈치를 살짝 구부린 채 신체 전방에 위치하게 하며, 손바닥이 몸통을 바라보게 한 상태에서 엄지손가락과 나머지 손가락을 한데 모아 손을 약간 오므린다. 팔의 위치에 의해 상체가 약간 우측으로 틀어지고, 우측 어깨가 내려가고, 좌측 어깨가 올라가게 되는 게 정상이지만, 너무 과장된 자세가 되지 않도록 주의한다. 적절한 자세를 취하지 않은 선수는 한 번의 경고를 받게 되며, 경고 후 득점에서 점수가 차감된다.

8 여자 비키니 쿼터 턴(QURTER TURNS)

01 프런트 포지션(Front Position)

선수는 한 손을 엉덩이에 얹고 한 발은 약간 옆으로 뻗은 채로, 머리와 눈을 몸과 같은 방향을 향하게 하고 똑바로 선다. 다른 손은 몸을 따라 아래로 늘어뜨린 상태에서 약간 몸에서 떨어지게 하고, 손바닥을 곧게 펴주며, 손가락은 보기 좋게 정렬해준다. 무릎은 펴고, 배는 집어넣고, 가슴은 내밀고, 어깨는 뒤로 펴준다. 대칭적 스트래들(straddle) 자세로 서 있는 것은 옳지 않다. 심판은 그러한 자세로 서 있는 선수의 순위 하락, 또는 퇴장을 명할 수 있다.

02 쿼터 턴 라이트(Quarter Turn Right) - 몸의 왼편이 심판을 향하는 자세

선수가 첫 쿼터 턴 라이트를 수행한다. 선수들은 몸의 왼편이 심판을 향하게 선 상태에서, 심판을 바라볼 수 있도록 상체를 약간 심판 쪽으로 돌려준다. 오른손은 오른쪽 엉덩이에 얹고, 왼팔은 신체 중심선보다 약간 뒤로 둔 상태에서 아래로 내린다. 왼손은 곧게 펴고, 손가락은 미적으로 가지런히 정렬시킨다. 왼쪽 엉덩이를 약간 올리고, 왼쪽 다리(심판과 가까운 쪽)의 무릎을 약간 구부리고, 왼발을 몸의 중심선 가까이에 둔 상태에서 발가락으로 체중을 지탱한다. 이때 오른쪽 다리는 곧게 편다.

03 쿼터 턴 백(Quarter Turn Back) - 등이 심판을 향하는 자세

선수는 다음 쿼터 턴 라이트를 실시하여 심판에게 등을 보인 상태로 선다. 한 손은 엉덩이에 얹고 한 다리는 옆으로 살짝 뻗은 채, 상체를 앞으로 기울이지 않고 똑바로 세운다. 다른 손은 몸을 따라 아래로 늘어뜨린 상태에서 약간 몸에서 떨어지게 하고, 손은 곧게 펴주며, 손가락은 보기 좋게 정렬해준다. 무릎은 펴고, 배는 집어넣고, 가슴은 내밀고, 어깨는 뒤로 펴준다. 허리 아랫부분은 자연스럽게 굽히거나 약간의 척추전만 형태를 띠게 하며, 등 위쪽은 곧게 펴고, 고개는 들어준다. 선수가 상체를 심판 쪽으로 돌려서는 안 되며, 심사가 진행되는 동안 무대 뒤쪽을 바라보고 있어야 한다. 대칭적 스트래들(straddle) 자세로 서 있는 것은 옳지 않다. 심판은 그러한 자세로 서 있는 선수의 순위 하락, 또는 퇴장을 명할 수 있다.

04 쿼터 턴 라이트(Quarter Turn Right) - 몸의 오른편이 심판을 향하는 자세

선수는 다음 쿼터 턴 라이트를 실시하여 몸의 오른편이 심판을 향하게 선 상태에서, 심판을 바라볼 수 있도록 상체를 약간 심판 쪽으로 돌려준다. 왼손은 왼쪽 엉덩이에 얹고, 오른팔을 신체 중심선보다 약간 뒤로 둔 상태에서 아래로 내리고, 오른쪽 엉덩이를 약간 올리고, 오른쪽 다리(심판과 가까운 쪽)의 무릎을 약간 구부리고, 오른발을 몸의 중심선 가까이에 둔 상태에서 발가락으로 체중을 지탱한다. 이때 왼쪽 다리는 곧게 편다.

01 응급처치의 필요성

위급상황에서 빠른 응급처치를 받지 못하면 생명의 위험이나 증상의 악화가 초래될 수 있어 응급처치를 통하여 피해를 최소화하고, 빠른 응급조치로 환자를 이송해야 한다. 응급처치는 위급한 환자의 생명을 살리고, 부상의 정도를 최소화하여 치료기간을 단축시키는 효과가 있어 응급처치의 필요성이 강조된다.

02 응급처치의 중요성

① 환자의 생명을 구할 수 있다.
② 부상 상태 악화를 줄여줄 수 있다.
③ 부상의 고통을 줄여 준다.
④ 치료 기간을 단축시켜 준다.
⑤ 불필요한 의료비 지출을 줄여 준다.

03 응급처치 시 주의사항

① 현장상황을 파악하고, 자신의 안전을 확보한다.
② 자신의 신분을 밝히고 응급처치를 한다.
③ 의약품은 절대로 사용하지 않는다.
④ 일반적인 응급처치 후 전문 의료인에게 신속히 인계한다.
⑤ 환자에 대한 생사 판단은 하지 않는다.

04 응급상황 시 행동 요령

① 현장확인(check) : 현장의 안전과 부상자를 확인한다.
② 연락(call) : 119에 신고한다.
③ 처치 및 도움(care) : 부상자를 돕고, 일반인 응급처치를 한다.

05 의식이 있는 환자 응급처치법

① 신분을 밝히며 환자 또는 목격자가 있는 경우 상황을 물어보고, 환자를 머리부터 발끝까지 확인한다.
② 환자 확인 후 환자가 통증 없이 움직일 수 있다면 편한 자세에서 심리적 안정감을 준다.
③ 추가 응급처치가 필요한지 지속적으로 확인하고, 119 신고가 필요한지 결정한다.

06 의식이 없는 환자 응급처치법

① 현장확인 : 현장의 안전과 상황을 확인한다.

② 의식확인 : 동의를 구하며, 의식을 확인한다.

③ 119 신고 및 AED 요청 : 주변의 특정인을 지목하여 119 신고 및 자동심장충격기(AED)를 요청한다.

④ 혼자 있는 경우 : 아무도 없는 경우 119 신고 후 즉시 심폐소생술을 준비한다.

⑤ 심폐소생술 실시 : 흉부압박 30회, 기도개방, 인공호흡 2회 순서로 실시한다.

⑥ 지속 여부 : 환자의 의식이 돌아오거나 응급의료기관이 올 때까지 실시한다.

07 흉부 압박법

심정지 환자에게 실시하며, 딱딱하고 평평한 바닥에 눕혀 실시한다.

위치	복장뼈의 1/2 아래 지점
깊이	5cm~6cm
속도	분당 100~120회
압박과 호흡	압박 30회, 호흡 2회
압박과 이완 비율	50 대 50
방법	압박지점에서 한 손을 다른 손에 깍지를 끼고, 팔꿈치를 펴고 환자의 몸과 직각을 이루어 실시한다.

08 운동 손상 시 기본 처치 방법

① RICE 처치법은 모든 뼈, 관절, 근육 부상의 치료를 위한 방법으로 휴식(Rest), 얼음찜질(Ice), 압박(Compression), 거상(Elevation)의 각 첫 글자를 합친 것이다.

② 부상 후 48~72시간 이내에 조치가 취해져야 통증을 줄이고 예방하는 데 도움이 된다. 골절이나 탈구의 경우 움직이지 않게 고정(protection) 또는 테이프 등으로 감아주어 움직이지 않도록 한다.

09 출혈 환자 응급처치법

출혈이나 상처의 종류에 관계없이 지혈이 응급처치 전에 시행되어야 한다.

① 상처의 범위와 정도를 먼저 평가한다.

② 처치자는 감염으로부터 보호받기 위해 의료용 장갑을 낀다.

③ 옷을 벗기거나 잘라서 상처 부위를 드러내어 출혈이 되는 곳을 찾는다.

④ 소독거즈나 깨끗한 천으로 상처 부위를 완전히 덮고 손가락이나 손바닥으로 직접 압박하여 지혈한다.

⑤ 출혈이 계속되면 상처 부위를 직접 압박함과 동시에 압박점에 압박을 가해서 혈류를 늦춘다.

⑥ 부목으로 상처 부위를 고정한다.

10 출혈 환자 응급처치 종류

① 내출혈: 환자를 눕히고 다리를 들어 보온 유지
② 외출혈: 상처 부위 소독 후 압박, 상처 부위를 심장보다 높게 유지

11 골절 환자 응급처치

골절 부위에 체중이 실리지 않도록 주의하고, 부목 등을 사용해서 골절 부위를 고정시킨다. 그리고 부종을 예방하기 위해 다친 부위를 심장보다 높게 올리고, 열린 상처가 있을 경우에는 깨끗한 거즈나 수건으로 상처 부위를 압박하여 지혈한다.

12 심폐소생술 4가지 원칙(요소)

① 의식 확인 및 응급의료체계 연결
② 흉부 압박
③ 기도 확보
④ 인공호흡

13 심폐소생술 4가지 절차

① 환자의 어깨를 두드려 의식을 확인한다.
② 특정 사람을 지목하여 119에 먼저 신고하고, 자동심장충격기(AED)를 요청한다.
③ 가슴압박 자세를 잡고 흉부 압박을 분당 100~120회로 강하고 빠르게 30회 실시하고, 기도 확보 후 인공호흡을 2회 실시한다.
④ 119(전문의료기관)가 도착할 때까지 심폐소생술을 실시한다.

14 자동심장충격기(AED)

자동심장충격기는 심실세동이나 심실빈맥으로 심정지가 된 환자에게 전기충격을 주어서 심장의 정상 리듬을 가져오게 해주는 도구이다. 의학적 지식이 부족한 일반인도 쉽게 사용할 수 있도록 개발되었다.

15 자동심장충격기(AED) 사용법

우선 AED의 전원을 켜고, 상체를 노출시킨 후 두 개의 패드를 우측 쇄골 아래쪽에 1개, 또 다른 패드는 좌측 유두 바깥쪽 아래의 겨드랑이 중앙선에 부착한다. 패드를 부착한 후 AED에 연결하면 환자의 심장 리듬을 분석하는데, 이때는 환자와 접촉하면 안 된다. AED에서 심장 충격 버튼을 누르라는 신호가 나오면 버튼을 눌러서 제세동이 실시되는데 이때도 환자와 접촉하면 안 되고, 제세동 후 즉시 심폐소생술을 시행해야 한다. 이 과정을 구급대원(전문의료기관)이 도착하기 전까지 AED의 설명에 따라서 계속해서 실시한다.

CHAPTER 03 보디빌딩 시험 태도 [배점 20점]

1 자세 및 신념

01 스포츠지도사가 갖추어야 할 품성 및 자질

스포츠지도사는 지도자로서 바른 품성과 공정성을 가지고, 각 종목에 적합한 전문성을 갖추어야 한다.

02 보디빌딩 실기 시험 복장

① 상의 : 민소매 런닝, 탑(상의 색상 자유)
② 하의 : 허벅지가 보이는 반바지(하의 색상 자유)
③ 운동화
④ 기타 : 신분증, 수험표 및 준비서류

03 스포츠지도사 용모 및 몸 관리

지도자로서 단정한 복장과 외모로 지도자다운 모습을 유지한다. 그리고 보디빌딩 실기 및 구술시험 시 몸매에 대한 평가가 직접적으로 이루어지지는 않으나 지도자로서 기본적인 몸 관리 측면과 운동 동작 수행 시 적절한 동작을 보여주기 위해서 몸 관리는 필요하다.

04 스포츠지도사 자신감

지도자로서 전문적인 지식과 함께 운동을 지도할 때도 겸손하고 자신감 있는 리더의 모습을 보인다.

05 스포츠지도사 표현력

운동을 지도할 때도 정확한 발음과 함께 적절한 표현력을 발휘하여 안정감 있는 모습을 보인다.

06 스포츠지도사 이해도 및 태도

지도자로서 상대방을 배려하고 이해하려는 마음과 긍정적이고 밝은 태도와 모습을 보인다.

07 스포츠지도사 체육의 이해 및 지도력

스포츠지도자로서 체육에 대한 전반적인 이해가 필요하다. 그리고 보디빌딩 종목에 대한 깊은 이해와 지도력이 필요하다.

08 스포츠지도사 적극성

스포츠지도사로서 적극적이고, 긍정적인 모습은 중요한 요소이다. 특히, 지도자가 갖추어야 할 적극적인 자세는 다른 사람들에게 모범을 보여야 할 스포츠지도사에게 필요하다.

2 유소년스포츠지도사

📑 유소년스포츠지도사 보디빌딩을 준비하는 수험생은 꼭 학습하세요.

01 유소년스포츠지도사가 갖추어야 할 자질

① 아이들을 사랑하고 이해하는 마음
② 아이들에게 봉사하는 마음과 정신
③ 아이들을 위한 인내심과 평정심
④ 아이들을 위한 건전한 성품

02 유소년 운동 지도 원리

놀이중심의 원리	유소년의 흥미를 고려한 체육활동이 지속적으로 이루어지도록 한다.
생활중심의 원리	일상생활에서 신체활동 경험을 바탕으로 체육활동이 이루어지도록 한다.
개별화의 원리	유소년 개인의 운동능력과 발달속도에 맞추어서 체육활동이 이루어지도록 한다.
탐구학습의 원리	유소년이 스스로 움직임을 탐색하고 학습하도록 한다.
반복학습의 원리	유소년 운동은 안정, 이동, 조작의 기초운동 3가지로 반복학습한다.
융통성의 원리	유소년이 신체활동 시간을 스스로 결정하도록 융통성을 갖는다.
통합의 원리	유소년 운동은 대근육 운동 중 기초운동(안정, 이동), 운동능력(협응, 균형, 힘, 속도), 지각운동능력(공간, 신체, 방향, 시간)이 통합적으로 발달되도록 한다.

03 유소년 운동 지도 방법

① 일상생활에서 자신의 신체에 대하여 자연스럽게 인식하도록 신체놀이 활동을 계획한다.
② 교육적으로 풍부한 실내외의 물리적 환경을 준비하여 유소년의 활발한 활동을 지원한다.
③ 신체활동을 하면서 공간, 시간, 힘, 흐름 등 동작의 기본요소를 반영한다.
④ 유소년의 안전에 세심한 주의를 기울이고, 놀이규칙을 이해하여 안전을 확보한다.
⑤ 다양한 신체활동이 이루어지도록 일과 중 충분하고, 규칙적인 시간을 계획한다.
⑥ 유소년의 신체발달 및 운동능력을 정확히 파악하고, 개인차를 고려해야 한다.
⑦ 다양한 영역의 활동 경험을 바탕으로 통합적인 사고능력이 이루어지도록 구성한다.
⑧ 유소년의 신체활동만큼 충분한 휴식을 제공한다.
⑨ 유소년의 건강상태가 신체활동을 수행하기에 적합한지 사전에 파악하고 고려한다.

04 유소년 운동 프로그램 목표

① 다양한 신체활동과 감각 경험을 통하여 자신의 신체와 주변을 인식하는 기초능력 향상을 목표로 한다.
② 기본적인 운동능력을 기르고, 기초체력을 증진하며, 자기감정을 표현할 기회를 제공한다.
③ 지각과 동작의 협응과정을 통하여 지각운동기술을 발전시킨다.
④ 체육활동에 참여하여 즐겁고 건강한 정신을 유도하며, 안전한 생활습관을 지도할 수 있도록 한다.

05 유소년 시기 성장과 발달의 개념

유소년 시기는 자기 자신만의 관점으로 사고하고, 눈에 보이는 대로 믿고 따르는 경향이 있다. 또한 유소년 시기는 인생을 살아가는 가장 중요한 인지 발달의 시기이다. 따라서 이 시기에 다양한 방법으로 인지능력을 향상시키는 데 노력하여 사고와 개념을 형성하고, 인지 기능들을 발달시켜야 한다.

06 유소년 운동 지도 시 주의사항

① 유소년의 안전과 개인의 신체적, 생리적 특성에 맞게 지도한다.
② 안전을 고려하여 무리하게 고중량 운동을 하지 않는다.
③ 운동 강도가 낮은 저항운동부터 시작한다(최소 주 2~3회, 20~30분).

07 유소년의 신체적, 정신적 변화에 따른 지도방법

유소년은 낮은 강도의 운동을 반복하는 형태로 흥미와 재미 위주의 프로그램을 구성하여 지도하는 것이 좋다. 또한, 스포츠를 통해서 사회성, 인격, 성취감, 자신감 등을 배울 수 있도록 지도한다.

08 유소년 운동 프로그램 계획 시 포함하는 운동능력

유소년기는 인생에서 민감기에 해당하여 보다 섬세한 프로그램이 필요하며, 각 개인의 발달상태, 움직임의
경험, 기술, 수준, 체력, 연령대 등을 고려한 계획이 필요하다.

09 유소년스포츠지도사의 역할

① 긍정적인 칭찬을 자주 한다.
② 긍정적인 모습을 보여준다.
③ 각 반응에 관심을 가진다.
④ 수업내용에 대한 지식을 갖춘다.
⑤ 수업 방법을 다양화한다.
⑥ 눈높이 교육을 위한 유머감각이 필요하다.
⑦ 교육에 필요한 좋은 음악을 선택한다.
⑧ 지도자로서 열정을 가진다.
⑨ 적응할 충분한 시간을 제공한다.
⑩ 운동 대형을 고려하여 지도한다.
⑪ 계절을 고려하여 지도한다.
⑫ 불필요한 경쟁의식을 갖지 않도록 지도한다.

10 유소년 운동에 맞는 영양섭취

유소년의 영양섭취 55~60%는 탄수화물, 25~30%는 지방, 12~15%는 단백질로 구성한다. 성장기의 아이들
을 위해 철분과 칼슘을 충분히 섭취하도록 하고, 다양한 영양소를 균형 있게 섭취해야 한다.

11 유소년 운동 지도환경

① 교육의 내용과 질을 결정하기 때문에 중요하다.
② 신체활동을 유발하고 자극한다.
③ 신체활동을 심화시키고, 확대시킨다.
④ 신체 및 감각 능력을 발달시킨다.

12 유아와 유소년의 개념

① 유아의 개념 : 생후 1년부터 6세까지 어린이를 의미한다.
② 유소년의 개념 : 3세~12세의 유아와 소년을 의미한다.

13 피아제(Piaget)의 인지발달 이론

1단계	감각 운동기(0~2세)	자기와 타인에 대한 원시적 감각을 얻는 시기이다.
2단계	전조작기(2~7세)	직관적이며, 자기중심적인 태도를 보이는 시기이다.
3단계	구체적 조작기 (7~11세)	타인의 행동 관찰을 통해서 추론이 가능하며, 자아중심적 사고에서 점차 벗어나는 시기이다.
4단계	형식적 조작기 (11세 이후)	보다 논리적인 추론이 가능하며, 체계적인 연역적 사고가 가능한 시기이다.

14 갤러휴(Gallahue)의 유아기 운동 발달의 기본 움직임 단계

1단계	반사적 운동(신생아)
2단계	초보적 운동(출생~2세)
3단계	기초적 운동(2~4세)
4단계	성숙 단계(4~6세)
5단계	전문적 운동(6~10세)

15 유소년스포츠지도사의 신체활동 시간 증가 전략

① 움직임을 잘 관찰하고, 충분한 신체활동이 이루어지지 않으면 지도 방법에 변화를 준다.

② 유아가 제외되거나 참여하기 어려운 활동 및 게임은 하지 않는다.

③ 유아에 대한 지시는 간단하고 명료하게 한다.

④ 유아가 활동에 참여하도록 보다 긍정적인 피드백을 제공한다.

⑤ 유아의 스포츠활동 대기 시간을 줄여 준다.

⑥ 과제 미참여 유아들을 재감독하며, 훈련이 필요하면 효율적으로 짧게 진행한다.

16 유소년스포츠지도사의 자질

① 개인적 자질: 신체와 정신이 건강하고, 온정적인 성품으로 성실하고 열정적인 자세를 가져야 한다.

② 전문적 자질: 그 종목의 전문적인 지식과 올바른 교수 방법 그리고 직업적 윤리의식이 필요하다.

🎫 노인스포츠지도사 보디빌딩을 준비하는 수험생은 꼭 학습하세요.

01 노화의 신체적 변화

세포의 감소, 피부와 지방조직의 감소, 뼈대와 수의근의 약화, 치아의 감소, 심장대비와 심장박동의 약화 등이 일어나고, 신체구조 및 전반적인 기능 저하가 일어난다. 또한, 퇴행성 관절염, 골다공증, 동맥경화증, 고혈압, 당뇨병, 심장병, 신장병 등 만성질환의 발병이 증가한다.

02 노인스포츠지도사의 자질

책임감	보다 섬세하게 책임감을 가지고 노인을 지도해야 한다. 노인들의 신체활동 지침을 따르고, 안전과 응급조치에 대한 사항들을 정기적으로 교육받고, 실습한다. 주기적인 신체 반응 검사와 평가를 실시하고, 노인 고객과 관련된 개인 정보 사항은 비밀을 유지한다.
지지감 표현	수업 시 노인 참가자에게 한 마디 이상의 대화와 적절한 표현으로 긍정적인 면을 강조한다. 참가자가 결석하거나 이상 조짐이 느껴지면 애정을 갖는다.
관심	노인 참가자의 목표와 관심을 파악하고, 애정과 관심을 갖는다.
동정심	노인 참가자의 걱정, 고통, 관심사, 실패를 경청해주고, 동정심으로 감싸주는 포용력이 필요하다.

03 노인의 운동 지도 시 주의사항

① 질병이 있는 노인은 운동 시작 전 의사의 상담을 우선 권한다.
② 강도가 낮은 운동부터 점진적으로 시작한다.
③ 노인의 신체적, 생리적 특성을 고려하여 안전하게 지도한다.
④ 노인의 체력을 고려하여 무리하게 고중량, 고강도 운동을 하지 않는다.

04 노인의 신체적, 정신적 변화에 따른 지도방법

성인에서 노인으로 변화하는 과정을 받아들이고, 효율적인 운동을 지도한다. 그리고 규칙적인 신체활동은 자기효능감과 자기존중감을 증가시켜 스트레스 감소 효과가 있고, 인지 기능을 유지하는 데 효과적인 방법이라는 점을 교육한다.

05 노인의 근력운동에 적합한 영양섭취

특히 노인의 경우 보디빌딩 웨이트트레이닝에서 효과를 보려면 근육 강화에 원료가 되는 단백질을 잘 섭취하는 것이 중요하다. 보디빌딩 웨이트트레이닝 시 하루에 체중 1kg당 1~2g의 단백질이 필요하다. 따라서 적절한 단백질 섭취와 균형잡힌 식단으로 영양섭취에 각별한 노력이 필요하다.

06 노인의 건강증진을 위해 효과적인 저항운동 예시

특히, 노인의 경우 초반부에는 대근육 위주의 운동으로 근육의 안정감과 부상을 방지할 필요가 있다. 그리고 점진적으로 단독 운동 및 전문 운동으로 들어가야 한다. 대근육은 레그 프레스, 체스트 프레스 등의 저항운동을 통해서 강화하고, 점차 세부 근육을 자극하는 것이 효과적이다.

07 노인 운동의 긍정적인 효과

규칙적인 운동의 긍정적인 효과는 순환계, 호흡계, 근육계, 골격계 등에 좋은 영향을 미치는 신체적 효과이다. 그리고 심리적 효과는 스트레스 감소, 불안감 해소 등 정신적 건강 효과이다. 따라서 노인의 운동은 매우 중요하며, 개인적, 사회적 건강에 긍정적인 효과로 작용한다.

08 고혈압이 있는 경우 운동 지도

고혈압 환자의 운동 지도 시 혈압의 비정상적인 변동이 일어나지 않도록 주의하고, 운동에 대한 심박수 반응을 둔화시키는 심장 약물인 베타 차단제를 복용하는 사람에게는 운동의 강도를 정하기 위해 운동자각도(RPE)를 측정할 것을 권장한다. 고혈압 환자는 낮은 강도의 유산소 운동이 안전하고, 적절한 운동이 혈압을 낮춘다는 점에서 꾸준한 운동이 필요하다.

09 당뇨병 환자의 운동 지도

운동 시작 전 혈당치는 250 혹은 300mg/dl 이하로 권장하고, 식품과 인슐린의 적절한 균형을 유지하도록 지도한다. 운동 지도 시 환자의 병력을 주의 깊게 파악하고, 운동 처방에 영향을 줄 수 있는 기타 사항들을 고려하여 운동 강도, 빈도, 시간을 정한다.

10 관절염의 개념과 운동 지도 방법

① 골관절염 : 가동관절에 있는 뼈 바깥 부분의 연골조직이 얇아지는 것으로 통증, 조조강직, 환부의 가동범위 축소 등의 증상이 있다.
② 류머티스성 관절염 : 여성에게 주로 발생하며 만성염증, 통증, 조조강직, 환부가 붓는 등의 증상이 있다.
③ 운동 지도 방법 : 관절염이 있는 환자의 운동 지도 시 관절에 충격이 적고 체중을 받지 않는 운동 프로그램을 활용하고, 전신을 동시에 사용하는 운동기구 등을 사용하도록 권장한다.

11 뇌졸중 환자의 운동 지도

뇌졸중은 혈전이나 출혈로 인하여 발생하는 뇌순환 기능의 갑작스럽고 심각한 쇠퇴로 일어나며, 병의 회복을 최대한으로 고려하여 일생 동안의 건강 상태와 기동성을 유지하고 개선시키는 데 운동의 목적을 둔다.

12 고지질 혈증(고지혈증) 환자의 운동 지도

혈액의 응고에 변화를 일으켜 혈액 점도를 상승시키고, 혈관 염증에 의한 말초 순환 장애가 일어나는 것이며, 유전적 또는 환경적(비만, 술 등) 요인이 있다. 운동은 주로 유산소성 운동(걷기, 수영, 자전거 등)을 하고, 조절된 저항성 운동도 필요하다. 운동은 주 3~6회, 30~60분 정도로 진행하고, 운동 강도는 최대 산소 섭취량의 50~60%가 적절하다.

13 노인 유산소성 운동 프로그램

노인에게 적절한 유산소 운동으로 자전거, 가벼운 조깅, 등산, 수영, 걷기 등이 있다. 각 개인의 능력에 따라 다르지만 일주일에 3일 정도가 적절하고, 강도는 비교적 낮은 강도로 노인의 프로그램 목표, 연령, 능력, 심폐계와 근육골격계를 적절히 자극할 정도로 지도한다.

14 노화의 유형

병적 노화	특정 질병에 유전적으로 취약하거나 신체장애와 죽음을 유도하는 부정적 생활 방식을 지속하는 유형이다.
생물적(보편적) 노화	적응력 상실, 신체적 손상, 신체 기능 감소, 신체장애 및 최종적 죽음을 가져오는 인체의 과정이다.
성공적 노화	수명이나 생존을 의미하는 것이 아니라 노화를 보다 질적인 측면(적극적 사회 참여 등)에서 설명하는 유형이다.

15 노화의 특성

① 모든 생명체와 세포는 노화한다.
② 노화의 속도는 개인과 신체의 계통에 따라 다르다.
③ 노화에 따라 체내의 화학적 조성이 변화한다.
④ 노화에 따라 신체 기능의 능력이 감소한다.
⑤ 노화에 따라 환경의 변화에 대한 적응력이 감소한다.

16 노인 운동 지침(권장사항)

① 관절 가동범위 향상을 위해 운동 프로그램에 걷기, 유산소 운동, 스트레칭과 같은 운동을 포함하는 것을 권장한다.

② 매일 중간 정도의 강도 운동을 최소 30분 동안 누적할 것을 권장한다.

③ 유연성을 유지하고 평형성과 민첩성을 향상시키기 위해 균형 잡힌 스트레칭 프로그램을 1주일에 최소 2~3일 하는 것을 권장한다.

17 노인 운동을 중지시켜야 하는 상황

① 협심증과 기타 유사한 증상을 보일 때 중단한다.

② 안정 시 혈압에서 20mmHg 이하로 감소하거나, 운동 강도를 높였는데 수축기 혈압이 증가하지 않을 경우 중단한다.

③ 수축기 혈압이 260mmHg 이상이거나 확장기 혈압이 115mmHg 이상일 때 중단한다.

④ 운동을 어느 정도 진행해도 땀을 흘리지 않거나, 어지럼증이나 혼란을 겪고, 불안정하며, 창백해 보이거나 입술이 파랄 때 중단한다.

⑤ 심각한 피로감을 이야기하거나 육체적으로 표현할 때 중단한다.

⑥ 운동 강도를 증가해도 심박수의 변화가 없을 때 중단한다.

⑦ 노인이 운동 중단을 요청할 때 즉시 중단한다.

가장 위대한 영광은 한 번도 실패하지 않음이 아니라
실패할 때마다 다시 일어서는 데 있다.

공자(孔子)

부록

보디빌딩 구술시험 예상문제

보디빌딩 구술시험 예상문제

구술시험 예상문제는 꼭 발표 연습으로 학습하세요.

1 대한보디빌딩협회 최신 규정

01 대한보디빌딩협회에서 생활체육을 증진하려는 이유를 설명하시오.

A 국가발전과 국민 의식 향상으로 건강한 삶이 관심사가 되고 있는 가운데, 생활스포츠 활성화의 중요성을 인식하고 전문 생활스포츠지도자의 양성으로 국민건강 생활에 일조할 수 있는 기회를 제공하려는 의미가 있다. 이에 따라 스포츠 지도자의 자격 종목과 종류를 세분화하여 지도자를 선별하고, 증진시키려고 한다.

02 심판 주의사항을 설명하시오.

A 알코올이 든 음료 섭취 금지, 사진 촬영 금지, 선수로 출전 금지, 출전 선수 지도 금지, 옆 심판과 담화 금지, 타 심판의 심사 행위에 영향 금지 등이다.

03 심판의 의무를 설명하시오.

A 공정한 판정, 심판 판정에 대한 책임, 규칙 준수, 소집회의 참석이다.

04 심판원 등급에 따른 심사 범위를 설명하시오.

A 국제심판 A, B, C / 국내심판 1급, 2급이 있다.
국제심판은 국제대회 심판이 가능하며, 국내대회는 전국대회는 1급, 지역대회는 2급까지 심판 가능하다.

05 도핑에 관하여 설명하시오.

A 경기 능력을 일시적으로 높이기 위해 호르몬제, 신경안정제, 흥분제 등의 약물을 불법적으로 사용하는 것이다.

06 도핑방지규정의 기본원리 가치 11가지 중 5가지를 설명하시오.

A 스포츠 정신은 인간의 정신과 심신의 찬양이며, 스포츠를 통하여 발견한 다음과 같은 가치를 반영한다.
① 윤리, 페어플레이, 정직　　　　　　② 건강
③ 우수한 경기력　　　　　　　　　　④ 품성 및 교육
⑤ 재미와 즐거움　　　　　　　　　　⑥ 협동 정신
⑦ 헌신과 책임　　　　　　　　　　　⑧ 규칙과 법령의 준수
⑨ 자기 자신과 다른 참가자를 존중하는 자세　⑩ 용기
⑪ 공동체 의식과 연대 의식

07 도핑 테스트 검사 방법을 설명하시오.

A 상위입상자 또는 임의로 뽑은 선수의 소변을 채취해서 실시한다.

08 의도하지 않은 도핑을 설명하시오.

A 선수의 부주의나 실수로 금지약물을 섭취하여 도핑테스트 결과 양성반응이 나오는 것이다.

09 도핑검사 순서 11가지를 설명하시오.

A 검사 대상자 선정 − 선수에게 통지 − 도핑 관리실로 이동 − 소변시료 채취 용기 선택 − 소변시료 제공(선수) − 시료키트 선택 − 소변시료 나눠 담기 − 시료 봉인 − 비중 측정 − 도핑검사서 작성 − 시료 분석 마무리

10 도핑방지규정 위반 10가지 중 3가지를 설명하시오.

A ① 선수의 시료 내에 금지약물, 그 대사물질 또는 표지자가 존재하는 경우
② 선수의 금지약물 또는 금지방법의 사용 또는 시도
③ 시료채취 제공의 회피, 거부, 또는 실패
④ 소재지정보제출 실패
⑤ 도핑관리과정의 특정 부분에 대한 부정행위 및 부정행위의 시도
⑥ 금지약물 또는 금지방법 소지
⑦ 금지약물 또는 금지방법의 부정거래 또는 부정거래의 시도
⑧ 경기기간 중 선수에게 금지약물 투여 또는 시간 외에 투여
⑨ 공모
⑩ 금지된 연루

11 도핑 위반 면책 방법을 설명하시오.

A ① 금지약물을 사용하지 않으면 건강상의 심각한 손상을 입는 경우
② 금지약물을 치료 목적으로 사용하여 건강회복 이외에 큰 경기력 향상을 주지 않는 경우
③ 금지약물 이외에 합당한 대체제가 없는 경우
④ 이러한 것들을 증빙할 수 있는 치료목적 사용면책 TUE와 함께 각종 진단서, 처방전, 의무기록 등을 제출

12 도핑 과징금을 설명하시오.

A 첫 번째 위반 시에는 일반부 400만원, 학생부는 200만원, 전국체전 도핑방지규정 위반 시에는 1,000만원
두 번째 위반 시에는 일반부 1,000만원, 학생부 500만원, 전국체전 도핑방지규정 위반 시에는 1,500만원
세 번째 위반 시에는 1,500만원, 전국체전의 경우 2,500만원 과징금 부과
영구자격 정지 경우에는 과징금을 부과하지 않음

13 도핑 위반 면책 방법 제출 서류를 설명하시오.

A 치료목적 사용면책 TUE, 진단서, 처방전, 의무기록, 검사 결과 등

2 종목 소개

14 보디빌딩 예선 1라운드에 관하여 설명하시오.

A 예선 라운드는 한 체급에 15명 이상의 선수가 출전할 경우 진행하며 4개 규정 포즈로 심사한다. 규정 포즈로 프론트 더블 바이셉스, 사이드 체스트, 백 더블 바이셉스, 업도미널 앤 타이가 있다.
1라운드는 한 체급에 6명 또는 그 이하의 선수가 출전하면 진행되지 않는다. 4개 규정 포즈 심사 후, 7개 규정 포즈 비교 심사로 최종 상위 6명이 결선에 진출한다.

15 보디빌딩 2라운드/3라운드 결선에 관해 설명하시오.

A 2라운드는 7개 규정 포즈 후, 조직위원회가 준비한 음악에 맞춰 30~60초간 포즈다운하며, 포즈다운은 점수에 반영되지 않는다.
3라운드는 개인이 선택한 음악에 맞추어 최대 60초간 개인별 자유 포즈를 실시하며, 자유 포즈에 규정 포즈가 반드시 포함되어야 한다.

16 보디빌딩 경기 심사 방법을 설명하시오.

A 9명의 심판원 점수 중 제일 높은 점수와 낮은 점수를 제외한 중간 5개의 등위를 합친다. 9명의 심판원 중 유난히 점수의 차이가 나는 심판원은 사무장이 설명을 요구할 수 있다.

17 인공피부약 사용위반을 설명하시오.

A 인공피부약은 예선 시합 24시간 전에 사용해야 하며, 적당량의 오일은 허용되지만 피부 용품이 땀과 함께 과도하게 흘러내릴 시 감점 요인이 된다. 당일에는 핫 스터프, 광택이 나는 오일, 펄이 들어간 크림을 사용할 수 없다.

18 여자 피지크 경기 감점 요인을 설명하시오.

A 여자 피지크의 감점 요인은 큰 근육이나 혈관이 크게 보여서는 안 된다는 것이다. 즉 보디빌딩과 같은 근육의 크기나 혈관이 크게 보인다면 감점 요인이 되며 피부 톤이나 전체적인 균형 잡힌 건강미가 중요하다. 또한 셀룰라이트가 있어서는 안 된다.

19 여성 보디빌딩(피지크) 쿼터 턴 심사요건을 설명하시오.

A 심판은 먼저 눈에 보이는 전반적인 선수의 체격을 평가해야 한다. 이 평가는 전체적인 체격을 고려해야 한다. 체격이 주는 일반적인 느낌을 시작으로 머리, 화장, 전반적인 근골격의 발달, 균형, 체격의 대칭적인 발달, 피부 및 피부색의 상태 및 무대 위에서의 자신감을 표현하는 능력, 침착함 및 우아함을 평가한다.

20 여성 비키니 쿼터 턴 심사 방법을 설명하시오.

A 전체적인 신체 발달, 좌우 대칭, 균형, 피부 톤 등을 고려하여 심사하며 무대에서의 자신감과 표현력도 매우 중요하다. 셀룰라이트가 있으면 감점이며, 또한 이전 여자 보디빌딩 선수와 근육의 크기나 혈관의 선명도가 비슷하다면 감점의 요인이 된다.

21 남자 보디빌딩 인정장소 및 연도를 말하시오.

A 1970년 유고슬라비아 베오그라드 IBFF총회 공식 인정

22 남자(여자) 피지크 인정장소 및 연도를 말하시오.

A 2012년 11월 11일 에콰도르 과야킬 IBFF총회 공식 인정

23 남자 클래식 보디빌딩 인정장소 및 연도를 말하시오.

A 2005년 11월 27일 중국 상하이 IBFF총회 공식 인정

24 여자 보디피트니스 인정장소 및 연도를 말하시오.

A 2002년 10월 27일 이집트 카이로 IBFF총회 공식 인정

25 남자 게임즈 클래식 보디빌딩 인정장소 및 연도를 말하시오.

A 2016년 스페인 베니돔 IBFF총회 공식 인정

26 여자 비키니피트니스 인정장소 및 연도를 말하시오.

A 2010년 11월 7일 아제르바이잔 바쿠 IBFF총회 공식 인정

3 스포츠 인권

27 성인지 감수성을 설명하시오.

A 사회에서 남녀 간의 불평등한 것을 인지하고 일상생활 속에서 성차별적 요소를 감지해내는 민감성을 말한다.

28 성 그루밍을 설명하시오.

A 가해자가 피해자를 심리적으로 지배한 뒤에 성적인 폭력을 가하는 것이다.

29 성폭력, 성희롱, 성추행을 설명하시오.

A 성폭력은 성폭행과 성추행, 성희롱을 모두 포함하는 전체적인 개념으로 성범죄 또는 성적 불이익을 모두 포함한다. 성폭행과 성추행은 물리적인 힘이 동원되는 경우이다. 하지만 성희롱은 신체적인 접촉이 전혀 없는 말이나 행동 등으로 이루어진다. 이 중 성희롱, 성폭행, 성추행, 성폭력의 법적인 차이점은, 성희롱은 형사소송법에 해당하지 않으며, 성추행과 성폭행만 형법에 해당한다는 것이다. 이는 신체적, 물리적 폭력 행위에 관련되기 때문이다.

30 경기장 및 훈련장에서 스포츠 폭력 예방법을 설명하시오.

A 어떠한 경우에도 폭력을 허용하지 않는다. 운동부 규율을 잡거나 훈련의 목적으로 체벌이나 기합 또한 금지된다. 그리고 감당할 수 없을 정도의 신체적, 정신적 고통을 주는 과도한 훈련 등은 하지 않는다. 지도자는 훈련이나 시합 과정에서 사전에 선수에게 연습 및 시합의 목표와 방법, 과정 등에 대하여 설명하고 충분한 의견을 수렴하여야 한다. 지도자는 과학적이고 교육적인 지도방법을 통하여 개인 및 팀의 기량과 경기력을 향상시키도록 노력하여야 한다. 인격이나 명예를 훼손하는 언행을 하지 않는다.

4 생활체육 개요

31 생활체육 지도자의 자질을 설명하시오.

A 투철한 사명감, 의사전달 능력, 활달하고 강인한 정신력, 공정성, 도덕적 품성, 칭찬의 미덕 등

32 생활체육 지도원리를 설명하시오.

A ① 생활체육의 철학적 기초에 의거하여 지도한다.
② 참가자의 욕구나 참가자 간의 개인차를 고려하여 지도한다.
③ 생활체육 참가자 간의 경쟁과 협동의 역동적 상호 관계를 유지하도록 지도한다.
④ 보다 과학적이고 체계적인 생활체육 지도기법을 활용하여 참가자를 효율적으로 지도한다.
⑤ 참가자들이 자발적으로 참가할 수 있도록 지도한다.

33 생활체육의 기능을 설명하시오.

A ① 생리적 : 체지방을 감소시켜 성인병을 예방할 수 있고, 체력이 좋아진다.
② 심리적 : 스트레스를 해소시켜 긴장감이나 갈등을 해소할 수 있고, 유대감을 생성시켜 자신감 및 소속감을 높일 수 있다.
③ 사회적 : 사회체제 유지 및 국민화합 창출이 가능하다.

34 생활체육 지도자의 역할을 설명하시오.

A ① 생활체육활동의 목표 설정
② 효율적인 지도기법의 개발
③ 생활체육 지도자 간의 인간관계 유지
④ 생활체육 프로그램 개발
⑤ 생활체육 재정의 관리

35 생활체육의 목표 5가지를 설명하시오.

A ① 건강 증진 : 생활스포츠지도사는 참가자의 신체적, 정신적, 사회적 건강을 유지 및 증진시키는 데 기여해야 한다.
② 사회관계 촉진 : 생활스포츠지도사는 참가자 간에 원만한 유대관계를 유지하도록 도와주는 한편, 궁극적으로 보다 바람직한 사회성을 함양하도록 유도한다.
③ 지적 성장 : 생활스포츠지도사는 참가자에게 새로운 경험과 도전에 대한 욕구를 자연스럽게 충족시킬 수 있도록 도와주어야 한다.
④ 가족 유대관계 강화 : 가족 단위 참가를 유도함으로써 가족 유대 강화에 기여해야 한다.
⑤ 협동 정신 강화 : 생활스포츠지도사는 참가자 개개인에게 소속감을 느끼게 하고 타인을 존중하는 자세를 주지시켜 협동 정신을 배양하도록 돕는다.

5 웨이트트레이닝

36 초급자 운동법을 설명하시오.

A 머신 위주의 운동으로 부상을 예방하고 가슴, 복부, 허리, 대퇴, 종아리, 팔 등 대근육 운동을 주로 한다.

37 중급자 운동법을 설명하시오.

A 자신의 목표와 개인차에 맞는 운동 프로그램을 만든다. 오버트레이닝하지 않도록 주의하고 슈퍼세트, 분할훈련법 등을 한다.

38 상급자 운동법을 설명하시오.

A 근비대와 근력 향상을 목표로 트라이세트, 자이언트세트 등을 한다. 탄수화물과 칼로리 소비량을 제한하여 근육의 선명도를 높여 준다.

39 그립의 종류 중 3가지를 설명하시오.

A ① 스탠다드 그립 : 어깨 너비로 바를 주먹 쥐듯 잡는 방법
② 언더핸드 그립 : 아래에서 위로 잡는 방법
③ 오버핸드 그립 : 보통 바를 잡는 방식으로 위에서 아래로 잡는 방법
④ 섬레스 그립 : 엄지손가락이 없게 보이는 듯 잡는 그립
⑤ 와이드 그립 : 폭을 넓게 잡는 방법
⑥ 내로우 그립(클로즈 그립) : 폭을 좁게 잡는 방법
⑦ 얼터네이트 그립 : 한 손은 언더핸드, 한 손은 오버핸드로 잡는 방법으로 무거운 중량을 들어올릴 때 사용
⑧ 리버스 그립 : 손바닥이 아래로 향하도록 잡는 방법으로 전완근 근육 발달에 좋은 그립

40 선 피로 훈련법을 설명하시오.

A 우선순위 근육을 중심으로 단순관절 운동을 통해 한 가지 근육 부위를 먼저 운동하고, 복합 다관절 운동을 수행하는 방법으로 레그익스텐션 후 스쿼트를 하는 것을 예로 들 수 있다.

41 보디빌딩 효과를 설명하시오.

A 근력의 증가, 골다공증 예방, 골밀도 증가, 심혈관계 질환 예방, 체력 증가, 신체적 아름다움 등이 있다.

42 피라미드세트법과 디센딩세트법을 설명하시오.

A ① 피라미드세트법 : 저중량 고반복 횟수로 시작하여 고중량으로 갈수록 횟수를 줄여 나가는 방법이다.
② 디센딩세트법 : 피라미드세트법과 반대로 고중량 저반복으로 시작하여 실패 지점인 반복 횟수까지 도달한 후 중량을 낮춰 나가며 횟수를 늘리는 방법이다. 두 방법 모두 다양한 중량의 자극을 줄 수 있다는 공통점이 있다.

43 준비운동의 필요성을 설명하시오.

A 가동범위 증가, 부상 방지, 혈관 확장, 경기력 향상 등이 있다.

44 컴파운드세트와 슈퍼세트의 정의 및 차이를 설명하시오.

A ① 컴파운드세트 : 한 가지 부위에 두 가지 운동을 한 번에 시행하는 것으로 벤치프레스 이후 덤벨 프레스를 하는 것으로 예를 들 수 있다.
② 슈퍼세트 : 주동근과 길항근을 묶어서 한번에 운동하는 방법으로 바벨컬과 킥백을 예로 들 수 있다.

45 트라이세트와 자이언트세트를 설명하시오.

A ① 트라이세트 : 한 가지 부위의 운동을 수행할 때 세 가지의 운동을 한번에 하는 것으로 이두에는 덤벨컬, 바벨컬, 케이블컬과 같은 방법이 있다.
② 자이언트세트 : 한 가지 부위에 4~6가지 운동을 한번에 수행하는 것으로 대회 전 큰 집중력을 강조하는 운동이며 중급자 이상이 수행하기에 좋은 방법이다.

46 프리웨이트를 설명하시오.

A 덤벨과 바벨을 가지고 하는 운동으로 전신 근육 강화에 도움이 되고, 저렴한 비용으로 운동이 가능하며, 다양한 동작이 가능하다. 그러나 초보자가 수행하기 어렵고, 부상의 위험이 높다는 단점이 있다.

47 머신웨이트를 설명하시오.

A 헬스장에 있는 기구들로 운동하는 웨이트트레이닝 방법으로 기구 사용 방법이 간단하다. 초보자가 쉽게 사용할 수 있고, 부상 위험이 낮으며, 원하는 근육의 자극이 쉽다. 그러나 개인차에 맞는 운동을 하기 어렵고, 가동범위가 작다는 단점이 있다.

48 웨이트트레이닝 호흡법을 설명하시오.

A 기본 호흡법은 힘이 들어갈 때(단축성 수축) 숨을 내뱉고 신장성 수축 시 숨을 들이마신다.

49 웨이트트레이닝 순서를 설명하시오.

A 준비운동 – 웨이트트레이닝 – 유산소 운동 – 정리운동 순서로 추천된다. 일반적으로 큰 근육 운동 후 작은 근육 운동으로, 머신웨이트 후 프리웨이트 순서로 진행된다.

50 펌핑에 대해서 설명하시오.

A 근육 운동을 하면 근육에 산소와 에너지 공급이 필요하며 이를 위해 혈액이 근육 주위로 집중되는데, 이때 순간적으로 부풀어 커져보이는 현상을 말한다.

51 보디빌딩에 맞는 영양섭취 계획을 설명하시오.

A 총 칼로리 섭취량을 늘리고 양질의 식품을 하루 5~6끼에 나누어 꾸준히 섭취한다. 탄수화물, 단백질, 지방의 비율은 5:3:2 정도이며, 비타민과 미네랄, 수분도 충분히 섭취한다.

52 근육 우선 훈련 원칙을 설명하시오.

A 운동 초반부 취약한 근육을 먼저 실시하는 운동법이다.

53 고립 훈련을 설명하시오.

A 목표가 되는 운동 부위만 고립시켜 운동하는 방법이다.

54 강제 반복을 설명하시오.

A 트레이닝 중 더 이상 반복할 수 없을 때 지도자(보조자)의 도움을 받아 운동강도를 낮추지 않고 2~3회 더 운동하는 방법이다.

55 치팅법을 설명하시오.

A 반동을 이용하는 훈련법이다.

56 스트레이딩을 설명하시오.

A 치팅법과 반대되는 개념으로 반동 없이 정확한 자세로 운동을 하는 훈련법이다.

57 오버로드에 대해서 설명하시오.

A 일상 시 사용하던 부하보다 더 무거운 부하를 사용하는 것이다.

58 데피니션을 설명하시오.

A 근육의 선명함을 말한다.

59 훈련하기 좋은 시간을 설명하시오.

A 개인에 따라 차이가 있으나 일반적으로 12시부터 18시까지이다.

60 근육의 사이즈와 근력의 상관관계를 설명하시오.

A 근육량과 근력은 상관관계가 있지만 정비례하지는 않는다.

61 스플릿을 설명하시오.

A 분할하여 운동하는 시스템을 말한다.

62 세퍼레이션을 설명하시오.

A 세퍼레이션은 근육의 분리를 말하며 삼각근과 삼각삼두근, 삼각이두근과 같이 근육이 명확히 분리되는 것을 말한다.

6 과학적 지도방법

63 무산소성 역치를 설명하시오.

A 젖산 역치라고도 하며, 젖산이 일정 운동 강도 이상을 넘어가면 급격하게 증가하는 것이다. 지방 대사 효율을 볼 수 있는 지표이며 LT라고도 한다.

64 스포츠 심장을 설명하시오.

A 스포츠로 단련되어 심장의 크기가 비대해진 상태를 말한다. 스포츠를 할 때 많은 혈액량을 필요로 하기 때문에 한번 뛸 때 많은 양의 혈액을 뿜어내며 기능적으로 우수한 심장을 의미한다.

65 교감신경과 부교감신경을 설명하시오.

A ① 교감신경 : 운동이나 긴급 상황에서 우리의 몸에 아드레날린을 분비하고 기관 혈관들을 확장시켜 열을 내고 에너지를 사용하려는 신경
② 부교감신경 : 교감신경과 반대로 동공이 좁아지고 심장을 천천히 뛰게 하며 기관지를 좁게 하고 혈액이나 위장관의 연동운동과 소화액 분비를 자극하며 차분하게 하는 신경

66 인터벌 트레이닝을 설명하시오.

A 불완전 휴식을 이용한 트레이닝 방법으로 본 운동을 한 후 휴식 시간에 가벼운 운동 등을 통해서 완전한 휴식을 주지 않는 방법으로 체력을 증진시키는 데 탁월한 효과가 있다.

67 무산소 운동을 설명하시오.

A 아주 단시간의 운동으로, 산소를 필요로 하지 않는 운동이다.

68 유산소 운동을 설명하시오.

A 편안한 호흡을 지속하면서 할 수 있는 운동으로, 산소를 이용하여 에너지를 만들어 사용하는 운동이다. 심장, 폐기능 향상, 혈관조직을 강하게 해준다. 유산소 운동을 효과적으로 하기 위해서는 운동 강도, 운동 지속시간, 운동 빈도 등을 고려하는 것이 좋다.

69 피하지방을 설명하시오.

A 피부 아래 축적된 지방으로, 외관의 변화를 가져올 수 있다.

70 내장지방을 설명하시오.

A 내장 사이에 있는 지방으로, 겉으로는 잘 드러나지는 않지만 과다하면 당뇨별, 고혈압 등을 유발한다.

71 시합 전 수분 조절 방법을 설명하시오.

A 시합 1~2주 전부터 충분한 수분을 섭취하여 염분을 배출한 뒤 12시간 전부터는 단수하여 체내 수분을 제거한다.

72 체형의 종류를 설명하시오.

A ① 내배엽 : 팔다리가 짧고 체지방과 근육량이 모두 많은 체형이다. 근육이 잘 붙지만 체지방도 잘 붙기 때문에 체지방이 과하게 붙지 않도록 운동하는 것을 목표로 한다.
② 중배엽 : 내배엽과 외배엽의 중간단계로 상대적으로 근육량이 잘 붙는 체형이다. 균형적인 근육 발달을 목표로 운동해야 한다.
③ 외배엽 : 팔다리가 길고 근육량과 지방량이 적은 몸으로 근육량 증가에 초점을 두고 운동을 한다.

73 지근과 속근을 설명하시오.

A 지근은 ST섬유이며 적근이고, 속근은 FT섬유이며 백근이다.
① 지근은 미토콘드리아가 많고 장거리 운동에 적합하며, 피로도를 쉽게 느끼지 않는 근육이다. 또한 근육의 크기가 크지 않고 수축의 속도가 느린 편에 속한다.
② 속근은 피로도를 쉽게 느끼고 단기간의 운동에 적합하며 폭발적인 수축을 한다. 또한 근육의 크기가 큰 편이고, 수축의 속도가 상당히 빠른 편에 속한다.

74 지용성 비타민 5가지를 설명하시오.

A 지용성 비타민이란 지방에 잘 녹는 비타민을 말한다.
① 비타민 A : 안구 건조증이나 야맹증 증상 완화 및 치료에 도움이 된다.
② 비타민 D : 뼈에 도움이 되는 비타민으로 골다공증과 구루병 증상 완화 및 치료에 도움이 된다.
③ 비타민 E : 말초순환기능 장애 및 갱년기 증상 완화에 도움이 된다
④ 비타민 F : 피부보호, 혈관 콜레스테롤 등을 청소하는 역할을 한다.
⑤ 비타민 K : 혈액 응고 질환 예방 및 치료에 도움이 된다.

75 수용성 비타민을 설명하시오.

A 수용성 비타민은 물에 잘 녹는 비타민으로 비타민 B, C가 있다.
① 비타민 B : 활성산소 억제, 피로회복, 항산화제 역할을 한다.
② 비타민 C : 결합조직, 지지조직 형성, 피부와 잇몸 건강 유지의 역할을 한다.

76 심근경색을 설명하시오.

A 심장의 근육은 큰 관상동맥 3가지에 의해 유지되고 있는데, 관상동맥이 혈전증이나 연축(빠른 수축으로 인한 혈류의 막힘)으로 인해서 혈류가 막혀 심장의 근육이 손상되는 것을 심근경색이라고 한다. 혈전증, 연축, 죽상경화증으로 인해 발생할 수 있으며 원인은 고혈압, 당뇨, 흡연 등이다.

77 협심증을 설명하시오.

A 관상동맥 질환 중 근육이 많은 산소와 혈액을 필요로 할 때 공급받지 못하면 발생하는 현상이다. 가만히 서 있거나 걸어갈 때는 괜찮지만 갑자기 뛸 때 많이 발생한다. 또는, 쉬고 있을 때 관상동맥 경련에 의해 발생할 수도 있다. 이는 흉부 주변의 통증이나 답답함, 목이나 팔 주변의 통증으로도 나타난다.

78 1RM이란?

A 운동하는 사람이 딱 한 번(100%) 수행할 수 있는 무게를 의미하며, 1 Repetited Maximum이라고 한다.

79 BCAA의 효능을 설명하시오.

A BCAA는 분자사슬 아미노산이라고 하며 필수아미노산 중 3가지에 해당하는 류신, 이소류신, 발린이 들어 있다. 류신은 손상조직 치유, 뼈와 근육의 성장을 돕고, 이소류신은 혈당상승 억제를 돕는다. 발린은 근육대사량 증가와 조직 재생을 돕는 기능을 한다. 필수아미노산은 체내에서 합성되거나 생성되지 않기 때문에 반드시 외부에서 음식으로 섭취해 주어야 하는 아미노산이다.

80 운동 시 부상 발생 요인을 설명하시오.

A 오버트레이닝, 잘못된 장비나 기구의 사용법, 잘못된 자세, 무리한 고중량의 사용, 준비운동 부족 등이 있다.

81 수분의 역할을 설명하시오.

A 혈액을 구성하는 중요 성분으로 영양소를 운반하고 체내 노폐물을 제거하며 체온 조절, 대사산물의 배설, 감각기능 유지의 기능을 한다.

82 탈수 부작용을 설명하시오.

A 어지러움증, 갈증, 구강건조증, 피로, 변비, 집중력 약화, 소변 감소 등이 있다.

83 땀에 대하여 설명하시오.

A 운동 시 땀을 흘릴 때는 에너지 대사과정을 거쳐 체내지방 등을 태우므로 체지방 및 체중 감소 효과가 있다.

84 근육에 대하여 설명하시오.

A 골격근, 심근, 내장근으로 나눌 수 있다. 의지에 따라 움직일 수 있는 수의근과 움직일 수 없는 불수의근으로도 나눌 수 있다.

85 건을 설명하시오.

A 건은 근육을 뼈에 붙게 하는 힘줄이다.

86 근수축을 설명하시오.

A ① 등장성 수축 : 동적 트레이닝, 근육 길이가 변하며 근력 사용
② 등척성 수축 : 정적 트레이닝, 근육 길이가 변화 없이 근력 사용
③ 등속성 수축 : 운동 속도가 정해져 있는 상황에서 운동

87 근비대를 설명하시오.

A 근비대를 위한 적정강도는 1RM의 약 70~80%로, 세트당 6~12회, 3~5세트, 세트당 휴식 시간은 40~60초이다. 세트당 짧은 휴식을 통한 근육의 질과 근비대를 만들어야 한다.

88 당뇨환자 운동법을 설명하시오.

A 장시간의 운동으로 저혈당이 되지 않도록 한다. 운동 전, 후의 혈당을 관찰한다. 근력운동보다는 유산소운동 위주로 한다.

89 고혈압 운동법을 설명하시오.

A 운동 전, 후의 준비운동과 정리운동을 철저히 한다. 식단조절과 함께 적절한 칼로리소모 운동이 필요하다. 유산소운동 위주의 운동을 한다.

90 성장기 학생 운동법을 설명하시오.

A 너무 무리한 근력운동을 하면 성장판이 손상될 수 있어 적당한 근력운동과 유산소운동을 병행한다.

91 비만 운동법을 설명하시오.

A 섭취 열량보다 소비에너지가 많도록 해야 한다. 유산소 위주의 운동으로 체지방을 낮춘다.

92 마른 사람 운동법을 설명하시오.

A 소비에너지보다 섭취 열량이 많도록 한다. 탄수화물 섭취를 늘리고 지방도 적절히 섭취한다. 유산소운동보다는 근력운동에 치중하여 근육의 무게를 점차 높인다.

93 노인 운동법을 설명하시오.

A 되도록 앉아서 하는 운동법을 권장한다. 일상생활과 유사한 동작으로 프로그램을 구성하는 것이 좋다.

94 점진성의 원리를 설명하시오.

A 운동 강도 부하를 점진적으로 높여 운동능력의 한계를 높인다.

95 반복성의 원리를 설명하시오.

A 운동을 반복하여 효과를 점차 높인다. 장기적인 효과를 위해 실시하는 원리이다.

96 개별성의 원리를 설명하시오.

A 성별, 체력 등 개인의 특성에 맞추어 훈련하는 원리이다.

97 피로에 대하여 설명하시오.

A 계속해서 반복되는 정신적, 육체적 작업에서 발생하는 심신기능 저하상태를 의미한다.

98 이화작용(카타볼릭)에 대하여 설명하시오.

A 우리 몸에 저장된 영양소를 분해하여 에너지로 바꾸는 과정으로, 큰 분자의 물질이 작은 분자의 물질로 분해되는 것이다.

99 동화작용(아나볼릭)에 대하여 설명하시오.

A 우리 몸에서 합성이 진행되는 과정(근육생성)으로, 작은 분자의 물질이 큰 분자 물질로 합성되는 것이다.

100 초과 회복에 대하여 설명하시오.

A 트레이닝 후에 일정 기간 휴식을 취하면 운동하기 이전보다 체력 수준이 높아지는 현상이다.

101 기회의 창(영양섭취가 중요한 타이밍)을 설명하시오.

A 고강도 트레이닝을 완료한 후 약 30~45분까지(개인차) 영양분 흡수에 대한 극대화 현상이 지속되는 것이다.

102 인슐린을 설명하시오.

A 췌장에서 분비되어 혈액 속에서 포도당을 일정하게 유지하도록 하는 호르몬이다.

103 테스토스테론을 설명하시오.

A 남성의 대표적인 성 호르몬으로, 근육과 뼈의 발달을 촉진한다.

104 에스트로겐을 설명하시오.

A 여성의 대표적인 성 호르몬으로, 가슴 발달, 월경주기 등에 영향을 준다.

105 카로보딩을 설명하시오.

A 대회 기간 약 3~4일간 탄수화물을 식이하여 근육 내에 글리코겐을 늘리는 전략이다.

106 크레아틴을 설명하시오.

A 질소를 포함하는 유기산이며, 척추동물의 생체 내에서 합성되어 골격근의 에너지 공급원으로 사용된다. 근육의 성장과 운동기능 향상에 도움을 주는 물질로 알려져 있으며 피로감을 감소시킨다.

107 운동 손상 요인을 설명하시오.

A 지나친 훈련 후에 충분한 휴식이 부족했을 때, 잘못된 훈련 방법으로 운동량을 증가시키거나 운동강도를 높일 때, 검증이 안 된 새로운 훈련기술을 무리하게 시도할 때 등

108 탈수로 인한 증상을 설명하시오.

A 탈수 현상은 몸에서 수분이 빠져나가는 현상으로 현기증, 무기력증, 체온조절 상실, 운동능력 저하 등의 영향이 있다.

109 지연성 근육통을 설명하시오.

A 운동 후 24~48시간 후에 나타나는 통증으로 운동이 과했거나 오버트레이닝을 했을 때 나타나는 현상이다. 근섬유의 미세한 손상이 누적되어 조직에 염증 반응이 나타나는 것으로 2~3일 정도 휴식을 취하면 감소한다.

110 수의근과 불수의근을 설명하시오.

A 수의근은 자신의 의지대로 움직일 수 있는 근육으로 골격근이 있다. 불수의근은 자신의 의지대로 움직일 수 없는 근육으로 심근, 평활근이 있다.

111 로책 상태를 설명하시오.

A 일시적으로 호흡을 중단하고 힘을 쓰는 상태(최대근력을 발휘하는 상태)로, 인후를 막고 숨이 외부로 나가는 것을 억제하여 근육이 강하게 긴장하고 있는 상태이다.

112 젖산이 생기는 이유를 설명하시오.

A 무산소 운동을 할 경우, 무산소 대사과정인 해당과정 중 젖산이 생긴다. 에너지원인 탄수화물 중 포도당이 초성포도당이 되고, 초성포도당에서 젖산이라는 부산물이 생성되어 축적된다.

113 운동 전 당(류) 섭취 이유를 설명하시오.

A 포도당이 움직임의 에너지원이 되어 근육 내의 글리코겐을 충분히 확보하여 육체적 활동을 도울 수 있기 때문이다. 금식 상태에서 운동을 할 경우 근육 글리코겐이 더 빨리 고갈되고 피로와 현기증을 유발할 수도 있다.

114 에너지 대사 시스템 3가지(유산소와 무산소 시스템 체계)를 설명하시오.

A 무산소성 과정인 ATP-PCr(인원질 과정)과 해당과정, 유산소 과정 세 가지가 있다. 짧은 시간 폭발적인 에너지를 내는 ATP-PCr시스템은 크레아틴인산을 사용한다. 그 이후 비교적 짧은 시간 운동 시 사용되는 해당과정이 있는데 젖산이 생성된다 해서 젖산과정이라고도 한다. 유산소 과정은 장기간 운동 시 포도당과 지방을 에너지원으로 사용하여, 크랩스 회로와 전자전달계를 통해 에너지를 생산하는 과정이다.

115 ATP를 설명하시오.

A 아데노신삼인산의 약자로 근육수축, 신경 세포에서 흥분의 전도, 물질 합성 등 살아있는 세포에서 다양한 생명 활동을 수행하기 위해 에너지를 공급하는 유기 화합물이다. 모든 에너지 대사과정은 ATP를 생산하여 움직임을 만들어낸다.

116 3대 영양소를 설명하시오.

A 탄수화물, 단백질, 지방

117 5대 영양소를 설명하시오.

A 탄수화물, 단백질, 지방, 비타민, 무기질

118 6대 영양소를 설명하시오.

A 탄수화물, 단백질, 지방, 비타민, 무기질, 물

119 콜레스테롤을 설명하시오.

A 콜레스테롤은 스테롤의 하나로서 모든 동물 세포의 세포막에서 발견되는 지질이며 혈액을 통해 운반되며 HDL과 LDL이 있다.
① HDL : 고밀도 지질단백질로 LDL 콜레스테롤을 혈액에서 간으로 이동시켜 분해하고 폐기할 수 있다. 또한 혈액 내 콜레스테롤 수치를 감소시켜 심장 질환의 위험을 감소시킨다.
② LDL : 저밀도 지질단백질로 혈중 LDL 콜레스테롤이 너무 많으면 혈관 벽에 축적되어 혈관이 좁아지거나 뻣뻣해진다. 또한 혈류를 감소시키고 심장 마비 또는 뇌졸중의 위험을 증가시킬 수 있다.

120 포화지방, 불포화지방을 설명하시오.

A ① 포화지방 : 붉은 고기, 마요네즈에 많고, 고온에서 응고가 잘 되며, 과다 섭취 시 LDL의 함량을 높여 심혈관질환을 야기할 수도 있다.
② 불포화지방 : 견과류에 많으며, 응고가 잘 안되고, LDL 수치를 떨어뜨려 혈액순환을 돕고 체내 축적이 잘 안 된다는 특징이 있다.

121 기초대사량을 설명하시오.

A 생물체가 생명을 유지하는 데 필요한 최소 에너지량이다. 특별한 활동 없이도 저절로 소비되는 칼로리이며 성인 평균은 1일 약 1,440kcal 정도이다.

122 근육 손상의 원인을 설명하시오.

A 과도한 중량 사용, 잘못된 자세, 잘못된 기구 사용방법 등

7 규정 포즈

123 보디빌딩 규정 포즈 7가지를 설명하시오.

A 프론트 더블 바이셉스, 프론트 렛 스프레드, 백 더블 바이셉스, 백 렛 스프레드, 사이드 체스트, 사이드 트라이셉스, 업도미널 앤 타이

124 여자 규정 포즈 4가지를 설명하시오.

A 프론트 포즈, 사이드 체스트, 백 포즈, 사이드 트라이셉스

125 남자 클래식 피지크 규정 포즈 중 7번째 포즈를 설명하시오.

A 선수가 선택한 클래식(Classic) 포즈로 선수는 심판을 향해 바르게 서서 본인이 원하는 전면 클래식 포즈를 취한다. 단, 머스큘러 포즈는 금지된다. 선수는 클래식 포즈에서 주요 근육군을 포함한 기타 근육군을 수축시켜야 하며, 한 가지 포즈만 실시한다.

8 응급처치

126 의식 있는 환자의 경우 응급처치를 설명하시오.

A 의식이 있는지 확인을 한 후 주변 상황 위험도를 판단하여 안전한 곳으로 이동한다. 부상이나 출혈이 있는지 확인하고, 체온을 유지하기 위해 담요나 옷가지 등을 덮어주고, 응급의료기관이 올 때까지 보호한다.

127 의식 없는 환자의 경우 응급처치를 설명하시오.

A 주변의 안전을 우선 확인하고, 의식을 확인하기 위해 어깨를 두드려보고, 의식이 없음을 확인하면 곧바로 주변 사람들을 특정하여 지정한 후 119에 신고와 AED를 부탁한다. 환자의 상태를 확인하며 출혈, 부상 상태를 확인하고, 기도를 확보한다. 분당 100~120회 속도로 30회 심장압박을 한 후 2회 인공호흡을 실시한다. 중간에 응급의료기관이 올 경우 최대한 현장 상황을 보고하여 현장 조치를 받을 수 있도록 인계한다.

128 응급처치 시 주의사항을 설명하시오.

A 의식 유무 확인, 환자의 호흡, 출혈 등을 확인, 2차 손상에 주의하며 의약품 사용은 금지한다.

129 출혈이 있는 환자의 응급처치를 설명하시오.

A ① 내출혈 : 환자를 눕히고 다리를 들어 보온 유지
② 외출혈 : 상처 부위 소독 후 압박, 상처 부위를 심장보다 높게 유지

130 운동 손상 시 기본 처치 방법을 설명하시오.

A ① RICE 처치법은 모든 뼈, 관절, 근육 부상의 치료를 위한 방법으로 휴식(Rest), 얼음찜질(Ice), 압박(Compression), 거상(Elevation)의 각 첫 글자를 합친 것이다.
② 부상 후 48~72시간 이내에 조치가 취해져야 통증을 줄이고 예방하는 데 도움이 된다. 골절이나 탈구의 경우 움직이지 않게 고정(protection)하거나 테이프 등으로 감아주어 움직이지 않도록 한다.

131 자동심장충격기(AED)를 설명하시오.

A 자동심장충격기는 심실세동이나 심실빈맥으로 심정지가 된 환자에게 전기충격을 주어서 심장의 정상 리듬을 가져오게 해주는 도구이다. 의학적 지식이 부족한 일반인도 쉽게 사용할 수 있도록 개발되었다.

132 심폐소생술 4가지 원칙(요소)을 설명하시오.

A ① 의식 확인 및 응급의료체계 연결
② 흉부 압박
③ 기도 확보
④ 인공호흡

133 자동심장충격기(AED) 사용법을 설명하시오.

A 우선 AED의 전원을 켜고, 상체를 노출시킨 후 두 개의 패드를 우측 쇄골 아래쪽에 1개, 또 다른 패드는 좌측 유두 바깥쪽 아래의 겨드랑이 중앙선에 부착한다. 패드를 부착한 후 AED에 연결하면 환자의 심장 리듬을 분석하는데, 이때는 환자와 접촉하면 안 된다. AED에서 심장 충격 버튼을 누르라는 신호가 나오면 버튼을 눌러서 제세동이 실시되는데 이때도 환자와 접촉하면 안 되고, 제세동 후 즉시 심폐소생술을 시행해야 한다. 이 과정을 구급대원(전문의료기관)이 도착하기 전까지 AED의 설명에 따라서 계속해서 실시한다.

9 자세 및 신념

134 스포츠 지도 시 주의사항을 설명하시오.

A 개인차를 고려한 세심한 지도, 공정성, 정확한 지식전달, 안전에 유의한 지도 등이 있다.

135 스포츠지도사의 유의사항을 설명하시오.

A 운동시간 엄수, 용모단정, 개인 특성 고려, 긍정적 대화, 공평성 등이 있다.

🔟 유소년스포츠지도사

136 지도자가 되기 위해 받아야 할 교육을 설명하시오.

A 인권(인성)교육, 도핑 교육이 있다.

137 유소년의 신체적·정신적 변화에 대한 운동 방법을 설명하시오.

A 유소년은 아직 미성장한 몸 상태로 심장 기능이 약하다. 유소년의 저혈압 상태, 산만함을 인지하여 흥미 유발, 저강도, 반복 프로그램을 구성하여 지도한다.

138 유소년 지도 시 주의사항을 설명하시오.

A 흥미와 능력을 고려한 적절한 프로그램 구성, 안전사고 대비, 주의 관찰 등이 있다.

139 갤러휴(Gallahue)의 유아기 운동 발달의 기본 움직임 단계를 설명하시오.

A ① 1단계 : 반사적 운동(신생아)
② 2단계 : 초보적 운동(출생~2세)
③ 3단계 : 기초적 운동(2~4세)
④ 4단계 : 성숙 단계(4~6세)
⑤ 5단계 : 전문적 운동(6~10세)

🔟🔟 노인스포츠지도사

140 노인이 보디빌딩 운동을 할 때 이점을 설명하시오.

A 노인은 근육량이 감소하고 자연스럽게 근력이 떨어지는 시기를 겪게 되는데, 보디빌딩 운동을 통해서 근력을 유지 또는 증가시킬 수 있고, 보디빌딩 운동은 웨이트트레이닝과도 일맥상통하기 때문에 골다공증 예방에도 큰 도움을 줄 수 있다. 또한 심혈관계 질환의 예방을 도울 수 있다.

141 노화로 인한 근력 감소 원인을 설명하시오.

A 노령기는 성 호르몬의 감소가 근육량을 저하시키며 근섬유가 노화되어 약화되고, 소화 흡수기관의 노화로 인하여 영양분을 체내에 쉽게 공급하기 어려워진다. 또한 염증 유발 물질인 CRP 등이 생겨서 근섬유 생성을 막고 단백 합성을 저해하기도 한다.

142 노인의 건강증진 근력운동을 예시를 들어 설명하시오.

A 노인의 경우 초반부에는 대근육 위주의 운동으로 근육의 안정감과 부상을 방지할 필요가 있다. 점진적으로 단독 운동 및 전문 운동으로 들어가야 한다. 효과적인 저항운동은 레그 프레스, 체스트 프레스 등 대근육 저항운동을 통해서 강화하고, 점차 세부 근육을 자극하는 것이 효과적이다.

📌 스포츠지도사 보디빌딩 구술시험 예상문제는 암기하시고, 평소에 발표 연습으로 시험 당일 심사위원 앞에서 자신감 있게 발표하시기 바랍니다. 여러분들의 합격과 성공을 진심으로 응원합니다.

MEMO

성공의 커다란 비결은
결코 지치지 않는 인간으로 인생을 살아가는 것이다.
(A great secret of success is to go through life as a man who never gets used up.)

알버트 슈바이처(Albert Schweitzer)

스파르타 스포츠지도사 보디빌딩 실기 및 구술

초판인쇄	**2025. 4. 10**
초판발행	**2025. 4. 15**

저 자 와 의
협 의 하 에
인 지 생 략

발 행 인	박 용
출판총괄	김현실, 김세라
개발책임	이성준
편집개발	김태희, 김소영
마 케 팅	김치환, 최지희, 이혜진, 손정민, 정재윤, 최선희, 윤혜진, 오유진

발 행 처	㈜ 박문각출판
출판등록	등록번호 제2019-000137호
주 소	06654 서울시 서초구 효령로 283 서경B/D 4층
전 화	(02) 6466-7202
팩 스	(02) 584-2927
홈페이지	www.pmgbooks.co.kr

ISBN	979-11-7262-348-7
정 가	26,000원